南海盐道

16—19世纪两广盐区生产空间变迁与流通机制

段雪玉 ⊙ 著

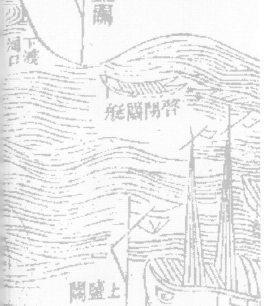

Copyright © 2024 by SDX Joint Publishing Company.
All Rights Reserved.

本作品版权由生活·读书·新知三联书店所有。
未经许可，不得翻印。

图书在版编目（CIP）数据

南海盐道：16—19 世纪两广盐区生产空间变迁与流通机制 / 段雪玉著 . -- 北京：生活·读书·新知三联书店，2024. 10. -- ISBN 978-7-108-07920-6

Ⅰ . F426.82

中国国家版本馆 CIP 数据核字第 2024CA7075 号

责任编辑　陈富余
装帧设计　刘　洋
责任印制　李思佳
出版发行　生活·讀書·新知 三联书店
　　　　　（北京市东城区美术馆东街 22 号 100010）
网　　址　www.sdxjpc.com
经　　销　新华书店
制　　作　北京金舵手世纪图文设计有限公司
印　　刷　北京新华印刷有限公司
版　　次　2024 年 10 月北京第 1 版
　　　　　2024 年 10 月北京第 1 次印刷
开　　本　635 毫米 × 965 毫米　1/16　印张 23.5
字　　数　305 千字　图 12 幅
印　　数　0,001-2,000 册
定　　价　99.00 元

（印装查询：01064002715；邮购查询：01084010542）

本研究得到
华南师范大学华南地方史志
研究中心出版项目经费资助

序

在万千世界中,如果要找一种能将中国历史贯穿起来的物,也许非盐莫属。盐,不仅维持人的生命,绾结着人与自然延亘不绝的联系,也由此成为人群团结、权力缔构的一种触媒。《管子·轻重篇》中有一段齐桓公与管子的对话,云:

> 桓公问于管子曰:吾欲藉于台雉,何如?
> 管子对曰:此毁成也。
> 吾欲藉于树木?
> 管子对曰:此伐生也。
> 吾欲藉于六畜?
> 管子对曰:此杀生也。
> 吾欲藉于人,何如?
> 管子对曰:此隐情也。
> 桓公曰:然则吾何以为国?
> 管子对曰:唯官山海为可耳。
> 桓公曰:何谓官山海?
> 管子对曰:海王之国,谨正盐策。
> 桓公曰:何谓正盐策?
> 管子对曰:十口之家十人食盐,百口之家百人食盐。终月,大男食盐五升少半,大女食盐三升少半,吾子食盐二升少半。此其大历也。盐百升而釜。今盐之重升加分强,釜五十也。升

加一强，釜百也。升加二强，釜二百也。钟二千，十钟二万，百钟二十万，千钟二百万。万乘之国，人数开口千万也。禹策之，商日二百万，十日二千万，一月六千万。万乘之国，正九百万也。月人三十钱之籍，为钱三千万。今吾非籍之诸君吾子，而有二国之籍者六千万。使君施令曰：吾将籍于诸君吾子，则必嚣号。今夫给之盐策，则百倍归于上，人无以避此者，数也。

……

桓公曰：然则国无山海，不王乎？

管子曰：因人之山海假之，名有海之国雠盐于吾国，釜十五，吾受而官出之以百。我未与其本事也，受人之事，以重相推。此人用之数也。[1]

在通行的《管子·轻重篇》的版本中，这段对话中的文字有通假，有误植，阅读起来有点费劲，其表达的意思大略是：一个国家的财政资源，必须依赖产于海洋的盐（其次是产自山中的铁，此暂不涉论），从盐的生产流通与消费中获得的税利，是立国之根本。即使有国无山海，亦可从负海之国贩入他国所产的盐，获取财利以维持国家。

人们习惯了"以农立国"的观念，也许会质疑这种说法是否夸大其词。其实，在中国历史上，盐的确一直是王朝国家最重要的财政资源之一。中国历代王朝国家的财政资源中，盐的生产和流通获取的利益，一直都占有很大的分量。稍稍回望一下历史，汉武帝时期，桑弘羊主持下建立起来的盐铁禁榷在支撑汉王朝强大国力上的重要性，历来为大家所熟知。到唐朝，食盐禁榷收入虽然相对不如汉代重要，但在唐中期出现财政困难的时候，经刘晏财政改革，也曾一度达到"天下之赋，盐利居半，宫闱服御军饷百官禄俸皆仰给

---

[1] 管仲撰，房玄龄注：《管子》第二十二《轻重五》"海王"，四部丛刊景宋本。

焉"的程度(《新唐书·食货志》)。宋朝人则有"国之利源,盐策为重"的说法。[1]史载,宋朝"国计军需,多仰盐课"。[2]盐的课利收入,在宋朝仅次于两税,在朝廷和地方的财政收入中,所占比重最高时接近一半。[3]到明代,亦有"天下之财赋尽出于东南,而盐利尤为裕民之厚资"的说法。[4]清朝盐在国家岁入中的比重,虽然远少于地丁,但也是仅次于地丁的项目;而且,由于清代盐商是社会上经济实力最强的群体,盐也是市场上最大宗交易、获利最厚的商品,若加上主要来自盐商的捐纳、报效,以及后来的盐斤加价和盐厘,盐毫无疑问是清朝国家财政的一大支柱。[5]不过,食盐在中国王朝时期的历史中的特殊角色,不只体现在它一直是支撑历代王朝国家运转的主要资源,还由于盐是一种能够把民众与朝廷、经济与政治、市场与贡赋、物质与文化、地域社会与国家体系等方方面面,在时间和空间上贯穿起来的一种最特殊的物。细细品味上面那段齐桓公与管子的对话,可以引申出盐在历史中的特殊角色的多层意义:

第一,盐是人类生活不可须臾或缺的;第二,虽然每个人的食盐消费额很少,但全体国民的消费量巨大;第三,盐取自天然,但须通过人力才得以生成并获取,这决定了其生产流通成本低又易于为权力所控制;第四,由于个体消费量少,高于成本很多的价格能够为消费者所承受;第五,国家可以通过控制盐的生产、流通与消费获取巨额利益,而不至于遇到有力的抵制;第六,国家控制食盐的生产和流通,是确立并行使其统治权力的一种有效途径,盐这种物成为国家权力存在与运用的象征;第七,盐的生产的专门化和消费的普遍性,决定了盐是一种最原始交换物,成为人类社会交换经

---

[1] [宋]佚名:《宋季三朝政要》卷2,第7页,守山阁丛书本。
[2] [元]佚名:《宋史全文》卷33,第10页,文渊阁四库全书本。
[3] 参见郭正忠:《宋代盐业经济史》,北京:人民出版社,1990年,第695—701页。
[4] [明]王朝用:《应诏陈言疏》,陈子龙辑《明经世文编》卷235,第6页。
[5] 参见陈锋:《清代财政收入政策与收入结构的变动》,《人文论丛》2001年卷。

济和市场流通发生的自然起点；第八，在盐来自海洋的情形下，作为一种出自海洋的物，可以成为海洋在国家建构中发挥重要作用的物质；第九，盐由此也就成为在历史进程中把海洋与陆地联系起来的一种主要介质。概而论之，在历史上，盐具有超出其自然物性质的社会属性和文化意义。从特定的意义上说，在人类历史进程中，无论是人的生存条件的维持、交换经济的发生，还是国家权力体系和社会空间格局的形成，盐自始至终都是最有力量的一种物。

了解了盐在人类社会历史中这种特有的角色和意义，段雪玉经多年努力，写成的这部以两广盐区食盐生产和流通为题材的专论，就不只是一部盐的经济史，更是一部怀着整体史野心的地域社会史和政治史。

自秦始皇征岭南，汉武帝平南越以后，广东一直都在中华帝国的疆域内。但是王朝国家在这个海徼蛮荒之地的存在，长期处于一种双重的状态。一方面，广州作为王朝获取南海资源的主要入口，一直是国家直接管辖的中心都会之一，王朝直接在这里设置区域行政中心，并在其辖区的一些重要交通节点，设置直接执行国家权力的地方官署，实行直接管治；另一方面，城邑之外的山原四野，在相当长的时期都仍然是化外蛮荒之区，在明朝之前，相当多的地方和人群，并未进入王朝体系之中。两千多年来，这个区域在国家秩序形成和文化整合方面，经历了一个缓慢的过程。这个过程最基础性的建置，当然是设官建治、聚民编户，但在远离城邑的广大地方，仍然有大量的人口没有进入国家编户体制。在这种状态下，王朝国家为控制和获取资源设置的盐场，成为本地社会早期进入国家体系的一种主要途径。打开《中国历史地图集》中的宋代广东地图，赫然入目的，就是沿海的一系列盐场。在宋代，这些盐场连同分布在山区的多处矿场，都是王朝为了获取山海资源设立的官营机构，其数量和密度，甚至超过了州县治所。这些盐场的设置，不只是在沿海地方建立国家权力据点，更重要的是，盐场生产需要的大量人力资源，很多是本地流动的人。与我们已经知道的这个地区的水上人被编入卫所军户一样，这些人被编入灶户，在盐场定居下来，成为王朝的编户，这是当地纳入国家体系的主要途径之一。后世在沿海地区所见的很多乡村或宗族，留下了很多把祖先定居的传说追溯到盐场的记忆，不管这些记忆是传说还是信史，都是这个历史过程留下的一道深痕。近年来，很多关于沿海区域的社会研究，视线比较多地落在卫所军户上，同时，盐场灶户也逐渐进入研究者的视域，显示出历史学正在悄然发生的一个转变——研究者研究国家在地域社会的扩张过程，由以往主要从王朝设官建治着眼，延伸转移到更多重视卫所盐场的设置。这个转变的意义，揭示了国家建置的多元化途径，研究者把目光更多投向进入卫所盐场体系的当地人群，打开了从人们的生计与社会组织出发去解释国家历史的新路径。本书书名中所说的"生产空间"，实际上也就是这个区域的人群进入王朝国家的历史空间。在这个问题上，书中已经展现了很多精彩生动的事实，就不用我多言了。

与此相联系的是，从依傍海洋形成的盐的生产空间，还打开了研究国家与地域社会历史的海洋视角。近几十年来，历史学者对中国历史上海洋活动的研究越来越广泛深入，就中国历史上曾经有一个非常热闹的海洋舞台这一点，已经不会有什么疑问。但是，在整体的历史解释上，海洋活动仍主要局限在一个陆地国家与外部的关系上。人们所重视的主要是在海上和海外活跃人群的商业或移民活动，对于沿海地域社会整合过程中的海洋因素和机制，相对地缺乏足够的敏感和细致的研究。前引管子与齐桓公的对话，虽然提示我们，国之为国，端赖山海，故有海王之国之说，体现出海洋在王朝时期国家历史中的地位。然而，在以王朝兴衰更替为中心的历史框架中，海洋只是从国家资源的角度进入历史解释，惯常受到关注和重视的，集中在海洋出产，包括渔盐和海外香药珍奇上面。

随着当代史学的出发点从国家转向人，中国漫长海岸线连接的

序　v

海域、岛屿与沿海地域在历史中的角色，就不应只局限于国家资源的供应地一种，千千万万依凭海洋为生的人，他们的生存方式和生计所系的海洋活动，也是缔造历史的力量。在我们朝着这个方向努力探索的时候，在方法上既承接原有路径的惯性而又能转移方向开拓新视野的最直接的路径，也许就是从国家设立的盐场中寻找的人的历史活动。我们可以通过盐场的历史，追寻这些本以讨海为生的人，在地域社会与国家秩序建构中的角色，并由此形成对于地域社会整合历史的新解释。我很多年前曾经在粤东沿海一个岛上做过浅尝辄止的田野调查，考察了一个从清代的盐场演变而成的由十多个村落组成的海岛社会，我当时就强烈感受到这些乡村保存的海洋性格。[1] 我现在从段雪玉书中看到她利用在各地搜集到的历史资料做出的细致分析，把我当年那种田野中的感觉推进到学术认识的层面，让我更深信这是地域社会研究的一种值得用力的方向。

国家在沿海设置盐场，将海洋资源和以讨海为生的人群拉入了王朝体系，是在陆地上建立的国家把海洋世界吸纳进来的一个时间和逻辑上的起点。过去的历史认识，一般都趋向于从这个起点出发，切断海洋与陆地社会，海洋成为王朝国家的异己化力量。而我们通过对明清以后沿海地域社会的研究，越来越认识到，当海洋被拉入我们的历史视野，特别是在地域社会的历史中后，海洋就不会只是国家的意志中的异己力量，其影响会延展到内陆社会，成为影响地域社会整合的一种机制，而盐的流通就是其中一种，这是一个由物的流动驱动的社会与文化过程，并以在特定的社会文化结构中的人的行动来实现。这种物的流动，由于其消费的普遍性和来源的单一性，首先引出的就是在不同地理空间和人群之间的交换，市场流通由此发生，而国家权力和行政运作介入和控制形成的财政资源流动

---

[1] 参见刘志伟：《大洲岛的神庙与社区关系》，载郑振满、陈春声主编《民间信仰与社会空间》，福州：福建人民出版社，2003年，第415—437页。

网络，与市场流通机制相互嵌入，形成了贡赋体制下的市场和在市场流通中实现的贡赋获取和输送配置。这是一种在王朝贡赋体制下的市场流通，把海洋与内陆社会的地理空间和国家的地方行政体系的格局联系起来。在这个意义上，没有什么物能像盐的流动那样，直接而且全面地牵连着人与自然、海洋与陆地、地方社会与王朝国家、市场体系与贡赋体制的关系。可以说，食盐的流通编织出王朝体制下地域社会网络的动态过程与静止结构，一个地区的食盐流通格局及其运转，呈现出这个地区的市场格局与权力关系的历史图像。段雪玉从她选择两广盐业为她的博士论文研究课题开始，就从两广盐场分布着眼，以两广地区盐业主要产地从珠江口向东西两翼转移的空间变动为出发点，一步步深化自己的研究。本书详细讨论了两广盐区广东与北海两个盐课提举司的格局，以及省河体系与潮桥体系的形成及其动态变化。这个由食盐流通网络构成的区域历史，同以国家行政区域建置为基础展开的地方历史之间，存在着一种空间的错位与内在动力的相互补充和牵制，形成相互交叠的图层并由此合成为更加厚实的历史结构。

饶有兴趣的是，我在这里抽象地阐述的话题，在段雪玉的书中，是通过很多具体的人的活动来展开的历史。我们看到在食盐流通这样一个舞台上的种种角色，有多重的性格和身份。首先最天然的属性，就是有一批追逐收益最大化的理性商人，他们从事食盐运输买卖，是为高额的市场差价所吸引。因此，我们第一个可确认的事实，就是这些人的行为制造了一个由沿海盐场向内陆伸展的市场，划出了一个由供求关系和运输交通线路形成的流通网络。但是，我们不可能视而不见的，是他们逃脱不了的国家体制。所有市场活动，都一定要在这个体制之下进行，甚至私盐贸易，实质上也是以另一种方式在同一个结构下运行。在这个体制中的地方官员及其随从，不仅要利用这个市场获取利益，实现政府运作的要求，更多的是直接插足市场流通。于是，权力的交换和利益的分配机制，一定会凌驾在市场机制之上,食盐流通一定是在贡赋体制的主导下运作。在这个体制架构下,产生了基于国家管控机制的有不同特权或专营范围的商人。这些商人如何在官府的管控下获得资格和机会,如何在国家体制下经营生意,如何利用和应付非市场的力量,如何同种种政治和社会势力(包括海上的军事集团)互相利用和博弈,又如何促成国家体制的改变,在本书中都有很多生动的叙述。通过这些叙述,我们能够真切地体察和把握到这个历史舞台上的人,他们的文化性格和价值,他们做出选择的方式,他们受制于其中的社会结构与政治资源。本书考察的"生产空间"和"流通机制",呈现的就不只是一种行业的历史,而是一部盐卤泡出来的活的地域社会的历史。

  以上所谈,是我阅读这部书稿时的一些感受。写下来的想法一定是枯燥无味的,相信读者一定宁愿到书中去阅读生动的事实。我还是少说一些为佳!

刘志伟

2020 年 3 月 16 日

目 录

序 刘志伟 i

绪 论 1
    一 选题缘起 1
    二 盐户与盐政：20世纪中国盐业史研究 5
    三 广东盐业史研究新视野 10
    四 盐场·盐商·盐区：盐业史研究的区域整体史取向 13

第一章 明后期广东盐场新格局 17
    一 乡豪与盐场 18
    二 正统以后广东盐场改制 35
    三 从盐场到沙田 48
    四 万历时期海北盐课提举司的裁革 61

第二章 清前期广东盐场制度调整 70
    一 清初广东盐业整顿 72
    二 官帑收盐与广盐海运 90
    三 雍乾时期广东盐场裁撤与增设 105
    四 盐场变迁的两个个案 123

第三章　省河体系与潮桥体系　136
　　一　明中后期省河与潮桥体系形成　137
　　二　清前期省河与潮桥体系新格局　159
　　三　清前期两广盐埠引饷定额化　178
　　四　乾嘉时期改埠归纲与六柜运制确立　194
　　五　晚清潮桥体系改革　208

第四章　水客与埠商　213
　　一　水　客　214
　　二　省河埠商与运商　218
　　三　潮桥埠商　259
　　四　捐输与慈善的利益考量　262
　　五　官帑生息：盐商资本再探讨　289

结　语　293

附录一　19世纪海陆丰社会经济研究的意义　299
附录二　晚清广东一位基层盐官的仕宦经历
　　　　——读《双松馆日记》　311
征引文献及参考论著　329
后　记　356

图表目录

地图 1　南宋广南东路部分盐场分布图　24
地图 2　明代广东、海北盐课提举司盐场分布图　37
地图 3　清代两广沿运河盐场分布图　110

图 1-1　明代东莞县图　36
图 1-2　乾隆时期香山场图　62
图 2-1　道光时期大洲场图　111
图 2-2　道光时期广东盐场晒盐图　120
图 2-3　道光时期广东盐场煮盐图　122
图 3-1　道光时期东汇关掣配盐图　166
图 3-2　道光时期西关验放图　168
图 3-3　道光时期广济桥掣配盐图　178
图 4-1　乾隆时期小淡水厂图　251

表 1-1　至正十五年东莞乡豪割据形势一览表　22
表 1-2　嘉靖年间广东盐课提举司盐场户丁数和盐课额统计　66
表 1-3　嘉靖年间海北盐课提举司盐场户丁数和盐课额统计　67
表 2-1　乾隆朝广东食盐海运路线表　95
表 2-2　雍正九年（1731）广东盐场场课统计　105
表 2-3　乾隆《两广盐法志》载广东盐场额盐统计　107
表 2-4　道光十六年（1836）广东盐场额盐统计　108

表 2-5　乾隆二十七年（1762）广东盐场职官增设或裁并统计　112

表 2-6　清后期广东盐场增设或裁并统计　116

表 3-1　乾隆时期两广盐区运销体系　162

表 3-2　雍正时期两广盐区各埠额引及饷费银两统计　180

表 4-1　乾隆至道光年间盐商李念德参与捐输一览表　228

表 4-2　乾隆《两广盐法志》载广东盐场谷仓一览表　268

表 4-3　道光时期广东盐义仓仓谷折银一览表　280

绪　论

2007年8月，我结束了历史人类学暑期学校的学习，打算找一个田野点展开调查，撰写一篇调研报告。当时很偶然地读到一条与清初平南王尚可喜有关的史料，它是一篇人物传记，载于道光《新宁县志》（新宁县，今广东台山市）。这篇传记，令我看到了一个不同于正史记载的"三藩之乱"，于是我决定到这个人物生活过的地方去看看。10月初，我在台山市海晏镇做了一个短期调查，调查地点主要是海晏镇和周边的村落。之后将搜集到的族谱、碑刻文字和口述资料与载于县志的人物传记结合起来，撰写了调研报告并修改成一篇小文，重点讨论清初"三藩之乱"发生前后新宁县海晏盐场的变迁。接下来的两年，我断断续续在台山市海晏镇及附近的汶村镇调研，发现了更多与盐场有关的族谱、碑刻和口述资料。田野工作令我意识到，我们在正史中读到的盐政、盐法，以及在研究论著中讨论的盐业生产，与这些盐场所在的地域社会有着非常密切的关系。在这些被称为"盐场"社会中发生的历史，有些与正史的记载相同，更多的却是从未载入史册的与盐有关的。盐场所在地域社会丰富的历史沉淀，推动我思考中国盐业史研究新的空间。

一　选题缘起

盐是人类生活的必需品。在中国传统王朝统治的大多数时期，盐是政府的专卖品，关乎民生，更关乎国课，所谓"煮海之利，历代皆官领之"[1]。大体上，明清时期政府食盐政策主要实行官制官销或官制商销。官制，是指政府通过设立并管理盐场来控制盐的生产；官销或商销、民销，是指官销、官督商销、官运商销、商运商销、商运民销、民运民销、官督民销等行盐方法，清代则"官督商销行之为广且久"[2]。明清时期官府对盐的运销政策和管理非常多元，但盐的生产和管理相对更为单一和严密。除个别地区、某些时期盐可自由发卖[3]，多数时期食盐生产掌控在官府手中。因此，我们可以将盐场的食盐生产和管理看作王朝统治时期盐政制度的起点。地域上，食盐由政府划定的盐场生产（或称盐池、盐井，本书为便于讨论，统一用"盐场"表示），"洪武初，诸产盐地次第设官"[4]，明清时期有都转运盐使司、盐课提举司、盐课司之别。盐课司驻盐场，设场大使（有的设有副使）管理盐的生产、场课的征收。[5]明清时期，盐场制盐者别立户籍，概称灶户（两浙称亭户，福建、广东称盐户），明清律例则有灶户、灶丁之名。当然，名为灶户、灶丁的制盐者，并不完全被固着在盐场里，由于盐场生产变迁、人口流动诸因素，一些身份为灶户的人从盐场流出，但还承担着相应的劳役，他们不办盐，却要服役或缴纳代役银，这些人被称为水乡灶户或依山灶户。[6]另外，即使在盐场，也并不是所有灶户都制盐。一些富裕的灶户，并不直接制盐，而是据有盐田、草荡等经济资源，雇用贫困灶户、灶丁从事生产。从制度的创设来看，盐场（包括灶户聚落、盐田、草荡、山林等地域构成）、灶户、盐商和官吏诸要素，围绕食盐生产、运销、场课征收形成了盐场地域社会的基本经济结构。

---

[1] [清]张廷玉等撰：《明史》卷80《食货四·盐法》，北京：中华书局，1974年，第1931页。
[2] 赵尔巽等撰：《清史稿》卷123《食货四·盐法》，北京：中华书局，1976年，第3604页。
[3] 李三谋：《明代万历以前制盐业的非官业性》，《江汉论坛》1986年第3期。
[4] 《明史》卷80《食货四·盐法》，第1931页。
[5] 《明史》卷75《职官四》，第1846—1848页。《清史稿》卷116《职官三·外官》，第3349—3350页。
[6] 何维凝：《明代之盐户》，《中国社会经济史集刊》1946年第7卷第2期。

盐业史研究的相关讨论，无不围绕这一经济结构及其变迁展开。就典章制度层面的研究而言，前人已经做了许多工作，包括盐场的分布、灶户和灶丁的构成、灶役的负担以及盐业生产技术、生产组织的讨论等，成果丰富毋庸赘述。不过，从盐场地域社会出发的研究，使我注意到前人研究有待深入之处。

梳理20世纪中国盐业史研究的学术史之前，先谈谈中国盐业史研究的史学源流。民国时期，新史学的呼声此起彼伏，却以本身具有多歧性的西方史学为依归。用科学方法整理中国史料的观点为多数学者所认同和接受，造成了史学的专科化，并绵延至今。[1]在风格与流派交替并行的现代专科化史学洪流中，隐隐呈现出对群体性民史的关注。受唯物史观影响的民国学者，包括马克思主义学者，多从社会经济史的路径来建设民史。眼光停留在官方档案、正史、方志等传统史料上的民国学人，纵然关注民众的历史，论题却局限于民众的物质生产活动和农民战争等非常状态，表明传统历史学对民史研究力不从心。20世纪以来，作为中国经济史研究分支的盐业史研究，从立题到史料的撷取，体现的正是专科化，囿于官方档案、正史等传统史料的学术取径。[2]

当人类学者和社会学者以常态下的中国社会普通人群为对象，在中国开辟出新的研究领域时，民史研究始树立起可资借鉴的典范。[3]追溯20世纪中国现代史学，不同时代学术的承续和突破，无不以打破藩篱的跨学科综合研究为主要特征。[4]从社会经济史的路径到借鉴社会学、人类学方法开辟眼光向下的群体性民史新路，体现了现代史学思想的转换和接续。20世纪80年代以后，一批实践史学与人类学等人文科学合流的学者，是被称为"华南研究"的群

---

[1] 罗志田：《学术与社会视野下的20世纪中国史学》，《近代史研究》1999年第6期。
[2] 吴海波、曾凡英：《中国盐业史学术研究一百年》，成都：巴蜀书社，2010年。
[3] 桑兵：《从眼光向下回到历史现场——社会学人类学对近代中国史学的影响》，《中国社会科学》2005年第1期。
[4] 陈春声：《走向历史现场》，《读书》2006年第9期。

体。80年代，香港中文大学的科大卫（David Faure）、美国耶鲁大学的萧凤霞（Helen Siu）等人，与中山大学历史系的刘志伟、陈春声，香港科技大学的蔡志祥，厦门大学的郑振满合作，在珠江三角洲、香港、潮汕和闽南展开历史人类学研究。北京大学历史系的赵世瑜，在华北地区展开社会史研究。他们关注地方社会的历史变迁，通过不同地区社会历史变迁的比较，对中国历史进行了批判性的反思。[1] 历史人类学研究方法的具体途径，主要体现在田野调查和民间文献的搜集、整理两个方面。田野调查乃社会学、人类学学者的看家本领，通过田野调查，人类学学者和社会学学者可以获得不同文化系统的运作机制。这种鲜活的、当下的社会结构及其历史过程，对历史学学者具有重要的学术启迪意义。历史学学者通过田野调查，理解历史人物的思维、行为乃至社会结构和社会关系的历史过程，结合文献的解读，从而获得回到历史现场的体验和感悟。在这个意义上，文献的构成和解读，已经不再囿于正史的记载，通过民史的书写主体——社会的普通人群，他们创造的文献形式（碑刻、族谱、仪式行为、口述史料等）才真正进入史家的视野。

中国盐业史研究尤其是明清盐业史研究，向来借助于官方档案、正史、地方志书、文集笔记等文献。唐宋以后印刷业发达，传统王朝的盐政文献留存逐渐丰富。明清两朝，有关盐业盐政的档案、史志等文献更是可以用浩如烟海来形容。但是，这类文献多出自官员或文人士绅，他们所代表的王朝统治者立场，决定了盐业史文献书写和传播的片面性和单一性。近年来在广东沿海地区持续的田野调

---

[1] 科大卫著，卜永坚译：《皇帝和祖宗：华南的国家与宗族》，南京：江苏人民出版社，2010年。[美] 萧凤霞、刘志伟：《宗族、市场、盗寇与蛋民——明以后珠江三角洲的族群与社会》，《中国社会经济史研究》2004年第3期。陈春声：《市场机制与社会变迁——18世纪广东米价分析》，广州：中山大学出版社，1992年。刘志伟：《在国家与社会之间：明清广东里甲赋役制度研究》，广州：中山大学出版社，1997年。郑振满：《明清福建家族组织与社会变迁》，长沙：湖南教育出版社，1992年。赵世瑜：《狂欢与日常：明清以来的庙会与民间社会》，北京：生活·读书·新知三联书店，2002年。

查，不断修正我对于盐业史传统文献的看法。历史上被官府划定的广东盐场，在今天多数仍然持续着盐的生产，他们的社区聚落历史可以追溯久远，访谈获得的口述资料和当地留存的碑刻、族谱等文献，"盐"仍然是话语主体。即使在盐业生产已经消失的社区，一些人们共同参与的仪式仍然保留着对盐的记忆和文化表达，这些都是我在图书馆、档案馆收藏的官方档案、正史等文献中看不到也体会不到的。长期的田野调查工作，逼迫我不断思考盐业官方档案、正史等文献所隐藏的丰富信息。出入于文献和田野之间，促使我重新检讨中国盐业史研究的传统论题。

二　盐户与盐政：20世纪中国盐业史研究

追溯20世纪中国盐业史研究的源头，要从民国政府的盐政工作说起。民国初年至20世纪40年代，出于盐务管理的需要，民国政府的财政部印行盐务月报、盐政丛刊以及培训盐务人员的各类教材，记录和保留各地盐场场产、食盐运销及税课情况。可以说，中国盐业史研究得益于民国政府盐政工作的推动。在近代西方史学、经济学等学科体系的影响下，明清时代的盐政志、盐法志的撰写体裁被具有西式学术著作风格的盐政史专著所取代，一批中国盐政通史性著作相继出版，盐业史研究出现第一个高峰，如景学钤的《盐务革命史》《盐政丛刊》《盐政丛刊二集》，欧宗祐的《中国盐政小史》、林振翰的《中国盐政纪要》（上下）、曾仰丰的《中国盐政史》、蒋静一的《中国盐政问题》等盐政史著作[1]，以现代史学、经济学方法整理的盐政史料，如曾仰丰著《中国盐政史》将历代盐政分为盐制、

---

[1] 景学钤：《盐务革命史》，南京：南京京华印书馆，1929年。景学钤：《盐政丛刊》，南京：盐政杂志社，1921年。景学钤：《盐政丛刊二集》，南京：盐政杂志社，1932年。欧宗祐：《中国盐政小史》，上海：商务印书馆，1927年。林振翰：《中国盐政纪要》（上下），上海：商务印书馆，1930年。曾仰丰：《中国盐政史》，上海：上海书店，1984年，据商务印书馆1936年版复印。蒋静一：《中国盐政问题》，南京：正中书局，1936年。

盐产、盐官、盐禁四大类,其中盐产又条分为产源和产区两类,产区下介绍两淮、两浙、福建、两广等共十七个区的盐产概况。又如欧宗祐的《中国盐政小史》代表盐政史的另一体裁,即按历史时段分章节概述,包括先秦、汉晋六朝、隋唐五代、宋元明清和民国,每一章分述盐场、盐课等盐政沿革概况。

1944年,何维凝发表《明代之盐户》一文,就明代灶户制度及其运作做了初步但较为全面的研究。虽然大明律将制盐者统称灶户,但由于各地名称不一,何维凝在他的文章中并没有沿用灶户一词,而是采用盐户这一称谓。该文讨论明代盐户的类别与性质,盐户的户籍、佥充,盐户的定额与清查以及逃亡原因及惩处等问题。何维凝关于明代盐户的讨论重在制度和结构,而不是变迁,不过仍然是20世纪灶户制度研究的起点,也是最早围绕盐场生产者和生产关系诸层面展开的专题性研究。[1] 几年后,日本学者藤井宏发表长文《明代盐场之研究》,为盐场研究的第一篇专题论文。该文分四章,就盐场行政组织、盐业生产、灶户差役和盐课折纳及纲法等问题进行深入的讨论。他重点考察明中叶以后淮浙盐场盐业生产关系的演变,指出明代白银的流通,商品货币经济发达,使明代的盐税变革为盐课折银,改变了盐业生产关系。灶户阶层分化为"豪灶"和"佣工、佃户"。豪灶雇用工人或出租灶田给佃户从事盐业生产,表明资本主义性质手工业的出现。另外,淮浙盐场盐商通过高利贷垄断食盐的生产,也表明盐业生产和运销的近代化特征。藤井宏试图通过对明代盐场的研究回应日本史学界关于明代中叶以后手工业、商业资本主义萌芽诸问题的争论。[2]

与此同时,日本学者佐伯富出版著作《清代盐政之研究》。他认为宋代以后中国盐业专卖制度的核心是长江下游的两淮盐场及其盐政,历经千年,至清代道光年间陶澍在两淮的盐政改革才最后定型,

---

〔1〕 何维凝:《明代之盐户》,《中国社会经济史集刊》1946年第7卷第2期。
〔2〕 [日]藤井宏:《明代盐场之研究》(上下),《北海道大学文学部纪要》1952年第1期、1954年第3期。

因此陶澍的盐政改革是宋至清千余年盐法变革的最后润色。佐伯富还指出，清代盐政的另一方面，受到政府庇护发展起来的盐商，早在明代就确立了他们的地位。但是，中国盐商的资本总是作为商业资本和金融资本运作，不可能作为产业资本投资。这也是近代中国没有发展成资本主义的一个原因。[1]大约同一时期，大陆学者陈诗启发表《明代的灶户和盐的生产》一文，认为明代灶户的生产是官营手工业的范畴，表现为灶户和封建主的生产关系，明后期灶户的急剧分化已有资本主义因素的萌芽。显然，陈诗启明代灶户的研究与当时大陆史学界中国史研究"五朵金花"之一的资本主义萌芽问题分不开。[2]另外，美籍华人学者何炳棣也就扬州盐商做过专题研究，其问题意识引起史学界普遍关注。[3]

台湾学者徐泓的博士论文《明代的盐法》同样回应了明代中叶以后社会经济变化这一明清史界普遍关心的论题，虽然他在文中并没有提及资本主义萌芽，但其思路与大陆学者用马克思主义唯物史观论证资本主义萌芽问题殊途同归。徐泓的讨论从明代前期盐场组织与生产开始。他认为晒盐法的推广，使明代在中国盐业生产技术史上占有重要地位。促使明初灶户制度与盐业生产形态发生变化的是社会生产力的提高，商品经济急剧发达起来，不但使商品流通的过程加速，范围加大，国内各地经济的联系加强，而且使经济先进的江南地区，发展出商业资本支配生产的局面。盐课折银，对盐的生产最重要的影响在于灶户开始有择业的自由，使其逐渐接近小商品生产者的地位，提高了生产的积极性。另一方面，使灶户的贫富分化也趋于剧烈，原有的灶户组织趋于崩溃。盐课折银，使灶户盐

---

[1] [日]佐伯富：《清代盐政之研究》，京都：京都大学文学部东洋史研究会，1956年。参见佐伯富著，顾南、顾学稼译：《清代盐政之研究》，《盐业史研究》1993年第2期至1996年第3期，译文计9篇。
[2] 陈诗启：《明代的灶户和盐的生产》，《厦门大学学报》1957年第1期。
[3] [美]何炳棣：《扬州盐商：十八世纪中国商业资本的研究》，《中国社会经济史研究》1999年第2期。

课负担加重的同时，商业资本也进入盐场，取代政府的力量，控制盐的生产，成为包买主，不但垄断商业利润，也攫取生产利润。[1]

以上学者的论题旨趣显示出与早期研究的不同，他们强调制度变迁，反映了20世纪下半叶中国盐业史研究的转向。70年代以后，欧美流行的政治学、经济学、法学、社会学、人类学等学科理论和方法，纷纷与史学合流，新史学呼声重新响彻史坛。[2] 从数量上看，1980年至2008年的30年海内外出版的中国盐业史专著达70多部，论文多达2000余篇，其中大部分在大陆出版或发表。一些学者跳出窠臼，以新的学术视野展开研究。他们不以中国近代化为解释框架，反映了去西方中心观的努力。[3]

陈锋著《清代盐政与盐税》考察清代盐运销制度变迁，由此推及清朝盐政和财政制度的运作。[4] 刘淼的《明代盐业经济研究》是明代盐业史研究的重要著作。该书共计十章，其中五章是关于盐场的灶户制度及其生产、赋役形态。作者讨论雄踞中国地域商人的经济规模及其经营机制诸问题，试图弄清明代盐商的运作机制，对明代以徽商为代表的盐商集团展开深入分析。[5] 王振忠将徽商与明清淮扬社会的变迁联系起来。他考察徽商与明清两淮盐政的关系，分析徽商的社会流动及其与东南文化的关系诸问题。他对徽商家族组织和行业组织的考察，突破前人就商言商的狭窄经济史思路，对徽商的社会构成提出创见。[6] 作为经济学与法学的交叉学科，法经济学在分析犯罪问题或法律问题时，强调的不是公正而是效率。与佐伯富分析两淮盐场私盐的路径不同，张小也考察清代的私盐采用法经济学的理论框架。她认为

---

[1] 徐泓：《明代的盐法》（上下），台湾大学历史学研究所博士毕业论文，1972年。
[2] 杨念群、黄兴涛、毛丹主编：《新史学：多学科对话的图景》，北京：中国人民大学出版社，2003年。
[3] 吴海波、曾凡英：《中国盐业史学术研究一百年》，第201—202页。参见段雪玉：《〈中国盐业史学术研究一百年〉评介》，《中国史研究动态》2013年第3期。
[4] 陈锋：《清代盐政与盐税》（第二版），武汉：武汉大学出版社，2013年。
[5] 刘淼：《明代盐业经济研究》，汕头：汕头大学出版社，1996年。
[6] 王振忠：《明清徽商与淮扬社会变迁》，北京：生活·读书·新知三联书店，1996年。

清代私盐的泛滥源于需求和供给两方面的要求。买私是因为无法忍受官盐价格高昂,卖私是为获取利润或减免损失。清政府在抑制私盐方面投入成本过高时,亦尝试做一些让步,恰好也说明专商引岸制度与商品经济之间的根本矛盾,表现出政府对私盐的无能为力。[1]

值得一提的是自贡盐业史研究领域的几种新著。自贡盐业史研究的突破,得益于自贡市档案馆藏的3万余卷盐业档案,其中包括3000余件契约。在中国盐业史研究学术史上,自贡盐业档案就是一处无法估量的宝藏。[2] 20世纪90年代以来,在档案整理基础上,自贡盐业研究硕果累累,较为重要的包括彭久松和陈然合著的《中国契约股份制》,吴天颖的《井盐史探微》和吴斌、支果、曾凡英合著的《中国盐业契约论——以四川近现代盐业契约为中心》等。[3] 这些研究以契约为中心,讨论近代自贡盐业的股份制运作机制。从史料的撷取来看,自贡盐业史研究是独树一帜的。自贡盐业契约和档案也引起美国学者曾小萍的关注,她在《自贡商人:近代早期中国的企业家》一书中大量引用这些档案、契约。全书分为十章,从井盐技术、投资结构、劳动力、盐商宗族、盐政等几方面分析晚清自贡盐业的变迁。该书的创新在于对盐场的金融习俗机制和宗族的商业组织分析,提出公司法传入中国之前中国本土公司出现的制度基础等观点。[4]

---

[1] 张小也:《清代私盐问题研究》,北京:社会科学文献出版社,2001年。
[2] 张学君、冉光荣:《明清四川井盐史稿》,成都:四川人民出版社,1984年。彭泽益:《自贡盐业发展及井灶经营的特点》(代序),自贡市档案馆、北京经济学院、四川大学合编《自贡盐业契约档案选辑(1732—1949)》,北京:中国社会科学出版社,1985年,第1页。
[3] 张学君、冉光荣:《明清四川井盐史稿》,成都:四川人民出版社,1984年。宋良曦、钟长永:《川盐史论》,成都:四川人民出版社,1990年。彭久松、陈然:《中国契约股份制》,成都:成都科技大学出版社,1994年。吴天颖:《井盐史探微》,成都:四川人民出版社,1992年。吴斌、支果、曾凡英:《中国盐业契约论——以四川近现代盐业契约为中心》,成都:西南交通大学出版社,2007年。
[4] Madeleine Zelin, *The Merchants of Zigong: Industrial Entrepreneurship in Early Modern China*. New York: Columbia University Press, 2005. p.404. [美]曾小萍著,董建中译:《自贡商人:近代早期中国的企业家》,南京:江苏人民出版社,2014年。参见王笛:《社会史视野下的近代自贡盐商——曾小萍〈自贡商人:近代中国早期的工业企业家〉评介》,《清史译丛》(第7辑),北京:中国人民大学出版社,2008年,第264—271页。段雪玉:《中国本土公司制度研究的力作——评曾小萍著〈自贡商人:近代中国早期的工业企业家〉》,《盐业史研究》2009年第3期。

三　广东盐业史研究新视野

广东盐业历史虽然可以追溯久远，但因史料缺乏，前人研究集中于宋元明清时期。宋代以后，王朝官府对两广的食盐管制越来越严，盐法也越来越密："广南煮海之利，非一日也。自唐以前，鹾政荒略。宋元之后，制度渐详。而所谓法良意美，成宪可循者，率不多觏。"[1]宋元明清时期广东盐政愈益严密之表现，则是盐法志书的日渐丰富，广东盐业史研究实肇基于此。20世纪80年代以后，戴裔煊、郭正忠、陈高华等学者分别在宋元盐业史的通论性著作中讨论广南路的盐业盐政。[2]仲伟民、王建军、梁庚尧、汤开建、吴榕青、林日举、张国旺等学者专文探讨宋元广南东、西路的盐业盐政。[3]如果说宋元时期广南盐业研究集中于钞盐问题，明清时期的广东盐业盐政研究则对灶户、盐产地分布和盐商等问题有更为细致的讨论。关于明清时期广东灶户、盐产地等问题的研究，冯志强较早注意到明代广东盐户的户籍和课役，温春来考察清代广东盐场的灶户、灶丁的身份、贫困化等问题。余永哲讨论明代广东盐场的沿革，统计盐场的增删数量，勾勒明初至明中后期广东盐场变迁的概况。冼剑民将广东盐业分成清代前期、中期、后期三个阶段进行考察，他认为康熙朝以后至鸦片战争前这一时期，是广东盐业激烈变革的时代，主要表现在产场结构的调整、生熟盐产品的改换以及经营管理改革等三个方面。林永匡注意到

---

[1] 道光《两广盐法志》卷3《历代盐法考》，于浩辑《稀见明清经济史料丛刊》第一辑第39册，北京：国家图书馆出版社，2009年，第411页。
[2] 戴裔煊：《宋代钞盐制度研究》，北京：中华书局，1980年。郭正忠：《宋代盐业经济史》，北京：人民出版社，1990年。郭正忠：《宋代广盐课利及其账籍考辨》，《宋辽金史论丛》第二辑，北京：中华书局，1991年，第153—177页。陈高华：《元史研究论稿》，北京：中华书局，1991年，第67—98页。
[3] 仲伟民、王建军：《宋代广西地区的盐业和盐政》，《盐业史研究》1988年第2期。梁庚尧：《南宋广南的盐政》（上中下），《大陆杂志》1994年第1、2、3期。汤开建：《宋代香港地区的盐业生产及盐的走私》，《暨南学报》（哲学社会科学版）1995年第2期。吴榕青：《宋代潮州的盐业》，《韩山师范学院学报》1997年第3期。林日举：《北宋广南的盐政》，《中国社会经济史研究》2002年第1期。林日举：《南宋广南的钞盐法》，《中国社会科学院研究生院学报》2002年第6期。张国旺：《元代东南盐区盐业研究》，《文史》2006年第2期。

清代乾嘉以后广东西部的雷州府、琼州府的盐场由所属州县征解羁縻的现象。张江华通过海北盐课提举司所属盐场的裁撤，分析明代海北盐课提举司的兴废原因。王彬、黄秀莲、司徒尚纪统计广东与盐有关的地名，揭示出广东历史上盐业分布的空间特征。周琍著作、赖彩虹对清代广东盐场的数量和分布也有所涉及。吉成名的新作《中国古代食盐产地分布和变迁研究》主要利用盐法志、方志等史料列举两广盐区盐场的分布和数量。[1]

近年来，沿着华南研究的学术路径，一批学者和硕士、博士研究生通过搜集、整理民间文献和田野调查，对明清盐政和相关社会制度提出新解。黄国信长期致力于两广盐业史研究，他在《区与界：清代湘粤赣界邻地区食盐专卖研究》一书中考察食盐专卖制度在空间上划定区与界的运作机制。区与界问题，向来是历史地理学的专题。黄国信创造性地将区域社会研究在地理空间上的论题引入食盐专卖研究，对历史上长期因利益矛盾引发冲突的界邻地区问题提出新见。该书详细地展现出"区"与"界"的概念在食盐专卖利益冲突下构建及变迁的历史过程。[2]杨培娜以《濒海生计与王朝秩序》为题，探讨明清闽粤沿海地方社会的变迁。历史上的沿海社会依生计而分，有农、渔、盐、商。在不同的制度下，这些人又被赋予不同的身份标签，这些身份标签又具有多重性和流动性。明初户籍制度的创立，以"业"区分军、民、匠、灶等籍，并编入王朝的

---

[1] 冯志强：《明代广东的盐户》，《明清广东社会经济研究》，广州：广东人民出版社，1987年，第300—311页。温春来：《清代广东盐场的灶户与灶丁》，《盐业史研究》1997年第3期。余永哲：《明代广东盐场沿革考》，《广东史志》1989年第2期。余永哲：《明代广东盐业生产和盐课折银》，《中国社会经济史研究》1992年第1期。冼剑民：《清代广东的制盐业》，《盐业史研究》1990年第3期。林永匡：《清初的两广运司盐政》，《华南师范大学学报》1984年第4期。张江华：《明代海北盐课提举司的兴废及其原因》，《中国历史地理论丛》1997年第3期。王彬、黄秀莲、司徒尚纪：《地名与广东历史时期盐业分布研究》，《广东海洋大学学报》2011年第5期。周琍：《清代广东盐业与地方社会》，北京：中国社会科学出版社，2008年。赖彩虹：《清代两广盐法改革探析》，华中师范大学未刊硕士学位论文，2008年。吉成名：《中国古代食盐产地分布和变迁研究》，北京：中国书籍出版社，2013年，第374—378页。

[2] 黄国信：《区与界：清代湘粤赣界邻地区食盐专卖研究》，北京：生活·读书·新知三联书店，2006年。

里甲赋役体系，制度上将职业人群相对固定下来，以保证赋役和税课的征收。杨培娜重点考察军户卫所制度和盐场制度在闽粤沿海社会的设立，以此为出发点说明明代中后期至清代这一系列王朝制度如何因地方社会的变迁而调整、改革。具有扎实的田野调查和文献整理基础，该文在两方面有所贡献：一是对明代军户、民户、灶户等户籍制度在地方社会变迁历史过程的深入探讨；一是通过王朝教化、宗教仪式、士大夫文化观念的构建展现地方社会如何因应王朝制度表达经济、文化、权力的观念。[1]

东南沿海社会历史研究也是近年来明清史研究的一个热点，明清东南沿海盐业历史的研究成果丰富，尤其值得关注。香港学者卜永坚关注两淮盐政与盐商问题，他认为15世纪以后开中法从无预算、个别执行，逐步演变为盐引分类、开中定额，并进一步演变为通盘规划、预先开中，其实就是政府公债的发行。随着16世纪白银的进入，开中法下的盐引变为炒卖对象，盐商也分化为边商、内商两大集团。由此，明代两淮盐政制度不自觉地发展出公共资本市场制度。[2]关于东南地区盐场历史变迁机制的探讨，叶锦花、李晓龙、徐靖捷等人的研究视野更为集中。[3]吴滔、徐靖捷、沈萌等从历史地理的视角研究明清淮浙盐场社会颇有启发意义。[4]叶锦花以明清灶户制度运作机制为中心，探讨明清福建晋江浔美盐场社会变迁。她认为明代正统年间，随着福建沿海社会商品经济的发展，食盐运

---

[1] 杨培娜：《生计与制度：明清闽粤滨海社会秩序》，北京：社会科学文献出版社，2022年。
[2] 卜永坚：《盐引·公债·资本市场：以十五、十六世纪两淮盐政为中心》，《历史研究》2010年第4期。参见吴海波、曾凡英：《中国盐业史学术研究一百年》，第349页。
[3] 黄国信、叶锦花、李晓龙、徐靖捷：《民间文献与盐场历史研究》，《盐业史研究》2013年第4期。
[4] 吴滔：《海外之变体：明清时期崇明盐场兴废与区域发展》，《学术研究》2012年第5期。徐靖捷：《嘉靖倭乱两淮盐场盐徒身份的演变》，《盐业史研究》2013年第1期。徐靖捷：《苏北平原的捍海堰与淮南盐场历史地理考》，《扬州大学学报》（人文社会科学版）2015年第5期。徐靖捷：《明清淮南中十场的制度与社会——以盐场与州县的关系为中心》，中山大学未刊博士学位论文，2013年。沈萌：《绍兴灶户与滨海水利治理》，《华中师范大学学报》（人文社会科学版）2009年第4期。

销制度也相应发生了变化。盐课改折、食盐自由运销的趋势一直持续到清代，特别是闽台贸易关系的变化，浔美盐场也参与其中，一定程度上改变了明中后期以来的商品市场结构。[1]李晓龙长期关注东莞盐场和珠江三角洲社会，他认为宋元以来官府对珠江三角洲盐业的有效管理迟至明代栅甲制的全面建立。明清灶户的编籍受到实际政治运作的影响，清朝通过灶籍来整顿盐政、保障税入，不断调整盐场的赋役征收和管理方式，最终形成民灶不分的局面。明代中叶以后，随着沙田开发导致咸淡水交界线的向外推移，珠江三角洲地区的盐场逐渐衰退，灶户赋役沉重化，传统盐场社会逐渐失去盐业经济的基本职能。清代东莞地方官员和盐场的灶户以"盐入粮丁"的协作来共同应对盐法考成和盐税缴纳。[2]

四 盐场·盐商·盐区：盐业史研究的区域整体史取向

从盐场出发，历史人类学视野下的盐业史拓展出广阔的研究空间。一批问题意识新颖的盐场区域社会史研究成果引起盐业史界、

---

[1] 叶锦花：《雍正、乾隆年间福建食盐运销制度变革研究》，《四川理工学院学报》（社会科学版）2013年第3期。叶锦花：《亦商亦盗：灶户管理模式转变与明中期泉州沿海地方动乱》，《学术研究》2014年第5期。叶锦花：《盐政制度变革与明中后期的商业发展——以漳州、泉州地区为例》，《清华大学学报》（哲学社会科学版）2014年第6期。叶锦花：《宗族势力与清初迁界线的画定——以福建漳泉地区为中心》，《福建师范大学学报》（哲学社会科学版）2015年第1期。叶锦花：《明清灶户制度的运作及其调适——以福建晋江浔美盐场为例》，中山大学未刊博士学位论文，2012年。

[2] 李晓龙：《宋以降盐场基层管理与地方社会——以珠江三角洲地区为中心》，《盐业史研究》2010年第4期。李晓龙：《宋元时期华南的盐政运作与区域社会——以东莞盐场地区为中心》，《四川理工学院学报》（社会科学版）2013年第2期。李晓龙：《盐政运作与户籍制度的演变——以清代广东盐场灶户为中心》，《广东社会科学》2013年第2期。李晓龙：《灶户家族与明清盐场的运作——广东靖康盐场凤冈陈氏的个案研究》，《中山大学学报》（社会科学版）2013年第3期。李晓龙：《环境变迁与盐场生计》，《中国社会经济史研究》2015年第2期。李晓龙：《康乾时期的东莞县"盐入粮丁"与州县盐政的运作》，《清史研究》2015年第3期。李晓龙：《从生产场所到基层单位：清代广东盐场基层管理探析》，《盐业史研究》2016年第1期。李晓龙：《承旧启新：洪武年间广东盐课提举司盐场制度的建立》，《中国经济史研究》2016年第3期。李晓龙：《明清盐场制度的社会史研究——以广东归德、靖康盐场为例》，中山大学未刊博士学位论文，2013年。

经济史界的关注。对此,李晓龙、温春来从理论层面总结以盐场社会为对象的研究范式。他们反思以往盐史的研究范式,认为当前中国盐史研究需要超越既往范式,引入社会史视角,重视民间文献的搜集与整理,重视盐场区域社会的整体性研究,考察制度运作与地域社会文化的结构过程,以深化盐史研究。[1]

自2007年台山海晏盐场调查至今,我的田野点在不断延伸。从台山、珠海到阳江、电白、吴川,从东莞到惠东、汕尾海陆丰地区、潮汕地区,它们覆盖明清时期两广盐区产量最高的全部盐场。从地图上看,我一直行走在广东的海岸线上。但是,针对这些盐场的田野调查,我并非最初就做好了完美计划。当我完成台山、珠海的几处盐场的田野调查和论文撰写后,研究陷入困境。原因在于,清代以后这些地方其实无盐可产,盐场名存实亡。如果一直停留在这些盐场社会继续研究,那么主要处理的是历史上盐业人群的生计转向问题,而博士论文也只能是上述盐场研究堆砌出来的相似个案。

与此同时,我注意到清代刊刻的三部《两广盐法志》以及两广地方史志对盐法的大量记载,无不说明清代两广食盐依然产销两旺,盐政管控也相当严密。当我将视野转向盐法志中那些高产的盐场时,它们与珠江三角洲地区的盐场恰好形成鲜明对照。接下来的几年,我继续在汕尾海陆丰地区和潮汕地区调研,这些盐场社会丰富的历史遗存促使我开始重新思考两广盐业生产整体格局的变化,我也跳出盐场个案研究的藩篱,进一步将视野扩大到整个盐区。本书第一、二章即从空间和时间两个维度呈现明清时期广东盐场生产变迁过程,提出盐业中心从宋元时期珠江三角洲地区向明清时期汕尾海陆丰地区转移的看法。

第三章的主题是与这一生产空间转变相适应的两广食盐运销新制度。本书沿用盐法志的统称,将这一运销新制度概括为省河体系

---

[1] 李晓龙、温春来:《中国盐史研究的理论视野和研究取向》,《史学理论研究》2013年第2期。

和潮桥体系,并认为两大体系运作既相互独立又统一于两广盐区,自明代后期相沿直至民国时期。具体而言,省河体系是以广州为总枢纽的运销体系,覆盖范围包括广西全境、广东的北江流域、东江流域等两广盐区绝大多数州县,是两广盐区的主体。即从位于广东海岸线东西两翼的盐场将食盐海运入广州,伶仃洋的虎门为海运食盐转入珠江河道的重要门户,食盐须经过虎门掣验才能入广州盐仓,再由各州县埠商承买并转运至销区。潮桥体系是以潮州广济桥为枢纽的运销体系,覆盖范围主要是韩江流域的州县。潮州府属盐场食盐水运至潮州广济桥,再转运至潮州府、嘉应州、福建汀州府以及江西赣南地区的州县。入清以后,这套产销相配合的新办法经过一系列盐政改革在乾隆时期最终确立起来。

第四章讨论两广盐区省河体系和潮桥体系中的盐商。明后期以降,随着盐产中心的转移,两广盐区盐商的食盐运销在空间上区分为海运和埠运两种职能,他们分别被称为水客和埠商。承担海运职能的水客是两广盐区独有的一种海运盐商,他们至迟从明后期开始将海陆丰地区、阳江地区、电白吴川地区、潮汕地区等高产盐场的食盐海运至广州和潮州,清代中后期他们也被称为运商、下河商,其开设的运馆聚集于广州。埠商即州县盐商,除番禺、南海县埠数较多,其余一般一县(州)一埠,埠商从广州和潮州的官盐仓购买食盐,再运往两广全境以及湘、赣、闽等界邻州县。乾隆时期两广盐区总计188埠,包括省河159埠,潮桥29埠。

那么,省河体系和潮桥体系中活跃的水客和埠商是谁?想要发现他们的踪影非常困难,盐法志等官史文献除了商名,几乎没有他们的相关记载。在前人研究基础上,我从图书馆和田野调查获得的族谱入手,经过细密爬梳,钩沉出几个清代省河大盐商家族的事迹。他们中有扩张州县埠业的大盐商,有发迹于海上的大运商,虽然只有寥寥数个,却可以初步勾勒清代两广盐区大盐商家族的历史面貌。这些大盐商多出自两广官府衙门,或吏或幕,通过承办埠务发迹，其家族后代房系成员相继参与埠务，垄断埠务短则十余、几十年，有的甚至长达一个半世纪。乾隆中期以后，大盐商多在广州高第街构筑省馆作为办事机构，办理请照、缴饷、配盐、装运及指挥本埠一切事宜。大盐商家族通过科举出仕、捐输周旋于两广政界高层，参与地方政务、军务。乾嘉之际大盐商扩张成跨州连县的总埠，并以确保盐税理由推动改埠归纲改革，形成六柜新体制，实则维护其总埠经营权力。

综观本书各章论题，我希望呈现给读者从盐场出发考察盐商运销，进而讨论两广盐区历史运作机制。近年来，明清史区域研究讨论颇为热烈。唐宋以降食盐专卖制度催生了盐区这一概念，它是各自独立运作的区域，是一个有着盐场、盐商、食盐市场诸要素的区域，也是交织着盐政、财政、军政复杂权力网络的区域。日本学者佐伯富认为清帝国至少有九大行盐地。[1]黄国信认为最迟在隆庆年间形成两广盐区的区域概念。[2]他的研究表明明清时期两广盐区范围还是大致稳定和清晰的。本书以16—19世纪两广盐区历史为研究对象，即是盐区整体区域史研究取向。方法上，盐区整体区域史研究就像一块完整拼图，我所做的是整合盐法志等官史文献以及持续不断的田野调查获得的大量民间文献，将积累的盐场、盐商个案纳入盐区这个整体，考察明清时期两广盐区运作机制，从而得出合乎历史逻辑的解释。

本书四章论题，尝试从盐场、盐商、盐区体系三方面构建一幅两广盐区整体动态历史图像，结论是否成立，留待读者与学界同人检验。我也深知，各章论题囿于史料尚有较多空间，例如盐政、财政与军政复杂权力关系的分析相对欠缺，这些都是今后需要深入研究的课题。

---

[1] [日]佐伯富著，顾南、顾学稼译：《清代盐政之研究》，《盐业史研究》1993年第2期。
[2] 黄国信：《明清两广盐区的食盐专卖与盐商》，《盐业史研究》1999年第4期。

第一章　明后期广东盐场新格局

明代盐政，论者以为既承袭前代的成法，又比前代更为严密和复杂。"洪武初，诸产盐地次第设官"[1]，除限定产区和产额，还在产区设立行政组织、生产组织，设官管理，组织盐民，以确保盐的生产，保证专卖收益。[2]不过，洪武初年的盐场制度并非整齐划一地在各地推行。本章首先考察元明之际广东盐场社会中的乡豪势力，揭示明初广东盐产地社会的复杂构成。前人研究表明，明初广东盐场在元制基础上虽有所创建，但管理颇为松散，盐课所征无多。英宗正统、天顺年间两广动乱频繁，盐场灶丁逃散，盐课无征。为筹措军饷，天顺以后两广地方政府试图通过灶户编籍加强盐场的管理。盐课折银与晒盐法的推行却使灶户编籍失去意义。天顺以后盐课开始改折，从折米到折银，嘉靖时期广东盐课已全部折银。晒盐法的推行不仅加剧了对沿海荡地滩涂的争夺，还使征收对象从灶户灶丁转向盐田池坎等资产。

明代盐场的相关研究，着眼于盐场社会内部的历史变迁。然而，盐场并不是凝固的、一成不变的盐区地理单位。事实上，明代中后期广东盐场的分布，较明初已有明显的改变。当我们讨论盐场灶丁逃亡、盐课无征的时候，是否也应当考虑盐场以外、广东沿海地区变化的因素？本章的研究重点是关注明代中后期广东盐场格局的改变，主

---

[1]《明史》卷80《食货四·盐法》，第1931页。
[2] 陈诗启：《明代的灶户和盐的生产》，第153页。徐泓：《明代前期的食盐生产组织》，《文史哲学报》（台北）第24期。

要表现在两个方面。一、珠江三角洲地区盐场与沙田的互为消长。宋元时期珠江三角洲盐场是广盐的生产中心,随着珠江三角洲地区沙田开发,海水变淡,海岛之间大片海域逐渐升成陆地,盐场为沙田所取代,广盐生产中心地位终致丧失。万历年间香山县盐场改为稻田、灶户转变生业的个案,是珠江三角洲地区盐业衰落的典型模式。二、海北盐课提举司的裁革。明代前期,海北盐课提举司的盐主要供应广西和湖广等省食盐市场,由于南北河运交通的阻滞,海北盐北运广西成本过高。与此同时,广东盐课提举司的盐在明初已借助开中制源源不断地从西江航道输入广西并北上湖南。万历时期海北盐课提举司的裁革标志着两广、湘赣等界邻府州县的食盐转由广东盐课提举司盐场供应。明后期广东盐产地的新格局对制度变革提出要求,明清鼎革中断了这一进程,一直到清朝康乾时期方才全面铺开。

一 乡豪与盐场

明朝开国即立盐法,承宋元旧制,以厘盐政,然更为严密:"设转运司者六,提举司者七,盐课司以百计。"[1]但是,洪武初年广东、海北提举司盐场制度的推行,并非一蹴而就,而是经过长时期的调适。明承元制,意味着对盐场社会既有关系的承认。在以统一为前提的制度推行中,朝廷在相当长的时期与地方势力展开拉锯。东莞伯何真的事迹颇具代表性。前人研究以以东莞伯何真为代表的乡豪势力在元明之际的遭遇为中心,勾勒出广东政治的演变过程,揭示出地方社会在明帝国以统一为目标的政治和文化策略之下的转变。[2]实际上,

---

[1] 万历《大明会典》卷32,《课程一·盐法一》,《续修四库全书》编纂委员会编《续修四库全书》史部第789册,上海:上海古籍出版社,2002年,第559页。
[2] 参见汤开建:《元明之际广东政治演变与东莞何氏家族》,《中国史研究》2001年第1期。刘志伟:《从乡豪历史到士人记忆——由黄佐〈自叙先行状〉看明代地方势力的转变》,《历史研究》2006年第6期。科大卫著,卜永坚译:《皇帝和祖宗——华南的国家与宗族》,第81—83页。

乡豪所支配的格局与其对社会经济资源的掌控密不可分。乡豪的崛起，往往伴随着地域社会经济、政治、文化等资源的转移。成书于明宣德九年（1434）的《庐江郡何氏家记》（以下简称《家记》）是一份难得的口述历史资料，[1]生动、详细地记载了元明之际广东乡豪势力的纷争。《家记》中多处提及东莞境内的几处盐场、盐栅，显示出何真家族及其他乡豪势力与东莞、惠州等地盐场盐政的密切关系，以往史家对此甚少提及。那么，凭借元末广东社会动乱而崛起的何真家族与盐场有何关系？盐场之于何真等乡豪势力有着什么样的意义？

《家记》由东莞伯何真子何崇祖于宣德九年（1434）辑录，流传至今的是其裔孙何渐逞在万历三十二年（1604）的重抄本，今人郑振铎收入《玄览堂丛书续集》并影印出版。[2]按何崇祖序，《家记》原本出自何真，于"洪武五年（1372）公事余，辑录家记与义祠遗训"，曾出示给宋濂阅览。洪武二十年（1387），何真获封东莞伯，命子崇祖"携家记并遗训及诗文回惠，藏于义祠"。六年后（洪武二十六年，1393），何氏受蓝玉案牵连，"阖族丧于非命，祠废记亡"。朱元璋的大赦，何崇祖得以"苟幸一生，复见天日"，八十余岁始将散佚的《家记》辑录成篇。《家记》记述何真及其家族事迹相当详细，尤其是元末何真起兵的历次战役，非亲历者不可能记载得如此纤悉。因此，《家记》有着非常高的史料价值。[3]按何崇祖的辈分，《家记》首叙家世源流，始祖乾符在宋室南渡后"由南雄郡宝昌县沙水乡七星树下珠玑巷"南下抵东莞，初居莞邑附郭栅口[4]，生高祖，

---

[1]《明史》卷97，《艺文二》："何荣祖《家记》一卷，何真子，纪真事"，第2381页。何荣祖，《家记》名"何崇祖"。
[2] 郑振铎辑：《玄览堂丛书续集》第四册，（台北）"中央图书馆"影印本，1947年。
[3] 刘志伟：《从乡豪历史到士人记忆——由黄佐〈自叙先世行状〉看晚代地方势力的转变》，第53页。
[4] 宣统《东莞县志》卷9，《舆地略八·风俗》记："县邑附郭，物博地广，东自棠梨、西及榕木，居民鳞贯十余里，以所家近市，故商贾百工豪右轻侠，杂厝不纯，然其君子各以文雅矜尚，自胜国以来所称科目渊薮，实在于是。"广东省地方史志办公室辑《广东历代方志集成·广州府部》，广州：岭南美术出版社，2007年，第148页。

高祖娶东莞横冈袁氏，生曾祖发藻，发藻娶四妻妾，共七子，其中邝氏生何真父亲何贤等三子，何贤生何真、何迪二子，何真有六子。何氏传五世，在东莞开枝散叶。文内对曾祖何发藻家道寝昌的事迹着墨颇多，称其"创土名员头山、石壁头、周塘等宅场，筑居员头山[1]，招佃张、游、吴、黎、陈、魏、黄、叶等姓旁居"[2]。有大片耕地和佃户，说明至何真祖父一辈何氏在当地已颇具势力。

何真出生于元至治年间（1321—1323）[3]，自小喜骑马射箭，也颇涉诗书。至长，娶上茶园叶氏，生六子。年轻的何真与广东官府中的一些吏员多有往来：广东廉访司书吏赵伯高、李文彬，都元帅府知印范士雄，并由此结交都元帅府元帅，曾拜访海北道廉访司佥事黑的儿。何真还交游"郡儒"黄观澜、孙蕡[4]、林齐汉，在地方仕宦社会中建立起关系网络。元末的东莞社会，"刑罚不中，乡豪武断，贵凌贱、富欺贫"[5]。元至正初，何真曾跟随伯舅游闽浙。时广东"南台御史八撒剌不花镇省，便宜行事，下都元帅沙家班、知印范士雄狱，死。缘沙家班前授金紫光禄大夫，降散官，故不拱伏，致祸及身"。何真除授河源县务官，旋改任淡水场管勾[6]。考淡水场，宋时惠州所属归善县境有"淡水盐场"[7]，元大德《南海志》载"淡水、石桥二场，隶惠州路……淡水场，周岁散办盐一千九百二

---

[1] 今东莞市茶山镇有何屋村，村民多姓何。另，附近有黄屋村，"传说此地为宋代一名员差头领的封地，故名员头山"。参见《广东省东莞市地名志》，广州：广东高等教育出版社，1987年，第228页。《东莞茶山何屋村何氏族谱》记载何氏祖居南雄，历十世。何氏嗣祖迁东莞城西栅口，复迁员头山（今茶山黄屋、刘屋二乡）。明初封东莞伯的何真，为入莞后第五代孙。香港萧国健教授则认为何氏子孙分两支相传，一支世居东莞笋岗松围下（今深圳市），一支是何崇祖的后代，分别居住在东莞之江头、笋岗、大莆。参见萧国健：《深圳地区之家族发展》之肆《笋岗村何氏》，香港：显朝书室出版社，1992年，第41—46页。
[2] 《家记》，第3页。
[3] 《家记》何真病逝于洪武二十一年（1388），享年67岁，按虚岁计算需减去一岁，可知何真出生于1322年，也就是元至治二年。
[4] 《明史》卷285，《孙蕡传》，第7331—7332页。
[5] 《家记》，第4页。
[6] 《家记》，第5页。《明史》卷130，《何真传》："元至正初，（何真）为河源县务副使，转淡水场管勾，弃官归"，第3834页。
[7] 《宋史》卷90，志第43《地理六·广南东路》，北京：中华书局，1977年，第2239页。

引"[1]。元代广东"盐场十三所,每所司令一员,从七品;司丞一员,从八品;管勾一员,从九品"[2]。但是,何真却没有赴盐场上任,《家记》声称是由于世乱:"时湖广徐真一,号红巾,起兵沔阳、浙东;方国珍截粮于海道;张士诚起兵高邮;陈友谅起兵江西;南海卢述善聚船叛逆;三山邵宗愚,字仁可,聚兵抗官。"[3]不过,僻于海边的从九品盐官显然不能使何真安心,面对元末社会之乱象,何真归侍母亲以等待时机。

很快,"台官命都元帅府及万户府调各县兵,分道征宗愚。东莞差明安督兵,选父(何真)与封微之[4]从征"。何真初战即告败,辞归。此时广东大乱,"韶、庆、潮、惠蜂起",何真赴"便宜官前陈剿寇安民之策"。[5]东莞石冈王成[6]起事,"呼乡豪,皆赴",令至何真,何真婉拒。王成以射盟为由赴何真处,何真与叔父何同兴设计杀王成失败,遭到王成的追杀。无可奈何之下,何真于至正十四年(1354)"与叔祖同兴、梁志大等赴元帅府告(王)成作乱",蒙调万户府兵剿捕,失利。时王成出赏帖擒告者,其中能擒何真者赏百金。何真遂伪造官批离开东莞逃往博罗,后"由归善虎琶径回坜冈佃甲龚胡家居"[7]。

至正十五年(1355),东莞县境内乡豪势力相继而起,割据一方,相互间混战不已(参见表1-1)。东莞势力最大的几个乡豪如文仲举、郑润卿等,控制的正是东莞县境靖康、归德、东莞、黄田等

---

[1] 元大德《南海志》卷6,《盐课·赋税》,广东省地方史志办公室辑《广东历代方志集成·广州府部》,第7页。
[2] 《元史》卷91,志第41上《百官七》,北京:中华书局,1976年,第2314页。
[3] 《家记》,第5页。
[4] 封微之,东莞枫涌寮步人,元末据寮步,后为王成所杀。参见《家记》,第8页。
[5] 《家记》,第5页。
[6] 王成,又名一诚,字可成或可诚,乃东莞石冈巨绅王梦元次子,王梦元多次聚兵平寇,声名远播。至正十一年(1351)后,东莞群雄并起,王成"捐赀募士,屡抗大敌,以功授广东道副元帅"。《东莞县志》卷91,《金石略三·王府君墓铭》,广东省地方史志办公室辑《广东历代方志集成·广州府部》,第971—972页。《东莞县志》卷92,《金石略四·故宣武将军广东道副元帅王君夫人黎氏墓志铭》,第974页。按:《家记》第6页之"君冈王成",疑误,当为石冈王成。
[7] 《家记》,第7页。

几大盐场和盐栅。文仲举、郑润卿"常请（何真）代领其兵，战无不克"[1]。王成攻寮步的封微之，微之被杀，其子封靖卿投奔何真，欲联合何真而自立，何真却认为"须因地利而籍文公（指文仲举）之势方能济事。遂谋于仲举，筑清塘镇焉"[2]。足见其时何真势力尚弱，不得不依附势力更强的乡豪。

表1-1　至正十五年东莞乡豪割据形势一览表

序号	姓名	割据地	备注
1	李确	靖康场	
2	文仲举	归德场	东贲
3	吴彦明	东莞场	
4	郑润卿	西乡黄田	
5	杨润德	水心镇	
6	梁国瑞	官田	
7	刘显卿	竹山下萍湖	
8	萧汉明	盐田	
9	黎敏德	九江水崩江	
10	黄时举	江边	
11	封微之	枫涌寮步	
12	梁志大	板石老洋枰柏地黄漕	
13	袁克贤	温塘	
14	陈仲玉	吴园	
15	陈子用	新塘	
16	王惠卿	厚街	
17	张样卿	篁村	
18	张伯宁男张黎昌	万家租小亭	
19	曹任拙	湛菜	

资料来源：作者根据《家记》第8页制作。按：表中所列乡豪的割据地皆在今东莞市、深圳市和香港特别行政区。参见《广东省东莞市地名志》，《深圳市地名志》，北京：科学普及出版社，1987年。

---

[1]《家记》，第8页。
[2]《家记》，第9页。

东莞生产和管理海盐的历史可追溯至汉末三国时期,"东莞县,汉南海郡地。吴甘露二年(266)始置司盐都尉。晋戎帝咸和六年(331)立东莞郡,其治在东莞场。莞字本作官,领县六,宝安、安德、兴宁、海丰、海安、忻乐是也。安帝义熙九年(413),立义安郡。宋齐志云东官太守,治宝安县。南齐志亦云东莞郡,有宝安,而治怀安,是晋宋齐皆为郡"[1]。唐代东莞"有盐"[2]。宋代,"广州东莞静康等十三场,岁鬻二万四千余石,以给本路及西路之昭桂州、江南之南安军"[3]。按《宋会要辑稿》,宋时东莞有靖康、大宁、海南、东莞、广田(或疑"黄田"之误)、归德等场,是广州的主要盐产区。[4]《宋史》载东莞有"静康等三盐场,海南、黄田等三盐栅"[5](参见地图1)。元代,隶属广州路的七个盐场有四个都在东莞县境:"广州本路所管者,靖康、香山、东莞、归德、黄田、海晏、矬峒七场",其中"黄田场周岁散办盐五百八十二引,东莞场周岁散办盐四百一十二引,……归德场周岁散办盐二千五十八引,靖康场周岁散办盐二千五十八引"[6]。又,元"大德四年(1300),改广东盐课提举司。……盐场十三所……靖康场,归德场,东莞场,黄田场,香山场,矬峒场,双恩场,咸水场,淡水场,石桥场,隆井场,招收场,小江场"[7]。

宋元时期东莞已是广东海盐生产中心,东莞濒海地区的居民多以鱼盐为生,如大奚山(今香港大屿山)岛民"不事农桑,不隶征

---

[1] 天顺《东莞县志》卷1,《沿革》,广东省地方史志办公室辑《广东历代方志集成·广州府部》,第9页。
[2] 《新唐书》卷43上,志第33上《地理七上·岭南道》,北京:中华书局,1975年,第1096页。
[3] 《宋史》卷183,志第136《食货下五·盐下》,第4466页。
[4] [清]徐松辑:《宋会要辑稿》卷9791,《食货》二六之二七,绍兴十二年(1142)五月六日户部条,北京:中华书局,1957年,第5248页。参见王存撰、王文楚、魏嵩山点校:《元丰九域志》卷9,《福建路,广南路》,北京:中华书局,1984年,第409页。
[5] 《宋史》卷90,志第43《地理六》,第2235—2236页。
[6] 《南海志》卷6,《税赋·盐课》,广东省地方史志办公室辑《广东历代方志集成·广州府部》,第7—8页。
[7] 《元史》卷91,志第41上《百官七》,第2314页。

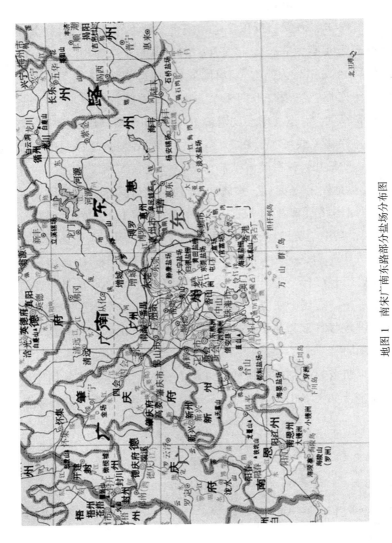

地图 1　南末广南东路部分盐场分布图

资料来源：谭其骧主编：《中国历史地图集》第 6 册《宋辽金时期》，北京：中国地图出版社，1982 年。参见梁庚尧：《南末广南的盐政》（上），《大陆杂志》1994 年第 1 期，第 7—8 页。

摇,以鱼盐为生"[1]。从现有史料来看,宋元官府对盐场的管理,既有官府管理的盐户、亭户,也有独立自营之盐民。宋代广南路官府管理的盐民称"盐户"或"亭户":"广州濒海煎盐户,输官盐,每斤给钱六文。"[2]广南东路南恩州阳江县(今广东阳江县)曾"劝诱到民户"开置盐田并"置场",该路提举盐茶司"置灶六十有七"[3]。即使是那些被纳入盐场的盐户、亭户,将所煎盐中卖入官后仍保留生产的自由:"诏广南东路亭户中官盐货正额与额外之数,并依两浙正额盐价一十四文足收买。所添钱依官给一半,客纳一半,仍令榷货务添揩前去盐场送纳。"[4]按卖纳盐课数量的差别,"亭户"也有等级之分。如广西路廉州盐场规定亭户按月卖纳盐课从"八石至三石,凡五等"[5]。也有上、中、下三个户等的划分办法。[6]亭户也有贫富之分,有盐户不能如额缴纳盐课,为筹资而"质其妻子于富室"[7]。

  盐场以外的盐民其性质为合法的私盐户,可以自营海盐。在官员的招置下,有些盐民也愿意纳入官盐场从事生产:"(绍兴三十年五月,1160)二十八日广东提盐司言:秉义郎高立,前监静康、大宁、海南三盐场,任内同专典宋初招置到盐户莫演等六十二名、灶六十二眼,乞推赏事。……欲将监官高立比附淮东监修置场官降一等减一年磨勘,专典宋初令广东提盐司,依淮东手分体例犒设一次。从之。"[8]郭正忠先生认为"莫演"等六十二盐户为独立自营盐民,"他们不论

---

[1] 道光《广东通志》卷185,《前事略五》,广东省地方史志办公室辑《广东历代方志集成·省部》,广州:岭南美术出版社,2006年,第3086页。
[2] [宋]李焘撰:《续资治通鉴长编》卷114,北京:中华书局,1985年,第2671页。
[3] 徐松辑:《宋会要辑稿》卷9791,《食货》二六之一,第5234页。[宋]李心传:《建炎以来系年要录》卷43,绍兴元年三月壬子条,《影印文渊阁四库全书》史部第83册,台北:商务印书馆,1986年,第598页。
[4] 徐松辑:《宋会要辑稿》卷9791,《食货》二六之一一,第5239页。
[5] 《文献通考》卷15,《征榷考二》,北京:中华书局,1986年,考155。
[6] 徐松辑:《宋会要辑稿》卷9791,《食货》二八之二八,第5292页。
[7] 《名臣碑传琬琰集》卷1,元献公晏殊:《马志肃公亮墓志铭》载马亮出知广州,发现"濒海盐夫有负课而乏资者,妻孥质于豪族"。《名臣碑传琬琰集》,赵铁寒主编《宋史资料萃编》第二辑,台北:文海出版社,1968年,第452页。
[8] 徐松辑:《宋会要辑稿》卷9791,《食货》二七之三、四,第5256—5257页。

迁徙、经营产业、处置其产品等,都有一定的自由"[1]。自营式盐民的利益一旦与官盐利益发生冲突,官府往往以"私盐"之罪名加以惩治。庆元三年(1197)闰六月,广东大奚山岛盐民动乱,时任广东提举茶盐徐安国派人入岛剿抚。[2]汤开建先生对大奚山岛盐民的研究表明"宋王朝虽然在大奚山设立了海南盐场,集中了一部分盐民,但仍有相当大部分盐业生产个体户未在国家控制之列"[3]。

宋末元初,广东作为南宋政权退守的根据地,抵抗一直很激烈。特别是东莞和新会,成为南宋益王赵昰及其军臣最后驻守和抵抗之所。东莞有熊飞"奋起勤王",至元十三年(1276)失败身死。虽然东莞县志称"元既混一,设官治邑,赋税稍轻,民亦安戢"[4],但是境内的动乱一直没有停止。至元二十年(1283),广东沿海盐民起事,《元史·合剌普华传》详载此事。时合剌普华因漕运事得罪阿合马:"阿合马愤之,乃出合剌普华为宁海路达鲁花赤,后迁江南宣慰使,未至官,改广东都转运盐使,兼领诸番市舶。……时盗梗盐法,陈良臣扇东莞、香山、惠州负贩之徒万人为乱,江西行省命与招讨使答失蛮讨捕之,先驱斩渠魁,以讯馘告,躬抵贼巢,招诱余党复业,仍条言盐法之不便者,悉除其害。"[5]元张伯淳《养蒙文集》之《嘉兴路总管府推官刘君先莹碑》也载此事:"至元壬午(1282)……明年(癸未,1283)提举广东盐使司事。广寇黎德弄兵,聚致千艘,所过州县倾动。君躬率艖丁,与之犄角,官场赖以安。所储库盐得存以斤计者八万。招徕叛民顾总统、邓监军凡二十有六人,鬻盐户周从龙等遁去来归者四十家,擒许宽三十七人倚众抵禁者。"盐户陈

---

[1] 郭正忠:《宋代盐业经济史》,北京:人民出版社,1990年,第92—93页。
[2] [清]毕沅:《续资治通鉴》卷154,南宋宁宗"庆元三年闰六月",北京:中华书局,1957年,第4150页。
[3] 汤开建:《宋代香港地区的盐业生产及盐的走私》,《暨南学报》(哲学社会科学版)1995年第2期。
[4] 天顺《东莞县志》卷2,《历世事迹》,广东省地方史志办公室辑《广东历代方志集成·广州府部》,第18页。
[5] 《元史》卷193,列传第80《合剌普华传》,第4384—4385页。

良臣动辄可以煽动"东莞、香山、惠州负贩之徒万人","广寇黎德弄兵"也可以"聚致千艘,所过州县倾动"。[1]

面对乡豪割据混战的局面,势力弱小的何真不得不依附归德场的文仲举。不过,寄人篱下的滋味并不好受,部将内讧不休,文仲举也容不下这位素有谋略的年轻人。很快,何真与文仲举分道扬镳,回到坭冈。[2]此时何真家庭也发生变故,母亲和妻子相继去世,何真大病一场。至正十八年(1358)何真娶继妻廖氏,廖氏"乃黄田场盐官女,本官北方人家,法纯良,继母贤淑慈爱"[3]。笋岗乡豪欧广父子聚众筑黄坑岭表营,后筑笋岗营,耻受制于郑润卿,郑患之。欧暴虐失众心,郑赂欧部下格杀之,郑请何真入镇其营。何真入营后,遭到郑手下部将的排挤,他们向郑献计,将何真家属迁入镇营,以掣肘黄田场诸路,欲擒何真。何真认为如果顺之,则命不免;不顺,则南有东莞场吴彦明,西有东莞文仲举、水心镇杨润德,东有盐田萧汉明,北有竹山下刘显卿,都是郑的姻亲,如果联合来攻,自己将腹背受敌。何真选择背水一战以摆脱郑的控制。首战失利,何真部将损大半。瓢湖迳一役,何真反败为胜,生擒敌四百余人,斩首七百六十余级。[4]

何真与文仲举、郑润卿的两次交锋,虽勉强保存实力不被歼灭,但囊空如洗、四面临敌的窘况,迫使何真谋划出走,以避免被诸豪势力吞并的结局。至正十九年(1359),何真派长子领兵往惠州屯驻,遣将赴官告来由。时惠州地方长官姓彭,何真与这位彭守关系相当好,二人"情契谊合"。何真来归,彭守表示欢迎:"何公乃旧识,因王成乱,奔居坭冈庄,孤兵处群雄间。今遣子来,乃为名义,

---

[1] [元]张伯淳:《养蒙文集》卷4,《嘉兴路总管府推官刘君先莹碑》,《影印文渊阁四库全书》,集部别集类133,上海:上海古籍出版社,1986年,第460页。
[2] 《家记》,第8—11页。
[3] 《家记》,第12页。
[4] 《家记》,第13—16页。

无他图。"[1] 其时惠州境内也不平静，与郡城一江之隔的宝江，贼营猖獗，何真子及部将与战，大获全胜。彭守录何真等人军功事，申便宜官前，何真得授惠州路府判。至正二十年（1360），何真再升任惠州路同知。[2] 何真能够在一年内两次得授官职，这恐怕就是彭守所说的"为名义"吧。跻身惠州路官员行列，何真协助彭守平定境内多起叛乱，势力渐强，引起镇守惠州的一些武将的不满，为避免矛盾激化，何真退回东莞。镇守水心镇的杨润德遣子往迎，许婚姻，东莞桥垅诸营兵遂归附何真。时何真二子与九江水本地氏族联姻，引起黎敏德不满，何、黎矛盾激化，两军开战，黎敏德战败弃营。郑润卿少了黎敏德的协助，自此惶惶度日，不敢扰境。官田的梁国瑞被杨润德打败，携家眷部将归附何真。[3]

至正二十一年（1361），藩府帅黄常求镇惠郡，专擅兵权，罗织彭守罪名，下狱，鸩杀之。关于黄常叛乱一事，《明史·何真传》略记："（至正）十四年（1354），……久之，惠州人王仲刚与叛将黄常据惠，真击走常，杀仲刚，以功授惠阳路同知、广东都元帅，守惠州。"[4]《明史》记黄常叛惠的时间比《家记》所记早了七年，汤开建认为黄常叛惠的准确时间应为至正二十一年，而不是至正十四年，王仲刚与黄常实为同一人。[5] 黄常在惠州叛乱一事引起何真的警觉，他的第一反应就是坚决平叛。对何真而言，惠州是后方根据地，一旦东莞形势紧张，尚可以带兵退回惠州驻守，以存实力。因此，何真即"命叔（何迪）守镇，遂往征常"[6]。黄常逃出惠州，依附王成，邀王成共同进攻惠州[7]，何真击退之。何真以军功事申闻便宜官，获

---

[1]《家记》，第17页。
[2]《家记》，第18页。
[3]《家记》，第19—21页。
[4]《明史》卷130，《何真传》，第3834—3835页。
[5] 汤开建：《元明之际广东政局演变与东莞何氏家族》。
[6]《家记》，第21页。
[7] 宣统《东莞县志》卷91，《金石略三·王府君墓志铭》，广东省地方史志办公室辑《广东历代方志集成·广州府部》，第971—972页。

授惠州路总管,被授命攻打惠州境内叛将。博罗县万户马丑汗、平陵李满林、蓝口陈瑞渊、墩头何福、胡洞镇胡毅可、十社陈英俊、莲塘冈李仁翁来谒何真,皆归附。何真随即率马丑汗等还征东莞的郑润卿、吴彦明,郑、吴相继投降,遣子随侍何真。

平定黄常叛乱之后,何真拥据惠州、东莞等地,俨然一方诸侯。[1]此时,何真的主要对手是东莞王成。至正二十二年(1362),何真将主力移回东莞,开始了与王成的拉锯战。何真首攻据水里狮子围、都乐里东楼围的魏可道。魏可道兵败被部将擒送何真。至正二十三年(1363),何真与王成正面交锋,王成一退再退,从乌湿营、福隆营,退至茶园,再退至水南营,何真步步进逼。王成求援卢述善,卢与邵宗愚、张伯宁男张黎昌驾楼船数百来救援。何真征东莞,张黎昌势穷退回万家租。篁村张邦祥、赤岭陈希鲁、厚街王惠卿闻风降。靖康场李确来战,败,弃乌沙营,奔守海南栅营。何真至东莞,归德曾伯由白石、文七偕侄文朝贵来降。何真命其守营,朝贵随侍。何真回师惠州,征河源,诸寨皆降。八月,卢述善、邵宗愚攻广州,城破,邵宗愚据广州。但是,邵占据广州引起四方乡豪的不满。德庆州元帅李质、岐石元帅梁以默、盐步元帅高彬、西南元帅李质、山南元帅关熙、黄莲同知关敏、清远元帅秦德用、四会元帅方志、紫坭元帅张志卿、市底元帅黄子德、白坭元帅邓举,皆便宜授职,共愤邵,合谋讨邵。邵宗愚见四面树敌,为保存实力,决定退出广州,迎何真入城。[2]至正二十五年(1365),陈友谅命平章龙天瑞偕将攻循、梅二州,何迪援,败,二州尽为红巾军占有。此时,陈友谅据江西,陈友定据福建,张士诚据浙江,京路梗阻,何真命造船由海路,遣省都事鲁献道进表贡方物,详记便宜授职、征寇事。元帝亲问献道岭南之乱,何真平叛有功,元帝更慷慨授职,何氏家族自曾祖至何真诸子、

---

[1]《家记》,第22—23页。
[2]《家记》,第22—27页。

诸位部将皆有封赠。[1]

虽然受元帝封赠，地位显赫，何真据有广州却招致诸豪强的觊觎。靖康场李确诱卢述善、张黎昌等率船兵攻何真军营。邵宗愚军进攻茅冈，何真腹背受敌，多名部将战死，四子被邵宗愚生擒。十月，惠州降将马丑汗暗中交结王成，博罗、河源、龙州、兴宁、循州诸蛮寨皆叛。一时之间，何真四面楚歌，战势危急。何真决定放弃广州城，退守惠州。一路艰险，何真终率残部回到惠州城。未几王成率舟军来攻，何真部将浴血奋战，解围安和营，马丑汗中毒箭身死，惠州局势转危为安。何真乘胜进攻王成，回锋东莞，石湾、白沙、增城等营降，皆归附。[2]至正二十六年（1366），何真与王成决战。王成退守茶园营，坚壁不出，竖木栏塞大桥头，断绝进攻道路。茶园营被攻破后，王成退守水南营。王成家奴、张进祖及雷万户密谋杀王成，部将陈日新入告王成，王成反杀陈日新。雷万户等擒王成至何真军前，何真释缚，笑其养虎遗患。何真用槛车押王成回惠州，奴求赏银，何真如数给之，却命人备汤锅、驾转轮，缚奴其上，烹杀之，于是"人服其赏罚有章"[3]。何真烹王成奴的故事，《明史·何真传》记载颇详："（至正）二十六年，复围成，募擒成者予钞十千。成奴缚成以出，真予之钞，命具汤镬，趣烹奴，号于众曰：'奴叛主者视此。'缘海叛者皆降。"[4]何真扫除东莞、惠州境内最大的对手之后，霸主之势已成定局。有部将建言不如效仿西汉赵佗，割据岭南称王。何真不仅不纳言，反而斩杀建言者，史载"真保广南，或陈符瑞，劝为尉佗计者，即戮之，示无二心"[5]。

至正二十七年（1367），何真征靖康场，李确求援卢述善、文

---

[1]《家记》，第27—29页。
[2]《家记》，第28—37页。
[3]《家记》，第37页。
[4]《明史》卷130，《何真传》，第3834—3835页。
[5] 万历《广东通志》卷24，《郡县志·人物二》，广东省地方史志办公室辑《广东历代方志集成·省部》，第579—580页。

七，调百船来援，战败。李确携家眷遁海南栅，靖康等营出降。何真部东征增城、海丰，横扫粤东地区。时邵宗愚命部将朱宝安、黄子敬、莫亚敬守小迳，为广州南边保障。何真命长子、三子越境征车陂、冼村等营，围小迳营，宝安坚壁不出，何真命限三鼓破营，城破。宝安弃城奔逃，何真军入城执黄子敬杀之，莫亚敬逃。五月，何真进攻广州，邵宗愚执右丞跌里迷失、廉访司副使广宁据城坚壁不出。在何真部强攻下，广州城破，跌里迷失随宝安遁，副使广宁被杀。何真出榜安民，犒赏部将。何真随即命部将征循、梅二州各山寨，悉平。差都事徐渊之以克复省治，贡方物于朝，蒙授资德大夫，仍分省广东。[1]

就在何真清剿广东境内各处叛乱时，北方局势大变。至正二十八年（1368）朱元璋称帝，建国号"明"，改元洪武。大都城破，旧朝即时换了新颜。僻在南檄的何真尚不知此变故。他命润德治省事，亲率军队征胥江李文俊兄弟[2]。又差都事刘尧佐、检校梁复初航海贡于朝，回粤途经福建，遇征南将军廖永忠奉命征广东，付书尧佐示何真降。何真降明一事，史书记载不一。《明史·何真传》称："洪武元年，太祖命廖永忠为征南将军，帅舟师取广东。永忠至福州，以书谕真，遂航海趋潮州。师既至，真遣都事刘克佐诣军门上印章，籍所部郡县户口兵粮，奉表以降。"[3]嘉靖《广东通志》、万历《广东通志》所载略同。《家记》稍有不同。何真委尧佐赍书航迎。当时河源守将一宗飞驰入报大明陆仲亨从赣来。何真即奉表于朝，躬往东莞场迎见廖永忠，"燕语欢如平生"[4]。比较上述史料，会发现《家记》多出何真奉元朝为正统以及明大军兵分两路两个细节。考《明太祖实录》："（洪武元年三月甲戌）元江西分省左丞何真籍所部广东郡县、户口、

---

[1]《家记》，第37—44页。
[2] 胥江，位于今广东佛山市三水区。
[3]《明史》卷130，《何真传》，第3834—3835页。
[4]《家记》，第45—46页。

兵马、钱粮，遣使奉表迎降。初，汤和等平福建，真遣使由海道奉表于元，遇和兵，遂改其表文请降，且遣人回报真。至是征南将军廖永忠遣人送其使及表诣京师。"[1]何真派出的使者改表文请降，颇有将在外军令有所不受的意味。无论如何，何真选择以奉户口、兵马、钱粮等册籍请降的方式归顺新朝廷。

"臣本蛮邦之人，逢乱聚众保生，实无他志"[2]，这是何真诣京师面见太祖朱元璋时所言。由元臣变为明臣，失臣节而保生灵，个中滋味或许只有何真自己知晓。朱元璋给予这位降臣以优待，授任为江西行省参知政事，其百余名部将，各授府州县官，拨随任轮差。洪武三年（1370），何真由江西省参知政事调任山东，遇事受挫，颇不顺。[3]洪武四年（1371），朱元璋钦差何真回广东"收集头目军士"。此次受命回粤收集旧军，何真想必没有衣锦还乡的喜悦。显然，朱元璋对广东已归附何真的各地豪强势力并不放心。何真离粤三年，广东旧部解散，除部将有所除授外，其余豪强势力并没有得到妥善安置，积以时日，或许酿成新乱，这不能不说是朱元璋心腹之患。何真收集头目军士，拉开明初广东军制建置的序幕。万历《广东通志》称"（国初）尺籍，初选于投降、归附，不足则籍民三丁之一及犯罪编配以充之"[4]，颇为全面地概述了明初广东军制建置情况。

《家记》载："父（何真）至广，移文广州等府州县。榜谕里长，供报定限赴官。有南海旧头目黄子敬、欧吉、番禺郭顺等自赴领批招军。各府县见名在榜者，或百或十，径赴给凭，候定头目管领赴京，沿途官付行粮、船只。"何真命长子"造册具本回奏"[5]。洪武十六年（1383）春，何真奉命再次钦差回粤收集旧日头目军士，并

---

[1]《明太祖实录》卷31，洪武元年三月甲戌。台北："中央研究院"历史语言研究所，1962年，第536—537页。
[2]《家记》，第48页。
[3]《家记》，第50页。
[4] 万历《广东通志》卷8，《藩省志八·军制》，第206页。
[5]《家记》，第51页。

奉旨带四子同办事。何真至广东,"移咨布政司,行各府州县榜谕令,自出官者头目,领军赴京有赏。百户萧芳首出官,何真四子厚赏,萧芳鞍马回家,问者填门。芳称头目领军赴京,必授百户,若拘出头目,定着充军"。很快,故元帅男徐侃出官,其他头目皆出官。主动出官之旧军头目皆授百户,后到者亦授百户。此次收集旧军大有成绩,何真赍册上奏,声称已经收集到"一百六十余员总小甲[1]及军二万余,属本卫支给俸粮",帝大悦,命铸印实授,将二万余军士及其家属全部收用。

当然,并不是所有的头目军士都追随何真自首出官,"洪武十四年(1381),辛酉,土孽苏友兴啸聚水乡,置营于湛菜村,刘民以居,焚烧官船,攻围城池,乡邑为之扰乱。大将南雄侯(赵庸)讨平之,降贼者悉籍入戎伍,名降民军,发泗州"。此事于《明太祖实录》也有详载:"洪武十五年(1382),南雄侯赵庸帅兵讨东莞诸盗,凡克寨十二,擒贼万余人,斩首二千级。""赵庸进兵攻破东莞等县石鼓、赤岭等寨,擒伪官百余人,其党溃散。"[2]"赵庸讨平广东,俘贼首号铲平王者至京,凡获贼党一万七千八百五十一人,贼属一万六千余,斩首八千八百级。"[3]洪武十七年(1384),何真第三次回粤"收集未到官头目军士",八月事毕,回朝,蒙赐致仕。[4]经此收集,散处各地的旧部、尚未归附的乡豪势力基本被清除殆尽。除收集旧军,朱元璋还在广东大量垛集军士:"洪武二十七年(1394)甲戌,都督刘荼至邑(东莞),验民五丁垛集军一名,三丁二丁者作正贴,二户朋垛军一名,俱入南海卫,名垛集军。"收集与垛集的结

---

[1] 明初卫所中的总甲、小甲应为卫所的基层建制,其编制形式为总小甲,编制原则为每10名军人设一小甲,每50名军人设一总甲。参见王裕明:《明代总甲设置考述》,《中国史研究》2006年第1期。
[2]《明太祖实录》卷141,洪武十五年正月乙未,第2225—2226页。
[3]《明太祖实录》卷149,洪武十五年十月戊子,第2350页。
[4]《家记》,第66—67页。

果,则是广东各"邑皆军籍,而民籍者鲜矣"[1]。

何真回广东收集旧军,是朱元璋为防范降臣再起叛乱的军事策略。生性多疑的朱元璋,为确保江山社稷不会旁落他姓,对待共同打天下的功臣、降臣,则是一而再、再而三地进行清洗。先有胡惟庸案,后有蓝玉案,满朝文武旧臣终至清洗殆尽。何真家族也不能幸免。何真于洪武二十一年(1388)去世,逝前获封东莞伯,逝后朱元璋辍朝,派专人祭奠,葬礼极为隆重。也就在这一年,有人告密何真与胡、蓝结交,朱元璋并未追究。[2]五年后,洪武二十六年(1393),朱元璋族诛蓝玉,株连天下者"不知几万户"。何真长子、四子、六子皆丧命,身在广东的何崇祖得以幸免。[3]三月,何崇祖携眷属逃亡,"祠废记亡"[4],何氏家破人亡。五年的逃亡生活,困苦至极:"诚岭南罕有不幸家,罹池鱼之祸,兄弟八人止二兄存,二侄一孙,余父子五人得以复生,泪思避难六载,不日不忧一死。日无温饱夜无枕毡,度日如年,朝不保夕。"至洪武三十一年(1398),逢皇帝大赦,何崇祖携子侄等人始返回故乡:"诏赦内大辟以下咸赦之。吾(何崇祖)与子侄、家僮回乡。"[5]《家记》编年至此结束,大约洪武二十一年何真去世以后的事迹,并非何真所撰之家记,为使后世子孙不忘前耻,何崇祖根据叔伯兄弟的口耳相传和自己的亲历,详尽地记录了此后十年何氏家族的种种事迹,包括东躲西藏的逃亡生活也巨细无遗地收录进去。《家记》附录何真以及明初儒士宋濂、方孝孺、孙蕡撰写的诗文。[6]

《家记》详细地再现了元末明初以何真为代表的广东乡豪势力崛起直至衰落的历史过程,折射出乡豪与地域社会政治、经济、文化

---

[1] 天顺《东莞县志》卷2,《历世事迹》,第19页。
[2] 《家记》,第77页。
[3] 《家记》,第81页。
[4] 《家记》,宣德九年(1434)何崇祖序。
[5] 《家记》,第89页。
[6] 《家记》,第90—95页。

等资源的复杂关系。作为宋元时期广南东路海盐的生产中心,东莞盐场的重要性在《家记》中表露无遗。元末,广东社会群雄竞起,东莞境内势力最强的显然是四大盐场和盐栅的乡豪。豪强控制盐场,不仅控制食盐生产和运销,实际也控制这些地区的盐民。何真的崛起,与控制东莞、惠州地区的盐场密不可分。年轻时何真曾获授惠州淡水盐场管勾一职,起事后曾依靠割据东莞盐场的几个豪强势力,原配去世后又娶黄田场盐官的女儿,平定岭南的军事策略之一则是将最难攻克的盐场豪强排在最后一网打尽,表明宋元东莞盐场乡豪势力之强盛,元末明初朝廷的军事力量与东莞地方势力在盐场社会长时期的较量。元末明初广东乡豪对盐场权力的争夺,侧面揭示了王朝盐政制度在地方社会推行的曲折过程[1](参见图1-1)。

二 正统以后广东盐场改制

广东多濒海之地,沿海"诸县皆产盐"。明初设立"广东、海北盐课二提举司,专管盐法"[2]。盐课提举司下辖盐课司,盐课司设于盐场,是盐政的基层管理单位。盐场设大使、副使,职掌灶户编籍、盐课征收等场务。广东盐课提举司于洪武元年(1368)设立,治所在广州府城内,提举盐场盐课司十四处:靖康,归德,东莞,黄田,香山,矬峒,海晏,双恩,咸水,淡水,石桥,隆井,招收,小江。海北盐课提举司于洪武二年(1369)置,治所在廉州府城内,提举盐场盐课司九处:白沙,白石,西盐白皮,官寨丹兜,蚕村调楼,武郎,东海,博茂,茂晖,后增至十五场。广东盐

---

[1] 李晓龙对明初洪武年间广东盐课提举司的研究,也表明对旧制的承继与发展是明初盐场制度在地方推行过程中的实态。参见李晓龙:《承旧启新:洪武年间广东盐课提举司盐场制度的建立》,《中国经济史研究》2016年第3期。
[2] 嘉靖《广东通志初稿》卷29,《盐法》,广东省地方史志办公室辑《广东历代方志集成·省部》,第501—502页。

图 1-1　明代东莞县图
资料来源：崇祯《东莞县志》卷 1《地舆志》，广东省地方志办公室
辑《广东历代方志集成·广州府部》，第 55 页。

课提举司的盐场位于潮州府、惠州府、广州府、肇庆府等四府，海北盐课提举司的盐场位于高州府、廉州府、雷州府、琼州府等四府。[1] 余永哲根据地方志等史料详细考订广东、海北提举司盐场所属政区[2]（参见地图 2）。从明初盐场数量及其分布来看，实际上延续宋元以来的格局，即以珠江三角洲地区为盐业中心。宋初，"广州东莞、靖康等十三场，岁鬻二万四千余石"，"廉州白石、石康二

---

[1]《诸司职掌·户部·金科·库藏·盐法·行盐地方》，《续修四库全书》编纂委员会编《续修四库全书》史部第 748 册，第 636 页。嘉靖《广东通志初稿》卷 29，《盐法》，第 502 页。万历《大明会典》卷三十三载海北盐课提举司辖盐场十五，增加新安场、临川场、大小英感恩场、三村马裒场、博顿兰馨场、陈村乐会场等六场，皆为琼州府属盐场。参见万历《大明会典》卷 33，《课程二·盐法二》，第 579 页。正德《琼台志》卷 14，《盐场》，广东省地方史志办公室辑《广东历代方志集成·琼州府部》，广州：岭南美术出版社，2009 年，第 189—191 页。

[2] 余永哲：《明代广东盐场沿革考》，《广东史志》1989 年第 2 期。

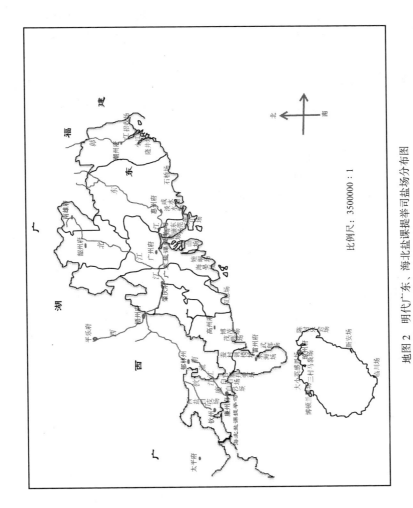

地图 2 明代广东、海北盐课提举司盐场分布图

资料来源：广东盐场分布图引自徐泓《明代的盐法》（上），第 22 页。地图根据谭其骧主编《中国历史地图集》第 7 册《元明时期·明代广东图》（万历十年，1582）绘制，北京：地图出版社，1982 年，第 72—73 页。

第一章 明后期广东盐场新格局　　37

场，岁鬻三万石"。天圣以后，"东、西海场十三皆领于广州，岁鬻五十一万三千六百八十六石，以给东、西二路"[1]。据戴裔煊考订，宋代广东路的广州、潮州、惠州、南恩州，广南路的廉州、高州、钦州、化州、雷州皆有盐场分布，但数量以广州居多。[2]元代广东盐产地政区建制上虽然分属江西行省和湖广行省，但盐场的分布与宋时略同。《元史》载江西行省于至元年间置"广东盐课提举司"，下辖"盐场十三所"，包括"靖康场，归德场，东莞场，黄田场，香山场，矬峒场，双恩场，咸水场，淡水场，石桥场，隆井场，招收场，小江场"[3]。至元年间湖广行省始设广海盐课提举司，至元三十年（1293），改为广西石康盐课提举司，不过所辖盐场不详。[4]

明制，灶户专事盐业生产，向朝廷输纳盐课。灶户有灶籍，归盐课提举司管辖，一旦编籍则世守其业："凡军、匠、灶户，役皆永充。"[5]徐泓认为明代灶户是在政府强制下，从事盐的生产，没有自由，人身受国家支配，形成一种以确保盐课收入的世袭强迫劳役制度。[6]明代灶户制度研究，前人已有丰富成果。[7]前人着力甚多之处，本书不拟重复。本章重点考察明代广东盐场灶户制度的历史过程，强调从盐场社会出发，考察灶户制度的运作机制。

明代广东盐场的灶户部分为元代遗留下来，部分则以盐场附近民户佥充，也有以罪罚入灶籍者。[8]《明会典》载"其事故灶丁，勘

---

[1]《宋史》卷183，志第136《食货下五·盐下》，第4466页。
[2] 戴裔煊：《宋代钞盐制度研究》，第27—30页。
[3]《元史》卷91，志第41上《百官七》，第2314页。
[4]《元史》卷91，志第41上《百官七》，第2315页。参见吉成名：《元代食盐产地研究》，《四川理工学院学报》（社会科学版）2008年第3期。
[5]《明史》卷78，《食货二·赋役》，第1906页。
[6] 徐泓：《明代前期的食盐生产组织》，第18页。
[7] 何维凝：《明代之盐户》，《中国社会经济史集刊》1944年第7卷第2期。藤井宏：《明代盐场研究》（上下），日本《北海道大学文学部纪要》1952年第1期、1954年第3期。陈诗启：《明代的灶户和盐的生产》，《厦门大学学报》1957年第2期。徐泓：《明代前期的食盐生产组织》，《文史哲学报》（台北）第24期。
[8] 徐泓：《明代前期的食盐生产组织》，第3页。参见冯志强：《明代广东的盐户》，明清广东省社会经济研究会编《明清广东社会经济研究》，广州：广东人民出版社，1987年，第300—311页。

实,以附近田粮丁力相应人户拨补"[1]。

从谱牒来看,地方官府针对盐场灶户当有编籍的举措。香港小沥源村《蔡氏家祠重修略记》载"蔡氏族裔,源远流长,我族始祖'助教公'讳安,宋国子监,绍兴间官,原籍南雄府保昌县柯树下人。'助教祖'来莞,因乐风土之美,卜居靖康堂厦,传自四世祖'守道',迁居于闸门头,灶籍,而五世祖'陈叙',守道之子,由闸门头移迁至新安县'蔡坑乡',成为蔡坑乡之开基祖。自王世祖'陈叙',公由闸门头迁至蔡坑头,共历七代"[2]。珠海市山场村《延陵吴氏族谱》亦载:"四世祖东塘……公乃丙四公之子也,讳福到,号东塘。因洪武定天下而后承纳税盐,是为灶户。至嘉靖十六年(1537)拨下在本场顶补七甲陆敬盉,盐籍之根自公始也。"[3]惠州府惠东县稔山镇范和村《陈氏族谱》更详细叙述了祖先在元末明初开立户籍的经过。陈氏始世祖从仕公,"公闽之兴化府莆田县城内石井巷人也,生于元英宗至治元年(1321)","生子三子,长曰获位公,次曰获禄公,晚曰获寿公。位年廿六,均随公任,后奉命归婚,食饩于莆。洪武二年(1369)己酉,来省亲。公有女及笄,幼既结褵于莆之林姓。及(获)位来,公即合奉母携妹归闽,后并戒(获)位曰,毋再来,跋涉维艰,宜敬守宗祧,无忝所生。再后位登贤书。禄年十八,寿年十一,兄弟勤苦儒业,公躬率工人辟地,垦有田千余亩,盐町二佰余塭,遵承咸淡粮课,注册输纳,编户籍名陈从周,奏米若干石。以寿季房人丁较众,另构庐于陋塘、芙蓉二处。已后季房人丁较众,遂居焉。公居家三十载,未尝谒官衙,或遇饥年,蠲租恤佃,一如其在官之时"[4]。元末明初惠州府陈氏开基祖从仕公的儿子共同使用一个户籍,共同输

---

[1] 万历《大明会典》卷34,《课程三·盐法三·盐法通例》,第603页。
[2] 《蔡氏家祠重修略记》,1998年,香港中文大学藏。
[3] 珠海市山场村《延陵吴氏族谱》,珠海市前山镇界涌村郑少交先生收藏。
[4] 惠东县稔山镇范和村《陈氏族谱》。惠州市稔山镇范和村田野调查,2011年11月21—22日。此地系惠州府淡水场管辖范围。

纳民粮、盐课，反映明初广东灶户编籍的实际运作。

明初广东灶户编籍及具体数额由于册籍无征已不可考。[1]但似乎明代前期广东、海北二提举司盐场的灶户编佥和管理颇为松散。从全国各盐产区的产量和课额来看，广东、海北二提举司于政府财政显然并不重要："闽广二省，课额无多"[2]，因此"各省则设御史以清理之，广东则命屯田佥事兼管其事"，"广东盐不在官，听民自买，两抽其奇，赢以为军"[3]。如香山盐场"自洪武至正统初，法度大行，海隅不耸，每岁泊场与农谷互易，两得其利，故香山鱼盐为一郡冠"[4]，说明朝廷对盐政管理的松懈。灶户编佥入籍的办法，明初多由民户或其他业户充入灶籍，之后佥补越来越困难。嘉靖年间佥事林希元在奏疏中提及"洪武、正统年间，两经疆寇苏有兴（卿）、黄萧养之乱，灶丁消耗，遗下盐课，无人办纳，是谓无征"[5]。正统年间黄萧养之乱是广东盐场制度的转捩点。[6]

正统十三年（1448），广州爆发黄萧养之乱，[7]广州府的盐场几无幸免遭到冲击。珠海市山场村《延陵吴氏族谱》记载黄萧养之乱

---

[1] 关于明代广东灶户的研究，参见冯志强：《明代广东的盐户》，明清广东省社会经济研究会编《明清广东社会经济研究》，第300—311页。

[2] 万历《大明会典》卷32，《课程一·盐法一》，第559页。

[3] 嘉靖《广东通志初稿》卷29，《盐法》，第501页。

[4] 嘉靖《香山县志》卷3，《政事志第三·鱼盐》，广东省地方史志办公室辑：《广东历代方志集成·广州府部》，第44页。

[5] [明]林希元：《陈民便以答民诏疏》，陈子龙等《明经世文编》，北京：中华书局，1962年，第1641—1643页。关于黄萧养之乱，万历《粤大记》记载甚详，参见万历《粤大记》卷3，《事纪类·黄萧养乱广》，广东省地方史志办公室辑《广东历代方志集成·省部》，第24—26页。傅同钦：《明中叶黄萧养起义的几个问题》，《历史教学》1980年第2期。近年刘志伟对这一事件有新的讨论。刘志伟：《从乡豪历史到士人记忆——由黄佐〈自叙先世行状〉看明代地方势力的转变》，《历史研究》2006年第6期。

[6] 刘志伟认为黄萧养之乱"事件的最直接影响，是在地方社会进一步确立起王朝的正统性，划清财产占有和社会身份的合法性和正统性的界线"。参见刘志伟：《地域空间中的国家秩序——珠江三角洲"沙田—民田"格局的形成》，《清史研究》1999年第2期。

[7] "正统十四年（1449）夏六月……黄萧养反攻广州城，杀都指挥使王清。"嘉靖《广东通志》卷7，《事纪五》，广东省地方史志办公室辑《广东历代方志集成·省部》，第165页。参阅万历《粤大记》卷3，《事纪类·黄萧养乱广》，第24—26页。[明]黄瑜：《双槐岁抄》卷7，《黄寇始末》，《北京图书馆古籍珍本丛刊》子部杂家类第67册，北京：书目文献出版社，1998年，第722页。

对盐场的冲击："谱叙我祖葬大迳山地，离山场村不远、先世聚族于斯。明正统间，经苏有卿、黄萧养寇劫盐场，芟夷庐舍，残害灶丁，近场一带居民四散奔逃。我四房散居各乡多以此。"[1]正统年间黄萧养之乱致广东陷入灶户灶丁消耗、无人办课的困境，但广东也很可能借助这一时机，进行灶籍的重新编造。李晓龙认为珠江三角洲地区的盐场正是通过平乱加强对灶户灶丁的户籍编佥，从而改变明初以来松散的灶户编籍状况的。[2]康熙《香山县志》载："正统间被寇，苏有卿、黄萧养劫杀盐场灶丁，时盐道吴廷举[3]奏奉勘合，查民户煎食盐者，拨补灶丁仅凑盐排二十户，灶甲数十户，分上下二栅，许令筑塥煮盐自煎自卖，供纳丁课。"[4]这条史料显然是说香山场的排、甲、栅灶户制度是在黄萧养之乱后设立的，具体时间可能还要推迟到正德初年。广东、海北二盐课提举司于天顺六年（1462）编造过盐册，佥编人户充入灶籍。此后六十余年，广东、海北二提举司再无灶户的统一编造，而是通过拨补、佥补的办法维持天顺的灶户之数："广东、海北二提举司盐册自天顺六年（1462）编造，至今六十余年不行改造。"[5]弘治七年（1494）规定"灶户死绝充军者，即以本场新增加幼闲人丁拨补（候长成办盐）。如无，方许于附近民户佥补"[6]。正德四年（1509），吴廷举奏将盐场"多余人丁佥补逃故灶丁"[7]，甚至私煎盐斤的军户、疍户也不能幸免："正德五年（1510）议准广东沿海军、民、疍户赖以私煎盐斤为生，许令尽数报官，于附

---

[1]《延陵吴氏族谱》，珠海市前山镇界涌村郑少交先生收藏。
[2] 李晓龙：《宋以降盐场基层管理与地方社会——以珠江三角洲地区为中心》，《盐业史研究》2010年第4期。
[3] 吴廷举于正德初年任广东盐法道佥事副使。参见《明史》卷201，《吴廷举传》，第5309—5310页。
[4] 康熙《香山县志》卷3，《食货志·盐法》，广东省地方史志办公室辑《广东历代方志集成·广州府部》，第206页。
[5] 林希元：《陈民便以答民诏疏》，第1641—1643页。
[6] 万历《大明会典》卷34，《课程三·盐法三·盐法通例》，第605页。
[7] 正德《琼台志》卷14，《仓场·盐场》，广东省地方史志办公室辑《广东历代方志集成·广州府部》，第189—190页。

第一章　明后期广东盐场新格局

近场分减半纳课以补充无征之数,盐课提举司给予批文执照。有不报官货卖私盐者充军。"[1]册籍不行改造就不断佥补,其结果就是"有征"和"无征"灶丁的划分。嘉靖初年佥事林希元的奏疏提到盐课分为原额有征和原额无征,正统年间的黄萧养之乱,灶丁消耗,遗下的盐课无人办纳,就称为无征;而仍编造在籍的灶户所办纳的盐课,就称为有征。正德四年(1509),广东巡盐御史鲜冕[2]上奏,将有征的盐课宽减二分,原先逃亡无征的盐课停征。可是停征的盐课在嘉靖三年(1524)又行追缴,亏折盐课的问题更加严重:"嘉靖三年广东盐课提举司因两广都御史督责,遂将正德十六年(1521)以来停征逃亡盐课,通行追缴,灶户富丁多者可以支持,家贫丁少者窘于赔纳,而因之逃窜,灶丁又十去二三。臣惟有丁则办盐,丁既逃亡,而盐课责办于见在之丁,已非国家大体,本欲征满国课,而见在灶丁因之逃亡,国课益以亏折。是未见其有益而反有损也。"[3]

加强灶户的编佥,除保证盐课征收,尚有负担差役的意义。明代中期以后,灶户在盐课之外,逐渐增加均平钱、五差等杂泛差役的负担。明初规定灶户除纳盐课,如户下拥有民田则还须承担里甲正役:"国朝洪武初,灶户除里甲正役纳粮外,其余杂泛差徭并科派等项,悉皆蠲免。"[4]因此,广东一些"民户、疍户见灶户免差,皆求投入盐司"。"成化年间,因民间多有通同灶户,诡计田粮,图免差役奸弊,及殷实盐户多买民田,全免科差。"[5]"民间豪富奸猾之徒,将田诡寄灶户,户内或将民户诡作灶户名色,或将各县灶户姓名寄庄。"[6]有鉴于此,官府开始"将灶户与民一般编差",以致地

---

[1] 万历《大明会典》卷34,《课程三·盐法三·盐法通例》,第600页。
[2] 鲜冕,又称"冼冕",参见陈志敬:《请省赋敛以苏盐丁疏》,乾隆《广州府志》卷53,《艺文五》,广东省地方史志办公室辑《广东历代方志集成·广州府部》,第1171页。
[3] 林希元:《陈民便以答民诏疏》,第1641页。
[4] 正德《琼台志》卷14,《仓场·盐场》,第189—190页。
[5] 林希元:《陈民便以答民诏疏》,第1641—1643页。
[6] 万历《琼州府志》卷5,《盐课》,广东省地方史志办公室辑《广东历代方志集成·琼州府部》,第155页。

方"纷纷奏告,屡经巡盐御史等官,各先后奏行,灶户一丁办盐,淮户下二丁帮贴,其余佥补逃故盐丁户内田产,每办盐一丁,除民田一百亩不当差役,其余一体扣算当差。止令出钱雇役,不许编充民快水马站夫等差,夫何近来有司,不知事例,辄将灶丁灶田,一概与民编审当差役"。此外,广东的灶丁还要摊派一种"均平钱":广东的丁田自编徭役之外,"每人一丁,出钱五百文,田一亩出钱一十五文,十年一次,随里甲正役出办供应,谓之均平钱。灶丁灶田,原不办此钱,近因民户多买灶田,有司因令出均平钱,遂并灶丁灶田与民一般科派"。均平钱之外,又有五差。[1]

林希元批评广东盐课无征是由灶丁逃亡所致,代表明朝官方的立场。前人对明代中后期盐场灶丁逃亡、盐课无征等现象的解释,多沿袭这一说法,即官府对灶丁课以重赋,灶丁不堪以致逃亡。[2] 此外,还有商品经济发展导致之说。该说认为明代中后期广东盐场的盐课折银,导致盐场贫富分化严重,富者千方百计逃避盐课,贫者无立锥之地。[3]

杨培娜通过考察潮州府盐场社会推广晒盐法的过程,对明中后期盐场制度变化提出新的解释。明初广东制盐只有煎盐一种方法,天顺年间部分盐场开始改用日晒法。较早使用日晒法的是广东东部的潮州府、惠州府,并逐渐向西部推广。明初潮州府有隆井、招收和小江三盐场,皆"煮海为盐"[4],很快,与福建接邻的小江开始采用晒盐法,当地"土人以晒盐为业,贩卖营生,利亦不少"[5]。广东盐遂分生、熟两种:煎煮而成的盐称熟盐,日晒而成的盐称生盐。

---

[1] 林希元:《陈民便以答民诏疏》,第 1641—1643 页。
[2] 冯志强:《明代广东的盐户》,明清广东省社会经济研究会编《明清广东社会经济研究》,第 303—306 页。
[3] 冯志强:《明代广东的盐户》,明清广东省社会经济研究会编《明清广东社会经济研究》,第 303—306 页。参见藤井宏、何维凝、陈诗启、徐泓等人的研究。
[4] 隆庆《潮阳县志》卷 8,《风俗志》,广东省地方史志办公室辑《广东历代方志集成·潮州府部》,广州:岭南美术出版社,2009 年,第 83 页。
[5] [明] 陈天资:《东里志》,汕头市地方志编纂委员会办公室,1990 年,第 143 页。

天顺时期灶丁办纳盐课已有生熟盐引的区分:"天顺年间造册,熟盐场分每丁止办二引,因其用柴为本之故,生盐场分每丁办引者有之,办四引者有之,因其日晒无本,省力之故。"[1]晒盐法的推行,于广东沿海社会有着特别的意义。杨培娜利用漳潮地方史志等文献,分析晒盐法对于漳潮社会的意义。她认为从煮盐到晒盐,制盐法的改变带来盐场组织的变化,不仅促使盐区转移、新盐区的产生以及盐课征收方式的改变,还使官府的征课对象逐渐从户丁向盐埕池塕转移,加剧了沿海各种生计之民对近岸海荡滩涂的争夺。[2]

天顺以后,晒盐法在广东盐场推行开来,嘉靖年间《香山县志》开始记录煎、晒两种制盐方法,说明这一技术已普及到广东中西部沿海地区:

> 煎法。朔望前后潮退,卤壤遇烈日结生白花,刮而聚之,坎地为池,用茅□底而坚筑之。复穴其下,为井有窍相通,以芦管引之,取所聚卤花实于池,淋咸水循芦管下注井中,投鸡子或桃仁,若浮则卤可用。别为土斛灶傍,□高于灶,乃泻卤其内,亦引以芦管乘高注之于盘。盘编竹加蛎灰涂焉。大盘日夜煎二百斤,小盘半之。
>
> 晒法。亦为池与井聚卤,壤之咸者实于池,别汲海水淋之,渗漉入井,渗尽则干去旧泥入新泥,就以井中水淋之,如是者再,则卤可用矣。乃运井中水注盘中,盘以密石砌,冶极坚,为风吹荡,故广狭不过数尺,一夫之力一日亦可得二百斤。凡煎与晒俱欲风和日暖,则卤花易结而盐成。[3]

晒盐法的推行,使灶丁办纳盐课有变通的可能。明初广东盐场

---

[1] 嘉靖《广东通志》卷26,《民物志七·盐法》,第670页。
[2] 杨培娜:《生计与制度:明清闽粤滨海社会秩序》,第117—131页。
[3] 嘉靖《香山县志》卷2,《民物志第二·食货》,第28页。

制度的核心，是以灶丁的丁身维系盐课，灶丁编佥足额则盐课才有保证，因此灶户编籍是盐课征收的起点。当晒盐法推行开来，盐田开辟渐多，官府征收盐课的对象在灶丁以外，开始增加灶田地和盐埕池塥等资产：

> （海丰县）旧籍人户九百三十有九，丁三千九百零二。每丁派盐二引一百三十八斤二两，通有征、无征、大引、小引生盐一万四百九十三引一十五斤十二两。嘉靖十六年（1537），清审入户，现存六百五十有五，丁一千九百零五十，以丁二引一百三十八斤二两之数计之，仅得五千一百二十九引零三十一斤四两，其消乏十已去五，乃将灶田地每亩科盐二斤八两，以七百三十五顷八十六亩有奇之数计之，得盐九百一十九引一百六十六斤有奇，盐埕池塥每口科盐一引，以二百六十有三口之数计之，得盐二百六十三引，会计六千三百一十二引有奇，尚缺无征小引盐四千一百七十三引一十五斤十二两。虽升科责办，然亏于旧额亦三之一矣。[1]

嘉靖年间海丰县已改煎为晒，故全部征收生盐。又由于编佥在籍的灶丁减少，乃将灶田地、盐埕池塥折纳计引征收。可见此时盐课的"引"已不单指灶丁产盐上纳的"引"，而是将盐埕池塥等资产也折算成"引"作为盐课上纳。同样值得注意的是，盐课"引"是以白银为单位。林希元的奏疏称广东全省"无征灶丁二万八千四百三丁，共该盐课二万八千四百三引，该银一万三千六十五两。有征灶丁四万四千三百五十八丁，共该盐课四万四千三百五十八引二百六十一斤，该银二万四百四两"[2]，说明嘉靖时期广东全省盐课已全部改折为银。

---

[1] 嘉靖《海丰县志》卷上，《舆地志·盐课》，广东省地方史志办公室辑《广东历代方志集成·惠州府部》，广州：岭南美术出版社，2009年，第137—139页。
[2] 林希元：《陈民便以答民诏疏》，第1641页。

盐课折银是明代盐课改折的最终形式。广东盐课改折与开中制的实施有关。明初广盐开中制的讨论,黄国信辨析较为详细。[1]一般来说,洪武二十八年(1395)因广西新置卫所军粮的供应采用召商中纳的办法,将广东盐经广西桂林运往长沙、宝庆、衡州、永州四府和郴、道二州,此为广盐开中之始。[2]永宣之际,广盐开中制主要是清理积压的余盐。[3]如果说明初广盐开中仅仅是权宜之计,天顺以后开中制则成为筹措军饷的重要手段。天顺初,"两广盗蜂起,所至破城杀将"。[4]天顺二年(1458)叶盛被召为右都御史巡抚两广。为筹措军饷,叶盛奏请广盐开中:"景泰、天顺年间开中,客商赍引下场关支本色。"[5]在叶盛的奏请下,曾经属于私盐销区的广西、湖广、江西等省界邻府县,成为广东盐商纳米中盐的合法销区。[6]同时,客商进入盐场,改变明初灶户灶丁纳盐入仓的做法。稍后,关支本色很快就改折。余盐的自由买卖成为盐课折纳的先导。明代前期,广东沿海余盐的生产持续增长,官府无力收买,即便有严苛的律条限制余盐私自买卖,结果仍是私盐盛行。针对此弊,官府实行正盐搭配余盐出售的政策。灶户出卖余盐,盐产品的商品化,一定程度上冲击了本色正课的缴纳。政府一方面承认余盐全行官收官卖的不可行,另一方面试图通过正课搭配余盐的办法,将余盐纳入开中制下销售:"国家获额外二三倍之利,而灶丁亦得二三倍之息。公私兼利,商灶两便。"[7]正德五年(1510)新安县规定"遇有

---

[1] 黄国信:《区与界:清代湘粤赣界邻地区食盐专卖研究》,第38—43页。近年来,以明代广盐越境为题的相关研究对于广盐开中的讨论并未超越黄国信的观点。参见包国滔:《明代广盐在江西的行销与"淮粤之争"》,华南师范大学未刊硕士学位论文,2007年。刘叶峰:《明代广盐越境行销与盐利银研究》,东北师范大学未刊硕士学位论文,2013年。
[2] 《明太祖实录》卷241,洪武二十八年九月壬寅,第3501—3502页。
[3] 刘叶峰:《明代广盐越境行销与盐利银研究》,第15—16页。
[4] 《明史》卷177,《叶盛传》,第4723页。
[5] 嘉靖《广东通志》卷26,《民物志七·盐法》,第671页。
[6] 葛文清:《闽粤赣边盐粮流通的历史考察》,《龙岩师专学报》(社会科学版)1998年3月第1期。黄国信:《明代湘粤赣界邻地区盐区归属考——〈明史·食货志·盐法〉一则记载的辨析》,《第十届明史国际学术讨论会论文集》,北京:人民日报出版社,2005年,第229—232页。
[7] 万历《粤大记》卷31,《政事类·盐法》,第521页。

纳剩余盐或小民自行煎办盐斤不多者，仍照旧例许令本处贸易，不在兴贩私盐之列"[1]。余盐不必通过官府，而是通过开中商人进入市场，表明官府对盐业生产转向间接控制。

正统以后，广东盐场的盐课改折经历折米再到折银的过程。盐课折色最早由琼州府盐场开始。正德三年（1508）吴廷举在奏疏中提到正统七年（1442）琼州府知府程莹奏准临川等六场"每盐一大引，折纳米一石，送琼州府所属州县附近仓上纳"，"自景泰、天顺、成化年间，或因流贼劫害，或因灶户逃亡，或因豪商害人，或盐仓倒塌，近年止是验引收银，类解广东布政司库内，支与中盐客商及备军门用兵之费"[2]。新安东莞、归德二盐场于"成化十九年（1483），议定有征一小引折银二钱五分；无征一小引议定一钱五分"[3]，称"折课法"[4]。余永哲认为这是广东最早实行盐课折银的盐场。[5] 前引琼州府正统七年盐课折米，到弘治三年（1490）副使李士实奏准也实行盐课折银："折米盐课每石折银三钱"，共银一千八百七十六两，留琼州府广盈库为官军俸粮之用。[6] 弘治四年（1491），广东全省盐课"奏准折价，尚不分生、熟，有征一引折银二钱五分；无征一引折银一钱七分五厘"[7]。其后，生、熟盐折银分开征收："正德五年（1510），靖康等二十三场照量生熟、贵贱和中征收。"[8] 就全国范围来看，广东盐课折银比其他盐区来得更早。[9]

上述讨论表明，明初建立的民、灶户籍壁垒在盐场社会实际上

---

[1] 康熙《新安县志》卷6，《田赋志·盐课》，广东省地方史志办公室辑《广东历代方志集成·广州府部》，第73页。
[2] 吴廷举：《处置广东盐法疏》，[明]朱廷立：《盐政志》卷7，《北京图书馆古籍珍本丛刊》第58册，北京：书目文献出版社，1998年，第293页。
[3] 康熙《新安县志》卷6，《田赋志·盐课》，第73页。
[4] 乾隆《广州府志》卷15，《盐政》，第334页。
[5] 余永哲：《明代广东盐业生产和盐课折银》。
[6] 康熙《广东通志》卷10，《盐课》，第541页。
[7] 嘉靖《广东通志》卷26，《民物志七·盐法》，第671页。
[8] 万历《大明会典》卷44，《课程二·盐法二》，第581页。
[9] 余永哲：《明代广东盐业生产和盐课折银》。徐泓：《明代的盐法》（上），第78页。

早已被打破，民户与灶户的课役负担界限也变得模糊。盐课折银，进一步使户籍编审逐渐失去意义。其次，盐课折银促使盐课征收方式发生改变。盐课征收的对象，已逐渐由人身向灶田盐坭等资产转移。明初灶户制度以丁系产，以丁计课。盐课改银以后，盐场社会的贫富分化也日益剧烈。灶户不再与盐田等沿海滩涂资产相维系："各处盐场原有山场、滩荡，供柴薪烧盐，近年多被权豪侵占。"[1]惠州府境内的淡水、石桥场总催兼并严重："向年盐丁俱给卤地，今则为总催所并，庸力莫辨课引而盐丁困。"[2]林希元也说"灶户或人丁百余，田业数顷，名盐只纳三四引。或人只一二，家无宿粟，盐课反纳四五引，苦乐不均"[3]。

商品经济的发展导致盐课折银，盐课折银导致盐场贫富不均、灶丁逃亡，最终政府盐课无征，这是从盐场内部关系、灶户人群与政府关系变迁的角度出发的研究路径。但是，如果盐场不再从事盐业生产，灶丁也转从他业，盐场的制度还在运作，那么无论政府怎样努力，也不会编佥到足额的灶户灶丁，也不会征收到足额的盐课银。这种状况，只有当我们的视野离开盐场社会内部，考察广东沿海地区的整体变迁时才会注意到。下文的讨论将从这一思路出发，考察明代中后期广东盐场分布格局的变迁。

三　从盐场到沙田

清末修撰的《香山翠微韦氏族谱》收录一篇题为《十排考》的短文，记录了香山盐场灶户立籍之后的历史：

---

[1]《明英宗实录》卷207，景泰二年八月己巳，台北："中央研究院"历史语言研究所，1962年，第4441页。
[2] 崇祯《惠州府志》卷10，《赋役·盐课》，广东省地方史志办公室辑《广东历代方志集成·惠州府部》，第522页。
[3] 林希元：《陈民便以答民诏疏》，第1641—1643页。

我邑东南一带枕控沧溟，滨海居民多以煮盐为业。宋元之季，地运日开，人丁渐聚。明洪武初，于下恭常地方设立盐场，灶排二十户，灶甲数十户。分为上下二栅，名曰香山场。详令筑堨煮盐，上供国课，下通民用，其利甚溥。二十户者，上栅一甲郭振开，二甲黄万寿，三甲杨先义，四甲谭彦成，五甲韦万祥，六甲容绍基，七甲吴仲贤，八甲容添德，九甲杨素略，十甲鲍文真。下栅一甲徐法义，二甲刘廷琚，三甲谭本源，四甲林仲五，五甲吴在德，六甲鲍祖标，七甲张开胜，八甲黄永泰，九甲吴兴载，十甲卢民庶。各户皆恭都诸之立籍祖也。合上下栅统名十排，相呼曰排亲。即在山场村内建立城隍庙，为十排报赛聚会之所。享其利者亦有年厥。后沧桑屡变，斥卤尽变禾田，盐务废而虚税仍征，课额永难消豁。追呼之下不免逃亡，利失而害随之，灶民贻累甚大。及万历末年江西南康星子但公启元来宰是邑，询知疾苦，始详请而豁免过半，灶民齐声额颂。爰择地于翠微村之西建祠勒碑以礼焉。自但侯施惠后，十排得以休养生息，害去利复兴，积有公项，购置公产，又拨赀设立长沙墟市，趁墟贸易者则征其货。先招有力者投之，岁可得投墟税银数十金。积储既厚，固定为成例。将所入之银计年分户轮收，析二十户而四分之五一直，周而复始。当直之年，均其银于四户，除完纳国课、其赛神经费外，户各归其银于太祖。每年逢城隍神诞，各户绅耆到庙。赛神前期一日，直年者修主人礼设筵具餐，以供远宾客。赛神之日，主祭执事别设盛筵，各户例馈一桌。桌有定物，物有定数，毋增毋减。别具一桌，饷郭公以治之子孙，盖报功之兴也。先是，长沙墟初开时，贸易颇旺，无何为邑豪绅夺收其税。十排人欲讼之，绅使人谕之曰：无庸，但十排人有登科者，即当归赵。既而郭公以治登康熙乙酉科乡荐，绅果如言来归。郭公洵有功于十排矣，故报之也。迄今数百年来欲寻当日煮盐故迹，故老无有能指其处者,而十排遗业则固历久常存,年年赛神,户户食德,亦恭都内一胜事。而吾族之故典谱所称"随田立籍"者即指此也。[1]

这篇文章计809字,篇幅不长,简明清晰地记载了明以后香山盐场灶户及其组织的历史,是一篇罕见的关于明代广东盐场灶户制度的历史文献。全文包括四个部分:一、明初灶户立籍;二、建立盐场社会;三、明后期盐业的式微与万历年间盐政改革;四、墟市、科举与明清香山盐场社会变迁。

唐宋以前,广州以南是一片海域,海岛遍布。星罗棋布的岛屿在宋人眼中被描述为"海浩无涯,岛屿洲潭,不可胜计"[2]。现代地质学研究表明,珠江三角洲四万年来经历六个沉积发育阶段,从水下三角洲逐渐露出水面成为水上三角洲平原。"宋代在甘竹至五桂山之间有十二个'海'(宽的河口湾)的名称。虽然香山县在南宋绍兴二十二年(1152)设治石岐,但只是说明五桂山北麓已有平原堆积,而尚未与西江三角洲平原连接起来。"[3] 今中山市东南地区和珠海市的大部分地区在宋代以前仍在海平面以下,露出海面的就是一堆岛屿,即南宋设立的香山县域。明代,香山人黄佐这样形容自

---

[1]《十排考》,光绪戊申岁(1908)重修《香山翠微韦氏族谱》,传经堂丛印,第12册,无作者名,广州中山省立图书馆藏。翠微村,位于珠海市区,今称珠海市香洲区前山街翠微社区居民委员会。山场村和翠微村的关系,嘉靖《香山县志》卷1,《风土志第一·坊都》,载"长安乡恭都内,内村二十二,曰蠔(蚝)潭,翠眉",第8页。1947年何大章编撰《新志初稿·地理志初稿》之《中山县各区乡镇缩编沿历表》载香山县第五区香山乡有"山场",凤山乡有"翠微",参见《中山文献》第八册,吴相湘主编《中国史学丛书》,台北:学生书局,1965年。《广东省珠海市地名志》载翠微村"在香洲区西南约7公里,东邻山场村,西邻造贝村,北邻上涌村。属前山镇,1700人。宋代末期建村,原称翠环,后在清康熙年间村人郭以治中科举。任福建津浦县知县,回乡题词一首。词中有一句'苍苍横翠微',村人便以翠微取名"。陈锐明主编:《广东省珠海市地名志》,广州:广东科技出版社,1989年,第46页。
[2] [宋]邓光荐:《浮虚山记》,嘉靖《香山县志》卷7,《艺文志》,第97页。
[3] 广州地理研究所黄镇国等:《珠江三角洲形成发育演变》,广州:科学普及出版社广州分社,1982年,第197—206页。

己的家乡:"邑本孤屿,土旷民稀。"[1]据史书记载,宋元时期香山鱼、盐为广郡之冠,[2]所凭借的正是岛屿棋布的地理空间格局。"从社会历史的角度看,海湾内星罗棋布的岛屿对珠江三角洲发育形成的地理空间和社会空间结构影响重大。"[3]香山建县与南宋政府对广南盐产和课利需求的增加有关。[4]香山盐场的地理位置,县志载位于县南一百五十里名为濠潭的地方。现代考古也证实濠潭为唐宋时期的重要聚落。[5]不过,现代地质学的研究表明,即使到明代,香山这一带仍是浅海地形,是一个广阔的海湾,称金斗湾,属于磨刀门浅海区。[6]金斗湾内众海岛的濒海洲坦,只要海水盐度合适,皆可生产食盐。

宋元时期香山盐场的发展,基于海岛棋布的地理空间格局和鱼、盐共生的社会经济格局,衍生出沿海岛屿岛民频繁动乱的社会历史。明代以后,随着沙田的开发,珠江三角洲滨海线继续向南推进,原有的地理空间格局发生改变,香山鱼、盐为广郡之冠的经济格局逐渐被打破。珠江出海口海域沙坦淤积旺盛,筑堤范围迅速向口门扩展,不但沿河两岸的堤围得到极大发展,宋元以降开始兴修的海坦围垦亦进入盛期。[7]

明洪武年间广东设置盐课提举司,各盐场设盐课司,盐场大使

---

[1] 嘉靖《香山县志》卷2,《民物志》,第21页。
[2] 嘉靖《香山县志》卷3,《政事志第三·鱼盐》,第44页。
[3] 刘志伟:《"浮生"的社会:珠江三角洲的地域空间与人群》,(台北)"中央研究院"民族研究所主办之"区域再结构与文化再创造学术研讨会"会议论文,2005年5月15—16日,第4页。参阅刘志伟:《地域空间中的国家秩序——珠江三角洲"沙田—民田"格局的形成》,《清史研究》1999年第2期。
[4]《宋会要辑稿》卷9790,《食货二五之三、四》,徐松辑《宋会要辑稿》,全八册,北京:中华书局,1957年,第5231页。道光《两广盐法志》卷3,《历代盐法考·宋代盐政》,第427—433页。
[5] 珠海市文物管理委员会编:《珠海市文物志》,广州:广东人民出版社,1994年,第44页。
[6] 曾昭璇、黄少敏:《珠江三角洲历史地貌学研究》,广州:广东高等教育出版社,1987年,第148页。
[7] 佛山地区革命委员会《珠江三角洲农业志》编写组:《珠江三角洲农业志》(初稿)第二册,《珠江三角洲堤围和围垦发展史》,1976年,第5—17页。

总管盐场的生产:

> 国朝香山盐场课大使一员,未入流,俸米二石。掌盐丁煎盐、课引之事。攒典一名,隶广东盐课提举司。[1]

> 香山场盐课司在县东南二百五十里恭常都,本宋金斗场。洪武元年,大使曹瑛创建。永乐九年大使曹伯良修,久起(圮)。正德间大使刘孔章重建。前厅三间,后厅三间,东西廊二间,门楼一间。[2]

嘉靖《香山县志》载:

> 香山场盐课司。编民二里。今存一百一十户,五百一丁。岁办大引盐一千四百九十一引九十八斤一十二两。洪武二十四年(1391),盐丁灶户二万。成化八年(1472),灶户一百一十,口五百单一。[3]

康熙《香山县志》载:

> 灶盐。宋绍兴设立香山场,草荡地塥不一,俱凭灶丁煎盐办课。每丁一日一夜计煎盐若干,周年三百六十日夜共计煎盐若干,应征盐一大引入官折色银肆钱陆分伍厘。元明初灶户六图,灶排灶甲,约六七百户。[4]

---

[1] 嘉靖《香山县志》卷5,《官师志第三·官制·盐场》,第66页。
[2] 嘉靖《香山县志》卷3,《政事志第三·公署》,第36页。
[3] 嘉靖《香山县志》卷3,《政事志第三·鱼盐》,第44页。
[4] 康熙《香山县志》卷3,《食货志·盐法》,广东省地方史志办公室辑《广东历代方志集成·广州府部》,第206页。

综合上述方志的记载，明初洪武年间香山盐场编入灶籍的盐民大约有"二里""灶户六图，灶排灶甲，约六七百户""盐丁二万"。《十排考》中灶排、灶甲所在的"下恭常地方"，即宋元时期的"蚝潭"，也即今之珠海市山场村和翠微村。宋元时期香山盐场的范围包括香山海域的众海岛，并非只有"濠潭"一处坦洲产盐。明初编入灶籍的盐民还应当包含香山海域众多海岛上的盐民。

山场村《延陵吴氏族谱》载：

> 太祖，渤海郡人也，字宗府，号学士，行三。其先乃南雄府保昌县沙水村珠玑巷之巨族也。因宋度宗咸淳九年（1273）癸酉胡妃所溺之事，遂与友人洪师兄弟三人来广州府香山县恭常都香山场居之。……
>
> 四世祖东塘……公乃丙四公之子也，讳福到，号东塘。因洪武定天下而后承纳税盐，是为灶户。至嘉靖十六年拨下在本场顶补七甲陆敬荩，盐籍之根自公始也。[1]

明初户籍制度下的户名，常常并非户主的真实姓名，这在珠江三角洲地区十分常见。"各户皆恭都诸之立籍祖"，看似轻描淡写的这句话所指明的正是明初香山盐场的社会关系网络。对于盐民而言，开立户籍必须"上供国课"，但同时也获得身份。考察明初香山盐场的灶户立籍，结合宋元山场村谭姓开基、迁居崖口的故事，便可以明白"灶户六图，灶排灶甲，约六七百户"的灶籍制度其实是新王朝国家对原有香山盐场社会结构的承认。以往的食盐专卖制度研究，强调政府在专卖制度创建上的正统性、合法性，以为这是一个自上而下的贯彻过程。香山盐场的个案研究表明食盐专卖制度也可以看作是地域社会对国家认同的一种策略，是自下而上的身份认同的过

---

[1] 珠海市山场村《延陵吴氏族谱》，珠海市前山镇界涌村郑少交先生收藏。

程和结果。赋予食盐专卖制度"正统性"与"合法性"的不仅是国家，也是那些获得灶籍的盐民，他们由此可以得到盐的生产特权，从而将灶籍外的盐民合法地排除在外。"在传统的中国社会……'户籍'，是确认一个社会成员身份地位的重要标志。有'户籍'就意味着在向政府履行一定义务的前提下，享有一定的社会地位和权利，而所谓'无籍之徒'，则一般被视为失去了合法身份的人，社会地位亦较为低下。"[1]

《十排考》写道："明洪武初，于下恭常地方设立盐场，灶排二十户，灶甲数十户。分为上下二栅，名曰香山场。详令筑埠煮盐，上供国课，下通民用，其利甚溥。"不过，《十排考》的作者似乎将"灶排二十户，灶甲数十户"的年代弄错了。正统十三年（1448），广州爆发黄萧养之乱。香山盐场并没有幸免于难，康熙县志载：

> 正统间被寇，苏有卿、黄萧养劫杀盐场灶丁，时盐道吴廷举[2]奏奉勘合，查民户煎食盐者，拨补灶丁仅凑盐排二十户，灶甲数十户，分上下二栅，许令筑埠煮盐自煎自卖，供纳丁课。[3]

珠海市唐家湾镇的上栅村，距离山场村甚近。村内有太保庙，庙内墙上嵌有清代石碑三块，其中一块记载明官军在此镇压黄萧养军之事。《珠海市文物志》载有这块"上栅村太保庙碑"的碑文：

> 太保之职，与太师太傅同列三公，周制也。……我乡之有太保庙也，久矣。后来祝版署卢江太保衔，稽诸长老全云孙吴周公保瑾也。公本舒人，即今庐州府城县，汉时统称卢江，其地名不

---

[1] 刘志伟：《明清珠江三角洲地区里甲制中"户"的衍变》，《中山大学学报》（社会科学版）1988年第3期。
[2] 《明史》卷201，《吴廷举传》，第5309—5310页。
[3] 康熙《香山县志》卷3，《食货志·盐法》，第206页。

诬矣。……明景泰年间，黄萧养寇广州，都督董兴讨之，率马指挥追贼至境，祷诸神，有黄鸟自空坠枪而死，马知神助，穷力追养，诛之党，悉平。今之至灵至应扁额及案前方石即当日所以答神贶者也。事载邑乘，即揆诸祭法，能御大□则祀之，能捍大患则祀之，尤有合者。况上栅濒临大海，自立乡以来清晏自如风波无恙，里安耕凿之乐，郊无烽燧之惊，此皆神之功德，涵濡照育于数百年之深也。庙之建也，不知创自何时，我朝嘉庆咸丰间，迭经修造，迨同治甲戌圮于台风。光绪丙子（光绪二年，1876）乃重而新之。经始于七月初三日，竣工于十一月初三日，工料之费出自乡人外商者十居七，在乡者十居三。

光绪二年（1876）岁在丙子仲冬吉日里人卢性存敬撰

阖乡众信签助工金芳名列左　　（人名省略）[1]

经历黄萧养之乱后的香山盐场，灶丁或被劫杀，或四散逃亡，盐场生产遭到很大破坏。盐道官员采取拨补灶丁的措施才勉强凑够灶排二十户、灶甲数十户。为恢复生产，盐官唯"许令筑埠煮盐自煎自卖，供纳丁课"。黄萧养之乱之于香山盐场的意义，在于该"事件的最直接影响，是在地方社会进一步确立起王朝的正统性，划清财产占有和社会身份的合法性和正统性的界线"[2]。正是这二十户灶排、数十户灶甲建构出明清以后的香山盐场社会。我在山场村和翠微村的田野调查也发现，鲍、黄、吴、谭、韦、容、徐、郭、刘、卢、林诸姓直至今天仍然是当地的大姓。明代以后，山场村、翠微村鲍、吴、韦诸姓通过编写族谱、修建祠堂，开始宗族的建构。

按山场村《鲍氏族谱》（延禧堂敬修）的记载，鲍氏香山开基

---

[1] 珠海市文物管理委员会编：《珠海市文物志》，第147页。
[2] 刘志伟：《地域空间中的国家秩序——珠江三角洲"沙田—民田"格局的形成》，《清史研究》1999年第2期。

祖允瑜公在南宋孝宗年间由南雄而来，卜居山抵埔。大约至六世祖时始分四大房，其中第三房永杰公第三子褅佑"迁居界涌"（即珠海市前山镇界涌村），八世祖彦桓公又"迁居白石"（今珠海市斗门区白蕉镇白石村）。第四房永杰公居"场前"，也即鲍氏从六世祖以后长房和四房一直居住在山场村，其他两房则迁居界涌村和白石村。

又如"山场黄族，五传祖高凤由新会迁居香山城。至九传信卿徙居山场，现历二十一代。山场吴族，始迁祖学士，宋咸淳九年自南雄保昌县沙水村迁居山场乡，分三房，现历二十二代。山场鲍族始迁祖允瑜由南雄珠玑巷迁居山场，分四房，第二房分居阳江、电白等处，现历二十五代"[1]。这是珠江三角洲大部分乡村宗族讲述祖先开基历史的常见叙事模式，在当地其他姓氏的族谱中皆可以看到。不过，这种"中原移民"的历史传说值得质疑。地域社会的历史应该"集中分析本地人如何运用文化策略，把自己与真实的或想象的'中心'联系起来。经过一个被认为是主流文化的标记，并且各就各位地去确认自己的身份"。"从这个角度去看，族群的标签是一个复杂的历史过程的结果，当中包含各种各样的文化资源和权力的操控"。明清以后华南社会的"宗族控制了广袤的沙田，也控制了墟市和庙宇，修筑祠堂，编纂族谱，炫耀自己与士大夫的联系。这些努力提升自己社会地位的人，在演示一些被认为是中国文化的正统命题和身份标志的同时，也创造着一套最后为官方和地方权势共同使用的排他性语言"[2]。

《十排考》接着写道："详令筑塌煮盐，上供国课，下通民用，其利甚溥。二十户者，上栅一甲郭振开，二甲黄万寿，三甲杨先义，

---

[1] 民国《香山县志续编》卷3，《舆地·氏族》，广东省立中山图书馆据广州墨宝楼刻本复制，1982年。
[2] 萧凤霞、刘志伟：《宗族、市场、盗寇与蛋民——明以后珠江三角洲的族群与社会》，《中国社会经济史研究》2004年第3期。

四甲谭彦成，五甲韦万祥，六甲容绍基，七甲吴仲贤，八甲容添德，九甲杨素略，十甲鲍文真。下栅一甲徐法义，二甲刘廷琚，三甲谭本源，四甲林仲五，五甲吴在德，六甲鲍祖标，七甲张开胜，八甲黄永泰，九甲吴兴载，十甲卢民庶。各户皆恭都诸之立籍祖也。合上下栅统名十排，相呼曰排亲。即在山场村内建立城隍庙，为十排报赛聚会之所。享其利者亦有年厥。"

二十户灶甲相呼曰"排亲"，"在山场村内建立城隍庙，为十排报赛聚会之所"。城隍庙的创建者很可能并不是这二十户灶甲。山场村当地传说盐场建立时就有这座庙，至迟可以追溯到南宋时期：

（城隍庙）与北帝合祀一庙，在香洲山场村内。根据庙内《北帝庙重修序》曰：此庙"由来久矣，或曰建场时设立，或曰未建场时原有……"始建于唐宋时期，山场村即香山村（古地名濠潭），唐代至德二年（757）属东莞县，设立香山镇，当时以产盐为主，是个盐场。北宋元丰五年（1082）设立香山寨，南宋绍兴二十二年地名设香山县，以后此地叫香山场，民国时简称"山场村"。该庙在唐宋时已存在，后又多次重修。据庙碑记载，于清康熙五十八年（1719）、乾隆四十四年（1779）和光绪二十九年（1903）均做过较大的修葺，《香山县志》记述嘉庆十三年（1808）知县彭昭麟修建时"官拨长沙墟及灶田一顷零供香火"。[1]

该庙坐西北向东南，面阔三间10米；进深三间22.5米，有前殿、中厅和后殿。天井两侧均有走廊，联成一个整体。硬山顶，青砖墙。廊间有附刻三方，一方被涂封。另二方分别为《北帝庙重修序》《北方真武玄天上帝主宰城隍正直尊神庙重修各信士捐银芒名开列》，另有木匾一块阴刻行书"湛恩汪□"四字，

---

[1] 光绪《香山县志》卷6，《坛庙》，第83页。

落款："光绪三十九年癸卯孟冬吉旦",存放山场村委办公室。[1]

《十排考》强调二十户灶甲在城隍庙举行迎神赛会的祭祀特权,光绪县志载城隍庙的祭祀费用由长沙墟税和灶田供应,已表明这一特权与明代香山盐场灶户制度的关系。关于明初里甲户籍制度与地域社会的关系,科大卫认为"与其把里甲看作中央下达到地方的政策,不如把它看成是中央对地方拜祭团体的承认的结果。宋元以来,地方上的社神祭祀,已经很清楚地界定了地方社会的合作范畴。明朝规定对地方神只定时拜祭,也同时肯定了地方拜祭的合作安排"[2]。崖口谭姓始祖被"封"为城隍神的传说,在"排亲"的社会关系下凸显出它的意义。城隍庙与盐场社会的关系,是庇护与被庇护的关系,城隍神保一方城池的平安,当地的百姓举行迎神赛会的祭祀仪式,以求得城隍神的保护。任盐官的谭姓始祖被"封"为盐场的城隍神,二十户灶甲的"排亲"组织通过迎神赛会的祭祀仪式,体现制度与民间信仰交织的复杂关系。作为一种经济资源,盐之于香山社会固然重要,然而同样重要的还有对这种资源的文化和权力的操控。

按照《香山县志》的记载,至成化八年(1472)盐场灶户已经减至"灶户一百一十,口五百单一"。此时距黄萧养之乱已过去近三十年,但是盐场灶户还在减少,究其原因,官史记载颇详:

> 其东南浮生,尽被邻邑豪宦高筑基堡障隔海潮,内引溪水浸溉禾苗,以致盐塥无收,岁徒赔课,其中又多逃亡故绝者。以故

---

[1] 珠海市文物管理委员会编:《珠海市文物志》,第96页。关于山场村北帝与城隍神合祀的问题,关系到地域社会信仰,限于篇幅,暂不打算在此讨论。珠江三角洲的北帝崇拜研究,参阅刘志伟:《神明的正统性与地方化——关于珠江三角洲地区北帝崇拜的一个解释》,《中山大学史学集刊》第二辑,广州:广东人民出版社,1994年,第107—125页。
[2] 科大卫:《国家与礼仪:宋至清中叶珠江三角洲地方社会的国家认同》,《中山大学学报》(社会科学版)1999年第5期。

万历四十四年知县但启元清审详豁九十七丁，将升科粮银四十五两一钱零七厘抵补丁课。天启五年裁汰场官，盐课并县征解。[1]

《十排考》也说"后沧桑屡变，斥卤尽变禾田，盐务废而虚税仍征，课额永难消豁。追呼之下不免逃亡，利失而害随之，灶民贻累甚大"。所谓"禾田"，是指明代珠江三角洲海域不断成长的沙田。明代以后，西江北江河口冲积形成新生沙坦，开始珠江三角洲新沙田区大规模开垦的过程。"后来在中山冲缺三角洲的西海十八沙和东海十六沙、番禺冲缺三角洲和新会崖门之内的大片沙田，就是在这以后逐渐形成并被开发成为沃壤的。"[2]香山盐场的盐田坦洲，就在这块新生的沙田区内。香山沙田的开发，牵涉到周边番禺、新会、顺德等县有权势的"大家"，官府为此专门"侨立都图"。[3]明代以后，香山社会自宋元以来岛屿棋布的地理空间格局与鱼、盐共生的社会经济格局，被不断成长的沙田新经济格局所打破。浮生的土地，既冲击盐课，也冲击河泊所渔课。[4]

《十排考》接着写道："及万历末年江西南康星子但公启元来宰是邑，询知疾苦，始详请而豁免过半，灶民齐声额颂。爰择地于翠微村之西，建祠勒碑以礼焉。"对于这位有惠于香山盐政的知县，县志记载颇详：

但启元，号五庐，江西星子人。由乡进士来任。先是，邑有盐场，灶丁输课煎盐。其后苗田多而斥卤少，盐之地日削，丁额犹循旧版，以故逃亡故绝者多，虚丁赔课为累甚大。启元

---

[1] 康熙《香山县志》卷3，《食货志·盐法》，第206页。
[2] 刘志伟：《地域空间中的国家秩序——珠江三角洲"沙田—民田"格局的形成》，《清史研究》1999年第2期。
[3] 康熙《香山县志》卷2，《建置·都图》，第174页。
[4] 嘉靖《香山县志》卷3，《政事志第三·鱼盐》，第44页。

于万历四十年清审盐场丁口,怜其疲弊,一再申请,力为豁去九十七丁,岁解课四十五两有奇,而后灶民有更生之望矣。建祠立碑在恭常都翠微村。其他绩多不传。[1]

《但侯德政碑记》佐证万历年间香山盐政的改革:

粤东以南滨海而遥为香山县治,称岭海严邑第。土瘠人稀,民疲财困,劳心抚字而哀鸿遍野、伏莽盈眸,令其邑者实难。但侯以洪都名士奉命来莅。兹土甫下车,即问民疾苦,恤民孤寡,坚持清白。所措事业有古遗爱风。禁蠹耗而宽秋夏之征,输饷营哨而免水陆之抽掠。祷雨而雨应,天格其诚。折狱而狱息,人服其公。其间善政难一一举。又东南一带,枕控沧溟大海,民间煮海为盐,一时利之。国初设立盐场灶排二十户,灶甲数十户,分为上下二栅,详令筑埔煮盐,上以供国课,下以通民用。年来沧桑屡变,斥卤尽变禾田,而课额永难消豁。灶民有一口而均纳一丁二丁至三四丁者,有故绝而悬其丁于户长排年者,即青衿隶名士籍而不免输将。斯民供设艰于蠢负。由是多易子折骨,逃散四方,避亡军伍,琐尾流离,靡所不至。侯备得此状,遂慨然以苏困救弊为己任,退而手自会计。将升科粮银四十五两有奇,通请于上官以抵补丁课,因得豁免九十七丁。灶民咸举手加额,曰:此非贤父母,吾民更生无日矣。穷乡地邻夷奥,奸商丛集。有市人误殒奸商从仆,奸商不咎市人,陷民之家殷者株连至数十辈。侯一切申豁,惟以市人抵偿,奸商由是敛迹。又夷人彪悍不驯,常生事,扰我边疆。侯无不抚循有道,筑关严守,令一方安堵一时诵侯德政,口碑载道矣。指日双凫诣阙计,必调羹鼎铉,斯民恐难借寇,故建祠纪绩,以志何武之思。余愧不文第,因郭生之

---

[1] 康熙《香山县志》卷5,《宦绩·县尹》,第227—228页。

请不可以辞，爰叙其梗概以为侯志。侯讳启元，号五庐，江西南康星子人，乙酉乡进士也。赐进士第文林郎四川道监察御史邻治生潘洪撰文。

     赐进士第弄科给事中奉敕主考山东治生郭尚宾书丹
      万历四十三年（1615）岁次乙卯仲秋吉旦
        盐场灶排二十八户同敬立

  按：碑在翠微乡三山庙侧，祝志列金石门，云在凤池书院，误。[1]

  碑文"年来沧桑屡变，斥卤尽变禾田"道出香山盐场衰落的真实原因：明代后期沙田扩张致香山盐场无盐可产。香山县令但启元的改革之所以如此重要，就在于他真正明白香山盐场的这种变化，与其勉强维持灶丁的编佥，不如除其户籍、免其盐课，按民户田粮则例升科。万历年间香山盐场的改革，正是珠江三角洲地区沙田替代盐田、盐场衰落的典型写照[2]（参见图1-2）。

四　万历时期海北盐课提举司的裁革

  明代后期广东盐场分布的重要变化，还在于海北盐课提举司的裁革。明初海北盐课提举司"则因宋人之旧而损益之也"，宋"以廉州白石、石康二场盐利给本州及容钦蒙象等诸州，琼崖儋各给本州。本朝因之，为海北提举司"。万历二十四年（1596），两广总督陈大科上《议裁革（海）北盐课提举疏》："海北盐司原为提举十三场计耳，顾远者法令难及，已奏隶二府征解，近者课额易完又无事

---

[1] 光绪《香山县志》卷6，《坛庙》，广东省地方史志办公室辑《广东历代方志集成·广州府部》，第86页。
[2] 李晓龙关于明代东莞县盐场的历史变迁同样反映这一趋势。参见李晓龙：《环境变迁与盐场生计》，《中国社会经济史研究》2015年第2期。

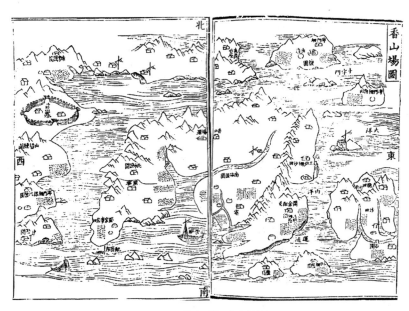

图 1-2 乾隆时期香山场图
资料来源：乾隆《两广盐法志》卷首，《绘图》，第 84—85 页。

提举督催"，故"题裁革海北盐课司提举"。这份一千六百余字的奏疏，条举裁革海北盐课提举司的两个理由。其一，海北盐课提举司直接掌管的收入主要是"客商票引纸饷银"，不过一百七八十两，而官员的俸薪就达四百余两，所得不足补所费："该司衙门诚拥虚名，虽岁督税票引价，不过一百七八十金，而吏目验饷亦仅四五十金，总计提举、吏目、俸薪、夫马等费乃岁縻四百二十余金，是所出浮于入之半，其当裁革明甚。"其二，海北盐课提举司下辖盐场逐渐由州县兼管，因此数量一直在减少，场课也由场官及时尽数征解，不必经提举司行催："所管白沙、白石、西盐、官寨、武郎、东海、茂晖七场岁共课银二千二百三十两一钱零二厘。不必本司行催，场官自能及时尽数征解，本司转解布政司收纳。"提举司不过行使代纳运司之责，陈大科甚至直言此时的海北盐课提举司就是尸位素餐,已无存在的必要:"提举吏目闭门静坐,以年费公帑四百余两,而止职管饷银一百七八十两,所得大不补其所费。诚尸位素餐而为冗员之首,当裁革者。"[1]经司道官员"再三勘议",将提举司现管七盐场分归各府管辖,场大使照数征解:"将白沙、白石、西盐、官寨四场额银一千一百七十一两四钱四分一厘零,属廉州府。武郎、东海二场,额课六百九十一两三钱零一厘,属雷州府,茂晖场额银三百六十八两三钱五分九厘三毫,属高州府各管粮官督行。场官照数征解。其客商票税、引纸饷银事务,属廉州府佐兼理。石康批验所印记议委府首领及县佐二轮管,该司征门提举、吏目俱行裁革。各官每岁原派各场办内夫马等银二百九十三两四钱零及派三府征解俸薪纸札工食等银一百九十三两四钱零,俱行免征,以宽民力,此诚官民两便之计也。或以为官无统则事不集如之何,殊不知向也以六场分属高琼两府,自正统以迄于今,未闻盐课稍缺也。六场既可属之高琼无害,安有七场不可属之雷廉者耶?"[2]

事实上,海北盐课司自明初设立以来,无论是灶户灶丁数量、食盐产量还是官府的课银,一直在不断萎缩。[3]海北盐课提举司虽隶十五场,其中海南六场实与海北其他盐场不同。正统七年(1442)琼州府知府程莹奏准海南六场"每盐一大引,折米一石,送琼州府所属州县附近仓上纳"[4]。万历时期,海南六场"每大引一引折米一石,每石折银三钱。各场实征米六千零四十六石七斗八升一合零,该银一千八百一十四两零三分四厘零。近年俱系各附近州县掌印官征解琼州府广盈库收贮,支作海南卫并本府合属官吏俸钞及大征支用"。因此,此一时期仅余白沙等九盐场隶海北提举司,其生、熟

---

[1]《明神宗实录》卷301,万历二十四年八月丙子,台北:"中央研究院"历史语言研究所,1962年,第5648页。
[2] 万历《粤大记》卷31,《政事类·盐法》,第518—520页。
[3] 张江华:《明代海北盐课提举司的兴废及其原因》,《中国历史地理论丛》1997年第3期。
[4] 吴廷举:《处置广东盐法疏》,朱廷立《盐政志》卷7,第293页。

盐引共折银二千七百五十余两。[1]陈大科还提到博茂场也改隶高州，但没有提到蚕村调楼场改隶一事。从所列举的盐场名称来看，蚕村调楼场此时已不归海北提举司管理。[2]即便是七场的场课，也由"场官征解，俱中程无烦司官"，所以海北提举司能够"催督而其所办纳者，止引饷一百七八十两"。海北盐课司衙门的情形，不免"提举吏目闭门静坐"，而"年费公帑四百余两，而止职管饷银一百七十八两"，实在是"所得大不补其所费"。因此，海北盐课提举司的裁革也就指日可待。

影响海北盐课提举司裁革的原因，不仅在于灶丁流失和盐课的逐年减少，还在于东盐西进，迫使海北提举司的引地范围逐渐缩小。终明之世，两广盐政的格局呈现出东盐西进的趋势。首先是东省官盐进入广西，这在明初即已实施。洪武二十八年（1395）"兵部尚书致仕唐铎言：长沙、宝庆、衡州、永州四府，郴、道二州，食盐缺少，广东积盐实多，而广西新立卫分军粮未敷。若将广东之盐运至广西，召商中纳，可给军食"。户部议复"先令广东布政司运盐至梧州，命广西官司于梧州接运至桂林，召商中纳，每引纳米三石，令于湖南卖之。庶几官民俱便，从之"[3]。唐铎的这段话，有两个意思，其一，湖南缺盐，可由东省调盐至梧州，再转运至桂林，召商中纳，这样广西和湖南都受益。其二，广西普遍设立卫所，军粮需求较大，为保证军粮供应，由商人纳米中盐，军粮即可得到保证。东省官盐开始源源不断由西江航道输入广西。当然，随着这个航道进入广西的还有大量的私盐。"广东之盐，例不出境，商人率市守关吏，越市广西。"景泰、天顺年间，广盐实行开中制，盐商可以凭引下场支盐：

---

[1] 万历《粤大记》卷31，《政事类·盐法》，第513页。
[2] 蚕村调楼场所属政区地理，参见吉成名：《论明代海盐产地》（下），《四川理工学院学报》（社会科学版）2010年第1期。
[3] 《明太祖实录》卷241，洪武二十八年九月壬寅，第3502页。

"景泰、天顺年间开中,客商赍引下场关支本色。"[1]天顺年间"巡抚叶盛以为任之则废法,禁之则病商,请令入米饷边,乃许出境,公私交利焉"[2]。至"成化初,都御史韩雍于肇庆、梧州、清远、南雄立抽盐厂,又于惠潮、东莞、广州、新会、顺德盐船经过之处设法查盘,每官盐一引抽银五分,许带余盐四引,每引抽银一钱,名为便宜盐利银,以备军饷"。弘治年间"都御史秦纮许增带余盐六引,抽银六钱。此外有余盐,许令自首,每引抽银二钱"[3]。正盐一引许带余盐六引的行销制度,使余盐之利于两广盐课愈益重要,因此设置盘盐法,对过往盐船抽税,曰"纳堂"[4]。纳堂制的设立,使两广开中制实际趋于消亡。[5]张江华在分析海北盐课提举司裁革的原因时,特别提到南流江的阻塞和北流江运输上的不便是海北盐运输成本高昂的重要原因。

明代两广盐运交通主要通过水运进行。广西水运以以红水河、桂江、左右江为主轴的西江水系为主体,桂东南的北流江流域是海北场盐进入西江的重要通道。隋唐以前这条航道一直在使用,但宋时完全阻塞,至明代也没有恢复。这一航道的阻塞直接导致海北盐场的没落。明初有广西郁林州民上言疏通航道,官府也采纳建议修建水闸,但到正统年间水闸已废。另外,西江水道的优势宋人已有认识。明代广西卫所制度的设立,军饷的筹措成为两广军政首要之务,开中制和正盐夹带余盐并纳盐课等措施,无不为筹措军饷而置。天顺年间,政府规定在柳州等府纳米中盐"以足军饷。柳州府仓,广东盐三万引,每引米三斗,共该米九千石;海北盐二万引,每引米二斗七升,共该米五千四百石"[6],清楚地说明广东省的盐运输成

---

[1] 嘉靖《广东通志》卷26,《民物志七·盐法》,第671页。
[2] 《明史》卷80,《食货四·盐法》,第1938页。
[3] 《明武宗实录》卷147,正德十二年三月庚子,台北:"中央研究院"历史语言研究所,1962年,第2878页。
[4] 万历《粤大记》卷31,《政事类·盐法》,第513—514页。
[5] 张江华:《明代海北盐课提举司的兴废及其原因》,第70页。
[6] 《明英宗实录》卷323,天顺四年十二月癸酉,第6687页。

本较海北盐更低。[1]

明代后期，随着珠江三角洲地区盐业生产的衰落，以及海北盐课提举司的裁革，粤东惠州府和潮州府的盐场成为供应两广及相邻诸省食盐的主要产地，这些盐场包括淡水、石桥、隆井、招收、小江等五场（参见表1-2、表1-3）。

表1-2 嘉靖年间广东盐课提举司盐场户丁数和盐课额统计

盐场名称	所在州县名称	原额户丁	有征无征盐引数	引课折银额/两
靖康场	广州府东莞县	户：1871 丁：2767	5952+	1151+
归德场	广州府东莞县	户：1432 丁：3832	8418+	1599+
东莞场	广州府东莞县	户：454 丁：771	2271+	480+
黄田场	广州府东莞县	户：459 丁：548	1477+	288+
香山场	广州府香山县	户：304 丁：994	2982+	567+
矬峒场	广州府新宁县	户：1801 丁：1809	4820+	956+
海晏场	广州府新宁县	户：3199 丁：3199	9560+	1775+
双恩场	肇庆府阳江县	户：1273 丁：1591	7013+	1469+
咸水场	肇庆府阳江县	户：448 丁：1014	3999+	776+
淡水场	惠州府归善县	户：419 丁：2428	6246+	1229+
石桥场	惠州府海丰县	户：939 丁：3902	10493+	1713+
隆井场	潮州府潮阳县，后改隶惠来县	户：916 丁：3424	5608+	914+

---

[1] 张江华：《明代海北盐课提举司的兴废及其原因》，第75—76页。

续表

盐场名称	所在州县名称	原额户丁	有征无征盐引数	引课折银额/两
招收场	潮州府潮阳县	户：552 丁：1218	5143＋	750＋
小江场	先后隶属潮州府海阳县、潮阳县、饶平县、澄海县	户：1406 丁：3815	15298＋	2444＋
总计		户：15473 丁：31312	89280＋	16111＋

资料来源：嘉靖《广东通志初稿》卷29，《盐法》，广东省地方史志办公室辑《广东历代方志集成·省部》，第520—530页。

表1-3　嘉靖年间海北盐课提举司盐场户丁数和盐课额统计

盐场名称	所在州县名称	原额户丁	有征无征盐引数	引课折银额/两
白沙场	廉州府合浦县		684＋	
西盐白皮场	廉州府合浦县		643＋	
官寨丹兜场	高州府石城县		398＋	
蚕村调楼场	雷州府遂溪县		433＋	
武郎场	雷州府海康县		897＋	
东海场	雷州府徐闻县		971＋	
博茂场	高州府电白县		1376＋	
茂晖场	高州府吴川县		989＋	
大小英感恩场	琼州府琼山县	丁：838	1071＋	
三村马裊场	琼州府临高县	丁：1109	1417＋	
陈村乐会场	琼州府文昌县	丁：802	1026＋	
博顿兰馨场	琼州府儋州	丁：1497	1913＋	
新安场	琼州府万州	丁：611	610＋	
临川场	琼州府崖州	丁：167	214＋	
总计		丁：5024	12642	

资料来源：嘉靖《广东通志初稿》卷29，《盐法》，第520—530页。嘉靖《广东通志》卷26，《民物志七·盐法》，第670—671页。

表1-2、表1-3分别为嘉靖年间广东盐课提举司和海北盐课提举司灶户户丁和课额统计。首先，表1-3直观地显示出海北盐课提举司

在明代后期的衰落，白沙等十四场仅有部分户丁的统计和引额，并无折银额数，说明此时期海北提举司于两广盐政已无足轻重。其次，就广东盐课提举司所隶靖康等十四场的引额和课额来看，广州府东莞、香山和新宁三县境内的盐场盐引额占总引额的39.7%，盐课占总额的42.3%。惠州府境有淡水场和石桥场，引额为总额的19.2%，课额占18.2%；潮州府境有隆井、招收和小江三场，引额占29.1%，课额占25.5%。两府五个盐场的引额占全部引额的48.3%，课额占全部课额的43.7%。也就是说，珠江三角洲地区和粤东惠潮地区的盐产量几乎相等，而惠潮地区略高。入清以后，珠江三角洲地区盐业进一步衰落，惠潮地区盐业生产在两广盐区盐政中的地位愈加重要，遂成为两广盐政的重中之重。第三章的讨论将说明，由于潮州府盐场的盐主要销往韩江流域所在的州县，可以说是自成一体，基本不能满足两广盐区特别是广西省的食盐需求，因此清代以后供应两广盐区广西、湘赣等界邻府县的食盐，主要来自惠州府归善县和海丰县境内的淡水场和石桥场。

《状元故里海头吴村及历史流源》记载明代海丰县吴坦夫的事迹，吴坦夫因其富于财力号称"吴半县"，其生平传奇恰好为明后期惠州府海丰县盐业生产扩张做了精彩的注解：

> 宋元之间，今海丰县城"东门头"以南、下巷以东的山坡地已有先民徒涉开垦。元朝至大年间，惠郡官员吴师孔（字子文，江西抚州府金溪县人）之曾孙锦江（字仁卿，名公立，妣天水庄氏）携姑母一院夫人及妻儿到这里肇基，时名"荣富岗"。元末，风声鹤唳，兵荒马乱，吴锦江夫妇偕五子（仕梁、仕唐、仕晋、仕汉、仕周）迁居金锡都长沙湾畔马行庄海口乡（当时海头村的原名）避居，立"圣德堂"宗祠，建吴真人庙宇。洪武元年（1368）吴锦江仙逝，有地理名师为其择海口乡"獭地"归葬，墓地枕靠海头山，北向莲花山，汇收三江水，辰龙入首，朝案俱佳，

山海形胜十分瑰丽，时人谓之"大地"，暗寓后代出贤才。

吴氏开拓海口乡当年，逢适海水逐渐消退的时代，其乡居位置变成了海陆要冲。其后，吴氏子孙把握发展机遇，积极开垦，在东岸广筑海堡、围海造田和建设码头，渐而蔚为望族，造就了第五代裔孙吴坦夫的富足。明嘉靖年间（记载有误，新修县志载成化年间），吴坦夫在海丰七都的田地山塘达20多万亩，年收租22万石；拥有杨安、金锡渔港塭田十余口，盐灶千余户，商船百艘，年纳税折白银14万两，占海丰全县赋税一半以上。由其财产足抵半县，人称"吴半县"。[1]

---

[1] 陈宝荣：《状元故里海头吴村及历史流源》，网址：http://blog.sina.com.cn/s/blog_5fc49f2b0101acxf.html。2016年3月29日。访问时间：2023年2月25日。又，《陆丰县志》也记载吴坦夫的故事："明成化年间（1474—1487），海丰豪富吴坦夫垄断石桥场的盐业生产，独家包销。"参见陆丰县地方志编纂委员会编：《陆丰县志》，广州：广东人民出版社，2007年，第584页。

第二章　清前期广东盐场制度调整

盐堰

阮元[1]

漉沙铺万池，构白何皎洁。

冬海暖如春，聊以当南雪。

（原诗注：粤盐由晒而成，其灰池俗名为"堰"）

道光五年（1825）冬十一月，两广总督阮元阅兵惠、潮两府，其间赋成《惠潮海边四咏》，壮观的盐田和白色似雪的海盐给阮元留下深刻印象。令人感兴趣的是，为何阮元在惠州府陆丰县碣石镇而不在别处留下对广东海盐的观感？

上一章讨论明代中后期广东盐产地新格局，即珠江三角洲地区盐业的衰落、海北盐课提举司的裁革以及惠、潮二府盐业的扩张。新的产地格局在清代继续调整并发挥作用。清初迁界、三藩驻粤，迁界造成盐业生产的大衰落，平藩控制盐场掠夺盐利，使朝廷失去对两广盐政的管控。盐场社会不仅有擎起"抗清""抗迁"义旗的起

---

[1] 阮元：《揅经室续集》卷6，阮元撰，邓经元点校《揅经室集》，北京：中华书局，1993年，第1106页。按：《揅经室续集》卷6收录作者甲申（1824）、乙酉（1825）两年所作诗。《盐堰》描写陆丰县碣石镇海边的盐场景象，概因《惠潮海边四咏》之后阮元写下一首《乙酉仲冬望日阅碣石镇水陆兵全海肃清夜看海月》（第1107页），透露出他曾在此短暂停留。另据《阮元年谱》考订，阮元督粤期间曾两次巡视惠、潮两府，时间分别为道光二年（1822）、道光五年（1825）。参见王章涛：《阮元年谱》，合肥：黄山书社，2003年，第719—777页。

义势力，还有各种既得利益群体的崛起。本章通过新宁县境的海晏场个案讨论清初广东盐场社会。平定三藩之乱后，朝廷针对两广盐业、盐政进行改革，主要集中于如何在盐课银征收与盐产的管控之间取得平衡。其时珠江三角洲地区盐业衰落更快，但盐课银仍在征收，而惠、潮二府一直扩张的盐业却得不到盐政制度的保障与管制。康熙朝后期，朝廷终于同意通过发帑收盐改革将广东各处盐场的海盐控制起来，以保障两广盐区食盐专卖供应，减少私盐的猖獗。此外，雍乾时期两广地方政府通过裁撤珠江三角洲地区盐场和增设惠、潮二府盐场、盐栅，最终促成惠、潮二府的盐场成为两广盐区生产中心。

  清代广东盐业生产的研究成果不算太多，林永匡较早注意到清代乾嘉以后广东西部雷州府、琼州府的盐场由所属州县征解羁縻的现象。冼剑民将广东盐业分成清代前期、中期、后期三个阶段进行考察，他认为康熙朝以后至鸦片战争前这一时期，是广东盐业激烈变革的时代，主要表现在产场结构的调整、生熟盐产品的改换以及经营管理改革等三个方面。温春来考察清代广东盐场灶户、灶丁的身份及其贫困化等问题。王彬、黄秀莲、司徒尚纪统计广东与盐有关的地名，揭示出广东历史时期盐业分布的空间特征。周珋、赖彩虹对清代广东盐场的数量和分布也有所涉及。吉成名的著作《中国古代食盐产地分布和变迁研究》主要利用盐法志、方志等史料列举两广盐区盐场的分布和数量。[1]

---

[1] 林永匡：《清初的两广运司盐政》，《华南师范大学学报》1984年第4期。冼剑民：《清代广东的制盐业》，《盐业史研究》1990年第3期。温春来：《清代广东盐场的灶户和灶丁》，《盐业史研究》1997年第3期。王彬、黄秀莲、司徒尚纪：《地名与广东历史时期盐业分布研究》，《广东海洋大学学报》2011年第5期。周珋：《清代广东盐业与地方社会》。赖彩虹：《清代两广盐法改革探析》，华中师范大学未刊硕士学位论文，2008年。吉成名：《中国古代食盐产地分布和变迁研究》，第374—378页。

一 清初广东盐业整顿

明清易代,"广东僻在南徼"[1],成为南明政权抵抗清军的主战场。顺治三年(1646)十月,明两广总督丁魁楚、广西巡抚瞿式耜等共推朱由榔监国肇庆。十一月,"唐王弟聿𨮁自闽浮海至粤。时闽旧臣苏观生撤兵奔广州,与布政使顾元镜、总兵官林察等谋立聿𨮁,伪号绍武,与由榔相拒",朱由榔也自立于肇庆,号永历,出兵讨伐广州的绍武政权。[2]仅仅一个月后,广州的绍武政权就在清军攻入广州后灭亡:"冬十二月,总督佟养甲、提督李成栋定潮州、惠州、广州三郡"[3],清军入广州"执聿𨮁,观生自缢,祭酒梁朝钟、太仆卿霍子衡等俱死"[4]。肇庆大震,永历帝朱由榔被迫逃至广西梧州。绍武政权逾月即覆灭,然桂、唐二藩的争立,给两广地方武装势力带来混乱。

广东陈邦彦、张家玉、陈子壮等南明"三忠"先后展开抵抗运动:"明年(顺治四年,1647)春,张家玉、陈邦彦及新会王兴、潮阳赖其肖先后起兵,子壮亦以七月起兵九江村。"[5]"盗黄海如陷雷州据之""山贼施上义等攻破高州""海寇苏成、苏利等攻惠州""惠州巨盗罗英"等相继起兵。清军将领李成栋反清复明的叛举对清廷的打击更为沉重:"顺治五年(1648)戊子春闰三月,李成栋以广东叛,总督佟养甲死之",南明与清相持格局骤变。[6]清廷遂起用孔有德、耿仲明、尚可喜三王统兵南下。顺治六年(1649)五月,清廷下诏改封恭顺王孔有德为定南王、怀顺王耿仲明为靖南王、智顺

---

[1] 雍正《广东通志》卷7,《编年二》,广东省地方史志办公室辑《广东历代方志集成·省部》,第200页。
[2] 《明史》卷120,《诸王列传五》,第3654页。
[3] 雍正《广东通志》卷7,《编年二》,第200页。
[4] 《明史》卷120,《诸王列传五》,第3654页。
[5] 《明史》卷278,《陈子壮传》,第7131页。
[6] 雍正《广东通志》卷7,《编年二》,第200—201页。

王尚可喜为平南王,令"定南王孔有德率旧兵三千一百,及新增兵一万六千九百,共二万,往剿广西,挈家驻防,其全省巡抚、道、府、州、县并印信俱令携往。靖南王耿仲明率旧兵二千五百,及新增兵七千五百;平南王尚可喜率旧兵二千三百,及新增兵七千六百,共二万,往剿广东,挈家驻防,其全省巡抚、道、府、州、县各官并印信俱令携往"〔1〕。"顺治七年(1650)庚寅春二月,平南王尚可喜、靖南王耿继茂复南雄韶州,围广州,冬十二月平之,诸郡以次归正。"〔2〕但是,平、靖两藩驻防广东并不意味着广东就此太平。实际上,广东的盗、乱仍然此起彼伏,连绵不断。最初的军事权宜之策也演变成此后三十余年平、靖两藩分驻闽、广以资弹压的政治、军事格局。

曾经活跃在福建和台湾海峡的郑成功势力,退守台湾后仍然与东南沿海居民保持着密切的联系,清政府的统一大业频频受挫。顺治十二年(1655),朝廷申令禁海:"严禁沿海省分,无许片帆入海,违者置重典。"〔3〕由于禁令只是临时颁布,收效并不大。顺治十六年(1659),郑成功率师由长江溯流西上,朝野震动,终使清政府下决心迁界。〔4〕顺治十八年(1661),东南沿海各地开始实行海禁政策,称"迁海"或"迁界"。康熙元年颁布《严禁通海敕计谕》:"郑成功盘踞海徼有年,以波涛为巢穴,无田土物力可以资生,一切需用之粮米,铁、木、物料,皆系陆地所产,若无奸民交通商贩,潜为资助,则逆贼坐困可待,向因滨海各处奸民商贩,暗与交通,互相贸易,将内地各项物料,供应逆贼,故严立通海之禁。"〔5〕

广东迁界从康熙元年(1662)开始,历康熙二年(1663)和康熙三年(1664),三次迁界。〔6〕"岁壬寅(康熙元年)二月,忽有迁

---

〔1〕《清世祖实录》卷44,顺治六年五月丁丑,北京:中华书局,1985年,第352页。
〔2〕雍正《广东通志》卷7,《编年二》,第201页。
〔3〕[清]蒋良骐:《东华录》卷7,北京:中华书局,1980年,第119页。
〔4〕顾诚:《清初的迁海》,《北京师范大学学报》(社会科学版)1983年第3期。
〔5〕中国科学院编:《明清史料》丁编,上海:商务印书馆,1951年,第257页。
〔6〕鲍炜:《迁界与明清之际广东地方社会》,中山大学未刊博士学位论文,2003年,第48页。

民之令……令滨海民悉徙内地五十里。……明年癸卯（康熙二年），华大人来巡界，再迁其民。其八月，尹、吕二大人复来巡界。明年甲辰（康熙三年）三月，特大人又来巡界，遑遑然以海防为事，民未尽空为虑。"[1]广东沿海七府二十八州县都在迁界的范围：广州府的番禺、东莞、新安、顺德、香山、新会、新宁和南海；潮州府的澄海、海阳、饶平、潮阳、惠来和揭阳；惠州府的海丰、归善；肇庆府的开平、恩平和阳江；高州府的茂名、石城、电白和吴川；雷州府的徐闻、海康和遂溪；廉州府的钦州和合浦。[2]广东迁界的府县，包括全省的海盐生产场地，也即盐场皆在界外，属被迁之列。如东莞于康熙元年迁界，康熙二年再迁："秋八月，再立边界，邑地复迁入二十里。先是，海南栅乡以近虎门镇寨，留为护卫，至是亦迁。"[3]归善县于"（康熙二年）五月，华、郭二大人奉旨勘县迁界。八月，伊、石二大人临县迁界"[4]。康熙七年（1668）广东巡抚王来任上疏请求复界，随即广东展界。康熙十二年（1673）三藩之乱爆发，康熙十四年（1675）（惠州府归善县）淡水场发生叛乱："闽潮之变，淡水民乘机窃发，旬日聚众数千人为乱。欲拿舟顺流窥守。都司陆观象领城兵三百人部勒以出，昼夜行抵贼垒，掩袭擒斩无算，缚其渠帅以归，余党尽散。"[5]清廷不得不再次重申禁海令。康熙二十二年（1683）三藩之乱平定和台湾郑氏势力覆灭，清廷于冬天下令重展旧界，结束迁海。

三藩之乱平定之后，清廷对藩王势力在地方上的活动多有揭露。康熙二十年（1681）两广总督吴兴祚曾上奏疏，"言尚之信在广东横征苛敛，民受其害数十年。因举盐埠、渡税、税总店、渔课诸害，

---

[1] [清]屈大均:《广东新语》卷2,《地语》,第57页。
[2] 鲍炜:《迁界与明清之际广东地方社会》,第51页。
[3] 康熙《东莞县志》卷14,《外志》,第733页。
[4] 乾隆《归善县志》卷2,《邑事纪下》,广东省地方史志办公室辑《广东历代方志集成·惠州府部》,第39页。
[5] 雍正《归善县志》卷2,《邑事纪》,第410—411页。

悉奏罢之"。其举"盐埠"之害:"自藩下入粤,见盐为利薮,遂遍令官丁在于各处,或强霸盐田,或占夺盐埠,充商领引,高价市卖。"[1]粤东惠州府"自逆藩僭窃之时,淡水等场及平山等处,多有藩孽土棍,霸占盐田,贱买贵卖,乱行私盐"[2]。清初海丰县人蔡皇勷的笔记中也记载,"丙午年(康熙五年,1666)沿海迁拆,独留平海一口许人晒盐,以平山为厂埠,船只载盐下广。凡各县迁民,尽往平山担盐度日,平山聚数千万人,死者日以百计。妇人小子至平山乏食,又卖落船者日以百计"[3]。

　　清初迁界及三藩之乱,地方史志记载颇详,今人也多有讨论。[4]近年来,相关研究开始转向迁界和三藩之乱所在的地方社会。鲍炜认为"清政府要真正面对的并不只是海盗,而是长期以来广东沿海地方社会的内部矛盾。因此,迁界真正要解决的不是海盗,而是要解决造成'海氛不靖'这种局面的根源。从这个角度来理解,迁界就有更深层的意味"[5]。黄挺对清初潮州宗族力量和国家权力互动的讨论,将迁界和复界放在具体的地方社会历史脉络中展开,"在这一事件中,国家倚仗政令推行和官府控制,加速了对潮州沿海社会的改造过程;以国家权力话语建构起来的地方宗族,也通过解体与重组的过程,进一步普泛化,并借助官府所表达的国家权力,成为潮州农村基层社会的控制力量"[6]。本章关注的问题,在于东南沿海迁界后食盐是否正常生产?如何生产?迁界于地方盐政有何影响?复界后盐场秩序如何重建?叶锦花对福建浔美盐场的个案研究,表明迁界不仅造成地方势力

---

[1]《清史稿》卷260,《吴兴祚传》,第9863页。[清]吴兴祚《议除藩下苛政疏》,雍正《广东通志》卷62,《艺文志四》,第1935—1936页。参见[清]李士桢:《抚粤政略》,沈云龙主编:《近代中国史料丛刊》三编第39辑,台北:文海出版社,1988年。
[2] 道光《广东通志》卷165,《经政略八》,第2707页。
[3]《鹿境蔡皇勷手记》,蔡学修藏书,海丰县档案馆藏,油印本,第13页。另见《华衮手记》,李龙潜等点校《明清广东稀见笔记七种》,广州:广东人民出版社,2010年,第48—71页。
[4] 李东珠:《清初广东"迁海"的经过及其对社会经济的影响》,《中国社会经济史研究》1995年第1期。
[5] 鲍炜:《迁界与明清之际广东地方社会》,第6页。
[6] 黄挺:《清初迁海事件中的潮州宗族》,《社会科学》2007年第3期。

兴衰更替，而且改变了盐场的运作方式，破坏了盐场组织；复界后不同势力争夺地方控制权及王朝赋役调整等多种因素结合，促使盐场地方社会发生结构性转变；同时，动乱后士绅并不都是重建地方社会的主导力量，有些地方军功豪族才真正掌握建设地方社会秩序的权力。[1]

1. 新宁县海晏场"赵升"的故事

平定三藩之乱，指控藩王"苛政"固然适应清政府统一的政治需要，研究者也多持此论来看待平南王尚可喜父子与清初两广社会经济的关系。[2]不过，清廷对藩王势力的指控显然是一种息事宁人处理地方事务的策略。问题是，面对新王朝的军政势力，地方社会的各色人群如何应对？就本书主题而论，与盐业有关的那些人群如何调适自己，以便能够在平南王势力下获得利益？

道光《新宁县志》卷9有一篇赵升的传文：

> 赵升，一名友敬，海晏都人。顺治甲午以后，山贼扰攘，屠毒乡里。己亥，升谒平南王，慨然以锄奸安良为己任。王授以官，与拜他喇布勒哈番吴廷桂同管海晏场务。康熙癸卯，领兵往黄竹湖御寇。甲辰，授章京。丙午，大兵剿碣石花山贼。升奉命运炮药诣军营，屡纪军功。既而退归田里。时值展界，己酉与王府官余德义往海晏场募人煎盐，给资开垦，一都安之。[3]

---

[1] 叶锦花：《迁界、复界与地方社会权力结构的变化——以福建晋江浔美盐场为例》，《福建论坛》（人文社会科学版）2012年第5期。

[2] 黄国信认为藩王的苛敛是两广盐政"大弊坏极"的重要原因：平南王藩下"王商"采取"霸占盐田，行私扰民""高抬盐价，掠夺小民""派食盐斤，残害人民""要求帮贴，勒索渔民"等手段横征苛敛，阻挠官盐，坏乱盐政。参见黄国信：《藩王时期的两广盐商》，《盐业史研究》1999年第1期。罗一星：《清初两藩踞粤的横征暴敛及对社会经济的影响》，《岭南文史》1985年第1期。刘凤云：《清代三藩研究》，北京：中国人民大学出版社，1994年。

[3] 道光《新宁县志》卷9，《人物上·赵升》，广东省地方史志办公室辑《广东历代方志集成·广州府部》，第146页。另见光绪《广州府志》卷354，《列传二十五·赵升》，广东省地方史志办公室辑《广东历代方志集成·惠州府部》，第2126页。

新宁县海晏都人赵升发生在清初顺康之际的一段生平事迹与平南王有非常密切的关系："己亥，升谒平南王，慨然以锄奸安良为己任。"传文未提及占据海晏都内的汶村达五年之久的巨盗"王兴"，只称"顺治甲午（顺治十一年，1654）以后，山贼扰攘，屠毒乡里"。其实所谓"山贼扰攘，屠毒乡里"指的正是在这一年进攻海晏都汶村的巨盗王兴。当时汶村的陈氏族人陈王道"率三百人御之"，"王兴掳举人陈王道，遂据汶村"，成为新宁县境对官府最有威胁的盗、贼力量。[1] 王兴势力对新宁沿海地区的骚扰直至顺治十六年（己亥，1659）"平南王率将佐来县讨王兴"才告结束。这说明赵升拜谒平南王与其"率将佐来县讨王兴"有关。更重要的是，这次谒见成为赵升人生的重要转折点：他得以管理海晏场务、屡立军功，从此平步青云。

传记中的海晏场是指海晏盐场，明朝时期为广东盐课提举司下属盐场之一。弘治十一年（1498），新会县析地置新宁县，隶属广州府。新宁县下辖六都，海晏盐场与矬峒盐场分别位于海晏都和矬峒都内："矬峒都……场廓之村一曰矬峒（矬峒场在此）"，"海晏都……场廓之村三，曰海晏街（盐场在此）"。[2] 赵升在海晏盐场的活动分为两个阶段：一是顺治己亥（顺治十六年，1659），一是康熙己酉（康熙八年，1669）。康熙元年（1662）至康熙八年正值清廷颁行禁海与迁界令，赵升离开是因为海晏盐场人去场空、无丁可管、无盐可产。尤可注意的是，海晏盐场的场务有平南王府官员的参与，与赵升同管场务的"拜他喇布勒哈番吴廷桂"，在两广总督李栖凤撰写的《修复清远大庙正阳三峡桥道记》中也曾有提及。[3] 该文记述辛丑（顺治十八年，1661）之秋平南王"命章京吴廷桂、吴守德、范有功、王养民等协理"西禅

---

[1] 海晏都汶村今称文村，属台山市文村镇，与海晏镇毗邻。"王兴"事件参见光绪《新宁县志》卷14，《事纪略下》，广东省地方志办公室辑《广东历代方志集成·广州府部》，第314—315页；卷20，《人物下》，"陈王道"，第379—380页。
[2] 嘉靖《新宁县志》卷1，《封域志·乡都村墟》，广东省地方史志办公室辑《广东历代方志集成·广州府部》，第20—21页。
[3] 雍正《广东通志》卷62，《艺文志四·文集》，第1957—1958页。

寺实行和尚修复清远大庙正阳三峡桥道事,可证吴廷桂确为平南王藩下之武官。[1]所谓平南王藩下官丁,其实是个比较笼统的泛指。吴廷桂、余德义如果算是平南王藩下官丁,那么赵升呢?他曾被平南王"授以官",有藩下军官的身份,却是海晏都本地人。赵升了解盐场的生产,更重要的是熟悉本地的人际关系。对平南王而言,如何顺利地控制盐业生产并且不会引起来自盐场社会的反对,是进入盐田的首要考虑。从传记来看,倚靠本地人的势力与人脉,正是平南王控制盐田的重要手段。在这种情势下,赵升的双重身份就变得十分有意义:既是平南王的军官,又是盐场社会的本地人。因此,藩下官丁并非都是外来的军事武装集团成员,很多时候他们其实就是本地人,在新的权力格局下控制本地的经济资源。平南王控制盐田的过程,是一个与盐场社会地方势力发生关系的过程。三藩之乱结束后,负责整顿平南王苛政的广东官员们对此也很清楚,巡抚李士桢就说:"自逆藩入广,伙党倚势,将产盐田场,踞为奇货。"[2]

平南王府官员一旦进入海晏盐场,势必会遭遇盐场的官方管理者——盐场大使。明制,盐场设大使一员,管理盐场的生产与盐课的征收。[3]有明一代,有关海晏场大使任职的记载比较缺乏,清代的记载则比较完整。[4]不过,清初顺治年间海晏盐场缺乏盐场大

---

[1] 参见《平南王元功垂范》卷下,"(顺治十八年,1661)修清远英德沿江道路"可证确有平南王修桥路事。又,拜他喇布勒哈番也称牛录章京,清爵名。"天聪八年,始设一等公,即五备御之总兵。及一、二、三等昂邦章京,即总兵。梅勒章京,即副将。扎兰章京,一、二等即参将,三等游击。牛录章京,即备御。……(顺治)四年(1647),改昂邦章京为精奇尼哈番,梅勒章京为阿思哈尼哈番,扎兰章京为阿达哈哈番,牛录章京为拜他喇布勒哈番。""……拜他喇布勒哈番,汉称外卫指挥副佥事,从四品。"刘家平、苏晓君主编:《中华历史人物别传集》第27册,北京:线装书局,2003年,第51页。《清史稿》卷117,《职官四》,第3362页。
[2] 李士桢:《整饬鹾政檄》,《抚粤政略》卷3,《符檄》,康熙二十一年六月,第274页。
[3] 海晏和矬峒盐场各设"场大使一员,司吏一名,隶提举司"嘉靖《新宁县志》卷3,《秩官》,第31页。
[4] 明代,盐场大使并非品官,不入流,这很可能是任职记录不能留存下来的原因。清代盐场大使的地位略有提升,清代盐课司大使,正八品。《明史》卷75,《职官四》,第1847页。《清史稿》卷116,《职官三》,第3349页。

使任职的记录。按照《新宁县志》"职官表"的记载,康熙十一年（1672）以前海晏场大使有三位：唐世德、斛万珍、于之兰。斛万珍、于之兰二人都是在康熙九年（1670）以后上任,康熙九年以前新宁县海晏场大使只有一位任期不详的浙江鄞县人唐世德。[1]如果将这段时间盐场大使的缺载与平南王入新宁县境平盗、赵升与王府官员同管盐场场务的事件联系起来,其中情由颇值得玩味。

　　海晏盐场很可能在清初这段时期没有清朝官方任命的盐场大使履任。原因之一,新宁县境内的盗、贼问题严重,连知县都逃离县境,遑论盐场大使这一类的官员：顺治十一年（1654）十月,南明李定国率领二十万大军自广西进攻新会,围攻新会县城。与新会接壤的新宁县群盗复起,情形之严重,致使"（新宁）知县凌必显去其官。……土贼皆赴新会取剳,妄称故明官将。凌必显遂离城去"[2]。原因之二,平南王插手盐田生产,盐场大使无法正常履任。明清鼎革,各种经济资源在新的政治、军事格局下面临着重新分配与调整。平南王因此得以"合法"地管理地方盐场的盐业生产与食盐销售。面对这样的变化,地方社会中的一些人如赵升者,与新王朝的军政权势结成联盟,形成掌控地方经济资源的新格局。这种新的权力格局在三藩之乱事件发生之前,其实是被清廷所认可并接受的。[3]

---

[1] 乾隆《新宁县志》卷3,《秩官》,广东省地方史志办公室辑《广东历代方志集成·广州府部》,第403—404页。这位唐世德的任期可以推断是在顺治四年至顺治十八年之间。彼时广东大部府县尚没有归附清政府。顺治三年十二月,两广总督佟养甲率军从福建入广东,平潮州、惠州、广州三郡。次年广东各州县始"望风归附"。同年,新宁知县方日荣"来莅任"。唐世德只可能在新宁县知县方日荣到任的同时或以后上任。至于为何界定在顺治十八年（1661）以前,主要是因为康熙元年（1662）广东开始实行"禁海""迁界"政策。新宁县在长达八年的时间里盐场的状态是无盐可产、无丁可管：新宁县于康熙元年"春三月迁海岛与海滨居民于内地"。康熙三年,再次迁界。海晏盐场额征丁课银也因为"康熙元年、三年迁移",而"蠲征"。
[2] 光绪《新宁县志》卷14,《事纪略下》,第315页。参见《清史稿》卷5,《本纪第五》,顺治十一年（1654）冬十月条："李定国陷高明,围新会,耿继茂请益师",第139页。
[3] 学者张士尊认为,"当我们寻找王府给地方经济造成的危害的时候,往往忽略了一个问题,即王府参与这些经济活动是得到清朝政府允许的,对某些商业和手工业的垄断,收取一定的税额,不仅是为了满足王府需要,而主要是为了供应近十万藩下兵丁和家口的需要,从而维持中央在广东的震慑力量"。张士尊：《尚可喜在广州的日子》,《紫禁城》第126期。

2007年10月至12月,我在广东省台山市海晏镇进行为期三个月的田野调查。今台山市海晏镇的前身就是明清时期新宁县所属的海晏都,镇中心所在地称海晏街,此处聚居着一个大族——赵族。通过访谈和搜集文献资料,海晏街赵族的历史逐渐变得清晰。保存在赵氏后人手中的赵氏族谱分东宅族谱和西宅族谱,据记载,海晏街赵氏称祖先乃宋太宗之后,各房支使用"士不善汝崇必良友季同元允宗仲"作为世系用字。迁至海晏的开基祖是赵氏十五世"士通""士达"两兄弟,又称西宅祖和东宅祖,时值明初洪武年间。两房开枝散叶,繁衍成今日之海晏赵族。东宅族谱中确有"(赵)友敬"之名,与道光年县志里赵升的另一名字吻合。此人乃"士达"祖第八代孙,号若愚。谱中"友敬"的名字旁有一行小字,注明"国朝顺治十七年平南老王尚可喜先招授副将调包章京□命修海幢寺有碑存焉"。此外,海晏街至今还屹立着一间祠堂——"亦是堂",海晏街赵族后人说此间祠堂就是赵友敬的后代在晚清所修,民国重建,采用西式洋楼风格,几年前进行过修缮,现作为老人活动中心使用。祠堂供奉着一尊牌位,上写"显高祖二十二世友敬字若愚赵公之神位"。对于聚居在海晏街的赵氏族人而言,赵友敬是一位族谱中有名有姓、后人建祠堂供奉其牌位、有丰功伟绩留传后世的祖先。

不过,赵升的故事还有另外一个版本。

2."绣花针"王兴与汶村

清军占领广州,南明军队的活动范围退至广西、贵州、云南地区,广东境内仍有多支依附南明朝廷的地方武装势力。活跃于新会、阳江沿海地区的"王兴"即其中之一:"王兴,番禺人[1]。少为农,

---

[1] 也有史料记载王兴祖籍福建漳州寄籍恩平。参见温睿临撰:《南疆逸史》卷51,《王兴》,《续修四库全书》编纂委员会编:《续修四库全书》史部第332册,第442—443页。徐鼒撰:《小腆纪传》卷36,"王兴",沈云龙辑《明清史料汇编》35,四集,第九册,台北:文海出版社,1967年。

短小精悍，智计过人，群呼为绣花针。明亡，遂散家财，收纳亡命，以计恢复，四方归之。唐王被杀乃奉唐王之弟聿鐥为主，四出煽诱。"[1]《新宁县志》对"绣花针"王兴在明亡以后"以计恢复"的概括大致不差。王兴"以杀仇亡命"起家，顺治初年先后依附隆武朝廷和永历朝廷。隆武帝封授王兴为副总兵，镇守阳江、阳春两县。隆武政权灭亡后，绍武与永历二藩争立，王兴归附永历朝廷。[2]此举得到永历朝廷的信任，永历帝于顺治六年（永历三年，1649）"封新会土镇王兴为高明伯，招集义旅"[3]。

顺治七年庚寅（1650），广州被围，"以兴持虎贲将军印，率兵同卫臣马吉翔、李元胤等赴援。兴次三水，道遇大军，斩获百余人，夺饷数万，上之户部"。然"广州守将杜永和忌之，遏弗使前。广州再陷，兴逻至阳江，会永和亦至，舟资器仗尽为所夺。乃率众入白泥砦"。与南明将领的冲突迫使王兴退守新会、阳江一带。此时，"尚可喜、耿继茂二王招之，兴斩使焚书。已复书曰：'朝廷用我以名，我报朝廷以实。朝廷用我以实，我报朝廷以名。今尺寸之土，朝廷之名实在焉。必死以争之'"。[4]顺治十年（1653）五月，王兴率军攻广海卫城，杀守备张登荣全家。第二年（顺治十一年）春二月，与"李耀斗踞石边，屠戮大隆岗居民"[5]。同年，南明李定国率领二十万大军自广西进攻广东，先围肇庆，后攻新会："顺治十年三月，李定国由梧州陷开建、德庆，进围肇庆，蜂拥蚁聚，总兵许尔显以大炮击退之。"肇庆战役失利后，李定国转而进攻新会。[6]"（王）老本贼约有一千余，皆有盔甲，马约二百余匹，象二只。余贼皆系绣花针及各外土寇，兴

---

[1] 光绪《新宁县志》卷14，《事纪略》（下），第314页。
[2] 温睿临撰：《南疆逸史》卷51，《王兴》，第442—443页。
[3] 三余氏撰：《南明野史》卷下，《永历皇帝传》，《台湾文献史料丛刊》第五辑（93），台北：大通书局，2000年，第196页。
[4] 温睿临撰：《南疆逸史》卷51，《王兴》，第442—443页。
[5] 乾隆《新宁县志》卷3，《编年》，第413页。
[6] 顺治十一年八月清广东巡抚李栖凤为塘报西逆情形事揭帖，见《清代档案史料丛编》第六辑，北京：中华书局，1980年，第245页。老本贼指李定国所遣本部兵马。

为前锋，旁收诸县，从攻新会，先登。"[1]平南王尚可喜"以新会密迩省会，为运道要地，遣总兵吴进功率兵往守"。"亡何李定国果进兵围之。定国既围新会，恐大军赴援，调海贼陈奇策率战船屯江门，列水栅攒柱数重，以大舟实土沉水中，筑炮台又遏援军。……九月十一日，王与靖南王统兵抵江门，以炮船数十分番迭击，复令哨船数百，每船击栅一木喊声一震，栅柱尽拔。骑兵奋击，定国之兵两路皆败。"[2]新会战役失败后，李定国撤回南宁，不久赴贵州安龙迎永历帝入昆明。此后，南明永历朝廷偏守西南一隅，再也没有力量重回广东。王兴遂率众退守新宁县汶村："（顺治十一年）冬十一月，王兴掳举人陈王道，遂据文村。"[3]

"文村处万山中，大海之滢，界连新会、新宁、开平、恩平、阳江、阳春六邑……羊肠鸟道，曲屈丛杂，刺竹与陂塘相间，骑不得驰突，短兵接战，数步一折，多歧而易伏，皆失其所长。"[4]王兴改汶村为"文安"，"筑垒建仓廒，为持久计。宗藩唐王聿鐥、郡王郾城、新安及缙绅朝士多往依之"。顺治十三年丙申（1656）春，尚可喜"发兵五万攻之。以巨炮环垒百丈，蚁附将登。兴掘壕而伏夺火器，飞蔺石击死精骑七千余人。又阴毒四山水草，密布竹签蒺藜，士马饮者、践者多肠胀蹄溃。相持三月，海陵将军陈奇策帅师来援，解去。蜡表告捷，加兴县伯"[5]。第二年（1657）春正月，清军从新会来攻汶村，王兴再次伏兵击退清军的先头部队。戊戌（顺治十五年，1658）初秋，平南王尚可喜决定亲征王兴："乘窘驱民夫十万，水陆合攻。文

---

[1] 温睿临撰：《南疆逸史》卷51，《王兴》，第442—443页。
[2] 罗振玉校录：《平南敬亲王尚可喜事实册》，于浩辑《明清史料丛书八种》第3册，北京：北京图书馆出版社，2005年，第403、407页。参见［清］尹源进撰：《平南王元功垂范》卷下，第36页。《两广总督李率泰揭帖》（顺治十二年三月十五日到），"中央研究院"历史语言研究所编《明清史料》甲编，第4本，台北：维新书局，1972年，第354页。
[3] 乾隆《新宁县志》卷3，《编年》，第413页。
[4] ［清］尹源进撰：《平南王元功垂范》卷下，第47页。
[5] 温睿临撰：《南疆逸史》卷51，《王兴》，第442—443页。参见［清］樊封撰：《南海百咏续编》卷4，《明虎贲将军墓》，陈建华、曹淳亮主编《广州大典》第56辑，集部别集类第38册，广州：广州出版社，2015年，第338页。

安地洼下,四际卤水,冈峦倾陷,难以驰骤。遂张两翼为宽围,邀断出入,欲以坐困之。"两军相持到第二年(顺治十六年,己亥,1659)秋八月,文安城(汶村)中食尽,"升米二千钱,一鼠钱百文"[1]。平南王尚可喜"遣信使往谕。且惜其才,欲有以致之"[2]。王兴"终不出见","私谓其弟曰:'城可恃而食不支,天也。我终不降。弟善抚诸孤以续先祀,吾死且不朽'"。[3]遂于"望日之夕","命将士严守,陴与妻张氏朝服及诸妾北拜谢恩,置酒相诀。张氏与妾十五人皆自缢,兴举火自焚比烧。大军入视,兴与妻妾十五人骸骨皑然。乃取所斫大棺合殓之。时兴年四十五"[4]。平南王义之,"收其烬,以一品礼葬"于广州河南南箕村。[5]"(唐王)聿鐭亦吞脑片自尽。其众皆出降。复以其幼子五人献王,皆善待之。"[6]清朝官方史志、南明史籍等文献叙述的王兴之役,涉及汶村的不过区区百字。实际上,作为王兴之役终结的历史舞台,汶村扮演的角色并非只是面目模糊的背景。

2007年秋冬间,我在广东省台山市汶村镇、海晏镇进行田野调查。其间多次走访汶村[7],搜集到村民的口述访谈资料以及汶村陈氏族谱、汶村"三圣堂"碑刻等多种文献。[8]这些口述资料和族谱、

---

[1] 温睿临撰:《南疆逸史》卷51,《王兴》,第442—443页。
[2] 《平南王元功垂范》卷下,第48页。
[3] 温睿临撰:《南疆逸史》卷51,《王兴》,第442—443页。屈大均:《皇明四朝成仁录》卷12,《广东死事三将军传》,《屈大均全集》,北京:人民文学出版社,1996年。
[4] 温睿临撰:《南疆逸史》卷51,《王兴》,第442—443页。
[5] 樊封撰:《南海百咏续编》卷4,《明虎贲将军墓》,第338页。
[6] 《平南王元功垂范》卷下,第48页。
[7] 明弘治年间新会县析地置新宁县,下辖海晏都。汶村隶属海晏都。民国以后,新宁县改称台山县,汶村行政隶属也屡有所变。今之汶村隶属台山市汶村镇。参见嘉靖《新宁县志》卷1,《封域志·乡都村墟》,第21页。台山县地方志编纂委员会编:《台山县志》,《第一编·政区》,广州:广东人民出版社,1998年,第66页。
[8] 我在汶村搜集到的文献包括:《汶村陈氏族谱》,1995年。《陈迪时祖家谱》,香港,1982年。引宗陈公纪念堂、汶村乡文海小学校筹委会编:《汶村乡土史实》,香港,1988年。《侨港丰苴联谊特辑》(8),香港,1988年。台山汶村复兴编辑委员会编:《古老汶村新现象》,香港,1990年。汶村"三圣堂"碑刻:三圣堂位于汶村村内,1997年第四次重修。庙内左右长廊墙上嵌有石碑,左九块,右七块。除当代重修碑刻外,可辨识历史年代最早的碑为乾隆二十四年(1759),最晚为咸丰三年(1853)。谨此向汶村村委和陈氏族人致以谢忱!

第二章 清前期广东盐场制度调整

碑刻等民间文献呈现出王兴之役复杂隐晦的历史。

汶村又称文村，嘉靖《新宁县志·封域志》载"海晏都……为村三十……文村二，曰文村，曰小村"[1]。明代以来记载汶村的各类史籍，文村、汶村两名其实混用不分。今日汶村下辖北东、北西、北上、北下、花厅、南薰、西康、沙坦、北坑、文华等十个自然村，居民两千余户，陈姓占绝大多数。汶村陈氏族人认为自己是太始祖陈恺的后代。据《汶村陈氏族谱》，陈氏二十三世祖"陈瑚"仕宋，建隆间被谪至福建龙溪。其后人"陈文"偕族迁广东南雄府保昌县沙水村九眼井珠玑巷居住，生二子鼎、鼐。鼎为河南太守，生万山、凤山；鼐生龄山、逸山、寿山。万山生二子辉、伟。陈辉，号凤台，登进士第，任谏议大夫，娶溪乡太尹公邝儒平之女为夫人，生兄弟四人：谟、宣、英、恺。其庶夫人侯氏生子三人：润、仁、图。南宋末年，三子陈英"因差抚外夷，不行，家族被贬"，后兄弟七人逃离故居，辗转于广东各处隐居下来。初逃时，兄弟相约："是行也，兄弟恐难同处，但逢冲则止，遇村名边有三点水者栖焉。盖水虽支流万派，在在可以逢源，况今故土亦言沙水村，一以无忘所自也。"[2]"逢冲则止，遇村名边有三点水者栖"的约定，或许正是文村又名汶村的原因。陈恺携四子梦熊、梦虬、梦蚪、梦鸾居住汶村，尚有其他理由：其一，陈恺"自雄洲（指南雄）逃难，泊舟三圣寺侧。夜梦诸神告状进止。遂负神南奔，卜宅于此（指汶村）"[3]。其二，汶村至今流传本地人"苏于礼"收留陈恺父子，助其建家立业的故事。[4]借由族谱、碑刻等文献和口述传统，汶村陈氏建构祖先在汶村的开

---

[1] 嘉靖《新宁县志》卷1，《封域志·乡都村墟》，第21页。
[2] 《太祖恺翁遗牒》，《汶村陈氏族谱》；汶村《陈迪时祖家谱》。参见骆伟：《岭南陈姓渊源及发展》，《广东史志》1999年第2期。
[3] 汶村三圣堂《三圣堂碑》，碑文撰写者为"沐恩贡生分发教谕署肇庆府鹤山县儒学陈淇"，无撰写年代。考肇庆府鹤山县儒学陈淇，乾隆《鹤山县志》和道光《鹤山县志》（广东省地方志办公室辑《广东历代方志集成·肇庆府部》）均无载，存疑。
[4] 汶村三圣堂内至今还供奉着一块"苏于礼世翁之神位"。村民告诉我，苏于礼就是当初收留陈恺父子的本地人。今日汶村左侧有村名"苏屋"，主要居住苏姓族人。

基历史。历经元、明,大约至明代后期嘉靖、万历年间,汶村陈氏发展成有六世、七世共计十房的地方大族。此一时期陈氏"子孙蕃衍,产业日增"。"人殷数千,田增二百余顷,编户一十四籍。"[1]陈氏遂于此时开始修筑祠堂。现今保存在汶村的有九座陈氏祠堂,彰显出明代中期以来陈氏作为地方大族的经济实力。[2]

明隆庆年间,汶村开始遭受贼、寇的侵扰。据《汶村陈氏族谱》记载,隆庆五年(1571)有"红毛倭子"入寇汶村。当时汶村"既无积塘可守,又无兵革可恃,男妇任其捉获,财帛任其劫掠"。经此劫难,汶村人口"死过半矣"。经过五十余年的恢复,汶村再次出现"生齿复繁,诗礼复兴"的景象。[3]天启四年(甲子,1624),汶村出了一名举人陈王道。[4]道光《新宁县志》载:"陈王道,海晏汶村人。于明天启四年秋赋。明社既屋,土贼蜂起。王道乃倡筑垣墉如城,环乡四周以为固。"[5]

王兴入寇之前,乡居的陈王道已经率领汶村陈氏族人抵御贼、寇的入侵:"(陈王道)创建英育堂,凡属子孙,朴者使之农,秀者即征之士,一时杰出,儒风大振焉。"崇祯末年,"土贼蜂起,贼首张酒尾、伍重机等率众掠汶村。逾年,贼司徒割笋,复掳其左右村二百余人。王道乃聚族人谋捍卫,环村四周,筑垣如城,外开四门,

---

[1] 文斐翁遗著:《族谱序》(康熙四十五年,1706),《汶村陈氏族谱》。汶村《陈迪时祖家谱》。
[2] 汶村陈氏祠堂的始建年代由汶村陈氏族人提供,我所见陈氏各祠堂皆为晚清以来多次重修。
[3] 陈燕珍遗著:《历叙汶村治乱事迹》,《汶村陈氏族谱》。
[4] 道光《新宁县志》卷3,《选举表》载"陈王道,甲子,有传",第36页。
[5] 道光《新宁县志》卷9,《人物传上》,"陈王道",第146页。参见光绪《新宁县志》卷20,"陈王道",第379—380页。作者按:关于汶村陈王道的传记资料,除道光《新宁县志》和光绪《新宁县志》的传记外,尚有民国初年广东陈伯陶撰《粤东胜朝遗民录》之"陈王道"(九龙真逸陈伯陶纂:《粤东胜朝遗民录》,周骏富辑《清代传记丛刊》第70册,台北:明文书局,1986年)。陈伯陶在此传记末尾提及其文参考《汶村治乱记》《南海百咏续编》和《新宁县志》三种文献。他还提到《汶村治乱记》一文"为该乡人所记载,当不误"。我在《汶村陈氏族谱》《汶村乡土史实》两种汶村文献中确实发现署名为"陈燕珍遗著"的《历叙汶村治乱事迹》,似即为陈伯陶所提及之《汶村治乱记》。另,《汶村乡土史实》和《汶村陈氏族谱》中皆有作者署名为"陈伯陶"的"陈王道传",内容相同,比陈伯陶纂《粤东胜朝遗民录》的"陈王道"传更为详尽,本处一并采纳。

颜曰东作、西成、南薰、北拱。顺治四年三月，垣成，与族人歃血盟，誓死守"。[1]陈王道认为率众修城以抵御"土贼"，乃汶村久安长治之策："（汶村陈氏）颇蕃衍而殷富，乃屡为贼害也。前乎此者，既不克绸缪于未雨之前，后乎此者，犹不能修补于既雨之后。不几摇荡我宗族，贻辱我先人乎！"[2]

顺治十一年以前，陈王道曾多次率乡人抵御王兴的进攻。王兴起兵之时曾"以恢复为名，贻书王道与联盟。王道拒不从"[3]。联盟未果，王兴遂进攻汶村及周边村落。顺治四年（1647），王兴攻沙栏[4]，"（陈）王道往援之，兴遁"。然"村左苏姓与陈族有隙，十一月苏诱兴来攻，兴众万余，其党麦世垣，复自海道至。王道为守备，兴夹攻旬余，不能下，乃伪乡民赴援，诱使开门突入，村人复力战，却之。兴乃退"[5]。王兴利用汶村陈氏与村左侧"苏氏"的矛盾攻打汶村，然以失败告终。第二年，王兴再次组织兵马进攻汶村："（顺治）五年四月，贼遣何享加，约村人为内应，王道觉之，擒杀享加等十四人。五月贼袭新寨，王道遣众败之。兴怒，复统万人至，雍水灌村，王道用村人张汉豪计，夜阑，命村人出拱门，沿坑而伏，黎明使数人起，诱贼，兴骁将李爱国、马日高八人逐之，至坑，伏尽起，八人俱死。贼惊窜，乘胜追之，斩五百余级，兴自是不敢复至。横岗、那雍、奇獭、沙浦、大担、小担诸乡[6]闻之，遂各筑垣捍贼，约王道为声援。"顺治七年（1650）"赴场大芝荷社贼，诱兴掠沙栏、丹堂、那陵、仑定诸乡，王道遣众赴援，贼遁走"[7]。

---

[1] 陈伯陶：《陈王道传》，《汶村陈氏族谱》，第10页。《汶村乡土史实》，第33页。
[2] 陈燕珍遗著：《历叙汶村乱事迹》，《汶村陈氏族谱》，第14页。《汶村乡土史实》，第25页。
[3] 陈伯陶：《陈王道传》，《汶村陈氏族谱》，第10页。《汶村乡土史实》，第33页。
[4] 沙栏村与汶村相邻，皆属海晏都。
[5] 陈伯陶：《陈王道传》，《汶村陈氏族谱》，第10页。《汶村乡土史实》，第33页。
[6] 诸村皆在海晏都境内，与汶村毗邻。
[7] 陈伯陶：《陈王道传》，《汶村陈氏族谱》，第11页。《汶村乡土史实》，第34页。

王兴归附南明政权后，陈王道对待王兴的态度一度有所转变："其年七月，明桂王命督粮道姚继舜，召兴归赴。道经汶村，王道款留之，信宿乃去。仍以诗赠别。"但是，当王兴再次侵扰汶村及邻近诸乡时，陈王道仍然坚持抵抗："其后，兴屡攻横岗、小担、那雍、奇猷诸乡，王道复遣众赴援，筑叠相持，兴卒败走，境内遂安。"（顺治）十一年李定国进围新会县城，"定国闻王道名，致书令起义，而王道复书许焉"。陈王道出谒李定国事颇具传奇色彩："十一月，桂王复诏王道输响（饷）助军，并谕出谒定国，图复兴。王道泣曰：'此真致命遂志之秋也。'即投央起，出东门，舆扛折，村人以为不祥，止之。王道不顾，至广海卫，闻定国败去，泫然流涕曰：'出师未捷身先死，长使英雄泪满襟。何古人竟为我咏之也。'乃由海道归。中途为明都督汪大捷所得，大捷礼之，檄村人赍钜资往赎，赎至，仍不遣归。"[1]

原来，《新宁县志》记载王兴禁锢陈王道于北峒事，乃由汪大捷在海道上捕获陈王道而起。王兴以"银五千两，大船两只"[2]贿赂汪大捷得到陈王道："（顺治）十二年（1655）五月，兴贿大捷，以王道归北峒。"王兴"厚宴之，谕使降，王道骂曰：'吾为杲卿死，不为子陵生也。'村人至，复阴谕死守。兴党谋曰：'王道所系怀者汶村耳。破之，彼将焉怀。'兴从之，攻益急，村人失王道，内奸作，六月十六夜，遂陷。时平南王尚可喜以次削平州县，兴渐穷促，其党赵升（即若愚）说兴。以为汶村背山面海，鸟道始通人，刺竹陂塘相间隔，可据为巢穴。兴乃诱屠村人。免者仅百余。王道闻之愤惋，口占曰：'赤族无能除贼害，黄泉有路话乡愁。'遂于七月初四日缢死。时年七十有七岁，三子际隆、际泰、际升均被害。"[3]

---

[1] 陈伯陶：《陈王道传》，《汶村陈氏族谱》，第11页。《汶村乡土史实》，第34页。
[2] 陈燕珍：《历叙汶村治乱事迹》，《汶村陈氏族谱》，第17页。《汶村乡土史实》，第30页。
[3] 陈伯陶：《陈王道传》，《汶村陈氏族谱》，第11页。《汶村乡土史实》，第34页。

3. 赵升与汶村

按汶村陈氏族人的说法，王兴得"内奸"做内应，始攻陷汶村："无赖族人金策者，市场开赌，讹诱族人燕及之仆张受爵、陈亚爵等，输银二百两，日夜逼取，顿其狼心，竟往贼寨，领银六百两作内应。于六月十六日夜，诱贼党六百余凶从南水窦窃入，已到地址庙前矣。而巡守者，枕听木鱼，罔然不知，及闻炮火连天，喊声震地，我人自东西二门出，两头赶进对敌，奋勇进战，杀贼数级，贼即奔回，有百余人走出高壤坑口，有四百屯扎南门基外，族人更夫，皆回祠领尝，是时绣贼手中被伤，心亦惶惧，前赴地只（址）庙炉下，暗卜进退，不料神亦不厌而赐进焉。及见我巷，皆有兵守截，乃从庙壁掘穴，屋通一屋，穴至祠前，喊声大震，给尝众人，割据东西，两路交攻，殊乡勇苏位纲、郭大伦等，一十名，早已受贿，倒戈相迎，我族多有被伤，犹皆扶病争先，一以当百，彼辈又败皆退。时有附场赵升，受绣贼游击印符，带贼三百余东来，向门而入，遇贼退者，即曰：'有佢无汝，盡力战焉。'于是贼心益定，贼势益雄，又下令曰：'取有退者斩之。'贼徒拼命大进。夫以绣贼六百余，赵升三百余贼，加以内应乡勇倒戈，入我村中，戮我伯叔，焚我诗书，掠我金玉，离散我父子，殄灭我弟兄，斩割我老幼，袭取我房屋，于是亡命越墙，或走黄麂坑，或隐入山林，或潜伏海涯，以待陈熊石差船来接，或远投邻村，浼其亲戚包窝。贼帅赵升，对绣贼说，欲取汶村为老营，须要陈孽尽诛。绣贼设计陷害，使贼沿村召示，以为汝等恃强不服，故来征汝，以伐其罪，今汝肯改前非，年输粮米，造册送上，即放汝回家，乐尔妻孥、守尔财帛，尔家物永不惊动。其中转身而旋者固多，固信而不归者亦不少。六月十一日，绣贼仍恐杀戮不绝，遗贼百余，径到黄麂坑，挨家搜出押回，念（廿）二日，将我族人，尽押至莲冲口仑，与通贼之张受爵、陈亚爵等，并受贿苏位纲、郭大伦，概行诛戮，老姬唤外家领去，少艾留充婢妾。"[1]顺治十二年六月二十二日成为汶村陈氏族人代代铭记的"斩头忌"。

王兴之役结束后,康熙元年、三年广东沿海迁界,汶村族田被霸占,赵升再次扮演了重要角色:

> 康熙元年壬寅春三月,界边奉迁,是又一番涂炭也。嗟嗟!郊垒之魂未散,疆场之骨未收,山川土田,祖祢坟祀,概为消冷,而人民万死一生,偏又不能自存,又越三年甲辰,搜界复迁,是贼戎未几,兵火频爨,而故土直成丘圩矣,似此荼毒,人民岂尽铁石而不磨灭者。其留生者,或则流丐异境,或则鬻依人们,他如剪发空家,游商外地,从今无复此乡居矣。何其天生王巡抚,念切民难,逆知言出祸随,遣疏入告,动九重眷念,旨怜开界,于康熙八年(1669)己酉,乃得复吾村焉。而丧灭天良之赵升,不夺不餍,又以展界复业,乞恩给本,上启平藩,邀准仍旧耕管田地,尽教藩室鲸吞,族叔大谟,哭禀县主宁总督周,批行盐驿道提审,抚贼狡肆平藩,吊回藩室会讯,冤封莫雪,连年缠怨、讼纭,何暇展理,任从抚贼盘踞,至于康熙二十年(1681)辛酉,平藩之子旨下自缢,伊母北还,将我族之田,送入海幢寺中,至康熙二十二年(1683)癸亥,秋八月,备价赎回管业,转辗拮据,二十余年,皆雪上加霜也。[2]

赵升"以展界复业,乞恩给本,上启平藩,邀准仍旧耕管田地"之举,或许正是《新宁县志》记载的"己酉(康熙八年),(赵升)

---

[1] 陈燕珍:《历叙汶村治乱事迹》,《汶村陈氏族谱》,第17—18页。《汶村乡土史实》,第30—31页。
[2] 陈燕珍:《历叙汶村治乱事迹》,《汶村陈氏族谱》,第18页。《汶村乡土史实》,第31页。

与王府官余德义往海晏场募人煎盐,给资开垦,一都安之"[1]的真实写照。清初赵升的故事和汶村历史的联结点在于"盐"。作为一种重要的经济资源,食盐成为清代盐场社会各种复杂利益关系的投影。谁控制这一资源,谁就可以积累财富,买地、建屋,成为地方的大族。清初海晏盐场社会的赵升,通过与平藩建立关系,控制海晏盐场的生产。在宣扬"忠孝节义"的志书框架里,我们可以读出盐场地域社会于王朝鼎革之际攀附新贵、获取利益的故事。同样,在地方志里,以及在海晏社会留存至今的族谱、祠堂中,我们还可以读出地域社会的族群如何在"官"与"私"的文化领域表达他们对祖先的历史记忆。在这样的祖先记忆中,盐业资源、盐政与地域社会族群的利益交织地呈现出来。

二 官帑收盐与广盐海运

官帑收盐是康熙朝末年广东地方政府推行的官收官运海盐的改革。有学者认为官帑收盐制是官府与盐场灶户、盐商的利益争夺。[2] 从两广盐政的角度看,明中后期盐课折银使两广海盐实际产量不能通过盐课银得到真实的反映,广东地方政府也已不能控制海盐生产。官帑收盐的好处在于盐课既不落空,又能将盐收官,重新掌控广盐的生产。经过清初的摇摆,最终于康熙朝末年推行官帑收盐改革,直至乾隆朝末年始告终结。官帑收盐改革最终确立了惠、潮二府的盐业生产中心地位,明后期广东盐业生产的新格局至此尘埃落定。长达七十余年的官收官运改革推动两广盐业盐政步入新的历史时期。

---

[1] 道光《新宁县志》卷9,《人物传上·赵升》,第146页。参见光绪《新宁县志》卷20,《列传三·赵升》,第379—380页。
[2] 龚红月认为官运商销或官运官销,侵夺灶户和商人的利益。灶丁不但无利可图,还屡遭赔累。而埠商常常先盐后价,行之日久则积欠累累,以致前发条本全归悬宕,许多盐埠盐商不得不被革退。龚红月:《清代前中期广东榷盐的两个问题》,明清广东省社会经济研究会编《明清广东社会经济研究》,第317页。

1. 颗粒归官：康熙朝官帑收盐改革

康熙二十一年（1682），广东巡抚李士桢发布整饬盐政的檄文，正式拉开朝廷掌控下广东盐业盐政整顿的帷幕："招徕灶丁，垦复盐地、盐丘，报部升课者不绝。"广东"先后增引，利获三倍"[1]。继任的广东巡抚朱弘祚继续推行"蹉政更则"，时人称赞"以实心行实政，大有造于吾粤"。[2] 广东沿海复界，盐业生产逐渐恢复，盐课银持续增长："顺治间岁额正盐四万一千九百二十引，课银十七万二千三百一两零"；"康熙二十四年（1685）岁额正盐二万七千五百七十引零，课银一十八万六千九百二十三两二钱八分六厘零"；"雍正三年（1725）岁额正盐六十万三百三十二引，每引行盐二百三十五斤，征银三钱七分至一两二钱六分零不等，额课银四十五万五千六百八十两六钱一分零"[3]。即便如此，康熙朝前期两广盐政仍然一直受到盐课积欠的困扰："自康熙三十一年设立专差，历年加增，至二十九万余两。四十六年（1707）将御史运司等官陋规银十六万两归入正项，共额课四十五万五千余两。然每年所完不过七八分，从无十分全完之岁。自四十一年（1702）起，至五十五年（1716），共积欠九十一万余两。"[4] 康熙四十七年（1708）广东巡抚范时崇试行官帑收盐："臣（范）时崇自奉特旨兼理盐政，因场商无力养灶，奏请动帑收盐，前后共借库银七万两。"到康熙四十八年（1709）七月，盐收贮在库，"除归还帑本七万两，尚溢银六万三千余两，又溢盐八万包，值银三万两，共溢银九万余两"[5]。除归还帑本

---

[1]《清史稿》卷123，《食货四·盐法》，第3608页。
[2]《清史稿》卷274，《朱弘祚传》，第10049—10050页。朱弘祚：《清忠堂抚粤奏疏十四卷》，《梁佩兰序》，《四库全书存目丛书》史部第66册，诏令奏议类，济南：齐鲁书社，1996年，第613页。
[3] 道光《广东通志》卷165，《经政略八·盐法一》，第2705页。
[4] 中国第一历史档案馆编：《两广总督杨琳奏陈盐务始末情由折》，《雍正朝汉文朱批奏折汇编》第1册，雍正元年三月初八日，南京：江苏古籍出版社，1989年，第144—145页。
[5] 中国第一历史档案馆编：《广东巡抚范时崇奏明溢银溢盐缘由并请辞盐政兼差折》，《康熙朝汉文朱批奏折汇编》第2册，康熙四十八年八月，北京：档案出版社，1984年，第622—630页。

还有盈余,官帑收盐初见成效。不过,是不是此后十年官府一直采取这一办法解决场商收买的困难,由于缺乏更为详细的史料,尚不得而知。可以肯定的是,十年后,也就是康熙五十七年(1718),两广盐区正式推行这一改革。两广总督杨琳奏称由于官收价轻,私卖价重,灶丁自然愿意走私,场商因此收不到盐。如颗粒归官,正盐余盐统收,价格略有加增,不仅新课无亏,旧欠也易清理:

> 奴才查两广每年额课四十五万余两。自康熙四十年(1701)起,至五十五年(1716),止旧饷积欠至九十一万余两。五十六年(1717)新饷常保、法海共收过十七万余两,尚未完二十八万余两,新旧合算共欠一百二十万两。奴才荷蒙圣恩,惟有尽心经理清完旧欠。但沿海盐斤全在冬季晴明,场盐广收,以供一年配兑。向因场商无力养灶,不能收盐,经常保奏请发帑官收。奈规制未定,灶丁无心耙晒。上年冬季盐斤所收,不及十分之二三。今年春夏阴雨日多,场盐无出。虽劝谕各商,勉力输课,而无盐配兑。奴才现今添发帑银,遴员分往各场督收,将来秋汛晴明,尽收盐场,自足供配。再查,广盐每年应销九十四万余包,历年以来,俱收不足数。即前抚臣范时崇发帑收盐之时,亦仅收七十余万包。细察其由,因官收价轻,私卖价重,穷民趋利冒险,多致走私。奴才想沿海灶丁数十万家口俱是皇上赤子,于额盐收足之外,再有余盐收价,略为加增,使穷灶乐趋,更严饬水陆塘汛稽查,使私贩无从走漏。场盐颗粒归官,不独新课无亏,即旧欠亦易清理。至于管盐衙门陋规,虽先经范时崇清出充饷,未尽绝。今抚臣法海及奴才痛行革除,商无杂费,则转运自易。约计五年之内新旧课饷可以全完。
>
> 总以五年为期,务在全完,至完帑之外,每年得盈余银几万两,五年完日共得盈余若干,尽归公帑。奴才惟有竭此愚悃,凡有裕课便民之处,另行条陈晰奏请圣裁。俟抚臣法海回任,

一一交令专管。所有奴才接管盐务事宜,合先具折,专差标下把总王有才、家人孙荣贵进谨奏。[1]

康熙五十七年,广东正式推行官帑收盐的改革:"嗣因场商无力,官发帑金收盐,谓之帑本。先后共拨银三十万七千余两,由盐运司发给场员于各场收买,并发给艚船水脚,运至东关,配给各埠。所有运库发场之盐本、水脚,即责令埠商于拆运引盐之时,按包缴回,谓之盐价。"[2]官帑发给的对象包括灶丁和海运船户,其发放细则按雍正二年(1724)两广总督孔毓珣奏疏的说法,是"俱按照场地产盐多寡、工本轻重定为等次,给发灶丁每包自七分六厘零以至二钱九分七厘零不等,海运船户亦按场地远近,雇价每包自三分以至一钱四分不等"。不仅如此,他还"按照送部册内所定数目每十分之内加增一分,每年约须加增银二万余两。上年前督臣杨琳抚臣年希尧曾奏发帑收盐,每岁除支发灶丁等项外,计有羡余五万余两,酌将给发灶丁等项,每包加增自数毫数厘至一分不等,以恤穷民。其卖与埠商,每包加一二三分不等,此所加银两除加给灶丁船户之外,可得羡余二万两……臣恳将议增之羡余二万两一并赏给灶丁船户,每年即为加增灶价水脚之用,仍照从前五万余两造报充饷"[3]。从推行过程来看,广东盐场并非整齐划一地推行官帑收盐改革。惠州府淡水、石桥二场一直到雍正十年(1732)都有商人在盐场活动:"雍正十年(1732)十月","查惠州淡(水)、石(桥)二场,向系商人安设司事巡丁协收,每包场配给该商工火银二分八厘,运省给工火银五分,浮冒甚多,急宜裁革。请专归大使督收管理,听

---

[1] 中国第一历史档案馆编:《两广总督杨琳奏报接管盐务高法整顿并请展限奏销折》,《康熙朝汉文朱批奏折汇编》第8册,康熙五十七年六月二十八日,第200—201页。
[2] 道光《广东通志》卷165,《经政略八·盐法一》,第2707页。
[3] 乾隆《两广盐法志》卷4,《奏议二》,于浩辑《稀见明清经济史料丛刊》第一辑第39册,北京:国家图书馆出版社,2009年,第330—332页。

该员妥设人役,每包给工火银一分五厘,每年照两场额盐计算,可节省银一万六千三百五十八两零,即分给通省晒丁,以培灶户等语。应如所请,将惠州淡、石二场专归大使督收管理。除每包给工火银一分五厘外,所有节省银一万六千三百五十八两零,即以分给通省晒丁。内每包加银一分五厘零,以为煎晒工本之用。仍行该督饬令该管官不时察看,嗣后倘有鬻私情弊,即行从重究治"。[1]说明惠州府盐场收盐一直由商人安设司事协收,到雍正十年(1732)始奏请裁革。

官帑收盐一制施行七十余年,于乾隆五十四年(1789)正式废除,改行纲法,称改埠归纲,并于乾隆五十五年(1790)经新任两广总督福康安奏准,"并两粤百五十埠为一局,举十人为局商,外分子柜六,责成局商按定额参以销地难易,运配各柜,所有原设埠地,悉募运商,听各就近赴局及各柜领销,交课后发盐二十九埠如旧。所谓改埠归纲也"[2]。六柜在省河合成一局,公局商人自行赴场配运,停止发帑。自此,官运复归商运。改埠归纲的实际施行,弊端百出,推行十余年即亏空盐本六十余万两。鉴于改埠归纲的失败,两广盐政又有改纲归所之议。嘉庆十六年(1811)"裁去总商,即于埠商中之老练者,选择六人,经理六柜事务,彼皆各有埠地,自顾己赀,不至滥行开销,仍定为三年更换一次,免其盘踞把持,将省城总局,改为公所。先在广东领引配运,责成六柜总商,有埠之商,自运自销,无埠之商,另招水客运销,官不与闻焉,此所谓改纲归所也"[3]。

---

[1] 乾隆《两广盐法志》卷4,《奏议二》,第337—339页。
[2] 《清史稿》卷123,《食货志四·盐法》,第3616页。参见黄国信:《清代两广盐法"改埠归纲"缘由考》,《盐业史研究》1997年第2期。黄国信:《清代乾隆年间两广盐法改埠归纲考论》,《中国社会经济史研究》1997年第3期。
[3] [清]王守基:《广东盐法议略》,[清]盛康辑:《皇朝经世文编续编》卷54,《户政二十六》,《盐课五》,沈云龙主编《近代中国史料丛刊》正编第84辑,台北:文海出版社,1972年,第6218页。

2. 广盐海运

商运改为官运，政府对食盐的运输路线和配运有严格的规定。两广运司规定除就近场配外，食盐配运主要有两处，省河东汇关和潮州广济桥；三种配盐方式分别称为场配、省配和潮桥，且配运以海运和河运为主，称水程。除近场州县到盐场配运（称场配），以及潮商由广济桥上溯韩江流域，转达闽、赣界邻州县外（称潮桥），其余全由海道运至位于广州的东汇关候配，称省配。嘉庆时，两广总督百龄奏称，"粤东省盐场共二十二处，除近场各县就近坐配，不由省河配运外，余盐俱由外海运至省河候配"[1]，足见广盐海运于两广盐区食盐专卖的意义。乾隆《两广盐法志》详载海盐从盐场海运至省河的路线和水程，清晰地呈现出广盐海运的空间结构[2]（参见表2-1）。直至清末，两广运司"省配"的海运格局再未大变。其中仅广州府由于盐场裁撤过多，保留上川司盐巡检，故省配水程有所变化："海㸐场改设上川司盐巡检，在新宁县西南之海晏街，至省水程六百九十五里，原产熟盐，今改晒生盐。坐配新宁、恩平、开平等埠引，余拨船运省，由新宁铜鼓角入新会之崖门各岸口抵省。大艚由铜鼓、澳门入虎门查验，抵东汇关候配。"[3]

表2-1 乾隆朝广东食盐海运路线表

盐场栅	位置	水程/里	配运	海运路线
东莞场	新安县城之东南隅	315	坐配新安、东莞、顺德三埠引，余运省河	由佛堂门、赤湾入虎门查验，历狮子洋鱼珠抵东汇关候配
归靖场	新安县属之黄松冈	285	坐配顺德埠引，余拨艚运省	其归德场由场北厂至茅州汛合澜海，至东莞之亭子，经虎门查验，历狮子洋鱼珠、东埔等处至东汇关候配

---

[1] 道光《两广盐法志》卷15，《转运二·配运》，第204—205页。
[2] 乾隆《两广盐法志》卷16，《转运·省运》，第311—324页。
[3] 道光《两广盐法志》卷16，《转运三·运省水程》，第373—387页。

续表

盐场栅	位置	水程/里	配运	海运路线
香山场	香山县属之三灶栅	510	坐配新宁、恩平二县引,余拨船运省	西瓜扁船由新宁铜鼓角入新会之崖门各岸口抵省,大艚由铜鼓、澳门入虎门查验,抵东汇关候配
双恩场	阳江县城之东南永泰坊	850	坐配阳春、阳江、东安、新兴等埠引,余拨艚运省	由虎门口盘查,抵东汇关候配
东平场	阳江县城内	810	拨艚运省	大艚由虎门查验,西瓜扁船由崖门等处抵东汇关候配
淡水场	归善县之西门内	775	坐配归善、龙川、博罗、连平、河源、和平、增城、长宁、永安、从化及安远、龙南、定南、信丰等埠引,余拨艚运省	由平海营大星汛至大鹏,经佛堂门、虎门查验,抵东汇关候配
大洲场	归善县属之大洲村中;大洲栅在归善县之永盈仓	815	坐配安远、龙川、信丰、龙南、定南、长宁、连平、永安、和平、归善、河源、博罗、增城、龙门、从化等埠引,余拨艚运省	均由西炮台出口,历平海大星,过沱泞,经佛堂门、虎门查验,抵东汇关候配
碧甲栅	归善县属之平山	725	坐配和平、龙川、信丰、定南、安远、龙南、连平、永安、龙门、长宁、从化、归善、河源、增城十四埠引,余拨艚运省	由大鹏经佛堂门、虎门查验,抵东汇关候配
坎白场	海丰县属之坎下寨	1205	全运省河	由汕尾港出口,历大洲、平海洋而经沱泞、大鹏、墨门,入虎门查验,抵东汇关候配
白沙栅	海丰县属之田畸墟	1265	全运省河	由石狮头等汛至汕尾港扁涌台汛盖印放行,历大洲、平海洋面、过沱泞、大鹏,由佛堂门、虎门查验,抵东汇关候配

续表

盐场栅	位置	水程/里	配运	海运路线
石桥场	陆丰县属之碣石城西门内	1305	坐配陆丰埠引,余拨运省	由虎门出口,从龙灯洋,经新安之达九龙汛,至佛堂门、沱泞汛、虎门等处查验,抵东汇关候配
小靖场	陆丰县属之下尾栅	1275	全运省河	用小船庄金屿、遮浪、大星驳至汕尾,归并大艚,经沱泞、佛堂门、虎门等处查验,抵东汇关候配
招收场	潮阳县属之达濠城东门内	1765	坐配潮阳、揭阳、普宁、海阳、丰顺等埠引,余拨运潮桥、省河	其运潮矫,由潮阳县之磊口门港入澄海县属之长桥口查验,抵广济桥候配。运省由海外河渡门,经佛堂门、虎头门查验,抵东汇关候配
河西栅	潮阳县属之马窖乡	1765	坐配海阳、潮阳、揭阳、普宁、丰顺等埠引,余运潮桥、省河	其运潮桥,由潮阳县之磊口门港入澄海县属之长桥口查验,抵广济桥候配。省运由海外河渡门,经过佛堂门、虎头门查验,抵东汇关候配
隆井场	潮阳县之治平寺傍	1580	坐配潮阳埠引,余运潮桥、省河	其运潮桥,由前溪河口至后溪港口,搬上大船,过洋入澄海县属之长桥口查验,抵广济桥候配。运省由潮阳县之海门营出口,历大洋入佛堂门查验,经伶仃洋进虎门口查验,抵东汇关候配
惠来栅	惠来县属之赤洲乡	1580	坐配惠来埠引,余拨运潮桥、省河	其运潮桥,由神泉港出海,历赤澳、海门、达濠,入澄海县属之长桥口盘验,抵广济桥候配。省运由神泉港出海,入佛堂门查验,经伶仃洋进虎门口查验,抵东汇关候配
东界场	饶平县属之大城所内	1970	坐配饶平县属之黄冈、海山二埠引,余拨运潮桥、省河	其运潮桥,由澄海县属之樟林港入东陇口查验,抵广济桥候配。省运由海外经佛堂门、虎头门查验,抵东汇关候配

续表

盐场栅	位置	水程/里	配运	海运路线
小江场	澄海县属之岐山乡	1870	坐配澄海、海阳、揭阳三埠引,余拨运潮桥、省河	其运潮桥,由澄海县属之长桥口盘查,抵广济桥候配。运省由汕头港出洋,经过佛堂门、虎头门查验,抵东汇关候配
海山隆澳场	饶平县属之浮任乡	1920	坐配饶平县属之黄冈、海山二埠引,余拨运省河、潮桥	其运潮桥,由澄海县之樟林港入东陇口盘验,抵广济桥候配。运省由海外经佛堂门、虎头门盘验,抵东汇关候配
电茂场	电白县北门之付家港	1485	坐配电白县引,余拨艚运省	由莲头放鸡洋面,经阳江县属之青澍、前澳、大澳及新宁县属之沱泞、虎门口查验,抵东汇关候配
博茂场	电白县属之水东堡	1545	坐配茂名、信宜、化州等埠引,余拨艚运省	由电白之放鸡、莲头洋面,过阳江之双鱼、前澳,新宁之大澳、海晏、广海、大饮,入虎门关口查验,经沱泞、黄埔等汛抵东汇关候配
茂晖场	吴川县	1860	坐配茂名、吴川、化州、信宜、北流、陆川等埠引,余拨艚运省	由广州湾出口,过洋入虎门口查验,至东汇关候配

资料来源:乾隆《两广盐法志》卷16,《转运·运省》,第311—324页。

除规定水程,还辅以旗程、缉私与船钞征收等制度保证食盐官运的畅通。

旗程制度。清初两广盐区的盐运管理机构主要是驿盐道和巡盐御史,康熙三十二年(1693)改设"两广都转运盐使司盐运使","职掌两广盐法之政令",包括"发帑收盐、给引、配运、督程、杜私、听讼狱、会计出入以修其储贡"[1],其中"给引、配运、督程"即对盐运环节的管理。两广盐运使管理盐区内河、沿海运输船只,凡海运船只到场运盐、埠运船只到省河配运,皆领用水程和色旗:

---

[1] 乾隆《两广盐法志》卷21,《职官》,第9—10页。

"水程,俱系运司衙门陆续备缴,总督挂印,分发运司及运同、高雷廉三府收贮,听商完纳饷价,配盐填给照运埠",根据运地的不同分黄、白两色旗帜。这种水程和色旗合用的盐运制度称为"旗程"[1]。"海运船只往场运盐,用水程、白旗。"两广运司规定:"海运船户往场运盐,先具单开列船户姓名,并告运盐斤数目,投缴运司,即将旗程填注明白,发与该船户收领,并支给上期水脚,往场装运。到场验明挂号,照依程内盐数配足。下船押令开行,经过关厂,委官查验。挂号回至东关海面停泊,官验明将,运回盐包数目到关日期具文呈报,并将水程缴司,查明有无违限。其盐或就船兑埠拆引,或上河南仓候配。"[2]

缉私制度。盐船从盐场载盐出海,运至省河,沿途需悬挂色旗,以别走私。盖因"粤左三面临海,遍地产盐,港汊径路,丛杂所在,私枭出没,防之非易"[3],自官帑收盐之制施行以后,两广运司针对海盐走私的稽查愈加严密:

> 东汇关"系运盐艚船湾泊候配之所。雍正七年(1729)派委督标把总一员、巡检一员、巡丁二名稽查掣配。乾隆三年(1738)八月添设沙罟船一只、巡丁七名在河下巡缉。旋将巡丁裁汰。五年(1740)二月,复设巡丁四名,驾巡船查缉河道。七年(1742)裁去把总、巡检,改设批验所大使一员、候补守备一员,协同稽查配兑"。
>
> 虎门厂为海运盐艚往来要口,委候补守备一员驻扎。凡遇运盐艚船经过,查验印盖相符,催令开行。如有盗卖,拿解审究。
>
> 佛堂门厂为海运盐艚往来要口,委候补守备一员驻扎。凡

---

[1] 乾隆《两广盐法志》卷16,《转运》,第326—328页。
[2] 乾隆《两广盐法志》卷16,《转运》,第326—328页。
[3] 乾隆《两广盐法志》卷16,《缉私》,第597页。

散舱装载盐艚到厂，耙平盖印，差押至虎门厂投验比对放行，如有盗卖，拿解审究。

平海趱运，委候补守备一员驻扎，凡遇艚船赴场运盐，满载之后，同场员查验盖印，催押开行，取具该船报单汇报。

大鹏趱运，为盐船经由要口，委候补守备一员驻扎。并设桨船一只，沿途催趱。凡有盐船经过，查验旗程、船照相符，立即沿途催趱。如有夹私，拿解审究。

碣石汕尾趱运，为海艚直场回省要口，委候补守备一员驻扎。凡遇艚船赴场运盐，满载之后，协同场员验明盖印，催趱开行。如有夹私，拿解审究。

澄海县属之东陇口，为海运盐船出入之区。设立住船一只，脚踏小船一只，向系委员盘查。雍正八年（1730）撤回委员，归运同衙门差拨。司事一名，书办一名，水手四名。在于该处盘查海运盐船进港，并堵截海山、东界二场水路私盐。

澄海县属之长桥口，为海运盐船经由之区，设立住船一只、脚踏小船一只，向系委官盘查。雍正八年撤回委员，归运同衙门差拨。司事一名、书办一名、水手四名，在于该处盘查海运盐船进港，并堵截河东、河西、隆井、惠来、小江各场水路私盐。[1]

以上所列缉私口岸，是以海运盐船为对象的专任缉私机构，其数量占广东全境缉私口岸的三分之二，足见两广运司对海运食盐走私防范之严密。然而，所谓"无处不私，无时不私"，即便有着严密的缉私组织和制度，食盐的走私仍层出不穷。乾隆二十三年（1758）两广总督陈宏谋这样描述船户通同商人、官员、兵丁走私食盐的现象："私盐买于场地，远贩他所。经过地方，动经百数十里不等。沿途水陆均有营汛，明知带有私盐，得其陋规，过而不问，反加保护。

---

[1] 乾隆《两广盐法志》卷20，《缉私》，第603—609页。

现在无日无私盐经过，而报获私盐者绝少。……要隘、关桥、口岸，所委巡查之员，借盘查之名色收私盐之陋规。陋规到手，即任来去。间报一二起，非为数零星，则有盐无犯苟且塞责。其实大伙私枭及夹带百千者，早已通同纵去。……私盐之多，不仅枭犯官盐，船户借由旗号、水程，任意夹带。押船之商伙、丁役，通同分肥。甚至不肖商人，亦复借官行私，隐射图利。日日求官缉私，其实日日自己带私。沿途售卖。每有引盐未至盐地，盗卖过多，则捏报损船失水，恃贿营求利更获利。"[1]道光七年（1827），两广总督李鸿宾奏立两广缉私章程，认为最重要的缉私处为各场盐栅、虎门和东关："各场栅为盐所自出，必先清其来路；虎门为盐艚由海入河关键；东关乃收盐拆盐总汇。此三处皆缉私扼要之区"，因此有必要于"虎门则添委文官一员，照前一体稽查转报。并令武弁督同巡丁催趱进口。于东关则令广粮通判至盐艚到关时，严谕各船户靠关停泊，添派文官一员，轮派总商一人，专司督配查察。如有舱盐短少不符等事，查拿究办。似此逐层稽核，则沿途无从舞弊，而水客不致私销，于缉私实有裨益。所有委员更换之期，定以半年"[2]，该奏疏经户部议复准行，说明防范水客走私向为两广盐区缉私之重任。

船钞征收制度。程船赴场、配盐回省河、潮桥皆需纳税，此种税收主要针对盐船，以船只为单位，由粤海关征收。如省城大关[3]"贸易船装盐一次收补钞银一两"；"凡盐易惠、潮等处船钞，照例科算。梁头每尺收银五分"；"凡新烙盐易船梁头每尺收银一钱，每船收银十三两九钱"；"凡新烙水母船收银七两三钱"；"凡新烙苫艚船收银四两九钱"；"凡盐易惠、潮等处船只给牌，春季收银一两零五分，秋季收银五钱五分"；"凡盐易船入册收银七两"；"凡盐易

---

[1] 道光《两广盐法志》卷21，《转运八·缉私》，第15—18页。
[2] 道光《两广盐法志》卷21，《转运八·缉私》，第117—119页。
[3] 大关，《粤海关志》载"大关在广东省城五仙门内"，参见［清］梁廷枏：《粤海关志》卷5，《口岸一》，沈云龙主编《近代中国史料丛刊续编》第19辑，第224页。

船改名,收银二两"。[1]经番禺县的东炮台挂号口赴场配盐的"广盐乌艚空船出口驳盐"需"每只收银四钱";番禺县的黄埔挂号口"大小盐船并出进口空船无饷货装者均免";东莞县的虎门挂号口"盐蛋艚船装盐进口不收,空船出口免收。若有免单手本批照零星货物出口,收银三钱";番禺县的紫坭税口"部牌双桅船装盐进口,每只收盐五钱"。[2]

惠、潮二府境内的海关正税口和挂号口针对盐船所征税项主要有:

> 甲子正税口"盐艚装盐往省,每只收钱六百六十文。蛋艚装盐往潮,每只收钱三百三十文"。
>
> 碣石挂号口"艚船装盐往省,每只收钱一百六十文。小船驳盐出口,每只收钱四十五文"。
>
> 乌坎正税口"蛋艚船载盐出口,收钱一百二十文"。
>
> 平海正税口"驳盐小船,一年一次收银二两二钱纹银司平。大乌艚装盐往省,收钱四百文。水母船装盐往省,收三百文。广艚装盐往省,收钱二百文。蛋艚装盐往省,收钱一百文"。
>
> 汕尾正税口"大盐船出口,收钱五百五十文,外馆收钱一百文"。
>
> 神泉正税口"盐船出口,每载收钱一百八十文"。
>
> 靖海挂号口"盐船出口每载收钱一百八十文"。潮州府馆正税口"换盐船牌梁头,每尺收钱一钱"。溪东小口"凡装运盐船,新牌挂号收钱二百文,旧牌不收"。
>
> 黄冈正税口"盐船进口,每票收番银二钱"。
>
> 达濠口"盐船新换牌,收钱二百二十文"。

---

[1] 梁廷枏:《粤海关志》卷11,《税则四》,第765—766页。
[2] 梁廷枏:《粤海关志》卷11,《税则四》,第776—794页。

后溪口"海运盐船换新牌,每只收银二钱二分"。

北炮台正税口"盐船每只收银七钱六分。若新牌加收银三钱六分,另钱一百三十文"。[1]

高州府于暗铺两家滩正税口征收盐船税:"凡广西各埠运盐过暗铺口中,每票收钱三千四百文。"[2]《粤海关志》出自道光朝梁廷枏之手,内载沿海各正税口、挂号口,相当一部分就分布在盐场、盐栅附近出海口,表明海运盐船的税收当为粤海关关税的重要组成部分。

官帑收盐推行二十年后的乾隆三年(1738)十一月,户部议复兵部左侍郎吴应棻奏称:

粤东沿海二千余里,民人大半以鱼盐为业,粤盐自归官帑以来,盐价广收,场盐大产,盐田每岁所获利息,数倍稻田。愚民贪得无厌,有将稻田塭塘熟业改作盐田报垦者。现今场地埠地壅积未销,各商转输不前,不得已挂饷挂价,若又加添,则愈多愈贱,壅不特误课病商,而帑价亦虑不敷。且将来滨海之地,盐多于米,所当亟行停止,请将现在垦报实数,定为正额,其有零星池埔易于走私而难稽查者,一并改为稻田。此外无论垦复、新升,一概停止,止令岁收盐斤于正额之外略有余溢等语。查盐斤系民生日用所需,产盐充裕,则价值平贱,价值平贱始于民食丰盈,所有垦复新升盐田似毋庸一概停止。况盐田池埔系斥卤之地,难以树蓺五谷,即改稻田亦终无益,若云零星池埔易于走私,此惟在地方官实力稽查,以杜私贩之弊,应将该侍郎等所奏将垦复新升盐田停止之处,毋庸议。惟是稻田塭塘本产米之区,若听其改作盐田,争趋末利,原非仰体皇

---

[1] 梁廷枏:《粤海关志》卷12,《税则五》,第803、807、812、820、829、834、837、842、852、879、892、897、900页。
[2] 梁廷枏:《粤海关志》卷13,《税则六》,第922页。

上重农务本之意。应如该侍郎等所奏，饬令该督抚转饬各该地方官，将稻田改盐田之处，严行禁止。[1]

  这段话表明两广盐场盐斤堆积，产量大增，而且还有不断增加的趋势。盐斤高产，在于滨海民人不断开辟新的盐田埗池，扩大盐的生产。其中的奥妙，吴应棻讲得很清楚，即盐斤获利数倍于稻田，以致稻田改盐田的现象屡有出现。这无疑引起了地方官员的警觉。盐多于米，一旦盐卖不出去，米价高昂不下，争趋末利的结果势必引起市面的骚乱。实际上，这一矛盾一直是地方官员争论的焦点。乾隆七年（1742）八月"两广总督庆复奏言，粤省自给帑收盐，沿海灶丁资生有策，人人乐趋，小民见盐埗获利稍宽，多将稻田改为盐田。近年以来，盐出于土而无穷，帑支于官而有额，收买之外，不无余賸。近地无知愚民，私贩射利，偷透不能净除。臣愚以为与其禁于犯法之后，孰若杜绝根源。臣现在檄饬各场员，将离场窎远及海口冲途易于透越私贩之境，将盐埗仍改稻田，其埗税俟稻田成熟，照民田一例升科。臣细加访查，海滨盐埗，雨洗数番仍可改种稻麦，毫无盐蹉之虑。若使盐埗减少，官收易净，既以杜绝私贩，地方宁谧，官引畅销，尤可多增稻田之益"[2]。盐产过高，帑本仍然照发，售卖不掉的余盐堆积盐场，会危害到官引的正常疏销。两广总督官员甚至想出拨济淮盐的办法以解决滞销的积盐："两广总督公庆复奏。分委场栅人员，督灶收盐，以杜私贩，颇有成效。惟现在各场收贮盐斤，日积日多，闻淮、扬灶地被水之后，产盐稀少，江广一路，可否令淮商将粤盐拨济疏销。"[3]

---

[1] 乾隆《两广盐法志》外志卷2，《奏议》，第354—357页。
[2] 道光《两广盐法志》卷22，《场灶一》，第151—152页。
[3] 《清高宗实录》卷182，乾隆七年十二月乙卯，北京：中华书局，1985年，第352页。

三 雍乾时期广东盐场裁撤与增设

明代中后期盐课折银，盐课与盐业生产的关系愈益疏离。雍正朝广州府境内靖康等六场的场课占全部的40.7%，其次为惠州府的淡水、石桥二场，但也不及广州府的一半（参见表2-2）。这一时期统计的盐课，是以银为单位的税收。其中广州府盐场的场课究竟有多少出自盐田的食盐生产，非常值得怀疑。正如清吴震方所说："东莞编户，原有军、民、灶、疍四籍，其灶籍则分隶靖康场。灶籍之民，所居房屋则为灶地，种禾之田，种树之山则为灶田、灶山，其间潮来斥卤之地，稍可杷煎者，则为盐田。其征粮总名曰灶税。本场税田八百五十顷有奇，内盐田止六顷五十亩，征银七百余两，与苗田一体输纳，杂项公务丁差俱十年一轮。"[1]东莞灶户名下的盐田占纳税田不到1%，说明这一时期东莞盐场几乎就是一个不产盐的盐场了。

表2-2 雍正九年（1731）广东盐场场课统计

所属府	所属州县	盐场名称	场课/两	各场占比/%	各府占比/%
广州府	东莞	靖康场	2082+	8.0	40.7
	新宁	海晏场	1321+	5.1	
	新宁	矬岗场	1697+	6.5	
	香山	香山场	740+	2.8	
	新安	归德场	2401+	9.2	
	新安	东莞场	2359+	9.1	
惠州府	归善	淡水场	3239+	12.4	19.8
	海丰	石桥场	1916+	7.4	

---

[1] [清]吴震方：《岭南杂记》上卷，王云五主编《丛书集成初编》，上海：商务印书馆，1936年，第28—29页。

续表

所属府	所属州县	盐场名称	场课/两	各场占比/%	各府占比/%
潮州府	潮阳	招收场	912+	3.5	13.0
	饶平	小江场	825+	3.2	
	惠来	隆井场	760+	2.9	
	澄海	小江西界场	681+	2.6	
	饶平	海山隆澳场	200	0.8	
肇庆府	阳江	双恩场	1067+	4.1	4.1
高州府	茂名	博茂场	238+	0.9	6.2
	电白	博茂场	430+	1.7	
	吴川	茂晖场	180+	0.7	
	石城	丹兜场	774+	2.9	
廉州府	合浦	白石、白沙、西盐白皮场	437+	1.7	1.9
	灵山		52+	0.2	
雷州府	海康	武郎场	72+	0.3	0.9
	遂溪	蚕村调楼场	125+	0.5	
	徐闻	新兴场	39+	0.1	
琼州府	文昌	陈村乐会场	866+	3.3	13.4
	临高	三村马袅场	557+	2.1	
	儋州	博顿兰馨场	1192+	4.6	
	万州	新安场	257+	1.0	
	崖州	临川场	97+	0.4	
	琼山	大小英感恩场	518+	2.0	
总计			26034+	100	100

资料来源：雍正《广东通志》卷25，《盐法》，第663—664页。

乾隆时期，广东总计27场栅，产生、熟盐1392132包，其中广州府盐场占4.5%，惠州府盐场占60.6%，潮州府盐场占26.9%，肇庆府、高州府、廉州府盐场占7.5%。道光时期，广东总计24场栅，产生、熟盐1628914余包，其中广州府盐场产量下降至不足1%，惠州府、潮州府盐场产量相比乾隆朝有所下降，增产明显的则是高州府盐场（参见表2-3、表2-4）。

表 2-3　乾隆《两广盐法志》载广东盐场额盐统计

所属府	所属州县	盐场名称	额收生、熟盐数量/包	各场盐包占比/%	各府盐场占比/%
广州府	新安	东莞场	生盐32100、熟盐2900	2.5	4.5
	新安	归靖场	熟盐归德场8000 靖康场800	0.6	
	香山	香山场	熟盐9685	0.7	
	新宁	海㫰场	熟盐海晏场13177 㫰岗场5087	1.3	
惠州府	归善	淡水场	生盐141214	10.1	60.7
	归善	碧甲栅	生盐58961	4.2	
	归善	大洲场（连大洲栅）	生盐大洲场90438 大洲栅80442	12.3	
	海丰	坎白场（连白沙栅）	坎白场生盐66974 白沙栅76837	10.3	
	陆丰	石桥场	生盐138974	9.9	
	陆丰	小靖场	生盐123765	8.9	
	陆丰	海甲栅	生盐67952	4.9	
潮州府	潮阳	招收场	生盐83793	6	27.0
	惠来	隆井场	生盐24200	1.7	
	饶平	东界场	生盐81150	5.8	
	潮阳	河西栅	生盐93785	6.7	
	惠来	惠来栅	生盐29064	2.1	
	饶平	海山隆澳场	生盐40000	2.9	
	澄海	小江场	生盐24000	1.7	
阳江直隶州		双恩场	熟盐9677	0.7	1.1
		东平场	熟盐5655	0.4	
高州府	电白	电茂场	熟盐15800，生盐3000	1.4	4.0
	电白	博茂场	熟盐15800	1.1	
	吴川	茂晖场	熟盐14400	1	
	石城	丹兜场	熟盐5991	0.4	
廉州府	合浦	白石场	熟盐38196	2.7	2.7
总计			额收生、熟盐1392132	100	100

资料来源：乾隆《两广盐法志》卷18，《场灶下·盐包》，第493—497页。

清前期广东盐业的调整，主要表现为珠江三角洲地区的香山、东莞等县的盐场进一步衰落，康雍乾时期不断裁并，至乾隆朝后期终致全面废除。肇庆府、廉州府等府县的盐产也不断减少，除高州一府尚有较高产额外，肇庆、廉州二府的盐产占全省的比例不超过5%（参见表2-4）。与此同时，惠潮地区的盐业规模不断扩大，清政府不断对旧设盐场分栅，并将产量较丰、课额较多的盐栅改设为盐场，至清末惠潮地区作为两广盐业中心的格局都未有大的变化（参见地图3）。

表2-4 道光十六年（1836）广东盐场额盐统计

所属府	所属州县	盐场名称	额收生、熟盐数量/包	各场盐包占比/%	各府盐场占比/%
广州府	新宁	上川司	熟盐12158+	0.7	0.7
惠州府	归善	淡水场	生盐126214+	7.7	48.2
	归善	碧甲栅	生盐68961	4.2	
	归善	大洲场（连大洲栅）	生盐176744+	10.9	
	海丰	坎白场（连白沙栅）	生盐144006+	8.8	
	陆丰	石桥场	生盐93974+	5.8	
	陆丰	小靖场内五厂	生盐53505	3.3	
	陆丰	小靖场外三厂	生盐51648	3.2	
	陆丰	海甲栅	生盐70000+	4.3	
潮州府	潮阳	招收场	生盐83793	5.1	23.7
	惠来	隆井场	生盐30000	1.8	
	饶平	东界场	生盐81150	5	
	潮阳	河西栅	生盐93785	5.8	
	惠来	惠来栅	生盐29640	1.8	
	饶平	海山隆澳场	生盐43740	2.7	
	澄海	小江场	生盐24000	1.5	
阳江直隶州		双恩场	生盐41333+	2.5	2.5
高州府	电白	电茂场	生盐159196	9.8	22.9
	电白	博茂场	生盐202269	12.4	
	吴川	茂晖场	生盐10600	0.7	

续表

所属府	所属州县	盐场名称	额收生、熟盐数量/包	各场盐包占比/%	各府盐场占比/%
廉州府	合浦	白石东场	熟盐21404＋	1.3	2
	合浦	白石西场	熟盐10791＋	0.7	
总计			额收生、熟盐1628914＋	100	100

资料来源：道光《两广盐法志》卷23，《场灶二·额盐》，第225—237页。

官帑收盐令广东地方政府重新掌控盐场生产，大规模裁革、增设盐场也就顺理成章地进行了。珠江三角洲地区的盐场和粤西肇庆、高州、廉州等府境内盐场首当其冲。雍正五年（1727）十一月，两广总督孔毓珣奏广东东莞场大使胡文焕等缺少盐额，请革职留任。[1]"乾隆三年（1738）五月议准将靖康场归并归德场，更名归靖场；电白、茂名之博茂二场更名电茂场"，"两广总督鄂弥达等疏言，粤东场地大小不同，额盐多寡不一。其场小盐少设有大使者，自应就近归并兼理，以免冗费。场大盐多，未经设立大使者，自应添设，以专责成。查靖康、归德二场，地方毗连，相去不过二三十里，应将靖康场务归并归德场大使兼管。电白博茂与茂名博茂二场，虽分隶两县，然壤地相接，如同一邑，可以兼顾，应请添设大使一员"。[2]

乾隆二十一年（1756）"两广总督杨应琚奏称，……阳江之双恩场，香山县之香山场，新安县之归靖场，俱改为委缺，所有原颁钤记送部查销。其裁缺大使三员，即请改补新设大洲[3]等三场。至大

---

[1]《清世宗实录》卷63，雍正五年十一月丁丑，北京：中华书局，1985年，第973页。
[2] 民国盐务署：《清盐法志》卷214，《两广一·场门一·场区》，于浩辑《稀见明清经济史料丛刊》第二辑第10册，北京：国家图书馆出版社，第304页。
[3] 大洲为大亚湾东侧小海湾中的一个海岛，属惠州府归善县。乾隆二十一年大洲由栅改为场，标志着该岛盐业生产已达到一定规模。刘志伟关于大洲岛神庙系统的研究，揭示大洲岛民从海上渔民向定居晒盐为业岛民转变的历史过程。参见刘志伟：《大洲岛的神庙与社区关系》，郑振满、陈春声主编《民间信仰与社会空间》，福州：福建人民出版社，2003年，第415—437页。段雪玉、汪洁编著：《淡水场：广东大亚湾盐业历史调查》，广州：广东人民出版社，2021年。

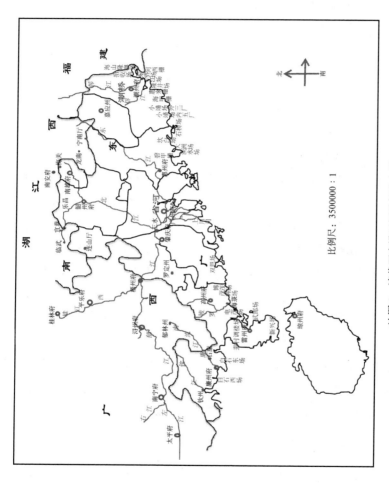

地图 3　清代两广沿运河盐场分布图

资料来源：道光《两广盐法志》卷 23，《场灶二·额盐》，第 225—257 页。地图根据谭其骧主编《中国历史地图集》第 8 册《清时期·清代广东图》（嘉庆二十五年，1820）绘制，第 44—45 页。

图 2-1 道光时期大洲场图
资料来源：道光《两广盐法志》卷首，第 204—205 页。参见乾隆《两广盐法志》卷首，第 92—93 页。

洲等三场应征丁课，按照所辖丁田，核计分征。其双恩等三场原设丁课，仍为阳江等县征收"[1]（参见图2-1）。"乾隆二十七年（1762）五月，议准东平场归并双恩场兼管"，"两广总督苏昌奏酌请裁改委员以肃盐政折。言，东平场委员与双恩场同驻一城，场地相近，彼此收盐各止数千包，事务甚简，尽可归并一员兼管"。[2]

乾隆三十五年（1770）两广总督李侍尧上疏"称香山县鸦嘴、萌仔等围盐田四塌七分，因淡水浸注不能煎盐，请改筑稻田。现丈明十五亩有奇，照斥卤例起征，其盐课银豁除"[3]。

"从前原有东莞、香山、归靖、丹兜四场，各有产盐额数，乾隆

---

[1]《清高宗实录》卷 520，乾隆二十一年九月丙寅，第 558 页。
[2] 民国盐务署：《清盐法志》卷 214，《两广一·场产门一·场区》，第 305 页。
[3]《清高宗实录》卷 815，乾隆三十五年七月乙巳，第 1025 页。

第二章 清前期广东盐场制度调整 111

五十五年（1790）设立纲局，将四场裁汰改种禾苗……所有裁减盐额，分派旺产之场定额，将盐以裕配运。"[1]"乾隆五十四年（1789）议准裁撤丹兜、东莞、香山、归靖四场"，概因东莞、香山等盐场歉收虚报："两广总督福康安筹办省河盐务事宜折。言各场收盐旧有定额，而场产情形今昔不同。其在歉收场栅，不过虚报充数，而旺产之场栅遂至私盐泛滥，所有查明歉收之丹兜、东莞、香山、归靖四场，即行裁撤。其裁撤盐额均摊入旺产场分运配督收，将池堰改为稻田，准令场丁照例承垦升科。"[2]

海矬场也撤改为上川司盐巡检："嘉庆二十年（1815）三月，议准裁新宁县属海矬场大使改为上川司盐巡检"，"两广总督蒋攸铦等奏称，新宁县属之上川、下川，广阔两堡，孤悬海中，村户错落，向设海矬场大使一员，专司盐务，并无地方之责。查海矬场水性轻淡，只可煎熬熟盐，每多积滞之引，历年俱分归旺销之埠代为拆轮。该处现在收盐之任甚轻，防缉之责尤为紧要。请将海矬场大使改为盐巡检，覆实酌定应销引额，并将该巡检衙署移驻上川司地方兼管缉捕事宜"[3]（参见表2-5）。

表2-5 乾隆二十七年（1762）广东盐场职官增设或裁并统计

所属府	所属州县	盐场名称	职官名称	设置、增置或裁并原因
广州府	新安	东莞场	大使一员	旧设
	新宁	海矬场	大使一员	雍正七年（1729）以矬岗场归并海晏场大使兼管，改名海矬场
	东莞	归靖场	委官一员	乾隆三年（1738）合归德、靖康二场为归靖场大使，十一年改委缺
	香山	香山场	委官一员	向系大使，乾隆二十一年（1756）改为委缺

---

[1] 道光《两广盐法志》卷23，《场灶二》，第236—237页。
[2] 民国盐务署：《清盐法志》卷214，《两广一·场门一·场区》，第305页。
[3] 民国盐务署：《清盐法志》卷214，《两广一·场门一·场区》，第306页。

续表

所属府	所属州县	盐场名称	职官名称	设置、增置或裁并原因
惠州府	归善	淡水场	大使一员	旧设
	归善	大洲场	大使一员	雍正二年在淡水场分出,委员管理。乾隆二十一年改设大使
	海丰	坎白场	大使一员	雍正二年在淡水场分出,委员管理。乾隆二十一年改设大使
	陆丰	石桥场	大使一员	旧设
	陆丰	小靖场	大使一员	雍正二年在石桥场分出,委员管理。乾隆二十一年改设大使
	归善	碧甲栅	委官一员	由淡水场分出,委员管理
	归善	大洲栅	委官一员	乾隆二十二年（1757）由大洲场分出,委员管理
	海丰	白沙栅	委官一员	由坎白场分出,委员管理
	陆丰	海甲栅	委官一员	由石桥场分出,委员管理
潮州府	潮阳	招收场	大使一员	旧设
	惠来	隆井场	大使一员	旧设
	饶平	东界场	大使一员	向系委员,雍正七年改设大使
	潮阳	河西栅	委官一员	由招收场分出,委员管理
	惠来	惠来栅	委官一员	由隆井场分出,委员管理
	饶平	海山隆澳场	委官一员	由东界场分出,委员管理
	澄海	小江场	委官一员	旧设
肇庆府	阳江	双恩场	委官一员	向系大使,乾隆二十一年改为委缺
	阳江	东平场	委官一员	由双恩场分出,委员管理。乾隆二十七年（1762）裁归双恩场兼办
高州府	电白	电茂场	大使一员	原名博茂,系委员管理。乾隆三年改名电茂,新设大使
	电白	博茂场	委官一员	旧设
	吴川	茂晖场	大使一员	旧设
	石城	丹兜场	委官一员	旧设
廉州府		白石场	大使一员	旧设

资料来源：乾隆《两广盐法志》卷21,《职官》,第14—16页。

道光十二年（1832）以后，上川司所属盐场因沙水淤塞渐宽，潮难浸灌，盐产逐年下降。盐场海域有砂垠横起，艚船往来多阻浅不能进口，甚至发展到无艚船来盐场配盐。灶丁为输纳丁课，将抛荒盐坦养淡种苗植稻。道光十八年（1838）奉宪委员办理屯务，将荒坦三百余顷改屯开垦。令屯户承纳所缺丁课六百余两，由新宁县征解，道库转拨，运库归款。此外，应完丁课银一千五百余两仍由上川盐巡检征收。现在各坦变荒成熟由连阡陌，产谷甚多，沿海一带均早修筑基围，以遏潮水。不过，在一些"零畸汊角、不成片段"之处，仍有附近居民刨挖沟泊，引水灌咸潮煮盐。由于泥底多沙，必熬煎成熟，始得净盐，所需工本费高昂，无力穷民往往时煎时停，因此盐场收盐既无明期，积盐又无官堆。盐场所产之盐亦仅足供肩挑背负及地方居民买食，并过往鱼船行销。上川司盐巡检坐配之恩开、新宁盐埠，只不过徒有其名，盐商并不来场请配。解决办法是在其他盐场查有配足溢额者，酌拨一二成作为该场配额，以符定制。这其实造成一种看似矛盾的状况，即上川司盐巡检下辖盐场已无盐可产，由于丁课较多，甚至甲于各场，官府仍然以盐务之名义征收丁课，实际上丁课来自已改业耕种稻米的灶丁。从档案内容来看，广东地方政府还有更深一层的考虑，即上川司盐巡检管辖盐场洋面地方，有巡缉弹压之责，保留上川盐巡检一职也就保证了此区域洋面的军事安全，如此方能兼顾而两全。[1]

与珠江三角洲地区和粤西的盐场不断裁并相伴的是，惠潮地区盐业规模的不断扩大，盐场不断分出盐栅，有的栅因为产量高而升为场。有清一代，"凡言栅者，皆系自大场分出。场有场官主之，栅则委员经理"[2]。明代栅的制度已经在珠江三角洲地区的盐场推行。前引明代香山盐场"正统间被寇，苏有卿、黄萧养劫杀盐场灶丁，时盐道吴廷举奏奉勘合，查民户煎食盐者，拨补灶丁仅凑盐排

---

[1]《上川司盐巡检盐场生产及丁课征收情形》，清代广东省督抚衙门档案，广东省档案馆藏。参见段雪玉：《道咸时期的两广盐政——以清代衙门档案为中心》，《历史档案》2011年第2期。
[2] 王守基：《盐法议略》，第6217页。

二十户，灶甲数十户，分上下二栅，许令筑塨煮盐自煎自卖，供纳丁课"[1]。排、甲、栅与图甲制一起，成为明代以后珠江三角洲地区盐场的组织。天顺年间东莞县境内的四盐场："靖康场在十六都，六栅"；"归德场在十二都，十三栅"；"东莞场在十一都，四栅"；"黄田场在十都，四栅"，栅有栅长，场官大使和名为攒典的吏员一起"率栅长以督盐丁办纳盐课"。[2]李晓龙认为栅是正统以后政府在珠江三角洲盐场推行的制度，是黄萧养之乱后盐场组织制度的一次重要调整，此一时期官府大规模重新编造盐册，设置栅甲制，在这个意义上，栅就是册，栅下的灶户灶丁就是那些被编入盐册的盐民。[3]

清雍正二年（1724）二月甲戌，两广总督孔毓珣条奏盐政五款，其一就是于"归善等县淡水各场产盐甚多之处，请择廉干之员督收，其实心办事者，三年保举议叙，以示奖励"[4]。"乾隆二十一年（1756）九月，议准将归善县淡水场之大洲、坎白二栅，海丰县石桥场之小靖栅改为盐场"[5]："两广总督杨应琚奏称，粤盐行销六省，需盐甚多，向设大使十三员，专司发帑、收配、催课、缉私等事。其是有场地辽阔，地塨繁多，大使一员难以兼顾者，则又分栅督收，委员管理。请将归善县之淡水场分出大洲、坎白二栅，海丰县之石桥场分出小靖一栅，俱改为盐场实缺，各设大使一员，照例以五年报满，颁给钤记。"[6]

乾隆二十五年（1760）归善县坎白场还有业户申请将新垦盐塨升科。[7]乾隆三十一年（1766）三月两广总督李侍尧疏报"广东归善县坎白场，垦筑盐田三十二塨"[8]。

---

[1]　康熙《香山县志》卷3，《食货志·盐法》，第206页。
[2]　天顺《东莞县志》卷3，《合属衙门》，第33页。
[3]　李晓龙：《宋以降盐场基层管理与地方社会——以珠江三角洲地区为中心》，《盐业史研究》2010年第4期。
[4]　《清世宗实录》卷25，雍正二年二月甲戌，第389页。
[5]　民国盐务署：《清盐法志》卷214，《两广一·场产门一·场区》，第304页。
[6]　《清高宗实录》卷520，乾隆二十一年九月丙寅，第558页。
[7]　道光《两广盐法志》卷22，《场灶一》，第177—178页。
[8]　《清高宗实录》卷807，乾隆三十一年三月戊申，第904页。

经过裁并和分栅，新的场栅成为广东食盐的重要产区。乾隆二十五年（1760），"广东省所属各场额收盐数，除海㟀、淡水、碧甲、石桥、海甲、茂晖、招收、河西、隆井、惠来、东界、小江等十二场栅仍照旧额盐包督收外，其大洲场兼管大洲栅现额一十七万六千七百四十四包，小靖场分管内五厂现额五万三千五百一包，小靖场分管外三厂现额五万一千六百四十八包，白石分管东场现额二万一千四百四包一百四十斤，白石分管西场现额一万七百九十一包六十斤，双恩场现额四万一千三百三十三包，坎白场现额一十四万四千六包七十六斤，电茂场现额一十五万九千一百九十六包，博茂场现额二十万二千二百六十九包，海山隆澳场现额四万三千七百四十包"[1]（参见表2-6）。

表2-6 清后期广东盐场增设或裁并统计

所属府	所属州县	盐场名称	设置、增置或裁并原因
广州府	新宁	上川司	旧设海晏、㟀岗二场，雍正七年（1729）并为一场，改为海㟀。嘉庆二十二年（1817）裁海㟀场大使，改设上川司盐巡检
惠州府	归善	淡水场	
	归善	碧甲栅	
	归善	大洲场	雍正二年由淡水场分出盐栅，乾隆二十一年改为盐场，设场大使
	海丰	坎白场	雍正二年由淡水场分出盐栅，乾隆二十一年改为盐场，设场大使。乾隆三十五年（1770）复将白沙栅归并坎白场兼管
	陆丰	石桥场	
	陆丰	小靖场	雍正二年由石桥场分出盐栅，乾隆二十一年改为盐场，设场大使，分内五厂、外三厂，于乾隆三十六年（1771）分出，委员管理。嘉庆十六年（1811）后仍由内场兼管
	陆丰	海甲栅	乾隆十五年（1750）由石桥场分出

---

[1] 道光《广东通志》卷165，《经政略八·盐法一》，第2707页。

续表

所属府	所属州县	盐场名称	设置、增置或裁并原因
潮州府	潮阳	招收场	
	惠来	隆井场	
	饶平	东界场	
	潮阳	河西栅	雍正九年（1731）由招收场分出
	惠来	惠来栅	雍正八年（1730）由隆井场分出
	饶平	海山隆澳场	雍正十二年（1734）由东界场分出
	澄海	小江场	光绪三十四年（1908）因埕塌荒废归并隆井场兼管
阳江直隶州		双恩场	乾隆九年（1744）分设东平场，二十七年（1762）仍裁归双恩场兼管
高州府	电白	电茂场	原名博茂，乾隆三年（1738）改名电茂
	电白	博茂场	乾隆三年归并电茂场兼管，七年（1742）复设委员管理，五十五年（1790）改设场大使
	吴川	茂晖场	
廉州府	合浦	白石场	乾隆十八年（1753）分设西场，委员管理，十九年（1754）又裁西场，三十八年（1773）复设。五十一年（1786）以后仍并为一场

资料来源：民国盐务署：《清盐法志》卷 214，《两广一·场产门一·场区》，第 303—309 页。

清代广东盐场中，雷州府、琼州府盐场制度可说是自成一体，并不参与两广盐区的产销运作。[1] 自明后期海北盐课提举司裁革，所属盐场归州县兼管。入清以后，高州府、雷州府、廉州府和琼州府盐场生产各有发展。其中高、廉二府的盐业有所扩张，概因其供应广西府县之故。雍正朝广西官运官销改革，挂动了高、廉二府的盐场生产。乾隆二十一年，高州府盐场成为广东西部沿海地区由煎改晒、垦辟官荒建设生盐田的对象：

---

[1] 海南琼州府的盐业经济研究，参见陈光良：《海南经济史研究》，广州：中山大学出版社，2004 年，第 132—156 页。

查生盐各场盐田曾经垦辟无多余地,其熟盐场分惟高州府属茂晖、电茂二场尚有官荒地亩,堪以石砌筑基围,辟生盐田塥之处,随饬令大使吴绍祖带领生盐场谙熟晒丁前往,确勘实可晒生,嗣委廉州府知府周硕勋会同兼摄高州府事,廉道王概逐加覆勘,经盐运使范时纪核详,茂晖场可开生盐田七百塥,电茂场可开生盐田六百一十一塥,递年就田灌晒,计可得生盐十余万包。查明俱系官荒无碍民业,应令给与附近民灶承垦灌晒,俟垦成之日,官给执照计田纳课,永为世业。每年所获盐斤,一体官为收买,运省接济。其所增盐额与所获场埠羡余,均照例分别列册造报。但垦辟之始,凡挑筑基围、舂砌池塥需费颇繁。边海穷黎,每苦资本不继,请暂于运库帑本内借支银八千两分发委员,会同各该场员查明诚实之户,酌量借给,以资垦辟。工竣之日,勒限两年于收盐价内陆续扣解归款。[1]

经改煎为晒,电茂、博茂二场场产大增:"筑电白、吴川等处生盐池塥,从司盐之议也。凡筑池塥,电茂场六百一十一口,茂晖场仅成三百余口。"[2]"电白面临大海,民之谋生得于鱼盐者大半。电茂场自改灶为池,课额日增。裕国通商,颇称丰埠。每当天日晴霁,遥望数十里如小山积雪,贾人估舶去集,樯帆蔽空,亦海隅之胜观也。""博茂场盐课略与电茂场相等,水东一墟,阛阓鳞次,海运巨艚集泊,商贾往来,实西场之间要区焉。"[3]

雷、琼二府因产地辽阔,距引岸销区太远,行盐不便,并不参与两广盐区引岸运销。《清盐法志》提到乾隆以后广东盐场的场栅数

---

[1] 乾隆《两广盐法志》卷7,《奏议五》,第577—578页。
[2] 光绪《吴川县志》卷10,《纪述下·事略》,第630页。
[3] 光绪《电白县志》卷1,《舆地一》,广东省地方史志办公室辑《广东历代方志集成·高州府部》,广州:岭南美术出版社,2009年,第399—400页。

量并未包括雷、琼二府盐场:"粤省东起潮、惠,西抵钦、廉,濒海之地俱有盐场。有清一代历经分并,乾隆以来定为二十场栅,而雷、琼不与焉。"[1]清人王守基也说:"琼属各场四面环海,遍地产盐,俱系灶丁自煎自卖,并不配引征饷,亦不设官,场课归州县征解,羁縻之而已!"[2]清代雷、琼二府共计盐场九处:武郎场,蚕村调楼场,新兴场,属雷州府;大小英感恩场,陈村乐会场,三村马袅场,博顿兰馨场,临川场,新安场,属琼州府。[3]康熙朝官帑收盐改革,雷、琼二府"除琼州府属灶丁自煎自卖,雷州府属岁收盐斤供本处销售毋庸发帑收买外,其余广、惠、潮、肇、高、廉等处系发帑官收"[4]。雍正时期雷州府的武郎场、蚕村调楼场、新兴场"俱产熟盐。今发帑官收,就地配引行销",海南琼州府属大小英感恩等场"俱产熟盐。灶丁自为熬煎,就地销售,原无配引"。[5]"琼之盐灶煎灶卖,无额收无配运。雷之盐有收配矣,止行海、遂、徐三县。"[6]

晒盐法全面普及。明天顺以后广东潮州府盐场引进晒法,晒盐技术不断由东部地区向西部地区推广。至清代中期,除广东西部沿海地区尚采用煎盐技术制盐,其余各场皆改用晒法(参见图2-2):

> 各场滨海皆系沙田,其收沙晒卤,专以海潮为期。潮汐与月盈亏每月只有初一、十六两次。平日将沙田耙松,其旁掘成濠,俟潮水至,引水入沟,把灌沙田渍晒三四日,将水放出,沙复翻松。风日晒干,即起盐花。一遇天落水至,则清晒皆不成功。天落水者,粤人所谓雨也,故阴雨过多,场盐即缺产焉。盐花既结,将沙收起,实之于埔,其埔或以木制或用土筑,皆

---

[1] 民国盐务署:《清盐法志》卷214,《两广一·场产门一》,第303页。
[2] 王守基:《盐法议略》,第6217页。
[3] 民国盐务署:《清盐法志》卷214,《两广一·场产门一》,第305页。
[4] 乾隆《两广盐法志》卷22,《总略》,第121~123页。
[5] 雍正《广东通志》卷25,《盐法》,第665页。
[6] 道光《两广盐法志》卷4,《六省行盐表》,第494页。

图 2-2 道光时期广东盐场晒盐图
资料来源：道光《两广盐法志》卷首，第 188—189 页。

编竹筛为底，使通气下注，仍沃潮水淋之，即成卤，可以煎晒。其晒盐，则挹卤水于池，暴晒成盐，池用石铺砌，甚为清洁。大概夏秋日燥，一日可一收，春冬日柔，须三四日一收。其煎盐，则有竹锅、铁锅之分，铁锅不能甚大，一灶架锅三口，引通火气，使之齐燃，煎方迅速。竹锅大者，周围丈余，小者亦六七尺，用竹篾编成，涂以牡蛎，另用铁条数幅支架，使之骨立。其受火处以白蚬壳灰荡五六分厚，即能敌火，不至焚毁。想蚬壳得水之精故耳！实卤于锅，加柴烧煮约五六时，即可成盐。至盐将成时，即点用麻仁或点用米粉，各场不同，此与淮南煎盐用皂角同法，然物性亦因地而异矣。[1]

---

[1] 王守基：《盐法议略》，第 6217—6218 页。

道光《两广盐法志》载各场制盐方法,广东东部盐场除上川司仍用煎盐法外,其余各场皆用晒法。广州府"上川司系产熟盐,并无晒池。每灶一座,建茅寮一间,寮内作灶一座,用牛二,铁锅三口,挖卤池一口,积贮卤水。沙田之傍设埠一条,长一丈一二尺,深俱一尺二寸,埠旁埠底用竹木镶成。间有一灶设一二埠者,缘沙田零星,离灶颇远,挑沙维艰,故就田设埠。该场取卤煎盐,每月分上下二汛,上汛自初一日潮涨至初八日潮退,下汛自十五日潮涨至二十二日潮退。各丁于潮退之后,天气晴明,将沙耙晒二三日,收沙挑入埠内,用水浇淋,由埠底透出,始能成卤。挑运卤池,积贮置卤,锅内用柴火,煎煮成盐"。惠州府"淡水场,该场晒地,内有沙田、沟浍、卤缸、土垒、晒民居址。每遇晴汛,各晒丁在田,将沙耙松,用沟水泼咸晒干,复晒二三次,置诸埠中,用杓汲水淋埠,流在卤缸。又在卤缸汲卤,流在池格,摊晒成盐。夏间一日一收,为抢汛。秋冬二日、三日一收。春则四五日一收,为长汛。是以夏秋为汛旺,冬季次之,春季又次之。若风雨后,则晒丁从新开沙整地,其上田近水头,四五日则可复晒。下田属水尾,须七八日方可复晒。所用器具,则系沙耙、卤杓、石碾、盐箕、木荡、池春等类。汛旺之日,不分大小男妇,无不在田耙晒"。"碧甲栅,该栅系淡水场分出,其耙晒之法与淡水同。"[1]

广东西部肇庆府、高州府盐场乾隆后期由于柴薪昂贵成本过高纷纷改煎为晒:"双恩场兼平场,原煎熟盐。乾隆五十七年咨准改晒生盐。该场收沙晒盐,每月分以下两汛。上汛自初十至十四日潮水退完,收沙三日。下汛自二十六至二十八日潮水退毕,收沙三日。灶丁土语,收沙一日是为一皮,每一皮收盐五六十斤至一二百斤不等。""电茂场,原煎熟盐。乾隆五十七年以后因柴薪昂

---

[1] 道光《两广盐法志》卷23,《场灶二·煎晒》,第237—239页。

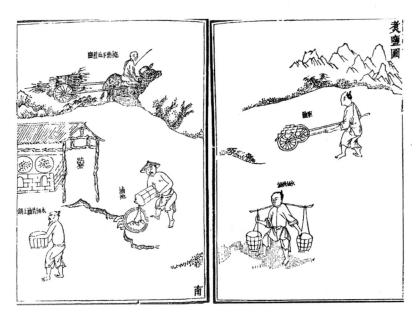

图 2-3　道光时期广东盐场煮盐图
资料来源：道光《两广盐法志》卷首，第 192—193 页。

贵，难以煎熬，改晒生盐。其收卤晒生及应用器具，均与石桥场相同。""博茂场原煎熟盐，乾隆五十七年以后因柴薪昂贵，难以煎熬，改晒生盐。其收卤晒生及应用器具，均与电茂场同。""茂晖场原煎熟盐，乾隆五十七年以后因柴薪昂贵，难以煎熬，改晒生盐。其收卤晒生及应用器具，均与电茂场同。"[1] 不过，廉州、雷州府属盐场仍然维持煎盐法。海康县武朗场、遂溪县蚕村调楼场、徐闻县新兴场、白石场东西十七厂等广东西部盐场仍然采用煎盐法生产熟盐[2]（参见图 2-3）。

---

〔1〕 道光《两广盐法志》卷 23，《场灶二·煎晒》，第 252—254 页。
〔2〕 李晓龙认为明代中后期盐场户籍制度解体之后，广东政府寻求有效的基层管理方式，盐灶、盐埠的登记成为估算盐产量的基层单位。参见李晓龙：《从生产场所到基层单位：清代广东盐场基层管理探析》，《盐业史研究》2016 年第 1 期。

四 盐场变迁的两个个案

康乾时期官帑收盐、盐场裁撤与增设改革的大规模推行，标志着珠江三角洲地区的盐场退出历史舞台，惠、潮二府盐场成为两广盐区的生产中心。这一新格局形成于明中后期，完成于清乾隆时期。本节分别以香山县盐场社会和陆丰县盐场社会的变迁为例，考察盐场裁撤与增设对广东沿海社会的影响。清代香山盐场盐业已完全衰落，盐场社会通过文化与权力资源的掌控表达盐的历史记忆。陆丰于雍正八年（1730）设县，同时改设惠州军民海防同知驻扎碣石军镇，意味着广东地方政府加强海陆丰沿海地区的军事、政区建置，保证海陆丰盐场生产和汕尾港的广盐海运。

1. 墟市、科举与清代香山盐场的转型

清代以后，香山盐场的盐业生产衰落，生产中心转移至三灶。香山场的族群利用市场、宗族、民间信仰、科举等文化和权力资源操控地方社会，揭示出市场与社会文化、地方政治之间的复杂关系。

清初迁海，香山场盐课司署一度作废[1]："顺治初，额五百九十八丁。康熙元年（1662）沙尾、北山等乡奉迁，除去一百五十四丁。现存在籍仅有四百四十四丁。逃亡虚赔，康熙六年（1667）复加三十二丁，共四百七十六丁，计征课银二百二十一两三钱四分。今四、大、恭常各都场外民户煎盐卖商，不纳丁课。场内办课灶丁反与埠商煎盐计工糊口，此则今日盐法之大较者也。"[2]乾隆三年（1738），香山盐场复设场大使[3]："乾隆三年复设香山场大使（《盐法志》《祝志》云：乾隆三年总略云，香山场向无大使，历

---

[1] 康熙《香山县志》卷2，《建置·公署》，第169页。
[2] 乾隆《香山县志》卷3，《盐法》，广东省地方史志办公室辑《广东历代方志集成·广州府部》，第206页。
[3] 乾隆《香山县志》卷2，《户役》载"香山场大使俸银四十两，皂隶二名，工食银一十二两，闰银二两"，第63页。

系委员督收。查该场地方灶座甚属零星，必得专员料理，方无贻误。应请添设大使一员，以专责成），香山场委员署向在恭常都，乾隆十三年（1748）大使沈周详建在黄梁都三灶栅（二十一年建谷仓一所，在署右，贮谷以备该场晒丁遇青黄不接借给接济。同上，余见古迹）。……乾隆二十一年裁大使改为委员（同上。《祝志》云《张府志》乾隆二十一年总督杨应琚于奏请改场员案，内以香山场只额收盐九千六百余包，为数无多，委员尽堪经理，因改委缺。其香山场原额丁课仍归县征解），香山场委员一员，每年饭食银六十两。管事二名，每名每月工食银一两七钱六分八厘九毫。巡丁四名，场员督率在各处隘口缉私，每名每月工食银五钱五分八厘六毫。俱在场斗羡项内支领（同上）。"[1]

乾隆十二年（1747）腊月，海防同知印光任巡视三灶，写下这样一首诗：

> 风雨初晴岁欲除，舟维海汊意何如？
> 村墟易米盐为钞，蛋艇提壶酒换鱼。
> 岸脚日斜潮去急，山头云冷雁来疏。
> 莫嫌残腊迟归棹，一样闲吟把旧书。[2]

"村墟易米盐为钞，蛋艇提壶酒换鱼"描绘的正是设立盐场以后三灶产盐的景象。三灶岛位于珠江口万山群岛西侧的鸡啼门与磨刀门外，面积约七十八平方公里，为珠海市第一大岛。唐宋时期，今三灶岛还是四个孤立的小岛，岛与岛之间为条条海道分隔，可通舟楫。三灶岛的行政建制自南宋香山立县开始，属于黄梁都。明成化年间，朝廷在三灶岛驻兵，以后历代沿袭下来，并建筑炮台。明万

---

[1] 光绪《香山县志》卷7，《经政·盐法》，第114页。
[2] 印光任：《腊底舟泊三灶海口》，乾隆《香山志》卷10，《艺文》，《中山文献》第一册，第1266页。

历年间，三灶岛正式设立地方一级行政机构——"猺官府"，官署设在春花园这个地方。清乾隆四年，"猺官府"撤销，改置盐场大使（三灶岛香山盐场大使署址在龙堂村与斜沙村之间，同治年间荒废，现已成为耕地）。道光初年盐场大使又撤销，改名三灶堡。民国时期，三灶岛成为香山县第七区，下辖维新、海棠两个乡："三灶盐业的兴起，带来了商业的繁荣，渔、农、运输等行业也随之迅速发展。许多外地商贩、耕民都来到三灶安居。"[1]

20世纪80年代以来的明清墟市（集市）研究，以施坚雅中国市场理论影响最大，施坚雅将城市和市场划分为全国性大城市、区域性大城市、区域性城市、中等城市、地方级城市、中心集镇、一般性集镇七个等级。许檀认为施坚雅的"中国集市理论体系和宏观区域理论可以说是80年代以来对中国经济史研究影响最大理论之一"[2]。不过，作为明清中国市场研究的转折，施坚雅的市场理论有贡献，也有不足。刘永华认为最为重要的贡献是，施坚雅注意到市场所在的地域社会，他没有将地域社会做"背景化"处理，而是将市场放在其中，考察经济互动与社会文化互动。因此，市场不仅是商业交换的单位，也成为宗族、秘密社会、宗教组织、方言、庇护—被庇护关系等社会活动的基层空间。施坚雅模式成为乡村社会研究一个重要的出发点。不过，在市场与社会文化结构关系的研究中，一些学者意识到施坚雅模式的局限性。[3]萧凤霞用中山小榄菊花会的研究说明施坚雅"理论乃建基于市场交换和距离成本计算的逻辑上。他的分析框架的一个基本假设是，中国农民是理性的，能够适应千变万化的管治环境，去追求利益最大化。施坚雅对于市场层级体系的分析，为研究特定时空的社会生活，提供了概念上的连

---

[1] 梁振兴、温立平：《三灶岛简史》，《珠海文史》第五辑，第63—73页。
[2] 许檀：《明清时期城乡市场网络体系的形成及意义》，《中国社会科学》2000年第3期。
[3] 刘永华：《墟市、宗族与地方政治——以明代至民国时期闽西四保为中心》，《中国社会科学》2004年第6期。

贯性，但在这个分析框架中，经济机制的重要性，远远优先于政治、文化和社会机制"[1]。

叶显恩和谭棣华在明清珠江三角洲墟市的研究中提及宗族、寺庙对墟市的操控："墟市固然有由某一士绅富户所独建，或由他们倡首建置，但更多的是由一个或数个巨姓大族所创立，也有由寺庙创建的。"[2]近年来一些学者的研究表明"明清华南宗族的发展，是明代以后国家政治变化和经济的一种表现，是国家礼仪改变并向地方社会渗透过程在时间和空间上的扩展。这个趋向，显示在国家与地方认同上整体关系的改变"[3]。

前引《十排考》文中的长沙墟在当地人的记忆里是由海水冲积而成的长沙滩，长沙墟的出现和繁荣是明代以来沙田不断成长、海岛连接起来成为陆地的地理空间结构变化的结果，也是社会经济结构变化的结果："在（珠海市）香洲区西北面七公里，北与南溪相邻，东南与翠微相接。属前山镇，七百多人。明洪武年间已有人到此从事捕鱼、制煮盐为生。那时这里是被海水冲积而成的长沙滩地带，附近居民逢农历三、六、九日便到此赶集，故称长沙墟。沿用至今。"[4]嘉靖县志尚无长沙墟的记载。不过，迟至万历年间，香山盐场可能已设立长沙墟。《香山翠微韦氏族谱》载二房第十三世"清碧公""六岁而孤，母纺织以养。稍长告母曰：'儿力能任，荷请负贩，以代母劳。'渐有余积，复告母曰：'母苦节特甚，孙子当兴故居，湫隘不足为堂构之谋。'遂自下马庙移居腾凤里。常贸易长沙墟。……生万历庚寅年十二月二十五日，卒崇祯庚辰年五月初二

---

[1] 萧凤霞：《传统的循环再生》，王远明主编《香山文化：历史投影与现实镜像》，广州：广东人民出版社，2006年，第24页。
[2] 叶显恩、谭棣华：《明清珠江三角洲农业商业化与墟市的发展》，《广东社会科学》1984年第2期。
[3] 科大卫、刘志伟：《宗族与地方社会的国家认同——明清华南地区宗族发展的意识形态基础》，《历史研究》2000年第3期。
[4] 《广东省珠海市地名志》，第46—47页。

日"[1]。康熙《香山县志》载"长沙墟在香山场，三、六、九日"[2]。道光《香山县志》载"下栅墟，长沙墟，俱在恭常都"[3]。《十排考》称长沙墟为二十户灶排结成的"排亲"组织拨资设立，"趁墟贸易者则征其货"。"排亲"组织积有公顷，购置公产，墟市税收无疑就是"排亲"的公产。长沙墟税收以投标的方式承包给"有力者"，所得收入"计年分户轮收"，具体的办法就是每年有四户当直（值），四户"均其银"，除完纳国课、赛神经费外，每户所得银归于太祖。二十户共计五年循环一次，周而复始。

科大卫认为珠江三角洲地方社会"在嘉靖年以后，家庙和宗族变成一个控产机构，在没有公司法的年代，扮演了一个商业团体的功能。这样的方法之所以可行——如果我们用现代的观念解释的话——主要是因为祖先变成了控产的法人，也就是说，一个宗教的观念，变成了一个法律的观念"[4]。明清以后香山盐场社会变迁揭示出地域社会的结构可能更为复杂。在以盐这种经济资源为纽带的地域社会，宗族并不是唯一的社会政治和经济组织，"排亲"对经济和社会资源运用的方式，与宗族操控结合在一起，同样成为一种控产机构。刘永华认为福建闽西四保的"墟市实际上是地方社团进行权力较量和角逐地域控制权的一个关键环节，是地方政治演练的一个重要舞台"[5]。这一看法发人深省。香山盐场的二十户灶排对"长沙墟"的管理并非一帆风顺。长沙墟的利益引起当地"豪绅"垂涎，并夺收其税。"十排人欲讼之。绅使人谕之曰：无庸，但十排人有登科者，即当归赵。既而郭公以治登康熙乙酉科乡荐，绅果如言来

---

[1]《香山翠微韦氏族谱》卷4，第三册，《二房第十三世》。
[2] 康熙《香山县志》卷2，《墟市》，第181页。
[3] 道光《香山县志》卷2，《舆地下·墟市》，广东省地方史志办公室辑《广东历代方志集成·广州府部》，第300页。
[4] 科大卫：《国家与礼仪：宋至清中叶珠江三角洲地方社会的国家认同》，《中山大学学报》（社会科学版）1999年第5期。
[5] 刘永华：《墟市、宗族与地方政治——以明代至民国时期闽西四保为中心》。

归。郭公洵有功于十排矣,故报之也。"道光《香山县志》卷四《选举表·举人》载:"郭以治,翠微人,字论部。(康熙)四十四年(1705)乙酉科第十名,福建漳浦县知县,暴志。"(1957号)按照《十排考》作者的说法,地方豪绅以科举为筹码,欲夺墟市税收,翠微村人郭以治以科举功名助"排亲"夺回墟市税收,郭氏中举事件映射出地域社会不同利益群体的权力较量,揭示出清代香山盐场社会的转型过程。

2. 汕尾港与陆丰建县

康雍之际,两广总督杨琳"由东路驰往惠潮滨海诸邑",他眼中的惠、潮沿海就是一个以盗贼期富贵的社会:"粤中沿海村落,户足人稠,商船络绎,俗鲜廉耻,不畏盗贼之罪名,而以盗贼期富贵,与闽中沿海恶俗无异焉。虽管制罗布,而出没如常。……加之水陆营汛既得渔船陋规,则稽查懈弛,以致奸徒通贼接济盗粮,实乃营汛纵贼,殃及商民,何以设防扼要申严纪律?……归善县之大星山、海丰县属之遮浪澳、浅澳、东西甘澳、牛脚川、石狮头;惠来县属之神泉港、澳脚东、靖海所、石碑澳、赤澳;潮阳县属之钱澳、广澳、莲澳,悉系一望渺茫,并无山岛遮隔。然贼船不能久停外洋,势必驶进内海劫掠商船,湾泊取水。"[1]如果将这番话与随后几年惠州连续的军事和政区调整联系起来,就会明白地方大吏面对商船日渐络绎沿海要地的担忧。中国历史上,新的行政区划的出现,固然出于疆土治理的需要,但地域社会的经济发展、文化差异乃至军事行动也常常成为政区调整的重要动因:"行政区划的形态有过纷纭繁复的变化,这些变化不但是中央集权与地方分权互为消长的表征,也是经济开发程度的标志和文化地域差异的体现,有时甚至是军事行动的结果。"[2]前人关于府县政区沿革的研究,如谭其骧将政区调

---

[1] [清]杨琳:《炮台序》,乾隆《陆丰县志》卷12,《艺文》,广东省地方史志办公室辑《广东历代方志集成·惠州府部》,第170页。
[2] 周振鹤:《中国历代行政区划的变迁》,北京:商务印书馆,1998年,第8、13页。

整与地方开发相联系,将政区沿革与经济、族群、文化等问题联系起来,剖析政区演进的复杂历史过程。[1]近年来,一些学者将政区设立及调整的过程落实到具体的地域空间,考察政区结构变化与地方社会的因应关系。[2]

明代惠州府下辖归善和海丰二县,嘉靖四年(1525)析海丰县和潮州府潮阳县属地置惠来县。[3]在时人眼中,海丰不过是"设临山海之交,势最孤悬""地旷人稀"[4]之区,主要是以灶户、军户为主体的"羁縻"人户:"(海丰)坊廓都四图、石帆都三图俱系附籍灶户,凡百供应止是折半","碣石一卫,海丰、捷胜、甲子、平海四所,附籍军户十居其五","名虽里甲,实则羁縻"。不仅如此,"碣石、甲子、平海、捷胜官军月粮皆仰给别县,本县所自给者,惟海丰一所。羁縻人户,常年逋负,军士每每告饥"。虽然有人"建议于海丰、归善二邑之界鹅埔岭、竹园埔之地复设一邑,二邑各割数里以属之",知县张济时"力陈事体之不可者五端,事遂得寝"[5]。直至清雍正时期,惠州沿海地区再没有出现过行政区划的调整。

清代以来惠州府境内淡水、石桥盐场快速发展,制度上从场分栅,空间上无异于人口的快速增加和盐田的开辟,对这些地区的政区调整很快就提上日程。

首先,添设惠州府海防军民同知,兼理本府盐务,提高惠州府海防地位。雍正七年(1729)六月吏部议"裁广东惠州碣石卫守备一员,添设惠州府海防军民同知一员,驻扎碣石卫。裁海丰县南丰、

---

[1] 谭其骧:《浙江省历代行政区划——兼论浙江各地区的开发过程》,原载1947年10月4日杭州《东南日报》,谭其骧《长水集》上,北京:人民出版社,1987年,第404页。
[2] 谢湜:《宋元时期太湖以东地域开发与政区沿革》,《史林》2010年第5期。
[3] 嘉靖《海丰县志》,《海丰县志图》,广东省地方史志办公室辑《广东历代方志集成·惠州府部》,第27页。
[4] 嘉靖《海丰县志》,《海丰县志图》,广东省地方史志办公室辑《广东历代方志集成·惠州府部》,第24、30页。
[5] 嘉靖《海丰县志》,《海丰县志图》,广东省地方史志办公室辑《广东历代方志集成·惠州府部》,第29—30页。

平安二驿驿丞各一员，添设巡检二员，分驻河田、汕尾地方。改东海滘驿丞一员为东海滘巡检，并归新设海防同知管辖"[1]。乾隆《海丰县志》详录这篇公文：

> 为题请改设同知等事。雍正七年六月初九日，吏部会议，得调任广东总督孔等疏称：惠州府海丰一县，山海交错，地方辽阔。其间稽查防范非县令一员可能兼顾。查县属之碣石卫，离县城一百二十余里，驻扎镇将，兵民丛处，必须文职大员驻扎经理。该卫守备止经征屯粮，不理兵民事务。应将碣石守备裁汰，改设惠州府海防军民同知一员，驻扎碣石卫城，照州县之例设立民壮五十名，专司督缉，出海均须稽查。其卫守备原管一十六屯粮米，内除梅林、双派二屯，坐落惠来县属地方，就近归并惠来县管辖，其松林、黄姜、罗峰、大安、际峰、横陇、石帔、黄塘、赖僧、□塘、上护、赤花、邝公、半迳共一十四屯，即令改设之同知管辖，就近征收屯米支放。碣石镇标兵粮一应碣石沿海兵民事务，除人命强盗照例仍令海丰县知县印官承审，余令同知就近审理。至防海机宜，该同知亦得与总兵官就近酌量。再海丰县属之河田、汕尾二处，俱为要地，均须文员稽查缉捕。而该县南丰、平安二驿，现驻县城，俱无夫马船只经管，应将南丰、平安二驿驿丞裁汰，改设巡检二员，分驻河田、汕尾二处要地，专司捕务、查缉奸匪，并令该同知时加督饬。再，海丰县属东海滘地方，尤为广阔，商民辐辏，该地原设有驿丞一员，亦无经管夫马船只之责，应将东海滘驿丞改为东海滘巡检，俾稽查亦有专责。又甲子所、捷胜所与碣石卫有掎角之势，应将甲子、捷胜二所千总悉受新设同知兼辖，庶呼应得□事与掣肘，其同知、巡检□役□照□制额数、所需官俸□□□□银两，即将裁汰守备、驿

---

[1]《清世宗实录》卷82，雍正七年六月甲申，第84页。

丞额编、经管银两□□□。南丰、平安、东海滘三驿驿丞原管发配徒犯，悉□海丰县管理。新设各员卫署，内除东海滘巡检向有驿丞衙署可以驻扎，毋庸添设，惟河田、汕尾二巡检向无衙署，应须添设。又碣石卫守备亦无衙署，凭房而居。今改设同知，亦应另建衙署，所需工料银两，俟部覆到日，另请动项支应，并请铸给同知、巡检关防印信。其分管屯田税亩，数目查明，另行造册送部，新设同知、巡检，必得熟悉海疆之员，方克胜任。查有惠州府通判徐慎莅任日久，熟悉地方情形，请将徐慎补惠州府海防军民同知。至南丰、平安、东海滘现裁三驿丞，即以驿丞管各该巡检事，仍照驿丞升转，俾得驾轻就熟，以收实效等因前来。查广东海丰之碣石卫等处，向止设有守备，并无分驻文员。今该督等疏称碣石卫守备，止经征屯粮，不理兵民事务，实非不可少之员，应将碣石卫守备裁汰，改设惠州府海防军民同知一员，驻扎碣石卫城，照例设立民壮，专司督缉等语，应如该督所请，将碣石卫守备裁去，准□添设惠州府海防军民同知一员，驻扎碣石卫城，照州县之例，设立民壮五十民，专司督缉。其守备原管之一十六屯粮米，内除梅林、双派二屯就近归并惠来县管辖，其松林等一十四屯，即令新设之同知征收支放，命盗案件照例令海丰县承审。其余兵民事务，俱令该同知就近审结。切防海机宜，该同知□兵官就近商酌，务期□协。至河田、汕尾及东海滘等处，该督既称系山海要地，商民辐辏，现任南丰、□□、东海滘驿驿丞，俱无经管夫马船只，应准其裁汰。其三驿原管发配徒犯，悉归海丰县管理，即于河田、汕尾、东海滘三处各添设巡检一员，专司查缉，归□设之同知管辖。其甲子、捷胜二所千总，亦令同知□□。再，新设各缺，必须熟练之员方始胜任。查有惠州府通判徐慎，于雍正六年（1728）十二月内铜到京，□□□领引。□□□□□□遇有□之缺，酌量□□□□□□该督又称该员莅任日久，熟悉□□等语，应如所请，惠州府通判徐慎准其补□

新设之惠州府海防军民同知。其惠州府通判员缺，□□□□于月分铨选。至南丰、平安、东海滘三处驿丞，既已改为巡检，现在驿丞方熙、钱显荣、张洮三员应准其以驿丞衔管巡检事，仍照驿丞升转。又称同知巡检胥役，应照经制额数添设，所需官俸役食银两，即□裁汰之守备、驿丞额编经费银两，按品照数给发。仍将分管屯田税亩数目查明造册送户部查核。至新设各员衙署，内除东海滘巡检向有驿丞衙署可以驻扎，毋庸添设。惟河田、汕尾二巡检向无衙署，应须添设。又，碣石卫守备亦无衙署，今改设同知，亦应另建衙署，所需工料银两，俟部覆到日另请动项支应等语。亦应如该督所请，东海滘巡检向有驿丞衙署驻扎，毋庸添设。其河田、汕尾二巡检并改设同知，应给衙署，应令该督详加确估，酌量建造，将所需工料逐一分晰造册，具题到日再议。并查碣石卫守备员缺，兵部于雍正七年三月分，将江南大河卫三帮领运千总郑天锡推补具题。奉旨郑天锡依拟用钦遵在案。今碣石卫既经议裁，应将推升之卫守备郑天锡停其给札，照依仍归单月不入班文即用等。因奉旨徐慎依议补授余依议。[1]

这段公文重点在惠州府海防军民同知、巡检司等职的设置：第一，清初所设碣石卫屯守备，负责卫所屯田的管理，该职于雍正七年裁废，改设惠州府海防军民同知，兼理兵民事务。第二，河田、汕尾及东海滘俱属山海要地，商民辐辏，各添设巡检一员。第三，甲子所、捷胜所与碣石卫有掎角之势，将甲子、捷胜二所千总改受新设同知兼辖。惠州府海防军民同知驻扎碣石卫城，又由于康熙朝已设镇守碣石卫总兵官（康熙八年设），[2]彰显碣石卫作为广东东部沿海军事要地的特殊地位。

---

[1] 乾隆《海丰县志》卷3，《建置》，第43—44页。
[2] 乾隆《海丰县志》卷4，《秩官》，第55页。

雍乾以后，惠州府盐场盐产大增，场栅遍布。乾隆二十三年（1758）在两广总督陈宏谋建议下，惠州府海防同知开始督理府境内八处盐场的生产："惠州府所属八场场官，正委共计十员，岁产盐斤将及百万包，以通省产盐而论，惠州居其大半，督收缉私各务较他府尤为紧要。向虽责成知府督理，但惠州府所辖有九县一州，刑名钱谷事务殷繁，相离场灶亦尚窎远。欲其于八场不时周流巡察实有不能，是以运司每年不时差员往查。究无责成，徒糜公费。今与盐运司范时纪筹议，有惠州府海防同知，现驻碣石镇城。附近各场请将惠州府所属八场责令碣石同知督理经管。凡领帑、发帑、收盐、贮仓、给商配运、禁灶丁之售私、地棍窝囤，一切遍历巡查催趱事宜，俱归管理。场员所领帑本，向寄贮于各县库内者。今皆贮同知库内，以便就近支发。倘有场员亏帑累丁、缺收、纵私各弊，许其随时揭报参究。失察徇庇，并借端扰累一并参处。该同知功过俱听盐运司稽核，仍照高、廉二府兼管场务之例，于运库公费平头项下每年添给养廉银五百两，以资办公。"[1]驻防碣石镇的惠州府海防同知督理经管惠州府属八处盐场，其权力已超出一般海防同知之职责。

而后陆丰设县。早在雍正五年（1727）广东巡抚杨文乾就奏请将海丰分作两县："海丰县唐时为郡，旋改循州。又改为海丰县。其地广三百八里，袤三百八十里，辖典史、巡检各一员，驿丞三员。负山面海，最为繁冲。境内复有碣石一卫、海丰、捷胜二所，而碣石则有总兵驻扎，实为海滨极大之县。山之林箐深远，海之港汊多歧，均可藏奸。似应将海丰一邑，析为两县，如此增设分管，则文有官役，武有弁兵，商贾络绎，地土开阔，可免匪类盘踞之虞"，并建议"将海丰一邑，分作两县，以资弹压"。[2]"雍正八年，海丰

---

[1] 乾隆《两广盐法志》卷10，《奏议八》，第225—227页。参见《清高宗实录》卷563，乾隆二十三年五月甲寅，第146页。
[2] 《广东巡抚杨文乾奏请分割清远英德海丰增设县治以防盗贼折》，雍正五年正月初三日，中国第一历史档案馆编：《雍正朝汉文朱批奏折汇编》第8册，第803—805页。

(县）令叶公以七都辽阔，统辖难周，详请以海东居中之地分设县治。虽偏隅僻处，然负山煮海，牢盆之利，流给粤西。近控潮闽，远走大江苏水。缯布菽粟以至珠玑绮缟，四方之异物辐辏。又其地冲而饶鱼盐，富估所交会。"[1]第二年（雍正九年）从海丰县析出坊廓、石帆、吉康三都，正式设立陆丰县。自此海丰县析分为海丰县和陆丰县，合称海陆丰地区。

乾隆朝以后，广东盐场集中在惠州府、潮州府和高州府三府沿海地区（参见表2-6）。由于广盐海运的需要，盐场生产催生食盐海运专业港口的出现，规模较大的主要有惠州府陆丰县的汕尾港、潮州府澄海县的汕头港、高州府电白县的水东港以及吴川县的梅菉港。[2]这些盐运专业海港分布在盐场附近，盐产旺季常常云集着等待装载食盐的盐船。汕尾港的崛起颇具代表性：汕尾港主要承运惠州府坎白场、白沙栅（场）、石桥场、小靖场等盐场的食盐。乾隆时期，汕尾设立县丞，彰显出汕尾港日益重要的经济地位。

乾隆二十一年三月，"两广总督杨应琚奏，海丰县汕尾地方，濒海产盐，道通诸番，最为紧要口岸，应设专员管辖。查茂名县丞附府，无地方职掌，应如所请，改为分驻汕尾县丞，以要缺注册，铸给关防，拨海丰县民壮四名供役"[3]。县志也说，"（海丰县）县丞署，在县署东。康熙五年（海丰）县丞裁，以其署改为仓。乾隆二十一年复设县丞，改建署于汕尾"[4]。清制，巡检司巡检，从九品。设于州县关津险要，掌捕盗贼，诘奸宄。而县丞职掌稍重，常与主簿分掌粮马、征税、户籍、缉捕诸职。[5]从巡检司到县丞，分驻官员由

---

[1] 黄继度：《拟新建陆丰县碑记》，乾隆《陆丰县志》卷12，《艺文》，第173—174页。
[2] 关于这几处海港历史的研究，水东港目前无专题研究，汕头港和梅菉港的研究参见邢建德：《汕头埠的发祥地——小江盐场》，《盐业史研究》1993年第3期。吴滔：《清代广东梅菉镇的空间结构与社会组织》，《清史研究》2013年第2期。
[3] 《清高宗实录》卷509，乾隆二十一年三月乙未，第432页。
[4] 光绪《惠州府志》卷7，《建置》，广东省地方史志办公室辑《广东历代方志集成·惠州府部》，第122页。
[5] 《清史稿》卷116，《职官三·外官》，第3359页。

从九品提升到正八品，汕尾行政地位的不断上升，足见其作为盐业海港的重要性。乾隆十二年（1747）众商捐修汕尾关帝庙前街的碑文，表明海盐为汕尾贸易商品之大宗："汕尾一镇，舟楫云屯，商旅雨集，亦海邑一大区会也。街巷纵横，节次修砌，既庆康庄，独关帝庙一带，街倾路陷，不无踯躅之虞。春淋秋滚，恒生路歧之叹。思扶颠植蹶，定有同心，即失足倾欹，宁无援乎？爰商议捐资修整，工既告竣，镌碑记之。从此覆道坦坦，咸称如砥之安。步趋融融，群钦利益之仁矣。是为记。（题名：海丰总埠吴题艮十两；澳海关税铺徐汝镇、吕光彩、黄文兴题艮一两五钱。……乾隆十二年岁次丁卯年春月吉立）。"[1]这段碑文，尤可注意的是捐银名单中，头一个就是海丰总埠姓吴的盐商，其次是澳海关税铺，说明食盐乃汕尾港商品的大宗。雍乾以后，海陆丰地区盐场遍布，与承担海运重任的盐港——汕尾港共同构成以盐业生产、运输为主的社会经济结构。直至民国，海陆丰地区盐业仍为当地的经济支柱：盐业生产及贸易，在海陆丰两县经济中占有重要位置，是两县的主要税源。海丰主要产区在品冲湖沿岸，陆丰在碣石金厢、淡水、甲子等地。共有盐民二十多万，盐产是官方在垄断经营，盐商在汕尾开设盐行有十多户，较大的盐商有"广厚安""庄安隆""兴合"等商号，其贸易方式主要是"通过二道贩在各地盐町收购，再由盐行配船外运"[2]。事实上，嘉道之际阮元在他的诗中描绘的正是海陆丰地区海盐生产的壮观景象。

---

[1]《修整汕尾关帝庙前街碑记》，郑正魁主编《海丰县文物志》，广州：中山大学出版社，1988年，第112—113页。原书注：该碑长0.97米，宽0.56米，乾隆十二年竖于汕尾关帝庙前。
[2] 中国人民政治协商会议汕尾市委员会文史资料工作委员会编：《汕尾文史》第二辑，1991年，第36页。

第三章 省河体系与潮桥体系

清代两广盐区地域广阔，乾隆时期两广总督李侍尧在《两广盐法志》序中就说"粤左三面产盐，供亿数省，北渡大庾，东达楚、闽，西溯滩流而上，由梧、桂以及黔、滇"[1]。《两广盐法志》同时规定广盐配运制度：盐商引岸称盐埠，除少数盐埠就近赴场配运外，其余盐埠需集中在省城广州东汇关和潮州府城广济桥两处配运，称场配、省河与潮桥。[2] 这意味着乾隆时期省河与潮桥已是两广盐区盐商配运的两大中心。我试图从明清两广地方文献入手追溯这一运制的来龙去脉，却发现明代前期以及成书更早的文献几无涉及，明代后期至清代相关记载逐渐丰富起来。这些文献引发这样的问题：两广盐区的场配、省河与潮桥运制何时形成？如何演变？这一运制对明清广东社会产生了什么影响？明清两广盐业历史的研究，近二十年已积累了较为丰富的成果。[3] 前人研究偏重于两广食盐专卖制度静态的、结构性的描述，对这一变迁的历史机制研究还有待深入。[4]

本章以省河与潮桥为对象，考察明清时期两广盐区省河与潮桥两大体系的形成及演变，并结合第一、二章讨论两种体系的运作机制。

---

[1] 乾隆《两广盐法志》，《卷首·序》，第2—3页。
[2] 乾隆《两广盐法志》卷16，《转运》，第203—379页。
[3] 赖彩虹：《国内近二十年清代两广盐业研究综述》，《盐业史研究》2007年第2期。
[4] 近年来，黄国信等学者采用历史人类学的方法，对两广食盐专卖制度变迁的历史机制做了初步探索。参见黄国信：《区与界：清代湘粤赣界邻地区食盐专卖研究》。

一 明中后期省河与潮桥体系形成

明代广盐越境与淮粤之争是近年盐业史研究的热点。黄国信认为，明初湖广与江西南部实际已在开中制下成为广东与海北盐的行销区域。即使曾有中断，天顺之后湘赣地区行销广东盐已成常态。[1]一般来说，湖广衡州、永州二府和江西吉、南、赣三府原销淮盐，天顺年间改销粤盐，经过成化、弘治、正德三朝的争议与改造正式改行广东盐和海北盐。[2]故迟至嘉靖时期，湘粤闽赣界邻地区行销广东盐和海北盐已成为定制。[3]不过，上述讨论引出如下问题：何处生产的广盐越境？或者说，越境至广西、湖广、江西的食盐来自哪些盐场？这些盐场的盐如何越境运销？明代后期珠江三角洲盐场衰落以及海北盐课提举司裁革之后，广盐如何运销至上述地区？

1. 明代广盐越境

明初承元制，设广东、海北盐课提举司，下辖盐场共二十九处：其中广东盐课提举司盐场十四处，岁办盐四万六千八百五十五引一百斤零。海北盐课提举司盐场十五处，岁办盐二万七千四十引二百斤零。[4]广东盐课提举司行盐地方有广州府、肇庆府、惠州府、韶州府、南雄府、潮州府和德庆府[5]等七府。海北盐课提举司行盐地方包括雷州府、高州府、廉州府、桂林府、柳州府、梧州府、浔州府、庆远府、南宁府、平乐府、琼州府、永州府、郴州府、太平府、田州府、思明府、镇安府、龙州、泗城州、奉议州、利州和桂阳州等

---

[1] 参见黄国信：《明代湘粤赣界邻地区盐区归属考——〈明史·食货志·盐法〉一则记载的辨析》，《第十届明史国际学术讨论会论文集》，第225—233页。
[2] 孙晋浩：《明代广盐销售区域之争》，《盐业史研究》2003年第3期。
[3] 近年比较深入地讨论明代广盐越境问题的还有两篇硕士学位论文：包国滔：《明代广盐在江西的行销与"淮粤之争"》，华南师范大学未刊硕士学位论文，2007年。刘叶峰：《明代广盐越境行销与盐利银研究》，东北师范大学未刊硕士学位论文，2013年。
[4] 《诸司职掌》上册，《户部·金科·盐法》，洪武二十六年（1393）内府刊印，《玄览堂丛书》初辑，台北：正中书局，1989年，第227—228页。
[5] 《明史》卷45，《地理志六·广东》载"德庆州，元德庆路，属广东道。洪武元年（1368）为府，九年（1376）四月降为州"，第1938页。

二十二府州。[1]按盐不出境的规定，这些府州县就是广东、海北盐课提举司行盐之境。然而，广东盐早在宋元时期就已行销至广西、湖南、江西的州县。[2]据戴裔煊考证，宋代广南东路广州东莞、靖康等十三场盐给本路及西路之昭、桂州，江南之南安军（参见图4-1）。广南西路廉州、白石、石康等场给本州及容、白、钦、化、蒙、龚、藤、象、宜、柳、邕、浔、贵、宾、梧、横、南、仪、郁林州。[3]而向食淮盐的江西虔州、福建汀州因"盐既弗善，汀故不产盐，二州民多盗贩广南盐以射利。每岁秋冬，田事既毕，往往数十百为群，持甲兵、旗鼓，往来虔、汀、漳、潮、循、梅、惠、广八州之地。所至劫人谷帛，掠人妇女，与巡捕吏卒斗格。至杀伤吏卒，则起为盗，依阻险要，捕不能得，或赦其罪招之，岁月浸淫滋多"[4]，说明广盐越境自有其历史渊源。

探究明代广盐越境问题，要从明初广盐开中说起。明初天下州县置卫所，为解决军饷行开中法。[5]广东盐、海北盐的开中始于广西卫所的设置。洪武八年（1375）春，广西行省奏将"所辖海北白石四盐场并广州东海十一场[6]，岁各办盐一万七千余引，运赴北流、梧州二仓，其余募商中纳银米者，宜定共价"[7]。洪武二十八年（1395）明政府平定广西龙州土官叛乱后，兵部尚书致仕唐铎针对广西新立卫所奏请开中："长沙、宝庆、衡州、永州四府，郴、道二州，食盐缺少；广东积盐实多，而广西新立卫分军粮未敷。若将广

---

[1]《诸司职掌》上册，《户部·金科·行盐地方》，第235—236页。
[2] 参见仲伟民、王建军：《宋代广西地区的盐业和盐政》，《盐业史研究》1988年第2期。黄挺、杜经国：《宋至清闽粤赣边的交通及其经济联系》，《汕头大学学报》（人文科学版）1995年第2期。张国旺：《元代东南盐区盐业研究》，《文史》2006年第2辑。郑维宽：《汉至清代广西食盐运销与少数民族淡食问题研究》，《盐业史研究》2011年第1期。
[3] 戴裔煊：《宋代钞盐制度研究》，第76—77页。
[4] [宋]李焘：《续资治通鉴长编》卷196，嘉祐七年（1062）二月辛巳，北京：中华书局，1995年，第4739页。
[5] 参见刘淼：《明代盐业经济研究》，第221—234页。
[6] 广东盐课提举司并无东海场，有东莞场，疑误。
[7]《明太祖实录》卷96，洪武八年春正月戊戌，第1652页。

东之盐运至广西，召商中纳，可给军食。"户部议复："先令广东布政司运盐至梧州，命广西官司于梧州接运至桂林，召商中纳，每引纳米三石，令于湖南卖之，庶几官民俱便。"[1]两年后，监察御史严震直上疏再请调整广盐越境，将范围扩大至粤赣界邻府县："今宜将两盐课司所出盐货以大船运至广东布政使司，以小船运至梧州府。广西官司又自梧州接运至广西布政使司。先收三十万引。足，然后令梧州收留二十五万引。余有三十万八千五百引存留广东布政司置仓收贮，召募商人于广西乏粮卫所照例纳米，自赴广东支盐，令于江西南安、赣州、吉安、临江四府发卖为便。"[2]洪武时期广盐越境由广西卫所开中法而起，永乐以后广盐越境中断过较长时期，仍然奉行"广东之盐，例不出境"[3]，直至天顺年间始议行恢复。[4]从范围来看，广东盐课提举司的盐越境至广西并北上湖南衡、永等四府二州，以及广东、海北盐课提举司的盐销至江西南、赣等四府。从产量来看，广东盐的产量远高于海北盐。因此无论是西进广西，还是北上湘、赣，广东盐课提举司的盐都占有主导地位。

  明初广盐越境是官盐的合法越境销卖。永乐以后官盐越境有所中断，其间贩私性质的越境广盐却是禁而不止："（英宗景泰三年，1452）广东、海北二提举司行盐之地迤北止于南雄，今乃自梅岭、羊角水等处而越至江西、湖广。"[5]成化年间，官员左钰奏称梅岭和羊角水是广盐走私江西、湖广的两条要道："广东私盐由南路运过梅岭，贿赂所司纵放，直抵九江。西路从羊角水透至衡州，转之武昌。"[6]广盐走私江西、湖广，皆由梅岭和羊角水转运。梅岭位于广

---

[1]《明太祖实录》卷241，洪武二十八年九月壬寅，第3501—3502页。
[2]《明太祖实录》卷250，洪武三十年三月己丑，第3617页。
[3]《明史》卷80，《食货四·盐法》，第1938页。
[4] 刘叶峰认为洪武时期的举措为明代广盐越境取利的雏形。参见刘叶峰：《明代广盐越境行销与盐利银研究》，第7—10页。
[5]《明英宗实录》卷217，景泰三年六月戊子，第4690—4691页。
[6][明]左钰：《越境私贩疏》，朱廷立：《盐政志》卷7，《疏议下》，第581页。

东南雄府与江西交界的大庾岭中段，是粤人溯北江而上至江西的重要通道，前人研究成果丰富。[1]羊角水位于赣州府会昌县境，赣州府县方志等文献屡见记载。[2]明代前期为平定赣南地区的盗乱，朝廷于会昌羊角水设立军事堡垒。成化年间，闽广交界处多发盗乱，朝廷于"（成化十九年，1483）于会昌、龙南、石城设守备行司，安远、瑞金设提备行所，又于会昌设长沙营、设羊角水提备所，龙南又调提备行所"[3]。嘉靖二十二年（1543），南赣巡抚虞守愚议建羊角水堡疏云："谨按羊角水者，接壤广东之惠潮、福建之汀漳，诸寨峒贼欲过江西必从此入，从此而西，则经长沙营以犯南赣；从此而北，则经会昌以犯吉、抚诸郡县，譬诸户限，往来所必由也。"[4]黄挺认为明代有两条商路经过潮州，其中一条就是自江西赣州经福建汀州至潮州，有水陆二程，贯穿三省近十个府县。他引《天下水陆路程》和嘉靖《汀州府志》《大埔县志》等史料详述这条商路的水路："自石上埠溯郸江过上杭县可达郡城长汀，再西行50里陆路，就是位于贡水上游的古城寨；长汀比邻的清流、宁化、归化、连城四县，都可以由清溪经永安下延平（今福建南平）入福州；石窟河从武平上行，可接贡水之源羊角水，换船下会昌抵江西；另外，在永定县也有小船可通漳州（邵有道：《[嘉靖]汀州府志》卷1）。与汀州上杭县接壤的大埔县石上埠，因有郸江在这里流入广东境内汇于韩江

---

[1] 参见张素容：《食盐贸易与明清南雄地方社会》，《盐业史研究》2007年第1期。作者认为明天顺年间叶盛在南雄设立盐关后，开放食盐运销，大部分运往赣南的食盐均取道南雄。
[2] 近年来，赣南区域社会历史研究多有羊角水史料的发掘与使用。如吴启琳《传承与嬗变：明清赣南地方政治秩序与基层行政之演化》（上海：复旦大学未刊博士学位论文，2011年）一文第五章专章讨论明代设立羊角水堡的过程。曾过生《从卫所到乡村：明清江西赣南羊角水堡之个案研究》（赣州：赣南师范学院未刊硕士论文，2014年）一文为会昌县羊角水之羊角水堡的专题研究。明人左钰述及广东私盐从羊角水透至衡州再转武昌，但没确指羊角水具体位置所在。考今人论著所引羊角水的史料，皆出自江西南赣府志、会昌县志等方志文献。粤赣湖广交界地区是否还有多个地名羊角水，尚待进一步考证，暂存疑。
[3] 天启《赣州府志》卷12，《兵防志·军志》，《北京图书馆古籍珍本丛刊》第32册，北京：书目文献出版社，1998年，第270页。
[4] 嘉靖《虔台续志》卷4，《纪事三》，第二十八、二十九面。按：该志为复印古籍，系中山大学历史学系杨培娜教授赠予，谨致谢！

(陈尧道:《[嘉靖]大埔县志》卷3)。发源于平远县流经福建武平县再折回镇平县(今广东蕉岭县)的石窟河,为江西雩都、兴国、会昌、宁都、瑞金,福建武平等埠运道。"[1]韩江是东南沿海地区重要河流,发源于广东紫金的梅江和福建宁化的汀江,两江在大埔县境内的三河坝汇合后始称韩江。[2]位于粤闽赣三省交界处的羊角水,正是韩江流域南北交通枢纽之一。由梅岭和羊角水商道可推论,明前期广盐走私江西、福建有两条运道:一是溯北江而上,由梅岭越至江西;一是利用韩江上游发达的支流水系,经过羊角水北上江西、福建。

2. 省河体系形成

天顺以后,朝廷为筹措军饷,再次议行广盐越境。天顺初年"两广盗蜂起,所至破城杀将"[3]。天顺二年(1458)叶盛被召为右都御史,巡抚两广。叶盛奏请盐商纳米中盐,以支军饷:"许盐商计盐多寡入米饷边,公私利之。"[4]天顺四年(1460),叶盛奏陈两广地方军民利病合当兴革诸事,其中就有盐法一事:

> 照得旧例行盐地方,广东盐课司东北止于梅岭南雄府,西止肇庆府。其附近梅岭以北江西南安等府地方,例该两淮运司行盐。又有广西梧州府以西地方,例该海北盐课司行盐。缘广东盐课司止于本境行盐,而客商中到引盐堆积数多,难以发卖。动经岁月,亏费财本,因此不顾身家,故违禁例,昼夜驮载北过南雄梅岭,西过梧州发卖,加倍取利。江西南、赣二府相去两淮窎远,广西梧州等府又因海北盐课司地方不宁,盐商少到,军民仰给广东。故商民图利,不顾法度。今若听其越境,则有

---

[1] 黄挺:《明清时期的韩江流域经济区》,《中国社会经济史研究》1999年第2期。
[2] 李平日等:《韩江三角洲》,北京:海洋出版社,1987年,第1页。
[3] 《明史》卷177,《叶盛传》,第4723页。
[4] 万历《粤大记》卷9,《宦迹类·叶盛》,第155页。

碍盐法，而利独归于商人。若禁其越境，则久滞盐商，而利于奸捕。查照广东所属地方多事，边仓急缺粮饷，前件乞敕该衙门会议，合无不为常例暂行。广东布政司令见在支盐客商人等，今后支出官盐有愿装往江西南安、赣州并广西梧州等府地方发卖者，先将盐数备开状，赴布政司报名，每盐一引定于沿河缺粮仓分纳米若干，取获实收，至日布政司给与印信文凭付照，听其过境发卖。候地方稍宁，边仓粮足令照旧例地方遵守，或公同选委司府廉干足各员，就于南雄、梧州专一管理，庶得商民两便，利归于官。[1]

叶盛认为广东盐引数堆积过多，却只于本境行盐，客商往往不顾禁例，销往广西、湘赣等省取利。既然已有开中法前例，不如再行开中，盐商于边仓纳粮，再卖盐过境，则商民两便，利归于官。天顺五年（1461），户部郎中陈俊奉敕入两广管理军粮，叶盛乘此再题请"广东见支官盐客商，有愿装往梧州等府发卖者，每引定于梧州府仓加纳米二斗。装往江西南、赣二府发卖者，每引于南雄府仓加纳米一斗，以助军饷"[2]。在叶盛的奏请下，广东私盐泛滥的广西、湖广、江西等省界邻州县，成为盐商纳米中盐的合法销区。自此以后，广东、海北盐销至广西、湖广、江西基本成为定制。[3]其中，销往江西南、赣二府的广盐在正德年间有过调整。正德初年南赣用兵，六年（1511）南赣巡抚经奏请将广盐北上袁、临、吉三府发卖，在南赣抽分盐利，以支军饷，至九年（1514）停止。正德十二年（1517）南赣盗乱严重，为筹措军饷，巡抚王阳明两次要求

---

[1] [明]叶盛：《叶文庄公奏疏》，《两广奏草》卷8，天顺四年四月十二日，《四库全书存目丛书》史部第58册，第586页。
[2] 叶盛：《叶文庄公奏疏》，《两广奏草》卷10，天顺五年七月十二日，第602页。
[3] 葛文清：《闽粤赣边区盐粮流通的历史考察》，《龙岩师专学报》（社会科学版）1998年3月第1期。黄日信：《明代湘粤赣界邻地区盐区归属考——〈明史·食货志·盐法〉一则记载的辨析》，《第十届明史国际学术讨论会论文集》，第229—232页。

疏通盐法。虽然正德十三年（1518）户部议复终止，但广盐依然销至江西并一度北上，淮粤之争就此拉开帷幕。[1]嘉靖、万历时期，淮粤之争愈发激烈。[2]

值得注意的是，天顺以后广盐越境集中在梧州和南雄，盐商须于此两处地方纳米中盐。梧州为广东盐西进广西、北上湖南衡、永等府县的门户，景泰年间梧州已设盐厂抽税："景泰三年（1452），设盐厂于梧州。五年（1454）巡按御史沈议奏设巡行盐法副使于梧州。"[3]天顺年间叶盛"请于梧州建帅府，命征蛮将军总镇于此"[4]。成化年间韩雍于梧州设总督府，[5]奠定梧州作为两广盐政、军政中心的双重地位。南雄则为广东盐溯北江而上进入江西的门户，即前文所引广东私盐由南路运过梅岭进入江西的中转站。[6]成化以后盐课折银，梧州与南雄愈益重要："成化初，都御史韩雍于肇庆、梧州、清远、南雄立抽盐厂，又于惠、潮、东莞、广州、新会、顺德盐船经过之处设法查盘，每官盐一引抽银五分，许带余盐四引，每引抽银一钱，名为便宜盐利银，以备军饷"，弘治年间"都御史秦纮[7]许增带余盐六引，抽银六钱。此外有余盐，许令自首，每引抽银二钱"[8]。

正德时期，迫于军饷的压力，总督陈金针对余盐抽银的抽盘法更为细密：

---

[1] 黄国信：《王阳明巡抚南赣经费研究——以盐法为中心》，《盐业史研究》2009年第3期。参见刘叶峰：《明代广盐越境行销与盐利银研究》，第28—38页。
[2] 孙晋浩：《明代广盐销售区域之争》，《盐业史研究》2003年第3期。
[3] 同治《梧州府志》卷9，《盐榷》，《中国方志丛书》第119号，台北：成文出版社，1967年，第193—194页。
[4] 万历《粤大记》卷9，《宦迹类·叶盛》，第155页。
[5] 参见靳润成：《明朝总督巡抚辖区研究》，天津：天津古籍出版社，1996年，第119—120页。
[6] [明]韩雍：《开设总督府记》，嘉庆《广西通志》卷236，《胜迹略七·署宅七·梧州府》，南宁：广西人民出版社，1988年，第6056—6059页。参见张素容：《食盐贸易与明清南雄地方社会》，《盐业史研究》2007年第1期。
[7] 秦纮，景泰进士，弘治二年（1489）总督两广。参见乾隆《广州府志》卷27，《名宦三》，第561页。
[8] 《明武宗实录》卷147，正德十二年三月庚子，第2878页。

盐至连州、阳山、英德、翁源、清远等处发卖，于清远县纳堂。至乐昌、曲江、乳源、仁化、始兴等处发卖，于韶州府纳堂。至高要、高明、德庆、封川、开建、泷水等处发卖，于肇庆府纳堂。四会、怀集等处发卖，于四会县纳堂。阳春县属发卖，于该县纳堂。至广城并南海、番禺、从化、三水、顺德、新会、增城、龙门、东莞等处发卖，于广州府纳堂。至归善、博罗、河源、龙川、和平等处发卖，于惠州府纳堂。至南雄河下并往江西南安、赣州发卖，于南雄府纳堂。至梧州河并往广西各府、湖广衡、永、浔、南、柳、庆等处发卖，于梧州府纳堂。每买正盐一引，许带余盐六引，每引二包重二百五十斤，共一十四包，计正余盐一千七百五十斤。正盐于提举司纳引价银一钱，纸价银三厘，军饷银九钱，余盐六引于纳堂官司每引纳银一钱五分，共银九钱。若包有大小，及潮州盐无包者，并以斤数折算。[1]

从天顺年间叶盛的改革开中法到正德年间陈金的纳堂法，表明两广盐区已经初步形成一个以梧州和南雄为枢纽，整合两广、湘、赣食盐销区的食盐运销体系：广东省境内纳堂于清远县、韶州府、肇庆府、四会县、阳春县、广州府、惠州府，越境江西纳堂于南雄府，越境广西、湖广衡、永等府纳堂于梧州府，潮州府独立纳堂。

隆庆初，广西爆发古田僮乱："古田僮韦银豹、黄朝猛反。银豹父朝威自弘治初败官兵于三厄，杀副总兵马俊、马铉。正德中尝陷锥容。嘉靖时银豹及朝猛劫杀参政黎民表，提督侍郎吴桂芳遣典史廖元招降之，迁元主簿以守。而银豹数反复。"隆庆三年（1569）

---

[1] 万历《粤大记》卷31，《政事类·盐法》，第513—514页。天顺以后，朝廷和两广地方官员都希望通过改革开中法解决军事财政危机。正德时期，总督陈金为筹措军饷，题请施行纳堂之法，力主广东盐销往广西。参见麦思杰：《"瑶乱"与明代广西销盐制度变迁》，《广西民族研究》2008年第2期。

朝廷议大征,擢殷正茂"右佥都御史巡抚广西"。正茂将土、汉兵十四万,取得古田大捷。为筹措军饷,吴桂芳奏请恢复衡、永二府为广西盐的销区。[1]殷正茂仿元代也儿吉尼故事[2]推行官般官卖法:"建委官运盐之议,以其息充军饷。综理详密,军需颇以不匮。"[3]具体做法:"督盐则用指挥,其运盐则用旗军,其盐运则属府佐,其数则每岁广东买盐七千五百引,每引重一千七百五十斤,分十四包,每包重一百二十五斤。每船一只,装盐三百五十包,共二十四引。官买三百包,运军带五十包以偿其劳。其运船则官自为造,其买盐及厂税一如商盐之例。其运盐往返以四月为期,岁可三运。其湖广行盐之价,则与时低昂。官盐商盐互相搭配,各居其半。除工本诸费,其利息一岁多可二万,少不下一万五千。"[4]麦思杰认为殷正茂的官般官卖法不同于旧制,而是官府雇佣俍兵运盐,再由官府负责销盐。明政府通过官般官卖法,调整其与土司、俍兵的关系,确保其在地方社会的利益。[5]

官般官卖法给广西政府带来丰厚的盐利:"粤西左藏自是稍赢矣。"[6]刘利平认为明代中后期广西官运盐业的商业利润率在43.60%—29.50%之间,平均为37.33%,比同期淮盐水商12.07%的平均商业利润率高出两倍。[7]如此巨大的利润皆归广西官有,实际侵蚀广东政府和广东商人的利益:"时贩商俱粤东富家子,而韶连诸邑楚商私贩

---

[1] 吴桂芳:《议复衡永行盐地方疏》,《粤西文载》卷8,《奏疏》,《影印文渊阁四库全书》集部第404册,台北:商务印书馆,1986年,第576—577页。
[2] 元也儿吉尼,唐兀氏人。"至正末授广西行中书省平章政事兼肃政廉访使。时红巾扰攘,贼入湖南,岭表震动。众议建筑城池,以扼险要。遂捐俸于官,贸易海盐,积以岁月,息倍至万。经制之费皆出于此。"参见嘉庆《临桂县志》卷26,《宦绩一》,《中国方志丛书》第15号,台北:成文出版社,1966年,第431页。
[3] 同治《梧州府志》卷15,《宦绩下》,第311页。
[4] 万历《广西通志》卷20,《盐法》,吴相湘主编:《明代方志选》。台北:学生书局,1986年,第390页。
[5] 麦思杰:《"古田僮乱"与府江地域社会变迁》,《桂林师范高等专科学校学报》2008年第2期。
[6] 万历《广西通志》卷20,《盐法》,第391页。
[7] 刘利平:《明代中后期广西官运盐业的成本结构和利润率初探——以殷正茂〈运盐前议疏〉为中心》,《中国经济史研究》2015年第6期。

往往相属。自行官盐,商利渐杀,私贩重绳。商人造为浮言,以撼当道。"衡州府临武县人刘尧诲时任两广总督,[1]上《议疏通韶连盐法疏》,极言广东盐应当从韶、连二路输入衡、永二府。[2]而在广西巡抚郭应聘看来,刘尧诲所言不过是代表广东盐商的利益:"总督都御史刘尧诲衡人也,遂极言官商不便,欲于韶连二路量增引目。"盐利究竟归属广西还是广东,由于督抚各执一词,争执不下,遂"下大司农议曰,广西运盐之议,原为新添兵饷而设,一日不可无兵,则一日不可无食。若西省官运之盐旋行旋罢,兵食俱乏,地方坐困,咎将谁诿?似不可行一时商人之私便,而忘地方将来之远图也。宜从旧议"[3]。广西行官盐法最终胜出:"终明世增损其法而行之,卒莫能易。"[4]

万历时期,广东省内盐埠商人不再纳堂,而是开始缴纳定额的周年引,纳堂仅限于梧州、南雄两处,为不定额的散拆引:"今盐法道揭报,商人若告承广、南、韶、惠、肇庆五府大小埠头共五十一所,定周年引二万八十四道,每引饷银八钱、引纸价银一钱三厘,照秤正余盐十四包,南番等县埠头卖者每包重一百二十五斤,南雄、韶、连埠头卖者每引重一百三十八斤,例纳饷银九钱,引纸价亦一钱三厘。中若顺德九埠,径自赴场买盐,每引加一钱。韶、连二埠路通湖广,每引加银三钱。岁约引纸、饷银共二万二千九百六十两有奇。若南雄往江西、梧州入广西商人告承散拆盐引,岁约三万四千道,每引亦赴提举司纳引纸价银一钱三厘,约银三千五百两。其军饷赴厂方纳,谓之纳堂商人。南雄太平厂约一万余两,广西梧州厂约二万两。"[5]广东省盐埠引饷、纸价银共计22960余两,

---

[1] 雍正《广西通志》卷68,《名宦》,《影印文渊阁四库全书》史部第325册,第139页。
[2] 万历《粤大记》卷31,《政事类·盐法》,第516—518页。
[3] 万历《广西通志》卷20,《盐法》,第391页。
[4] 同治《梧州府志》卷15,《宦绩下》,第311页。
[5] 万历《广东通志》卷7,《藩省志七·盐课》,第184页。

广西、湖南、江西的散拆引饷、纸价银共计约三万两，远高于广东省内盐埠引饷银总和。同时，周年引与散拆引的区分，表明这一时期广东省的盐埠趋于定额化。

3. 潮桥体系形成

明代潮州府的盐北上闽、赣是广盐越境重要而独特的构成。前文已经述及广盐越境江西有一条溯韩江而上经羊角水运至江西和福建的商道，实际上宋代以来潮州盐一部分溯韩江而上外销至梅州、循州（今梅县、惠州）就是经由这条商道。[1]江西虔州、福建汀州属淮盐销区，但二州民多贩广南盐射利。[2]韩江因而也变成贩私的干线，潮州所产官、私盐除本州外，实际上供应汀、赣、梅、循数州。[3]可以说，潮盐溯韩江北上售卖至江西、福建，在明代以前已有其历史传统。

嘉靖年间，潮州知府郭春震在一篇名为《榷盐小论》的文章里说："盐为军饷，榷也。粤东为用武之地，民苦于供亿，始兴盐策以佐之。天顺以前，岁不过三百余两。历成化、弘治、正德，已增至四千两。嘉靖十五年（1536）以前又增至八千两，又数年盈万。今一万六千两矣。"[4]这段话值得注意的是，潮州府征收的盐饷自天顺以后至嘉靖二十六年（1547）从三百余两增至一万六千余两，九十年间潮州盐饷增长五十余倍，其中嘉靖时期增长尤其迅猛。

明初潮州府设招收场、小江场和隆井场等三处盐场，沿袭宋元时期的生产格局，属广东盐课提举司管辖。[5]潮州府盐场生产的官

---

[1] 参见吴榕青：《宋代潮州的盐业》，《韩山师范学院学报》（社会科学版）1997年第3期。
[2] 李焘：《续资治通鉴长编》卷196，嘉祐七年（1062）二月辛巳，第4739页。
[3] 黄挺：《明清时期的韩江流域经济区》，《中国社会经济史研究》1999年第2期。关于宋代潮盐越境，参见黄国信：《弥"盗"、党争与北宋虔州盐政》，《史林》2006年第2期。
[4] 郭春震：《榷盐小论》，顺治《潮州府志》卷12，《古今文章部二》，广东省地方史志办公室辑《广东历代方志集成·潮州府部》，第513页。郭春震，嘉靖时期任潮州知府，嘉靖丁未年（1547）主持修纂《潮州府志》。参见嘉靖《潮州府志》，《序》，广东省地方史志办公室辑《广东历代方志集成·潮州府部》，第1页。
[5] 嘉靖《广东通志初稿》卷29，《盐法》，广东省地方史志办公室辑《广东历代方志集成·省部》，第502页。

盐供应本府，例不出境。潮桥体系的形成基于潮盐走私的历史传统，明代天顺年间叶盛的广盐越境改革，则改变了这一传统。天顺以后，江西行销的合法化广盐相当一部分是经由羊角水而至的潮盐。潮州知府郭春震所言潮州盐饷嘉靖二十六年计一万六千两可以从潮盐越境合法化得到合理的解释。由于嘉靖《潮州府志》的残缺，我们也可以从顺治《潮州府志》、顾炎武《天下郡国利病书》等史志的记载获得证затьcom：「广商从盐法道领引，到招收等场照引几道买盐若干，由海运至南雄，逾岭接卖淮商。从西关而下，直抵三姑滩，谓之南盐。桥商领给军门大票，到东界等场买盐，听管桥官挈秤上桥，领户部引目，至三河接卖汀商。逾岭过赣州袁、临等府，瑞金、会昌、石城等七县，从东关而下，谓之汀盐。」[1]潮盐销至汀州，早在正德年间就已合法化。[2]不仅南赣、汀州行销潮盐，万历十八年（1590），官府允许潮盐"运到长乐县，过清溪岭，入龙川、和平二县"[3]发售，漳州永定等县有河通韩江，潮盐从水路行销至此。[4]概言之，自天顺至万历时期，经过长期的争夺拉锯，潮盐确立合法的行盐区域，即西北至江西南、赣、吉等府，东北至汀州、漳州永定等县，西至惠州府和平、龙川两县，以及潮州一府。

成书于嘉靖、万历时期的《苍梧总督军门志》，与万历《粤大记》的记载如出一辙："潮州府盐去省路远，免其赴广东提举司报纳，每年盐法道于该司库引目拆出一万道并印给号票发该府，转发广济桥厂，委官收候，用尽再发。其水客往场收买生、熟盐，及商人接买与盘出余盐引、纸价、军饷银，俱照广东提举司则例行，所

---

[1] 顾炎武：《天下郡国利病书》第28册，《广东中》，《续修四库全书》编纂委员会编：《续修四库全书》史部地理类，第597册，第350页。顺治《潮州府志》卷2，《赋役部·盐政考》，第202页。参见黄挺、陈占山著：《潮汕史》上册，第324—325页。
[2] 吕小琴：《试论明代盐业管理体制的弹性——以闽、淮行销区域的局部变更为例》，《漳州师范学院学报》（哲学社会科学版）2012年第1期。
[3] 顺治《潮州府志》卷2，《赋役部·盐政考》，第202页。
[4] 黄挺、陈占山：《潮汕史》（上册），第332页。

收军饷季终送府，解布政司收贮。"[1]万历时期潮州府盐引从省城广东提举司拆分出来，在广济桥设厂委官独立售卖，与前引史志所载桥商领军门大票、挈秤上桥相互印证，标志着潮桥体系的形成。

明代中叶以后，闽粤赣边区逐渐形成具有地方特色的独立经济区域。[2]潮盐北销的合法化，促进了韩江上游闽粤赣边区和下游三角洲地区的经济交流。潮盐北销，实以潮州府东城外的广济桥为起点。[3]嘉靖《潮州府志》载"榷盐厂，在府治东一里广济桥之北，岁榷盐于此"[4]。顺治《潮州府志》也载"盐厂，在广济桥北"[5]。显然，作为潮州府盐饷的征收地，潮州广济桥扮演着重要角色。明代天顺以后，潮盐借助韩江流域的水陆运道扩大食盐销区，就是以广济桥为枢纽，这也是潮盐被称为潮桥的原因。

广济桥始修于两宋，初名济川、丁公，明宣德年间更名广济，又因民间传说韩湘子造桥，桥旁有庙，故俗称湘子桥，并沿用至今。饶宗颐《广济桥志》这样概述广济桥的创建："潮安县城东有韩山焉。其麓有桥，横于韩江，曰广济桥。桥分东西洲，西洲创于宋乾道间知州曾汪，先后增筑者，有知州朱江、丁允元、孙叔谨，通判王正公，东洲创于宋绍熙间知州沈宗禹，先后增筑者，有知州陈宏规、林嶫、林会。历百数十载，桥乃成。桥旧名'济川'，又曾名'丁公'（因丁允元得名）。宣德间，知府王源始更名'广济'。今城东门街内，尚有'广济桥'三大字石碑，题王韦庵书，盖王源手笔也。俗传造桥始自韩湘子，因建庙祀于东洲之首，而称桥曰'湘子桥'，或简称'湘

---

[1] [明]应槚初辑，凌云翼嗣作，刘尧诲重修：《苍梧总督军门志》卷13，《兵防十·两省岁入军饷》，全国图书馆文献缩微复制中心出版，1991年，第147—148页。万历《粤大记》卷31，《政事类·盐法》，第514页。
[2] 黄挺、杜经国：《宋至清闽粤赣边区的交通及其经济联系》，《汕头大学学报》（人文科学版）1995年第2期。
[3] 广济桥与潮州盐业的关系，仅见邢德建《广济桥与潮州盐业》（《潮州市志资料》1988年第3期）一文有简要的讨论。
[4] 嘉靖《潮州府志》卷2，《建置志》，第27页。
[5] 顺治《潮州府志》卷1，《地书部》，第155页。

桥',迄今无以易矣。是桥建于江中石上……因中断浮舟以渡,故又名'浮桥'。……屡经修筑,增墩一,合为二十四。舟减其六,为十八。桥今东洲全十二墩,而西洲仅九而已。……桥宽而长,其旁翼以扶栏,缭以危楼。船艘往来桥下,人比之钱塘江中'江山船'云。"[1]

现存较早记录广济桥征收盐饷的史料是正德七年(1512)揭阳进士杨琠的奏疏。杨琠因筑河堤事上疏请拨广济桥盐饷购买堤石,表明正德年间广济桥盐饷已是潮州地方河工经费的重要补充:"佥谓郡城广济桥自天顺年间,郡县榷取盐税,每岁解制府以助军饷,其中尚可酌留购石。盖广济桥乃盐船所必经者,成化间每岁解银三四百两,弘治以来增税至千两。今闻每岁解三千两,莫若即广济桥盐榷照弘治间事例,每年解一千两以助军饷,留二千两以买荒石,约计三年可以敷用。"[2]这份奏疏提供了关于明代前期广济桥征收盐饷的详细信息:天顺以后潮州才开始于此征收盐饷,除军饷支用,还可以节留部分用作地方公项。历成化、弘治、正德等朝,盐饷从每年三四百两增至千两,再增至三千两,恰可以补证知府郭春震所论,也说明盐饷的增长与潮盐销区的扩大成正比。征收盐饷的

---

[1] 饶宗颐:《广济桥志》,《饶宗颐潮汕地方史论集》(上),汕头:汕头大学出版社,1996年,第216页。参见饶宗颐、张树人编著:《广济桥史料汇编》,香港:新城文化服务有限公司,1993年。

[2] 关于杨琠,雍正《揭阳县志》卷5《选举》载"正德戊辰(三年,1508)吕柟榜,杨琠,(杨)玮兄,仕御史,见列传"(第446页)。同书卷6《人物》"杨琠传":"字景瑞,龙溪都西陇寨人,正德戊辰进士,授监察御史,弹劾不避权要。徙牧马草以防火患。按江南,全活宪狱百余人。以养病归,师事陈献章,与王守仁交善。宗有训,族有规,乡有约,化于行于乡。潮久苦堤溃,琠具奏建筑,潮民赖之。崇祀祀郡邑乡贤,海、揭二邑各有专祠。"(雍正《揭阳县志》,广东省地方史志办公室辑《广东历代方志集成·潮州府部》,第481页)残本崇祯《揭阳县志》有录薛侃《修堤记》,称"自侍御杨君琠疏于朝,请以广济桥盐课易石为固,府主谈公克襄其事。二十年来赖不溃,民称戴之"(崇祯《揭阳县志》,《艺文》,广东省地方史志办公室辑《广东历代方志集成·潮州府部》,第31页)。查阅《庵埠志》,发现杨琠这篇奏疏全文以碑铭形式保存于当地,此处仅摘录与本章论题有关的文字。参见《庵埠志》编纂办公室:《庵埠志》,北京:新华出版社,1990年,第95页。关于庵埠港的历史,可参见洪英:《清代庵埠港的盛衰》,《汕头大学学报》(人文社会科学版)2005年第1期。

机构是设于广济桥北岸的"榷盐厂,在府治东一里,广济桥之北,岁榷盐于此。先系本府掌印官带管。嘉靖十六年(1537)以后,奉抚按檄委佐贰官一员,或以别府佐贰,两季终乃得代其盐利银两增减无常,专备军饷。本府雇募海夫及乌船子弟□各工食并犒赏等项,俱于此支用,其余类解布政司"[1]。顺治府志则记载盐商在广济桥领票、掣秤的过程:"榷盐。广济桥商从本府管桥官领票到场,收买运至桥门,照依先纳在库饷银每商半名上盐船一只,每只九舱,每舱二十八吊,每吊一百五十斤,实秤一万斤,兑纳饷银七两四钱一分六毫。秤加盐一斤,即为挟带,七倍行罚。制放上桥,另领户部引目,照往三河发卖。"[2]广济桥商所领即军门大票,而饷盐已先缴纳,方可下场买盐。

成书于明嘉靖年间的潮州地方文献《东里志》有一则关于虚粮代纳的记载:

> 长沙尾,西跨南洋,近于莱芜澳,为船艘往来门户,海寇亦常泊焉。四澳旧有居民,国初属海阳,与黄隆、海山俱为信宁都地。洪武二十四年(1391),以居民顽梗,尽发充海门千户所军,因误粮饷,仍发回四澳渔耕。永乐间,倭夷越海劫掠,难以防御,将吴宗理等九十五户,徙入苏湾下二都安插。原田地五十三顷零抛荒,不许人耕,以绝祸根,原粮一百九十五石,派、洒二都赔贩。后乃均分海、揭、潮共纳。及设饶平,百姓苦之。正德八年(1513),知县谭伦奏将广济桥盐税银代输,民困始苏。尚有夏税十六石,河泊课米二十五石,仍在饶平赔纳。嘉靖二十一年(1542),知县罗胤凯查呈院道,未蒙议处,有管桥抽盐官,以私意呈院,格其事,仍派各里。知府郭春震,

---

[1] 嘉靖《潮州府志》卷2,《建置志》,第27页。
[2] 顺治《潮州府志》卷2,《赋役部·盐政考》,第201—202页。

于二十六年（1547）呈请当道，议复如故。夏麦课米，仍未豁免。民间鲜闻故闻，里书诡将亡户及飞洒之米，皆以为南澳虚粮，误矣。[1]

这条史料，很清楚地呈现了正德年间潮州府地方虚粮由广济桥盐税银代纳之事实。明初永乐年间，潮州府沿海四澳的可耕田地五十三顷因倭患而强制抛荒，居民内徙，但其所纳税粮一百九十五石，仍派这些徙入内地的四澳居民缴纳，此为虚粮。后均分海（阳）、揭（阳）、潮（阳）三县共纳，饶平县设立后，也分摊缴纳，百姓苦之。正德八年，饶平知县谭伦经奏准由广济桥盐税银代输，民困始苏，但仍保留部分虚粮在饶平赔纳。饶平等县赔纳虚粮一事，可在《潮州府志》中得到印证："万历二十年（1592）官民田地山塘等项共三万六千二顷六十九亩一厘，夏税、秋粮、农桑、虚米、茶课、鱼课等米共一十七万七千九百二十六石五斗二升八合七勺……（顺治十七年，1660）总计通府官民夏税、农桑、茶课、鱼课并虚粮及普宁县溢额米共一十七万一千七百四十八石二斗九升二合七勺，连人丁共编派一条鞭，连盐利代纳虚粮，共银一十三万六千六百二十四两七钱五分六厘六毫"[2]，此处前后文中的虚米、虚粮当为同一项税粮，当其他田赋税项与人丁共同编派一条鞭时，虚粮并没有摊入条鞭银中，而是由盐利银代输。

一条鞭法是明代万历年间内阁首辅张居正施行的赋役制度改革，其法"总括一州县之赋役，量地计丁，丁粮毕输于官，一岁之役，官为金募"，"凡额办、派办、京库岁需与存留、供亿诸费，以

---

[1] 饶平县地方志编纂委员会办公室：《东里志》（点校本），1990年，第29—30页。有关《东里志》对明代后期潮州地方社会的记载及其研究，参见陈春声：《嘉靖"倭乱"与潮州地方文献编修之关系——以〈东里志〉的研究为中心》，《潮学研究》第五辑，汕头：汕头大学出版社，1996年，第65—86页。杨培娜：《生计与制度——明清闽粤滨海社会秩序》，北京：社会科学文献出版社，2022年。
[2] 顺治《潮州府志》卷2，《赋役部·田赋考》，第188页。

及土贡方物，悉并为一条，皆计亩征银，折办于官，故谓之一条鞭"[1]。前引潮州府田赋在万历以后的沿革，说明田赋与人丁徭役的折银并入条鞭，潮州府与其他府县没有什么不同，唯虚粮由盐利代纳，这一现象当从上述潮桥体系形成获得解释。《东里志》载虚粮代纳始自正德八年，此时正是潮桥体系形成的前期，杨珙提到正德七年（1512）广济桥盐饷银有三千两，因此除部分留作购买韩江堤石外，在第二年显然还用于代纳地方政府田赋税收中无人可征的虚粮。明代一条鞭法的赋役改革，是迟至万历年间的事。但早在七十年前的正德初年，潮州府已采用白银——货币化的盐饷代纳税粮，这一改革当可看成无征税粮摊入盐税，显然简化了地方政府的税收项目，实具有条鞭的性质。

正德以后，利用盐饷代纳地方税收中的某些税项，似乎成为一种惯例。万历时期，潮州地方政府用盐饷银代纳盐钞银。顺治府志载：

（潮州府）男妇盐钞银共二千四百零三两零四分六厘，内广济桥盐利代纳银二千一百六十七两二钱三分零六毫。

（海阳县）虚粮、盐钞银七百四十七两二钱八分四厘，系广济桥盐利代纳。

（潮阳县）盐利代纳虚粮、盐钞银七百一十六两四钱零一厘八毫。

（揭阳县）虚粮、盐钞银四百零五两一钱六分七厘，系盐利代纳。

（程乡县）虚粮、盐钞共银五十一两四钱零四厘八毫，系本府广济桥盐利代纳。

---

[1]《明史》卷78，《食货二·赋役》，第1902页。参见梁方仲：《一条鞭法》，《梁方仲经济史论文集》，北京：中华书局，1989年，第34—89页。刘志伟：《在国家与社会之间——明清广东里甲赋役制度研究》。

（饶平县）盐利代纳虚粮、盐钞银四百六十九两九钱四分五厘八毫。

（惠来县）盐利抵补虚粮、盐钞银一百九十三两二钱九分七厘七毫。

（大埔县）虚粮米并盐钞共银三百六十五两四钱九分七厘二毫，系盐利代纳。

（平远县）盐利代纳虚粮、盐钞银六厘八钱七分三厘。

（澄海县）盐利代纳虚粮、盐钞银一百九十八两五钱五分二厘六毫。

（普宁县）盐利代纳虚粮、盐钞银七十七两六钱五分八厘九毫。

（镇平县）盐利代纳虚粮、盐钞银四两六钱零二厘六毫。

其中各县盐钞银分别为：

（海阳县）广济桥盐利代纳盐钞银四百五十八两四钱六分。
（潮阳县）广济桥盐利代纳盐钞银四百二十两零一分。
（揭阳县）盐利代纳盐钞银二百七十八两四钱六分。
（程乡县）本府盐利代纳盐钞银三十七两三钱三分七厘八毫。
（饶平县）盐利代纳盐钞银三百两零九钱二分四厘。
（惠来县）盐利代纳盐钞银一百五十四两九钱四分四厘。
（大埔县）盐利代纳盐钞银三百零三两六分六厘。
（平远县）盐利代纳盐钞银六两零二分五厘八毫。
（普宁县）盐利代纳盐钞银五十七两二钱四分。
（镇平县）盐利代纳盐钞银四两一钱六分一厘。[1]

---

[1] 顺治《潮州府志》卷2，《赋役部·田赋考》，第188—199页。

顺治府志所载当为明代后期的情况。明承元制，行钞法，地方赋役、盐课征收以钞钱为主。《永乐大典》引《三阳图志》称"潮之为郡，海濒广斥，俗富鱼盐。宋设盐场凡三所，元因之。散工本钞以助亭户，立管勾职以督课程。……录事司。岁散盐四百二十八引，课钞一千二百九十八锭一两九钱二分。泩州（今饶平泩州镇）户计司岁散盐八十引，课钞二百四十二锭三十一两二分"[1]，即为元代潮州盐课征钞的情形。明初潮州府"先年永丰仓设有盐仓，灶户纳盐于内，散给众民，征收其钞，曰盐钞（每岁每口坐食盐六斤，折钞六贯，该钱一十二文，闰月加一文）。洪武四年（1371）以后，灶户俱照米课纳银，民无盐给钞，遂寝。成化间，都御史韩雍为达官买马，行征盐课，混及于潮乡。御史郑安奏革，后吏为奸，仍复倡征。长史林铭疏请，至今免征焉。万历六年（1578），布政司以通行天下追征盐钞例，始混及于潮。彼不知旧有蠲免恩数也"[2]。也就是说，潮州府曾在明初征收盐钞，后废除，成化至万历间又有废、立的反复。考万历朝征盐钞一事，《明实录》载"户部题开万历元年（1573）该征盐钞：……陕西、山西、四川、云南、广东、广西、贵州七省布政司及应天府、直隶延庆、保安二州，俱仍留本处备用"[3]，表明广东省在列。

万历六年潮州府重启盐钞的征收，在当地激起不小的反应。经过争论，十四年（1586）增十名钞商于桥商，专事代纳潮州府盐钞银："桥商。原额七十名，万历十四年增钞商十名，代纳通府盐钞。"[4]进士郑育渐[5]所撰《十邑公言纪略》一文，透露增加钞商的

---

[1]《永乐大典》卷5343，潮字《潮州府·税课》，北京：中华书局，1936年，第2457页。
[2] 康熙《埔阳志》卷2，《政纪》，广东省地方史志办公室辑《广东历代方志集成·潮州府部》，第330页。
[3]《明神宗实录》卷8，隆庆六年十二月戊寅，第307页。
[4] 顺治《潮州府志》卷2，《赋役部·盐政考》，第201页。
[5] 乾隆《揭阳县志》卷5，《选举一》，万历四年（1576）丙子郑伟榜。"郑育渐，地美人，旻子，遥授都事，有传"（第164页）。同书卷6《懿行·郑育渐传》，第228页。

争论细节:"盖广济桥盐商九十名,岁纳引若干,以饷军也。今另添十名,令阖郡户口钞若干,岁纳引以充之,别名钞商。夫饷有商也,则军兴不乏,钞有商也,则民赋不负。足国裕民,商得利,官无谪。又各设名色,异日饷不为钞累,钞不为饷累,永赖之道乎。谒之王二守,转申巡院汪,得请,遂立钞商十名,竖碑府前,可复视也。"[1]潮州府共计两千四百两的盐钞银分别由这十名广济桥商代纳,名之为钞商,以示区别,揭示盐钞银在地方财政运作中的变通,这一做法也为潮州士民所接受。但是当有官员提出还钞于民时,以郑育渐为代表的潮州士绅强烈反对:"近年来兵台惑于蛊说,又□将钞还民,不欲病商。不思商不纳钞,安得添商。不为十邑民计,徒为百名商计,左矣哉。商亦不思钞既还民,则商名必革,即不革,商亦必移钞加饷,商亦何利乎?渐又同诸公具揭,乃仍旧云。不意近日复有奸谋者,何为今之君子尽无义概无廉法乎?忍使垄贱擅利也。"[2]一旦盐钞还民缴纳,增添的十名钞商则名不正,名不正则会移钞加饷,不仅增加民之税负,商亦无利可言。万历十四年(1586)增钞商的细节在其他方志中也有披露:"户口盐钞银二千四百三两四分六厘。以广济桥盐利代纳。国初盐制,灶户输于户而派于民,计口征纳,谓之盐钞。潮郡折银二千四百有奇,其后盐虽不派钞,遂为例。都御史郑安、长史林铭先后奏革,以故嘉隆之际不再征。万历六年复沿旧额,阖郡士民缘奏求免,上下持不决者久之。十三年(1585),屯盐佥事陈性学[3]以为盐钞正供,潮虽独免,即奏蠲于先朝,亦一时旷荡之恩,其载在会计录者不能废也。第蠲于前而复征于后,宜其执以为辞,州县所议增商借额,均

---

[1] 康熙《埔阳志》卷2,《政纪》,第330页。
[2] 康熙《埔阳志》卷2,《政纪》,第330页。参见郑育渐:《上藩台书》(乾隆《揭阳县志》卷8,《艺文下》),该文论及盐钞事,可与《十邑公言纪略》一文互证。
[3] 陈性学,《明史》无传。万历十二年(1584)八月,陈性学为广东佥事,十五年(1587)升广东省右参议,参见《明神宗实录》卷152,万历十二年八月庚戌,第2816页。《明神宗实录》卷210,万历十七年四月癸未,第3932页。

非长策。今潮有广济桥盐税，移以代钞，庶垂永久。遂为额，潮人德之。"[1]不过，潮州府盐钞银虽由广济桥盐利代纳，并非所有州县都整齐划一地执行。大埔县"盐钞银三百零三两六分六厘，系本府广济桥盐利银代纳，前朝只代纳五十两八钱三分三厘三毫，尚银二百五十二两二钱三分二厘七毫，放宽本县派征"，说明大埔县盐钞银三百余两中广济桥只代纳五十两余，其余仍然由本县派征，入清之后才于"顺治九年（1652）全在本府广济桥盐利银代纳"[2]。广盐越境和淮粤之争，推动江西、湖广地区广盐销售的合法化。由于盐区扩张，引发潮盐产销的扩张，推动潮州盐政和地方财政的系列改革以及地方历史的重新书写。

明代广盐越境政策几经曲折，天顺以后改制的重点在于广西全境、湘赣闽界邻府县行销广盐的合法化，将私盐改为官盐，征收盐饷，这是省河体系和潮桥体系形成的起点。隆庆、万历时期广盐越境已成定制，两广和湘赣闽界邻地区构成明中后期两广盐区的范围。与此同时，由于珠江三角洲的盐场已经衰落，而海北盐课提举司也于万历二十四年（1596）裁革，供应两广及湘赣闽的盐遂集中到广东东部惠、潮二府沿海地区的盐场。明代后期广东惠、潮二府所产的盐由海运至广州，再由广州转运梧州或北上南雄运往江西南赣地区，一部分则运至潮州城广济桥，溯韩江北上运至闽赣界邻府县。下一章讨论明代后期特殊的运商——水客，他们负责将食盐从盐场海运至省城广州的盐仓和潮州广济桥盐仓。因此，在广盐产地的新格局下，对广西和湘赣闽销区的盐商而言，广州和潮州广济桥为广盐运销的起点，商人必须集中于广州和广济桥从水客手中买盐，再往他所发卖。水客须纳水客饷银，盐商则须纳商引饷银。[3]表明两广盐区的盐业与盐政既承宋元旧制，在经历一系列的军政和盐政制

---

[1] 万历《广东通志》卷41，《郡县志二十八·赋役》，第947页。
[2] 康熙《埔阳志》卷2，《政纪》，第339页。
[3] 万历《广东通志》卷7，《藩省志七·盐课》，第183—184页。

度改革后,明代后期又形成省河与潮桥的食盐配运体系。

乾隆《两广盐法志》概述明代盐政,可以看作对明后期两广盐区省河体系和潮桥体系最为全面的概括:

> 其召商买盐之法,有水客有商人。水客赴场买盐回省兑商,每熟盐万斤抽官价一两,生盐减十之一。潮商则兑于广济桥。高廉则兑于就近府州焉。商人兑买于水客,而告往他所发卖。每正盐一引,带余盐六引,共征饷费银一两九钱五分。其顺德等九埠,则赴场自买。廉州则水客即为商人焉。其告往发卖之地方则通省各府州县五十余埠外,而广西之桂林、柳州、梧州、浔州、庆远、南宁、平乐、太平、思恩、镇安十府,田龙、泗城、奉议、养利四州。湖广桂阳、郴州及衡永二府、宝庆一府则淮粤并行。福建则汀州。惟行于江西者,或专行南赣,或兼行袁、临、吉,或止兼吉而不行袁、临,乍停乍复议,若聚讼矣。转运之路,潮商由广济桥散入三河,转运闽之汀州,为东界。水客运场盐至省,听商转售。一自南雄度岭以达于吉安,为北界。一自梧入桂至全州,以达衡、永为西界,而递转于北。一自韶州至乐昌平石村径达于楚之郴州、宜章,一自连州至星子白牛桥径达于衡之蓝山、临武为北界,而迤延于西。自官运与,于是西省专衡、永之利,而禁韶盐不得逾平石,连盐不得逾白牛。东人亏饷,楚人艰食,衡民日思恢复连韶之引额而不得。自潮盐入汀地邻于赣,于是潮人觊江右之利,而与雄商争衡于岭北矣。[1]

---

[1] 乾隆《两广盐法志》卷23,《明代盐政考》,第166—169页。按:这段话的后半部分很可能出自明末鹿善继的《粤东盐法议》,参见[明]鹿善继:《鹿忠节公集》卷10,《续修四库全书》编纂委员会编:《续修四库全书》集部别集类,第1373册,第226页。

二 清前期省河与潮桥体系新格局

明清鼎革，历经迁界与三藩之乱，广东盐业盐政遭受重创。[1]藩下沈上达"承认盐饷三十万两"[2]，表明两广盐利脱离地方督抚管控，尽归平南王藩下势力所有。康熙二十年（1681）以后，两广总督吴兴祚、广东巡抚李士桢、朱弘祚先后抚粤，对两广盐业、盐政多有整顿。[3]广东巡抚李士桢"刊布宽大之政二十四条……收敛悍气，粤风遂醇"[4]。广东巡抚朱弘祚继续奏陈整顿粤省盐政之策。[5]康熙三十年（1691）两广设立巡盐御史，康熙五十七年（1718）撤巡盐御史，两广盐政重归督抚兼理："康熙三十年设两广巡盐御史，五十七年撤巡盐御史，命巡抚兼理盐政。五十九年（1720）命两广总督兼行总理两广盐法之政令"[6]，两广盐政重新纳入地方政府的管控。经首任御史沙拜建言，康熙三十二年（1693）两广盐政职官正式改制："两广盐政，向属抚臣兼理。课饷引目，系驿盐道、提举司经管。臣蒙皇上将恩简用，所属之员，自应照例改设，将驿盐道改为运司。潮州一府离省窎远，行盐亦多，必得专员管理。应将提举裁去，改设运同，使之驻扎潮州，催征课饷。府吏目裁去，改设盐运司知事。提举司广盈库大使，改为运司库大使，批验所大使改为运司批验所大使。广州府有归德等场，惠州府有淡水等场，为盐斤出产之所课饷之源，必须设立分司，催征巡缉。"[7]因此，清初承明制所设的驿盐道于"康熙三十二年裁改，设两广都转运盐使司盐运使一员，驻扎广州府城，秩从三

---

[1] 《清史稿》卷260，《吴兴祚传》，第9863页。
[2] 李士桢：《抚粤政略》卷7，《奏疏·议覆粤东增豁税饷疏》，沈云龙主编《近代中国史料丛刊》三编第39辑，第814、817—819页。
[3] 吴兴祚：《议除藩下苛政疏》，雍正《广东通志》卷62，《艺文志四》，第1935—1936页。
[4] 雍正《广东通志》卷42，《名宦志·李士桢》，第1278—1279页。参见李士桢：《抚粤政略》，沈云龙主编《近代中国史料丛刊》三编第39辑。
[5] 《清圣祖实录》卷137，康熙二十七年九月丙申，北京：中华书局，1985年，第489—490页。
[6] 乾隆《两广盐法志》卷21，《职官》，第9页。
[7] 《清圣祖实录》卷159，康熙三十二年癸酉三月，第743—744页。

品，职掌两广盐法之政令"；设"广惠分司，运副一员""高廉运判一员"；提举司于"康熙三十二年裁改，设都转运盐使司同知一员，驻扎潮州，秩从四品，掌治分司潮、嘉、汀、赣盐法之政令"。[1]康熙朝中期两广运使和运同的分置，确立了以广州为中心的省河体系和以潮州府为中心的潮桥体系职官制度。清代两广盐政职官制度的调整，既是对明代后期形成的省河、潮桥体系的沿袭，又奠定了有清一代两广盐业盐政沿革的基础。康熙五十七年（1718），广东推行官帑收盐，场产大收。雍乾时期通过增置和裁撤盐场，形成广盐产地的新格局。在此基础上，两广盐政按引划埠，明确区分省河、潮桥两种运销体系，使盐埠引岸更为清晰，专卖管控更为严密。

乾隆朝前期，广东省10府2直隶州，其中广州府14县，有南海等6县运销省河东汇关盐，新会等6县运销场盐，东莞等3县省、场兼运。惠州府1州9县俱运销场盐。南雄府2县运销省河东汇关盐。韶州府属6县运销省河东汇关盐。肇庆府属12县1州，有8县运销省河东汇关盐，阳江等4县运销场盐，新兴1县省、场兼运。高州府属6州县运销场盐。雷州府属3县运销场盐。廉州府属3州县运销场盐。琼州府属3州10县向无招商配引，由灶丁自煎自卖。潮州府属9县，大埔1县运销广济桥盐，丰顺1县桥、场兼运，其余7县运销场盐。直隶连州并所属2县运销省河东汇关盐。直隶罗定州并所属2县运销省河东汇关盐。

福建省汀州府属8县，运销广东潮州广济桥盐。

江西省2府1直隶州，赣州府属9县，赣县运销省河东汇关盐，安远等4县运销惠州府场盐，雩都等4县运销潮州府广济桥盐。南安府属4县运销省河东汇关盐。直隶宁都州并所属2县运销潮州府广济桥盐。

湖南省2直隶州，直隶桂阳州并所属3县运销省河东汇关盐。直隶郴州并所属3县运销省河东汇关盐。

---

[1] 乾隆《两广盐法志》卷21，《职官》，第9—12页。

广西省 11 府 1 州,桂林府属龙胜通判、2 州 6 县运销省河东汇关盐。平乐府属 1 州 7 县运销省河东汇关盐。梧州府属 5 县运销省河东汇关盐。浔州府属 4 县运销省河东汇关盐。柳州府属 1 州 7 县运销省河东汇关盐。庆远府属 1 州 3 县运销省河东汇关盐。南宁府属 3 州 3 县,新宁州运销省河东汇关盐。宣化等 4 州县运销场盐,余引运销省盐。横州省、场兼运。太平府属 4 州 1 县,左州等 3 州县运销省河东汇关盐,养利、永康运销场盐。思恩府属百色同知、1 州 3 县,宾州等 3 州县运销省河东汇关盐,武缘县运销场盐,百色省、场兼运。泗城府属 1 州 2 县运销省河东汇关盐。镇安府属 2 州 1 县运销省河东汇关盐。直隶郁林州并属 4 县运销广东场盐。

贵州省黎平府古州运销省河东汇关盐。

云南省广西府运销省河东汇关盐。[1]

以上两广盐区食盐"行销广东、广西及福建之汀州、江西之南赣、湖南之桂阳、郴州、黔省之古州等六省,共一百八十八埠"[2],以及云南省广西府一埠共计 189 埠。[3] 其中运销省河东汇关盐的盐埠有 97 埠,省、场兼运的有 11 埠,合计 108 埠,约占 57.1%。配运高州府、廉州府盐场计 24 埠,约占 12.7%。广州府、惠州府、肇庆府、雷州府 4 府配本府场盐,共计 25 埠,约占 13.2%。表 3-1 呈现的清代前期两广盐区运销结构,表明省河体系占有绝对比重。配运省河的盐埠分布范围最广,包括广东、广西、湖南、江西、贵州、云南等 6 省,其中又以两广为主。配运高州府、廉州府场盐的盐埠主要隶属广西南、太、思三府和郁林州等 7 州县,是省河体系下的运销支系。潮州府广济桥盐运销潮州府、嘉应州和福建、江西等省府州县,明代后期已形成独立的运销体系。

---

[1] 乾隆《两广盐法志》卷 16,《转运》,第 204—213 页。
[2] 乾隆《两广盐法志》卷 11,《奏议九》,第 343 页。
[3] 云南行销广盐采取铜盐互易的方式,故广西府埠单列,不计入省河 138 埠。参见黄国信:《清代滇粤"铜盐互易"略论》,《盐业史研究》1996 年第 3 期。

表 3-1 乾隆时期两广盐区运销体系

运销类别、数量	占比	府州所属盐埠
省河 （97）	51.60%	广东 广州府：神安埠、三江埠、金利埠、五斗埠、黄鼎埠、江浦埠、沙湾埠、鹿步埠、游鱼埠、蚬塘埠、茭塘埠、大朗埠、泹湖埠、七门埠、三水埠、清远埠、花县埠 直隶连州：连州埠、阳山埠、连山埠 肇庆府：高要埠、高明埠、四会埠、广宁埠、开平埠、德庆埠、封川埠、开建埠 直隶罗定州：罗定埠、东安埠、西宁埠 韶州府：曲江埠、乐昌埠、仁化埠、乳源埠、翁源埠、英德埠 南雄府：保昌埠、始兴埠 湖南 直隶桂阳州：桂阳埠、临武埠、蓝山埠、嘉禾埠 直隶郴州：郴州埠、宜章埠、兴宁埠、永兴埠 江西 南安府：大庾埠、南康埠、上犹埠、崇义埠 赣州府：赣县 广西 桂林府：临桂埠、灵川埠、兴安埠、阳朔埠、永宁埠、永福埠、义宁埠、全州埠、灌阳埠、桂林龙胜通判埠 平乐府：平乐埠、永安州埠、恭城埠、修仁埠、荔浦埠、昭平埠、富川埠、贺县埠 梧州府：苍梧埠、藤县埠、怀集埠、容县埠、岑溪埠 浔州府：桂平埠、平南埠、贵县埠、武宣埠 南宁府：新宁州埠 太平府：左州埠 柳州府：马平埠、雒容埠、柳城埠、罗城埠、融县埠、怀远埠、来宾埠、象州埠 庆远府：宜山埠、天河埠、河池埠、思恩埠 思恩府：宾州埠、迁江埠、上林埠 贵州 黎平府古州埠
省、场兼运 （11）	5.85%	广东（广州府盐场、肇庆府双恩场） 广州府：东莞埠、顺德埠、从化埠 肇庆府：新兴埠 广西（俱省河与廉州府盐场） 南宁府：横州埠 太平府：崇善埠

南海盐道：16—19 世纪两广盐区生产空间变迁与流通机制

续表

运销类别、数量	占比	府州所属盐埠
省、场兼运（11）	5.85%	思恩府：百色埠 泗城府：西林埠 镇安府：天保埠、归顺埠、奉议州埠
潮桥（21）	11.17%	广东 直隶嘉应州：嘉应埠、兴宁埠、长乐埠、平远埠、镇平埠 潮州府：大埔埠 福建 汀州府：长汀埠、宁化埠、清流埠、归化埠、连城埠、上杭埠、武平埠、永定埠 江西 赣州府：雩都埠、兴国埠、会昌埠、长宁埠 直隶宁都州：宁都埠、瑞金埠、石城埠
桥、场兼运（1）	0.53%	潮州府：丰顺埠
场运（58）	30.85%	广东（配运广东沿海7府盐场） 广州府：新会埠、香山埠、增城埠、新安埠、新宁埠、龙门埠 肇庆府：阳江埠、阳春埠、恩平埠、鹤山埠 惠州府：归善埠、海丰埠、陆丰埠、博罗埠、河源埠、长宁埠、和平埠、龙川埠、连平埠、永安埠 高州府：茂名埠、电白埠、信宜埠、化州埠、吴川埠、石城埠 雷州府：海康埠、遂溪埠、徐闻埠 廉州府：合浦埠、钦州埠、灵山埠 潮州府：海阳埠、潮阳埠、揭阳埠、饶平埠、惠来埠、澄海埠、普宁埠 江西（配运惠州府盐场） 赣州府：信丰埠、安远埠、龙南埠、定南埠 广西（配运廉州府盐场、高州府盐场） 直隶郁林州：郁林埠、博白埠、北流埠、陆川埠、兴业埠 南宁府：宣化埠、隆安埠、永淳埠、上思州埠 太平府：养利州埠、永康州埠、宁明州埠 思恩府：武缘埠 泗城府：凌云埠、西隆埠
总计：188	100%	

资料来源：乾隆《两广盐法志》卷16，《转运》，第213—311页。按：此表未计入云南省广西府1埠，该埠运销省河东汇关盐。乾隆四年（1739）以后云南省广西一府改食广盐，其原因主要是雍乾时期广盐产地官督收盐政策的调整，粤盐大产，滇桂交界处向食贵州输入的私盐，经整顿，改行官盐，行销广东盐。参见乾隆《两广盐法志》卷6，《奏议四》，第511—520页。

1. 清代省河体系运作

省河体系的转运借助几大运销枢纽，这些枢纽位处交通要道，通常也是本地区的经济中心，反映两广盐区食盐市场空间结构特征。省河体系的中心枢纽广州，是广东盐场海运目的地，大部分盐场的盐需由水客海运至此，再转运至各处盐埠。梧州和桂林则是广盐西进的枢纽。廉州府的石康、中屯运馆以及高州府的梅菉是高、廉二府场盐运销广西南、太、思三府和郁林州等七州县的枢纽。南雄府的梅岭、惠州府的小淡水厂是省河盐北上江西的枢纽。韶州府的连州、乐昌则为省河盐北上湖南的枢纽。

广州。明代广州已是广东盐政中心。明初设广东盐课提举司于广州："明盐课提举司署，在（广州）府城东南府学之左，洪武四年（1371），提举薛友谅建。"[1] 广东盐课提举司提举一员，副提举一员。司吏，典吏，吏目厅吏目一员。盐仓，大使一员，攒典一员。批验所大使一员，攒典一员。[2] 明初设同提举一员，后裁革。"成化十三年（1477）提举江朝宗重修，别建批验所于郡城南。"[3] 明代中后期，广东盐越境广西、湖南、江西、福建等省，广州逐渐从广东盐的运销中心扩大为两广盐区的运销中心，确切来说成为省河体系的中心。从广东盐课提举司盐场运来的盐需于广州城外批验所盘验："成化八年（1472），韩襄毅公（雍）始令每熟盐万斤输官价一两、生盐减十之一为军饷，至广州城外批验所前盘验如数，方听交易。"[4] 明代后期，随着珠江三角洲盐场衰落以及海北盐课提举司的裁革，广州的盐多由惠、潮二府盐场运来，经由广州销往各处盐埠："广商从盐法道领引，到招收等场照引几道买盐若干，由海运至南雄，逾岭接卖

---

[1] 黄佛颐编纂：《广州城坊志》卷2，广州：广东人民出版社，1994年，第168页。
[2] 成化《广州志》卷14，《题名》，广东省地方史志办公室辑《广东历代方志集成·广州府部》，第83—84页。
[3] 康熙《广州府志》卷12，《建置志·公署》，广东省地方史志办公室辑《广东历代方志集成·广州府部》，第148—149页。
[4] 嘉靖《广东通志初稿》卷29，《盐法》，第502页。

淮商。从西关而下，直抵三姑滩，谓之南盐。"[1]

清代广州为两广盐政官署所在地。两广都转运盐使司，简称两广盐运司或两广运司，驻广州府城："盐运使司署，在内城惠福巷，即盐驿道署改。库及大使署，在本司署西。"[2]广盈库大使署"在盐运司署西。乾隆七年（1742）大使鲍忠教详建，二十七年（1762）移建西湖街小马站。（盐运司）经历司署在布政司后街，雍正三年（1725）裁广州左卫建"[3]。广盐海运，由虎门进入广州省城河道，到达需入东汇关稽查、督配，省河体系的盐埠必须在东汇关掣配：

> 东汇关，在广州府城对河鸭墩。墩枕河旁，为海运各盐船停泊之所。向建盐厂一座三间，稽查到关盐船，验明舱口，挨次督配。南北两岸，竖立旗杆四根，张以黄旗，大书"上下盐关"字样，以棕缆横截过河，设小艇二只，水手四名，上下分守，依时启闭。令海运盐船，泊于缆内；埠运各船，泊于缆外。配兑则启关放进埠船，用泥排小艇架秤，拢近海艚，挨次秤掣，捆筑成包，拖递过船，官为记筹配足，验明押令出关，请领运照，开行赴埠。

> 东汇关，系运盐艚船湾泊候配之所。雍正七年（1729），派委督标把总一员，巡检一员、巡丁二名，稽查掣配。乾隆三年（1738）八月，添设沙罟船一只，巡丁七名，在河下巡缉。旋将添巡丁裁汰。五年（1740）二月，复设巡丁四名，驾巡船查缉河道。本年，裁去把总巡检，改设批验所大使一员，候补武弁一员，协同稽查配兑。凡遇埠商到关配盐，照单秤掣，打包放行。将配过盐斤，造册报查。二十四年（1759），添设上下

---

[1] 顾炎武：《天下郡国利病书》第28册，《广东中》，第350页。
[2] 黄佛颐编纂：《广州城坊志》卷3，第282—283页。
[3] 乾隆《两广盐法志》卷21，《职官》，第105页。光绪《广州府志》卷65，《建置略二》，第967页。

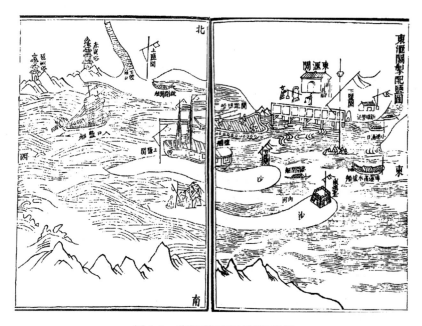

图 3-1　道光时期东汇关掣配盐图
资料来源：道光《两广盐法志》卷首，第 176—177 页。
参见乾隆《两广盐法志》卷首，第 57—58 页。

二关，在于六名巡丁之内，抽拨四名。配驾上下二关小船二只，职司启闭，稽查运船商船，夹私走漏交通等弊。乾隆五十年（1785），移批验大使管理西关验放，奏将广粮通判兼管东汇关监掣事务，其武弁裁撤。道光七年（1827），奏请添委文员，轮派总商督配。[1]（参见图 3-1）

东汇关设有"盐运批验所大使一员，正八品。康熙二十二年（1683）设，四十五年（1706）裁汰。雍正七年（1729）复设。职掌

---

[1] 黄佛颐编纂：《广州城坊志》卷 6，第 685—686 页。参见乾隆《两广盐法志》卷 21，《职官》，第 114 页。

东汇关配盐之事,稽查海运盐船验缺溢杜私售,由运司檄饬以次配给各商领运"[1]。"批验所大使署,在广州府城番禺县之清水濠。雍正八年(1730)建。"[2]清水濠,古称东濠,属番禺县,穴城而达诸海,为出海交通要道。[3]广州设有河南和金家两处盐仓以储盐:"河南盐仓,在省城南门外对河官渡头,共二百二十九间。内旧仓八十五间,顺治十八年(1661)建;新仓一百四十四间,雍正十二年(1734)建。又金家仓一所三层,共九间,河南游鱼洲。仓丁五名,更夫五名。"[4]掣配的盐船从东汇关出发,需经过西汇关验放才能驶出广州城:"西汇关,为盐船开行验放要口,委文职一员,候补武弁一员驻扎。凡遇盐船经过,将旗程船照查验放行,按月造册报查。如无旗程,拿解审究。乾隆五十年,因东关改设监掣通判,即以批验所大使管理西关验放事务,裁去文武委员。"[5](参见图3-2)

梧州与桂林。明代梧州与桂林已形成广盐西进及北上湖广之枢纽。覃延欢注意到梧州与桂林在明清广西食盐贸易中的地位。[6]明初梧州、桂林曾短暂地作为广盐开中的集散地。[7]梧州为百粤之襟喉:"梧虽僻在西陲,上通滇黔、交南,北连桂林、平乐,东南则接壤雷连高肇,延袤数百余里,声名文物拟于中州,诚百粤之襟喉也。"[8]明中期两广兴兵,梧州因其军事重镇的地位再受重视。天顺年间叶盛奏称:"广西梧州府是两广交界地方,北抵省城桂林,南抵交趾,程各半月,东抵广东省城,顺流而下,仅逾七日,最为紧

---

[1] 乾隆《两广盐法志》卷21,《职官》,第11页。
[2] 乾隆《两广盐法志》卷21,《职官》,第105页。
[3] 黄佛颐编纂:《广州城坊志》卷4,第239—240页。
[4] 乾隆《两广盐法志》卷18,《场灶下》,第516页。参见黄佛颐编纂:《广州城坊志》卷6,第376页。
[5] 黄佛颐编纂:《广州城坊志》卷5,第330页。
[6] 覃延欢:《广西四大城市在明清时期的发展》(上),《广西师范大学学报》(哲学社会科学版)1986年第1期。
[7] 万历《广西通志》卷20,《盐法》,吴相湘主编《明代方志选》,第390页。参见《明太祖实录》卷250,洪武三十年三月己丑,第3617页。
[8] 同治《梧州府志》,《旧序》,第20页。

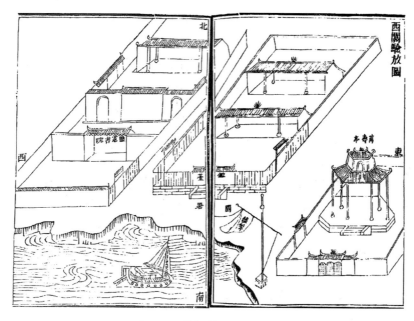

图 3-2　道光时期西关验放图
资料来源：道光《两广盐法志》卷首，第 178—179 页。
参见乾隆《两广盐法志》卷首，第 60—61 页。

关。中路控扼两广喉襟之地。"[1]两广总督于"成化中开府梧州，节制两广，称重镇云"[2]。景泰、成化以后梧州设厂盘盐，成为广盐西进的集散地："后因两广用兵，广西设厂于梧州，并许行湖广衡、永二府。景泰三年（1452），设盐厂于梧州。五年（1454），巡按御史沈议奏设巡行盐法副使于梧州。正德十六年（1521）初，置盘盐厂于梧州东关下。"[3]"盘盐厂，旧在馆驿东，明成化六年（1470）韩雍建。"[4]桂林则为广盐行销湖广衡、永二府的集散地。嘉靖年间，广

---

[1]　嘉庆《广西通志》卷 189，《前事略十一·明一》，第 5100 页。
[2]　万历《广西通志》卷 3，《沿革》，第 59 页。
[3]　同治《梧州府志》卷 9，《盐榷》，第 193—194 页。
[4]　嘉庆《广西通志》卷 236，《胜迹略七·署宅七·梧州府》，第 6062 页。

东盐水陆兼行由梧州转运桂林销至湖广永州府:"广东盐船,每年入境,以二百号计。而所由之路,必由梧州招平堡,至平乐府,入桂林府挂号,然后从小江峒装载,经行三十六堵,陆行一半,肩挑至永州府东安县投税。"[1]或沿桂林官路入衡州府:"由桂林往北,经灵川、兴安、全州、黄沙河至枣木铺接通湖南的东安,过白牙市、冷水滩、祁东,到衡州府。"[2]

明代后期,梧州与桂林因广西食盐官运而愈益重要。隆庆年间殷正茂平定古田僮乱,开广西食盐官运之法:"隆庆五年(1571)广西巡抚殷正茂以古田之役,出官帑万金,市苍梧,广商盐上桂林鬻其息,资成兵饷。万历二年(1574),始题请遣官买运广盐,置盐运提举于梧州,使相灌输,谓之官运。"[3]梧州与桂林间的河道原本由瑶人控制:"先是,诸瑶蛮凭陵出没,伏箐勾劫。每岁官以冲滩鱼盐之羡犒之,戒勿出掠,而肆毒如故。船非至百不敢发。"两广地方政府借古田之役将其打通,保障广西官运的通畅:"郑茂,字士元,莆田人。隆庆末以河南按察使左迁府江兵备。……茂至,即上书督府,集军兵捣其巢,斩馘一千六百有奇,改三峒为二土司,屯兵扼险,开仙回、马尾二营,以通永安。复修广运、足滩二堡,以控府江,创昭平县治,以控平梧。诸瑶敛迹投款,盐艘不滞,旅次无恐,皆其绩也。"[4]万历十三年(1585)屯盐佥事陈性学针对广西官运弊政条议六事,"自是运官入广市盐皆酌时价,其消卤洗砂三等盐皆罢","官商两便之"。[5]直至明末,广西官运不废。明清鼎革,广西成为南明抗清的主战场,盐法不畅。康熙初年因迁界与三藩之乱,原由广西桂林

---

[1] [明]陈仁锡:《皇明世法录》卷29,《盐法》,《湖广行盐》,吴相湘主编《中国史学丛书》,第855页。
[2] 张恒俊、谢日升:《明清时期湘桂的交通与商业》,《经济与社会发展》2009年第8期。
[3] 万历《广东通志》卷7,《藩省志七·盐课》,第185页。
[4] 嘉庆《广西通志》卷251,《宦绩录十一·明六》,第6392—6393页。
[5] 万历《广东通志》卷7,《藩省志七·盐课》,第186页。

转运至湖南衡、永、宝诸府的广盐改由淮盐运销。[1]经康熙朝后期调整,虽然湖南衡、永二府改食广盐,但已不再由桂林转运,而归广东连州、韶州府乐昌县转运:"(湖南省衡州府)桂阳等各州县销广东连州星子埠引盐,郴州等各州县行销广东乐昌县西河埠引盐。"[2]

康熙初年,广西开始实行定额化盐引:"康熙元年始奉文行销盐引,派令州县,按额督销,考成綦重。"[3]此举遭到广西官员的反对:"粤西自古行盐之法不论官绅商贾,但有资本者皆得在东买盐,惟于梧州厂以榷之。每盐一包,梧州纳银三钱,平厂纳银一钱二分,桂厂纳银一钱七分,任其发卖,官无考成之责。"而"粤西盐法之弊,总在按额行销。而按额行销之弊,总在能行盐之处苦盐少而价高,不能行盐之处苦盐多而难售。欲不派之百姓,盐滞不行则病商,且病官盐。而派之百姓,则追呼不及。病民亦病官,何则官有考成故也"[4]。尽管反对之声迭起,朝廷仍然坚持广西行销定额盐引。明后期海北盐课提举司裁革之后,广西南部的南、太、思三府和郁林州等地区或食海北盐或食广东盐,明朝政府主要通过征收廉州商饷、化州水客商饷和石城商饷管理广西南部的食盐运销。[5]入清以后,广西州县实行定额销引,康熙二十二年(1683)正式划定南、太、思三府和郁林等七州县改食高州、廉州府盐:"(康熙)二十二年将南、太、思三府改食廉州盐,郁林等七州县改食高州盐。"[6]自此,广西省划分出南、北两大区域行销广东盐:广东惠州府、潮州府的盐溯西江至梧州,转运至

---

[1] 康熙《广东通志》卷10,《盐课》,第543页。
[2] 雍正《广东通志》卷25,《盐法》,第663页。参见乾隆《两广盐法志》卷16,《转运》,第208—209页。
[3] 同治《梧州府志》卷9,《盐榷》,第194页。
[4] [清]高熊征:《粤西行盐议》,《皇朝政典类纂》卷75,《盐法六·盐课·广西》,沈云龙主编《近代中国史料丛刊续编》第88辑,台北:文海出版社,1982年,第217—218页。高熊征,康熙二十年任桂林府学教授,参见光绪《临桂县志》(补刊)卷12,《中国方志丛书》,台北:成文出版社,1967年,第200页。参见吴相升:《清初广西盐业制度考察》,《四川理工学院学报》(社会科学版)2011年第4期。
[5] 万历《广东通志》卷7,《藩省志七·盐课》,第186—187页。
[6] 同治《梧州府志》卷9,《盐榷》,第194页。

广西东北、西部等府州县，广东高州府、廉州府的盐分别经平塘江口和梅菉镇运入广西南、太、思三府和郁林州等州县。[1]康熙五十一年（1712），广西巡抚陈元龙奏请将高、廉盐销往广西的盐税单独征收："南宁、太平、思恩三府及郁林等七州县改配高、廉熟盐，其盐船不经梧州者，分令南、太、思三府知府及本州县官收税。较之苍梧道弯远查收，于民、于商、于官实属去难就易，无损有益。"[2]黄启臣认为食盐在两广市场上居第二位；就广东对广西商业贸易而言，已经是第一位的商品。他引述郑家度的《广西金融史稿》指出清代广西形成三个运销广东盐的地区。[3]

清初，广西行盐多由殷实各商佥充："因商客无现银，查佥殷实各商认领。……（康熙）二十二年革去水客，总归埠商办运。四十六年（1707）将总商禁革，令各州县自募土著殷商承充。"[4]自募土著商人的政策由广东巡抚范时崇奏请施行，但广西巡抚陈元龙认为范时崇"未曾深悉广西地方之贫瘠也"，广西"改募土商以后三四年来，盐政颇为民累"，因此建议广西招募盐商应"不论外籍、土著，但取实在资本充足者。不拘成例，准其承充，亦不必拘定一州一县。如资本能承办数州县，能承办一二府者，各听其力量承充"。[5]即便有此建议，广西商人依然无力销引办课。雍正初，广西行盐再改官运官销："广西省因无商人承办，臣题准借出司库银六万两，官运官销。"[6]雍正元年（1723）"令官运官销。先动库银六万两，令广西盐道委官赴领，按引买盐，运至广西分给各州县，

---

[1] 道光《两广盐法志》卷20，《转运七·改纲归所》，第620—621页。
[2] 《广西巡抚陈元龙奏陈广西盐政利弊情由折》，康熙五十一年六月二十八日，中国第一历史档案馆编：《康熙朝汉文朱批奏折汇编》，第310页。
[3] 黄启臣：《明清时期两广的商业贸易》，《中国社会经济史研究》1989年第4期。
[4] 同治《梧州府志》卷9，《盐榷》，第194页。
[5] 《广西巡抚陈元龙奏陈广西盐政利弊情由折》，康熙五十一年六月二十八日，中国第一历史档案馆编：《康熙朝汉文朱批奏折汇编》第4册，第308—310页。
[6] 《两广总督孔毓珣奏报经手盐课数目折》，雍正四年五月二十八日，中国第一历史档案馆编：《雍正朝汉文朱批奏折汇编》第7册，第339页。

照部定价值行销。将盐价收贮盐道库,扣存应纳西税银,其东饷委官解东,交盐道贮库。令该督将动解藩库银六万两照数归还。此外,通计所得余银,二年可得九万三千三百余两,内扣存银六万两永为每年盐本,至第三年照部价每盐一斤减银二厘"[1]。郁林州盐务也于"雍正二年(总)督孔(毓珣)奏准革除土商,借给帑本官运官销"[2]。广西官运官销是由驿盐道官员赴广东按引买盐,运回广西,照部定价分给各州县,收回盐价。此事具体由广西驿盐道张若霈经画:"迁驿盐道,值盐政敝坏,诏令详议善策,遂改为官运官销。当创制立法之初,头绪繁多,若霈悉心经画,条分缕析,尽中机宜,国课无亏,东西便之,至今食其德焉。"[3]至雍正四年(1726)已将"原借司库银六万两归还藩库"[4]。不过,官运官销之法施行不久即弊端百出,不得已改召商办:"乾隆元年(1736)平乐等二十八州县埠改召商办,其临桂等二十九州县埠仍归官运官销。"[5]平乐等二十八州县埠隶属平乐、梧州、浔州、南宁、郁林五府州,因其近广东省,水运易到,改招商承办。桂林等五府距广东路远仍由官运。[6]但是,由于临、桂等州县官员办理盐务不善,欠帑累累。经两广总督李侍尧奏请,乾隆二十三年(1758)临、桂等二十九州县全部改归商办:"将临桂等官埠概行召商承充领销余盐,改设引目六万五千二百四十九道。"[7]

石康、中屯运馆与梅菉镇。明代海北盐课提举司盐场隶属广东高、廉、雷、琼四府,万历时期海北盐课提举司裁革,雷州府和琼

---

[1] 光绪《百色厅志》卷5,《盐法》,《中国方志丛书》第25号,第68页。
[2] 光绪《郁林州志》卷8,《盐课》,第107—108页。
[3] 同治《梧州府志》卷15,《宦绩下》,第322页。
[4] 《两广总督孔毓珣奏报经手盐课数目折》,雍正四年五月二十八日,中国第一历史档案馆编:《雍正朝汉文朱批奏折汇编》第7册,第338—341页。
[5] 光绪《百色厅志》卷5,《盐法》,第68—70页。
[6] 民国盐务署:《清盐法志》卷220,《两广七·运销门四》,于浩辑《稀见明清经济史料丛刊》第二辑第10册,第566页。
[7] 光绪《百色厅志》卷5,《盐法》,第68—70页。参见民国盐务署:《清盐法志》卷220,《两广七·运销门四》,第574—575页。参见本书第四章盐商李念德讨论。

州府的盐场划归州县兼管，仅运销本府县盐埠。而高州府和廉州府盐场除供应本府，也运销广西。清代以后，高、廉二府盐场的盐负责供应广西南、太、思三府和郁林等七州县。雍正时期廉州府有白石、白沙、西盐白皮场，乾隆时合并为白石一场，后又分白石东、西二场。[1]盐场俱"产熟盐。今发帑官收，运石康中屯江口就地配引，兑廉州三州县埠及广西思恩、南宁、太平三府各州县埠拆引配销"[2]。明代海北盐课提举司裁革后，改廉州府海防同知兼理。康熙三十二年改归两广盐运司管理。原设场大使，康熙五十八年（1719）改归府管。雍正年间设高廉运判，其后旋设旋撤，兴废不一："雍正十一年（1733）设高廉运判一员，驻廉州，督收高、廉二府盐斤，并西省发运事务。乾隆七年（1742）裁汰运判，仍归府管辖。"[3]廉州府至广西江口中屯有两条运道，一为合浦的石康运馆，"郡治东北四十五里，旧设合、灵、郁、兴诸埠发配"，一为钦州中屯配馆，"在州治东七里，收贮场盐配运江口"。平塘江口"距横州十里"，中屯至平塘江口则为水旱运道："西省南、太、思、泗、镇五府领运廉场帑盐，向系钦州知州由中屯配馆运至陆屋墟。西省委员从陆屋墟接运至平塘江口分发官商各埠。"[4]

按照雍正两广总督郝玉麟的说法，"（广）西省引盐一由广东省转运至梧州府上仓，一由广东廉州府运至广西江口中屯地方上仓"[5]，实际上广东盐运销广西还有配引高州府盐场的广西郁林等七州县。雍乾时期高州府计有电白县博茂场、茂名县博茂场、吴川县茂晖场、石城县丹兜场[6]等四场，分别供应本府属县盐埠和广西郁

---

[1] 道光《廉州府志》卷7，《建置一·公署》，第101页。
[2] 雍正《广东通志》卷25，《盐法》，第665页。
[3] 道光《廉州府志》卷12，《经政三·盐法》，第252页。
[4] 道光《廉州府志》卷12，《经政三·盐法》，第263、268页。
[5] 《广东总督革职留任总督郝玉麟奏陈酌设两广稽查私枭巡丁以裕课税折》，雍正九年八月初八日，中国第一历史档案馆编：《雍正朝汉文朱批奏折汇编》第21册，第3页。
[6] 乾隆《两广盐法志》卷17，《场灶上》载石城县丹兜场"盐课原属廉州府海防厅征解，后分拆入石城县征解"，第459页。

林等七州县:"俱产熟盐,今发帑官收。其电白县博茂场有运省兑商余盐。茂名县博茂等场就地配兑高州府六州县埠及广西郁林等七州县埠,拆引配销。"[1]高州府盐场的盐俱经梅菉转运广西。[2]梅菉镇"在茂明(名)县西南,接吴川县界,为雷琼通衢,商旅极盛","北溯三桂河以通电白,溯三义河以通化州,西则溯鉴江而北以通化州,溯鉴江而南以通吴川,实为高凉咽喉之地"。[3]"梅菉墟,岭西一大都会也。"[4]清代梅菉镇发展为广东海运西路重要海港之一,为高州府米谷贸易中心[5];"梅菉为下四府辐辏之区,百货充栋,商贾云集。"[6]

梅岭、连州、乐昌与小淡水厂。此四处为广盐北上湖南、江西的转运枢纽。如前所述,明初梅岭已是广盐走私江西的交通要道。成化年间韩雍于此设立盐关,控扼广盐越境江西的交通要道,确立起广盐经南雄梅岭越境江西的枢纽地位。清代康熙朝中期广盐运往江西的一部分改由潮桥配运,南雄梅岭的中转地位有所下降。乾隆时期保留江西南安府的大庾埠、南康埠、上犹埠、崇义埠以及赣州府的赣县埠等二府五县的食盐配运,由省河运盐至南雄府贮仓,陆运度梅岭抵中站贮仓,再转运至埠。[7]明后期广西实行官运官销,主要借助梧州转运桂林再运至湖南衡、永二府的运道,但是这条运道很快就为韶州府乐昌、连州的运道代替。明末鹿善继已指出广东盐销至湖南"一自韶州至乐昌平石村,径达于楚之郴州宜章。一自

---

[1] 雍正《广东通志》卷25,《盐法》,第665页。
[2] 乾隆《两广盐法志》卷16,《转运》,第286—288页。
[3] 光绪《梅菉志稿》(八卷存五卷)卷1,《地理·形胜》,倪俊明主编《广东省立中山图书馆藏稀见方志丛刊》,北京:国家图书馆出版社,2011年,第19—20页。
[4] 光绪《吴川县志》卷10,《纪述下·杂录》,第646页。
[5]《广东航运史》编委会:《广东航运史》(古代部分),北京:人民交通出版社,1989年,第171、229页。参见吴滔:《清代广东梅菉镇的空间结构与社会组织》,《清史研究》2013年第2期。
[6] 道光《吴川县志》卷1,《舆图》,广东省地方史志办公室辑《广东历代方志集成·高州府部》,第22—23页。
[7] 乾隆《两广盐法志》卷16,《转运》,第265—267页。参见张素容:《食盐贸易与明清南雄地方社会》,《盐业史研究》2007年第1期。

连州至星子白牛桥,径达于衡之蓝山、临武,为北界"[1]。雍正时期湖广省衡州府行销广盐:"桂阳等各州县行销广东连州星子埠引盐,郴州等各州县行销广东乐昌县两河埠引盐。"[2]乾隆时期销往湖南直隶桂阳州和直隶郴州两州县的广盐集中由韶州府乐昌县之平石、田头转运。[3]小淡水厂为潮州府、惠州府盐运销江西府县的枢纽。江西赣州府安远埠、龙南埠、定南埠等俱场赴淡水场[4]掣配,皆"由平海港口出大星汛,至墩头,赴小淡水厂,交官贮仓,领程经惠粮厅验放,过浮桥"[5],再转运至各埠。乾隆年间总督陈宏谋甚至建议潮盐也可经小淡水厂运至江西赣州府:"潮桥之盐由海船运至小淡水盘收上仓,雇船运至龙川之水东地方,计程五百余里,由水东换小船至和平县,计程六十里,雇夫挑至江西龙南县水口,下船顺流直抵宁、零,比之原路甚觉捷便。"[6]

2. 清代潮桥体系运作

清初顺康时期,潮州府潮阳县有招收场,饶平县有小江场、海山隆澳两处盐场,惠来县有隆井场,澄海有小江西界场,共计盐场五处。[7]随着官帑收盐改革的推行,雍乾时期广东盐场出现裁撤、增置的高潮。潮州府盐场从五处增加至七处:"招收、小江、隆井三场自前明已有其官","国朝设东界、海山、隆澳三场,又于隆井分

---

[1] 鹿善继:《鹿忠节公集》卷10,《粤东盐法议》,第226页。
[2] 雍正《广东通志》卷25,《盐法》,第663页。
[3] 乾隆《两广盐法志》卷16,《转运》,第261—265页。
[4] 光绪《惠州府志》卷7,《建置·廨署》载:"淡水场盐大使署在平海所城内","小淡水厂委员署在碧甲司圣堂村"。广东省地方史志办公室辑《广东历代方志集成·惠州府部》,第118页。
[5] 乾隆《两广盐法志》卷16,《转运》,第271—272页。
[6] [清]陈宏谋:《酌改运盐道路檄》,《培远堂偶存稿》卷42,《清代诗文集汇编》编辑委员会编:《清代诗文集汇编》第280册,上海:上海古籍出版社,2010年,第282—283页。
[7] 雍正《广东通志》卷25,《盐法》,第663—664页。又,顺治和康熙的《潮州府志》中,仅盐场四处,无海山隆澳场,康熙四十八年(1709)两广巡盐御史鄂洛疏请商人于海山隆澳认增场课,疑此前盐场已经设立。参见乾隆《两广盐法志》卷3,《奏议一》,第266—267页。

出惠来一场"[1]。这七处盐场分别是：东界场、海山场、河东场、河西场、惠来场、小江场、隆井场。广盐产地的新格局中潮州府盐占有相当比重，包括惠州府在内，惠、潮两府先后增置盐场盐栅共计十四处，盐产占全省总产70%有余。潮州府盐供应本府各州县、直隶嘉应州、江西、福建等界邻府县。两广盐区188盐埠中，运销潮桥盐的盐埠有21埠，桥、场兼运有1埠，潮州府盐场配运7埠，潮桥合计29埠，约占15.4%（参见表3-1）。

潮桥体系的枢纽在广济桥和三河坝。除部分盐埠实行场配，直隶嘉应州、福建汀州府、江西零都等21埠皆需由埠商赴潮桥掣配，再经三河坝转运："潮州属府九县内，大埔一县运销广济桥盐，丰顺县桥、场兼运，海阳等七县俱运销场盐。直隶嘉应州并所属四县运销广济桥盐。福建省汀州府属八县运销广东潮州广济桥盐。江西省零都等四县俱运销广东潮州府广济桥盐。直隶宁都州并所属二县运销广东潮州广济桥盐。"[2]各处埠商"赴潮桥掣配。用趸船在桥下兑交散装各舱，验放上桥。另用高头小船装运至三河坝验放"[3]，三河坝于潮桥体系盐运的重要性不言而喻。[4]

康熙三十二年（1693）以后，特别是雍正朝以后，潮桥埠商于广济桥东岸完成配运、接受盘查等盐务成为定制："国朝康熙三十二年改提举为运同，以二盐运使。潮桥筑亭馆于江岸，缆舟掣盘，盖自此始，署在三河坝（今大埔县三河坝）。康熙四十五年（1706）裁运同缺，归并潮州府。雍正二年（1724）以引目日增，课额愈大，运使驻省鞭长莫及，仍复运同缺，驻扎潮州府城。"[5]雍正"三年乙巳（1725），题盐运同驻潮州，与知府分督桥务。东岸属运同掣放

---

[1]　乾隆《潮州府志》卷23，《盐法》，第375页。
[2]　乾隆《两广盐法志》卷16，《转运》，第206—207、253—260页。
[3]　乾隆《两广盐法志》卷16，《转运》，第268页。
[4]　参见周琍：《清代赣闽粤边区盐粮流通与市镇的发展》，《历史档案》2008年第3期。
[5]　乾隆《潮州府志》卷23，《盐法》，第374页。

引盐，西属潮州府稽查关税。其浮梁船十八只，亦各分管"[1]。"海运场盐船只泊东岸，给配各商领运，设盘查公馆一所。乾隆二十七年（1762）添设委员驻所办理。"[2]为方便配盐，盐仓也设置在广济桥东岸。乾隆时期，潮州府在广济桥东岸附近建三处盐仓：印子山盐仓"在郡东关厢。康熙五十七年（1718）署运同张自谦详准建，盐仓三层共十七间，门楼二间，住屋二间"；卧石岭盐仓"在郡东关厢。雍正十三年（1735）运同张士琏详准建，盐仓四层，每层八间，共三十二间。门楼二间，住屋二间"；白窑村盐仓"在郡东关厢。雍正十年（1732）运同程哲详准建，盐仓四层共四十间"，"又雍正十二年（1734）运同张士琏详请添建盐仓一层九间，门楼二间"，"乾隆二年（1737）署运同耿国祚详请建，盐仓三间共十七间，门楼一间，住屋二间"。[3]

乾隆《两广盐法志》详载广济桥东岸食盐掣配及方位图，[4]使我们对潮桥体系的运作有更直观的理解（参见图3-3）：

> 广济桥在郡城东门外，为闽粤往来要冲，绵亘一百八十八丈，分东西两畔，中间分浮船一十八只。西属潮州府稽查税务，东属运同掣放引盐。东畔桥墩一十三座，自墩脚起，量高三丈八尺，墩面横直各宽七丈二尺。浮船九只，每只长四丈六尺，中宽一丈一尺，工料银两尽在杂项内动支。桥之下为海运湾泊之所，设盘查馆一处，每年地租银五两，在于杂项内动支。设掣配座船一只，放关座船一只，收买花红盐艇船一只，巡哨船一只，司事一名，书办一名，巡役十名，听差一名，桥甲六名，

---

[1] 饶宗颐：《广济桥志》，第227页。
[2] 光绪《海阳县志》卷22，《建置略六·桥梁》，广东省地方史志办公室辑《广东历代方志集成·潮州府部》，第206页。
[3] 乾隆《潮州府志》卷23，《盐法》，第411页。
[4] 乾隆《两广盐法志》卷首，第62—63页。

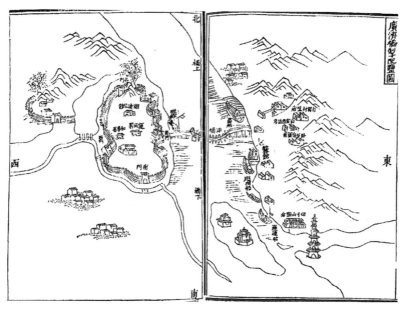

图 3-3 道光时期广济桥掣配盐图
资料来源：道光《两广盐法志》卷首，第 180—181 页。
参见乾隆《两广盐法志》卷首，第 62—63 页。

水手一十三名，在于该口各要路及河下桥栅等处巡缉堵御水陆私枭。[1]

三 清前期两广盐埠引饷定额化

整理明代后期两广盐区的盐课总额其实非常困难。正德年间佥事吴廷举认为盐场办引盐课银不过二万四千余两，天顺以后巡抚重臣于行盐各立盐厂抽盘，每年所入除正额外盐利银三四万两，两项相加总计五六万两。然而这不过是一般的说法。天顺以后两广盐课

---

[1] 乾隆《潮州府志》卷 23，《盐法》，第 408 页。

名目繁多，其实皆为军饷："给票发广东提举司，书填比号以发卖之于商人、水商，所纳有公柜银、有余银、牙税银等，其名虽异其实则同，总谓之军饷也。"[1] 以军饷名义征收的盐利银，由于非盐课正额，且无引额，仅仅规定征收项目和标准。明代后期有关两广盐政的官史文献中，几乎找不到这一类盐课总额的相关记载。这一现象说明明代两广政府很可能从未对两广课饷实行过定额化的专商引岸制，而是采取在交通枢纽的各处抽盘厂按标准向经过的盐商及其盐包抽饷，至于盐商去哪儿销盐、销多少盐则不做规定。当然，地方督抚等军政大员以军饷的名义截流盐利银，以至于朝廷无法确知其总额。[2]

清代，盐课收入已上升为中央财政税收大宗，仅次于田赋正供："朝廷均赋税，清出纳。大司农岁入正供之外，盐课为重。"其中两广盐课收入"虽差减两淮、长芦，然地远务繁，筹画匪易。每岁行引征饷数十万计，所关国用民生大矣"。[3] 康熙朝以后，朝廷致力于将两广盐区的盐课收入纳入中央财政的管控。特别是重点清理明代广盐越境的销区，如广西、江西、福建、湖南等省，明确规定这些地区府州县的引额。正如前述，广西地方官员竭力反对按引销盐，其理由就是明代广西州县从未设引销盐，仅设盐厂抽征各种名目的盐税。康熙朝朝廷整顿两广盐政，最重要的一项措施就是根据州县户口统计确定盐埠数量和引额，以此管控两广盐课收入。乾隆朝中期，供应省河、潮桥体系的盐场共计27场栅，产盐1401010包（包括生、熟盐），其中广州府属盐场占5%，惠州府属盐场占60.6%，潮州府属盐场占26.9%，肇庆府、高州府、廉州府属盐场占7.5%。两广盐区的引额统计：两广、湖南、江西、福建等

---

[1] 嘉靖《广东通志》卷26，《民物志七·盐法》，第673页。
[2] 参见应槚初辑，凌云翼嗣作，刘尧诲重修：《苍梧总督军门志》卷13，《兵防十·两省岁入军饷》，第145—149页。
[3] 乾隆《两广盐法志》卷12，《引饷上》，第363页。

省共计766462道。广东省引432775道（56.5%），广西省引136801道（17.8%），江西省引54152道（7%），福建汀州府引78248道（10.2%），湖南省引64486道（8.4%）。[1]雍正时期两广总督杨琳奏称两广盐课引饷"康熙三十年（1691）以前止一十九万两零，三十一年以后设立盐差，陆续增至二十九万两零。四十六年广东抚臣范时崇将御史盐道陋规十六万两题归正饷，共征银四十五万五千两零。又广西驿盐道原征课银四万七千两零，通共五十万两零。此现征课额也"[2]。至乾隆朝中期"每岁商人应纳饷税及杂项羡银共八十万两有奇。此外尚需缴纳盐价银三十余万两，数逾百万"[3]。如果没有对两广盐区盐埠引额与饷额的具体规定，不可能得出如此详细的两广盐课总额数字，可见两广盐埠引饷的定额化对两广盐课纳入中央财政的重要意义（参见表3-2）。

表3-2 雍正时期两广盐区各埠额引及饷费银两统计

序号	省府州县	原额引/道	引饷银/两	今额引/道	引饷银/两	备注
	广东省					
	广州府	府共额引94908.440道，饷费银52975.115两				
1	南海县	960	1068.807	20143.035	12431.287	
2	番禺县	1012	1116.236	13117.032	7408.889	
3	顺德县	416	348.548	12028.077	6409.795	
4	东莞县	199	219.497	7522.045	3672.755	
5	从化县	132	145.596	1729.048	900	
6	龙门县	252	328.356	3039.071	1000	
7	新宁县			880	269.618	
8	增城县	158	205.874	4361.080	1693.256	
9	香山县	172	197.716	6046.018	3028.089	

---

[1] 乾隆《两广盐法志》卷18，《场灶下·盐包》，第493—497页。
[2] 《广东总督杨琳等奏覆粤东盐政折》，雍正元年十一月十六日，中国第一历史档案馆编：《雍正朝汉文朱批奏折汇编》第2册，第273—276页。
[3] 乾隆《两广盐法志》卷11，《奏议九》，第352—353页。

续表

序号	省府州县	原额引/道	引饷银/两	今额引/道	引饷银/两	备注
10	新会县	430	478.702	8481.986	4461.664	
11	三水县	222	244.866	3685.098	2421.807	
12	清远县	589	649.667	7979.040	5912.968	
13	新安县	69	103.707	1997.098	1064.419	
14	花县	270.140	836.920	2884.042	1718.218	康熙二十五年割拨南、番二县
	韶州府	府共额引6939.54道，饷费银52080.982两				
15	曲江县	674	322.162	9402.076	6900	
16	乐昌县	1710	2228.130	8569.023	8500.924	其西湖埠行郴州者另列湖广州省
17	仁化县	910	201.330	16115.070	11786.484	
18	乳源县	270	297.810	4716.076	3443.380	
19	翁源县	985	1086.454	10023.018	6457.604	
20	英德县	1535	1693.150	220111.087	14928.677	
	南雄府	府共额引8203.87道，饷费银8203.62两				
21	保昌县	494	149.682	6603.050	4362.036	
22	始兴县	355	391.565	5175.341	3841.584	
	惠州府	府共额引51148.47道，饷费银29844.749两				
23	归善县	67.392		2698.066	696.943	原额引派入民粮发解。康熙三十二年设埠行引
24	博罗县	95	123.785	3386.091	2053.240	
25	长宁县	143	186.329	1611.017	946.338	
26	永安县	120	30.063	1000	584.565	康熙三十七年设埠
27	海丰县	35	52.605	2509.099	1284.770	
28	龙川县	112	123.536	4476.068	3029.061	
29	长乐县	5517.250	1944.831（余银）1354.452	4137.025	2474.110	康熙四十八年匀拨和平、永安二县行销

续表

序号	省府州县	原额引/道	引饷银/两	今额引/道	引饷银/两	备注
30	兴宁县	31995.030	11278.249	23399.030	13992.811	康熙四十八年匀拨赣州府属并龙川县行销
31	连平州	191	245.073	2895.029	1580.880	
32	河源县	180	234.500	2620.043	1553.434	
33	和平县	116	127.940	2412.062	1648.586	
	潮州府	府共额引 80085.830 道，饷费银 46357.179 两				
34	海阳县	2321.770（原配菜盐引）	818.425	5255.010（连渔引共计）	2244.745	
35	潮阳县	2577.480（原配菜盐引）	1541.268	今同	今同	
36	揭阳县	4786.480（原配菜盐引）	2862.350	今同	今同	
37	程乡县	17464.530	6156.249（饷银）4287.684（余费银）	12768.053	7635.468	康熙四十八年匀拨赣州府属行销
38	饶平县	3681.900（原配菜盐引）	1297.873	5148.057（连渔引共计）	2629.963	
39	惠来县	2577.330（原配菜盐引）	1541.268	今同	今同	
40	大埔县	6985.810	2492.500（饷银）1715.073（余费银）	仍旧额	4177.574	
41	澄海县	1844.095	1100.950	今同	今同	
42	普宁埠	736.380（原配菜盐引）	440.036	今同	今同	
43	平远县	40098.580	14134.750 9844.524（余费银）	29308.058	17526.767	康熙四十八年匀拨赣州府属行销

续表

序号	省府州县	原额引/道	引饷银/两	今额引/道	引饷银/两	备注
44	镇平县	10478.720	2693.749 2572.610 （余费银）	7660.072	4581.173	康熙四十八年匀拨赣州府属行销
45	海山隆澳场	440（渔引）	75.112			康熙四十八年题设渔引，属饶平县征解，另场课属场课项下
	肇庆府	府共额引 37315.058 道，饷费银 23974.653 两				
46	高要县	323	356.269	6481.039	4114.083	
47	四会县	191	210.010	3959.061	2562.992	
48	新兴县	73.750	96.096	1793.016	1134.734	
49	阳春县	118	177.354	3144.001	1801.662	
50	阳江县		95.688	2053.033	633.011	原额引派入民粮征解。康熙三十二年设埠行销
51	高明县	115	126.845	2765.003	1849.658	
52	恩平县	26	28.678	959.013	646.008	
53	广宁县	139	153.317	1821.020	1351.846	
54	开平县	97.025	107.266	33805.054	2128.202	
55	德庆州	152	167.656	2384.030	1580.962	
56	封川县	334	368.402	4769.020	3544.093	
57	开建县	350	386.050	3799.063	2635.797	
	高州府	府共额引 4640.014 道，饷费银 1935.03 两				
58	茂名县		121.535	2679.039	1317.671	原额引饷拨入民粮征解。康熙二十一年设埠行引
59	电白县		73.838	447.082	141.001	原额引饷拨入民粮征解。康熙三十二年按饷配引

第三章　省河体系与潮桥体系

续表

序号	省府州县	原额引/道	引饷银/两	今额引/道	引饷银/两	备注
60	化州		94.575	573.057	180.595	原额引饷拨入民粮征解。康熙三十二年按饷配引
61	吴川县		62.230	377.042	118.834	原额引饷拨入民粮征解。康熙三十二年按饷配引
62	石城县		44.921	272.044	85.781	原额引饷拨入民粮征解。康熙三十二年按饷配引
	廉州府	府共额引8025.016道，饷费银3893.302两				
63	合浦县	3692.068	1791.459	今同	今同	
64	钦州	1232.099	598.172	今同	今同	
65	灵山县	3099.048	1503.669	今同	今同	
	雷州府	府共额引1393.018道，饷费银438.658两				
66	海康县		88.672	537.078	169.327	系县征解。康熙三十二年按饷配引
67	遂溪县		69.709	422.078	133.117	系县征解。康熙三十二年按饷配引
68	徐闻县		71.330	432.061	136.212	系县征解。康熙三十二年按饷配引
	琼州府	琼州各属不设埠，额征场课银3489.058两，另列场课项下				
	罗定州	州共额引8726.006道，饷费银5663.332两				
69	罗定州	269	296.707	2524.049	2200	
70	东安县	214	236.042	2803.087	1814.899	
71	西宁县	153	168.759	2397.070	1576.801	

续表

序号	省府州县	原额引/道	引饷银/两	今额引/道	引饷银/两	备注
	连州	州共额引 19725.057 道，饷费银 16969.878 两				
72	连州	1632	2126.496	8981.087	8934.660	其桂阳等州县引饷另列湖广省
73	阳山县	660	727.980	7599.027	5640.803	
74	连山县	230	299.690	3144.042	2394.414	
	广西省					
	桂林府	府共额引 14887 道，饷费银 18823.609 两				
75	临桂县	6086	7695.337	今同	今同	
76	兴安县	731	321.774	1000	1264.432	康熙四十八年将义宁县引269道拨入行销
77	灵川县	4109	1808.718	2000	2528.860	康熙四十八年匀拨全州行销
78	阳朔县	1145	504.011	445	562.672	康熙四十八年匀拨灌阳县行销
79	永福县	325	410.940	今同	今同	
80	义宁县	1026	441.629	400	505.773	康熙四十八年匀拨桂阳县行销
81	全州	888	390.883	2997	3789.500	康熙四十八年将灵川县引2109道拨入行销
82	灌阳县	577	253.986	1634	2066.083	康熙四十八年将阳朔县引700道、义宁县引357道拨入行销
	柳州府	府共额引 6209 道，饷费银 7957.131 两				
83	马平县	134	58.984	2094	2750.926	代纳富川、贺县二县引1960道

续表

序号	省府州县	原额引/道	引饷银/两	今额引/道	引饷银/两	备注
84	雒容县	53	67.054	今同	今同	
85	罗城县	139	175.869	今同	今同	
86	柳城县	163	206.222	今同	今同	
86	怀远县	356	450.403	今同	今同	
88	融县	338	427.630	今同	今同	
89	象州	1099	1390.439	今同	今同	
90	宾州	870	1100.703	今同	今同	
91	迁江县	158	199.898	今同	今同	
92	上林县	570	721.151	今同	今同	
93	来宾县	125	158.147	今同	今同	
94	武宣县	244	308.703	今同	今同	
	庆远府	府共额引1444道，饷费银1821.855两				
95	灵山县	541	684.461	今同	今同	
96	天河县	82	103.744	今同	今同	
97	河池县	356	450.403	今同	今同	
98	思恩县	461	583.346	今同	今同	
	思恩府	府共额引4496道，饷费银2982.298两				
99	武缘县	1556	944.720	今同	今同	其代销富、贺二县引，康熙四十八年归入百色埠行销
100	百色埠	2940	1937.478	今同	今同	康熙四十八年题设，将宣化、横州、武缘三州县代销富、贺二县引980道拨入行销。其督饷考成统归武缘县
	平乐府	府共额引10480道，饷费银13721.512两				
101	平乐县	397	174.753	1155	1500.588	康熙四十八年将富川县引758道拨入

续表

序号	省府州县	原额引/道	引饷银/两	今额引/道	引饷银/两	备注
102	富川县	4800	2352.880	2621	3451.951	康熙四十八年匀拨永平等州县行销
103	贺县	4020	1970.541	1573	2071.697	康熙四十八年匀拨恭城、昭平二县行销
104	荔浦县	220	96.840	640	831.493	康熙四十八年将富川县引420道拨入
105	修仁县	113	49.740	229	427.444	康熙四十八年将富川县引216道拨入行销
106	昭平县	365	160.667	1048	1361.324	康熙四十八年将富川县引115道、贺县引568道拨入行销
107	永安州	351	154.504	1021	1326.490	康熙四十八年将富川县引670道拨入行销
	梧州府	府共额引16308道，饷费银11784.059两				
108	苍梧县	1706	2158.392	今同	今同	
109	藤县	637	805.917	今同	今同	
110	容县	585	355.181	今同	今同	
111	岑溪县	402	244.239	今同	今同	
112	怀集县	6000	3983.653	今同	今同	
113	郁林县	2126	1290.793	今同	今同	
114	博白县	745	452.324	今同	今同	
115	北流县	1337	811.757	今同	今同	
116	陆川县	1429	867.613	今同	今同	
117	兴业县	1341	814.185	今同	今同	
	浔州府	府共额引3140道，饷费银3972.659两				
118	桂平县	1398	1768.719	今同	今同	
119	平南县	434	549.087	今同	今同	

续表

序号	省府州县	原额引/道	引饷银/两	今额引/道	引饷银/两	备注
120	贵县	1308	1654.853	今同	今同	
	南宁府	府共额引6379道,饷费银3878.013两				
121	宣化县	2343	1424.675	今同	今同	代销富、贺二县引,康熙四十八年归入武缘县、百色埠行销
122	新宁州	1487	904.179	今同	今同	
123	隆安县	416	252.951	今同	今同	
124	横州	1097	667.037	今同	今同	
125	上思州	179	108.842	今同	今同	
	太平府	府共额引2267道,饷费银1427.224两				
126	养利州	490	322.913	今同	今同	代销富川县、贺县二县引490道
127	左州	929	564.039	今同	今同	
128	永康州	490	322.913	今同	今同	代销富川县、贺县二县引490道
129	崇善县	358	217.358	今同	今同	
	福建省					
	汀州府	府共额引66784.039道,饷费银39937.606两				
130	长汀县	31855.031	11228.999 7820.736(余费银)	21237.031	12700.087	康熙四十八年匀拨宁化等七县行销
131	宁化县	8382.097	2955 2058.088(余费银)	10677.097	6385.517	康熙四十八年将长汀县引2295道拨入行销
132	上杭县	8382.097	2955 2058.088(余费银)	10967.097	6558.939	康熙四十八年将长汀县引2585道拨入行销
134	武平县	4191.048	1477.499	5666.048	3368.605	康熙四十八年将长汀县引1475道拨入行销
135	清流县	5588.065	1969.999	6263.065	3745.724	康熙四十八年将长汀县引675道拨入行销

续表

序号	省府州县	原额引/道	引饷银/两	今额引/道	引饷银/两	备注
136	连城县	2794.032	984.999	4059.032	2427.590	康熙四十八年将长汀县引1265道拨入行销
137	归化县	1095.074	738.750 514.522（余费银）	3327.074	1990.018	康熙四十八年将长汀县引1232道拨入行销
138	永定县	3492.090	1231.250 857.536（余费银）	4583.090	2741.013	康熙四十八年将长汀县引1091道拨入行销
	江西省					
	赣州府	内有簝税469.117两，以前归潮州运同项下征解，今归赣属埠商办纳。府共额引37800道，饷费银33013.402两				
139	赣县	2284	3287.204	13000	11353.815（含饷费银、簝税银，下同）	康熙四十八年将广东平远各县引10230道拨入行销
140	雩都县	1500	1712.033	4200	3668.155	康熙四十八年将广东平远各县引2700道拨入行销
141	信丰县	850	970.152	2500	2183.426	康熙四十八年将广东平远各县引1650道拨入行销
142	兴国县	1000	1141.355	2300	2008.750	康熙四十八年将广东平远各县引1300道拨入行销
143	会昌县	600	684.813	1200	1048.044	康熙四十八年将广东平远各县引600道拨入行销
144	长宁县	370	422.301	1000	873.370	康熙四十八年将广东平远各县引670道拨入行销

续表

序号	省府州县	原额引/道	引饷银/两	今额引/道	引饷银/两	备注
145	宁都县	2300	2625.228	5700	4978.211	康熙四十八年将广东平远各县引3400道拨入行销
146	瑞金县	650	741.881	1200	1048.044	康熙四十八年将广东平远各县引550道拨入行销
147	龙南县	900	1027.220	2700	2358.100	康熙四十八年将广东平远各县引1800道拨入行销
148	定南县	240	273.025	1200	1048.044	康熙四十八年将广东平远各县引960道拨入行销
	南安府	府共额引2500道，饷费银3335.992两				
149	大庾县	1044	1393.110	今同	今同	
150	南康县	748	998.129	今同	今同	
151	上犹县	321	428.341	今同	今同	
152	崇义县	387	516.411	今同	今同	
	湖广省					
	衡州府	桂阳等各州县行销广东连州星子埠引盐，郴州等各州县行销广东乐昌县两河埠引盐。府共额引40952.057道，饷费银40683.031两				
153	桂阳州	7500	7460.577	今同	今同	
154	嘉禾县	4330.070	4307.937	今同	今同	
155	临武县	4487	4463.414	今同	今同	
156	蓝山县	4640	4615.610	今同	今同	
157	郴州	5720	5674.610	今同	今同	
158	永兴县	4764.087	4726.891	今同	今同	
159	宜章县	4300	4265.724	今同	今同	
160	兴宁县	5210	5168.470	今同	今同	

资料来源：雍正《广东通志》卷25，《盐法》，第653—663页。

经过康乾时期的整顿与改革，两广盐区盐业呈现出新的生产格局，除场配和潮桥的配运，广东盐场的盐均需海运至省城广州，由广州转运至各处盐埠，确立省河体系。潮州府以广济桥为中心，将潮州府盐场的盐集中于广济桥，配运至嘉应州、江西、福建等界邻府州县，确立相对独立的潮桥体系。在省河、潮桥体系下，按地设立埠商，按商额定引数，区界与埠引界限分明，盐产、盐埠引额、两广课饷总额按年奏报，统编成册。乾隆二十六年（1761）两广总督苏昌奏陈两广盐政现行规条，呈现出18世纪中叶两广盐区盐政"发帑官收、配商领运"的全貌：

一，广东之广、肇、庆、惠、潮、高、雷、廉等七府沿海一带，皆有盐田灶墠出产生熟盐斤。现在共设有盐场大使委官等二十七员，专司稽煎督晒、收买场灶盐斤。潮州又另设运同一员就近管理。一切盐务计每年额收生熟一百二十五万余包，熟盐一十四万五千余包，每包计一百五十斤，行销广东、广西及福建之汀州、江西之南赣、湖南之桂阳、郴州、黔省之古州等六省，共一百八十八埠。生盐出自天工，只须耙晒，每包给发场灶价银自一钱五分六厘零至二钱四分四厘零不等。熟盐需用工本沥卤煎熬，每包给发场灶价银自二钱一分零至三钱八分零不等。内广、惠、肇等属场盐，由运司雇募海船运至省河配商行销。潮属场盐，由运同雇船运至潮桥配给商埠。其商人领运省河生盐每包纳价银三钱六分五厘，熟盐每包纳价银四钱六分。潮盐之商人每包纳价银二钱零五厘。其余在场就近配埠者，每包纳价银自一钱三分至四钱五分不等，计每年商人共应纳价银三十六七万两，除给场灶价银及海运船脚外，每年约余银二三万两不等，名曰场羡。凡商人领盐运埠给以水程，沿途照验盘查，以杜夹带之弊。至按引配盐数目稍有多寡，两广、湖南、福建、古州等处各埠每引一道计盐二百三十五斤，江西之赣州府每引一道计盐二百六十四斤，南安府每引计盐三百二十二斤不等。其商人按引应完饷银亦轻重不一。离场窎远之埠，卖价稍贵，故额饷稍重。附近场灶之埠，卖价多贱，额饷亦轻。向以九百五十引为一封。近场之埠，每封完纳饷银三百两，离场窎远之埠，每封完纳饷银八九百两至一千余两不等。此现在收买场盐配商完纳饷价之事例也。

一，粤盐从前原系场丁灶户自行煎卖，另有场商收买灶盐转卖与埠商行销，而场商无力全收，以致场丁灶户将盐私售埠商，无盐可以运销，官引壅滞。康熙五十六年经前督臣杨琳题准，动拨帑银六万两官为收买，场盐配商纳价领运，自此场丁灶户领价交盐俯仰有资，不致公然卖私。雍正年间因场盐配引之外，尚有多余，恐灶户私卖，复经前督臣鄂弥达奏准将场羡银四万两添为帑本收买余盐，按埠配销，谓之正额余盐，商人交纳羡银而不完课。迨乾隆年间场盐更旺，复尽数收买配销，谓之额外余盐，亦止令商人交羡，每年约共获羡银十三四万两。而收盐日广，需本益多，缘所买场灶盐斤，或在场未运，或已运在途，或运至省河待配，或配商而未纳价，层层皆须帑本，所有原拨本银不敷转运，又节经前督臣策楞、陈大受等先后奏准，将盐羡及清出溢羡等项银两添为帑本以资转运，现在计有帑本银三十九万一千余两，此发帑收盐配商之始末也。

一，从前康熙四十年以前原设有巡盐御史专管，每年额征课饷银三十万余两。而巡盐御史及运使衙门转有陋规银一十六万两。康熙四十六年始将前项陋规入正额征解。康熙五十九年裁去巡盐御史，将盐务交与督臣管理。从此事权归一，一切缉私、督销之事呼应得灵，各场皆有场员经管督收、培恤场丁，并贮谷接济。鹾政日渐整理，饷羡递增，乾隆二十三年以前，共额引六十万五千零八十余道，额征课饷银四十六万八千九百余两之外，尚有余盐羡银。乾隆二十三年新定章程，将向日所行余盐二十六七万包改为正引十七万六千六百余道，将余盐应缴之羡银十三四万两改为正饷银十四万八千余两。现在通共额定引目七十八万一千七百七十余道，共计征课饷银六十万零九千余两。又西省六十六埠所行引盐，除完东省饷银之外，另在西省完纳西税。每正引一道完纳银七钱八分零，共完纳西税银四万七千五百余两。此现在引饷税额之总数也。

一，正饷之外，尚有杂项羡银。凡场盐运省，每包加有卤耗盐斤，除云沿途折耗外，有余者名曰子盐，亦官收配商销卖，收价每年获羡银二万四千两。又节省包价工酬及船户缺盐追赔等项。每年约共银五千余两。滇省采买粤盐场羡银九百余两。大埔县征渔卤税银五百七十余两。又每饷银一百两，征收部饭银一两五钱，平头银三两三钱，二项共收银二万九千八百余两。另征纸朱引费奏销银共九千四百余两。又潮属秤头、盐羡及所收公费场脚等项共银二万一千余两。又西省每年另稍秤头盐斤，获羡银二万七千一百余两，销卖土司盐包羡银二千一百余两。以上各项共计获羡银十二万两有零，连前条所开场羡银二三万两，每年约共银一十四五万两，俱报部拨饷充公，此杂项羡银款目也。

前列各条系盐政始末大略统计，每岁商人应纳饷税及杂项羡银共八十万两有奇。此外尚需缴纳盐价银三十余万两，数逾百万，自蒙恩宽恤，先盐后课，两年以来引饷俱折运全完，继此以往，臣督率运司严缉私盐，随时通融调剂，俾官引畅销商力日裕，则法可垂久，民无买贵淡食之虞。缘粤盐系发帑官收、配商领运，与江浙长芦等处商人自出资本行运者不同。谨恭缮清单附呈御览，奉朱批览。钦此。[1]

---

[1] 乾隆《两广盐法志》卷11，《奏议九》，第343—353页。参见乾隆《两广盐法志》卷14，《引饷下》，第1—65页。

概言之，乾隆二十六年两广盐课维系于省河体系与潮桥体系，征收包括正饷与杂项羡银两大类盐课，其中正饷有盐课银609000余两，广西西税银47500余两，杂项羡银约150000两，盐课总额共计80万余两。

四　乾嘉时期改埠归纲与六柜运制确立

道光《两广盐法志》关于乾嘉时期的两广盐政有如下记载：

> 自乾隆五十五年（1790）改埠归局，嘉庆十七年（1812）改局为所，统以中北西东南平六柜。每岁奏销用六柜商名报完咨部。其潮州运同所属二十九埠专案奏销，不入六柜之数。大抵诸埠所隶，或柜或桥，因地制宜，犬牙交错，不以直省限断，并不以府州划分，期于小民就便买食。此粤盐界之大凡也。[1]

这段文字的重点，在于总结、评价乾隆五十五年至嘉庆十七年间两广盐政改革及其效果。然而，这场改革距离总督苏昌奏陈发帑官收、配商领运的两广运制规条才不过三十年，法可垂久的赞誉言犹在耳，乾隆五十五年就推出改埠归纲改革，并且直到嘉庆十七年改纲归所改革才尘埃落定。原因何在？按照两广总督和盐政官员的说法，改埠归纲的缘由在于亏帑大弊积重难返。所谓帑本，"原系场商出资养灶、埠商出资收盐，嗣因场商乏人承认，始议发帑收盐，先后共拨银三十万七千余两……由运司发给场员在于各场收买，并发给艚船水脚，运至东关配给各埠。所有运库、发场之盐本、水脚，即责令埠商于拆运引盐之时按包缴回，谓之盐价。递年帑本与盐价辘轳转输，以

---

[1] 道光《两广盐法志》卷4，《六省行盐表》，第443页。

济配运，此粤盐旧定章程也"[1]。乾隆四十年末，运库收回的盐价已不及帑本之半，补救无方，不断用库项银两借入帑本，以应支发，结果窟窿越补越大，即官员所称挂欠越多。乾隆五十四年三月两广总督孙士毅奏陈帑本大亏的原因是不肖商人任意花帑所致："发帑收盐，俟运埠行销始完饷课。虽当日立法之初，自必因地制宜，而行之日久，积成亏帑大弊。其中不肖商人恃有官帑作本，不须自出己资，任意花用。迨负欠日重，势不得不将旧商革退。"[2]由于各款商欠达698690余两，孙士毅有改埠归纲之议。当年十一月新任两广总督福康安奏陈积欠太多不能不酌筹调剂，再请改埠归纲。

关于两广盐政改埠归纲改革研究，今人多依上述官方之说。唯黄国信利用清人文集和地方文献等史料，梳理乾隆五十三年至五十四年总督孙士毅事迹，提出改埠归纲的缘由乃是孙士毅利用派捐纲本以逃脱个人罪责这一观点。[3]黄国信的解释令我们注意到这场改革背后复杂的人事和权力关系。但是，如果从改革内容和结果来看，朝廷认为补救之策除改埠归纲外已无良法，当是推求积弊、体访舆情之后做出的决定。或者说，是行之既久的制度出了问题，使得改革势在必行。制度问题不仅仅在于官帑亏缺，它只是表面原因，更深层的原因还在于官帑收盐、配商领运制度的僵化运作。

先从改埠归纲说起。

1. 改埠归纲

《清史稿》对改埠归纲的记载较为简略："并两粤百五十埠为一局，举十人为局商，外分子柜六，责成局商按定额参以销地难易，运配各柜，所有原设埠地，悉募运商，听各就近赴局及各柜领销，缴课后发盐二十九埠如旧。所谓改埠归纲也。"[4]"子柜六"是指

---

[1] 道光《两广盐法志》卷20，《转运七·改纲归所》，第616—617页。
[2] 道光《两广盐法志》卷20，《转运七·改纲归所》，第610页。
[3] 黄国信：《清代两广盐法"改埠归纲"缘由考》，《盐业史研究》1997年第2期。
[4] 《清史稿》卷123，《食货志四·盐法》，第3616页。参见黄国信：《清代乾隆年间两广盐法改埠归纲考论》，《中国社会经济史研究》1997年第3期。

中柜、东柜、西柜、南柜、北柜、平柜六柜。纲,也称局,合称纲局:"纲务,令众商捐集资本,在省河合成一局,公同经理,各场盐斤由公局商人自行赴场配运,停止发笃。"[1]

清代《户部则例》对改埠归纲的记载更为详尽:

> 一,广东省河各盐埠并为一局,公举老成谙练者十人定为局商总司其事。出本殷商一体襄办,统以省城河南、金家二仓为公局。此外分设子柜六处:西江在于梧州,北江在于韶州,中江在于三水,东江在于小淡水厂,廉州府在于平塘江口,高州府在于梅菉镇。每处由局商慎选妥人分布经理。场盐统责局商慎贮公局,由运司督同局商核照定额,参以地方销售难易运配各柜,报明总督衙门掣验开江。所有原设埠地,一律召募运商,听其各照地段分赴公局及各柜领盐运销。每年所获盐利尽数汇归公局,为完课运盐之用。获有余利,即按原出资本之家均匀分给。仍令各柜将卖获之银每一月一解公局,由公局截出应完款项,每一季一解运库,年终照例奏销。如有丝毫短欠,惟局商是问。
>
> 一,运商领运各柜盐包,均令现银买运,并询明籍贯、盐数、行销地面,切实填注运司所给三联印票之内仍盖用某柜图记。如船有盐包而无联票,即以私盐治罪。某处销盐若干,局商月报运司存记。仍将销过联票于下月买运时缴回,俟至奏期局商将本年缴销联票汇解。运司核对局商月报数目,即亲赴公局将存银存盐盘查结报。倘有欺隐,该商详革治罪,并将运商认销分数于年终核计,以定各地方官督销考成。
>
> 一,省河各柜地段之内,难为定额者,局商与运商量地制宜,易销之埠即多批若干引,难销之埠即少批若干引,总期通盘会核销足引额。所有从前临时酌量难易代销之例停止。

---

[1] 道光《广东通志》卷165,《经政略八·盐法一》,第2707页。

一，局商于领程赴运时，先期报明运司。给与批文，填注某船若干只，赴某场配运。照定额应配若干，到场将批投验该场员，即眼同商丁查明场内共堆贮盐若干，场丁现交盐若干，毋许搀和短少，核算包斤，照定价计银若干，三面弹兑按名散给。

一，各场多余盐斤，总责成局商收买，准其运赴河南公仓另款收贮，年终造册报部。如存盐较多，各柜旺销年分能将正改引目及各项引盐一概销完无欠，即准其由公局报明运司，尽公仓积存之半拨给运销，每包照各项溢盐成例核出美银，报兑充饷。毋庸作为年额定款。

一，省河盐额仿照淮盐成法，每包加盐二十斤，以二分归局商，一分归运商，均匀配给。现议船户水脚由局商照民价给发，所有船户准带溢盐之处，永行停止。[1]

《户部则例》为乾隆五十五年改埠归纲详细而完整的纲领性文件。其改革重点在于：第一，众盐商厚集盐本，提贮运库，由局商领本赴场收盐存局，众商分赴盐柜领盐运销。因此商本取代官帑，商运取代官运。第二，局商专管商本、负责海运场盐，总理省河盐务，择干员经理六柜事务。局商召募运商，多为原设埠地的埠商，运商销盐，每年所获盐利尽数汇于公局，还需承担公局的工伙银等公务开支。第三，局商与运商量地制宜，合作融销难易之埠。

改埠归纲改革以前，官帑收盐、按地设立埠商、按商额定引数这三点当为省河体系的主要内容，改埠归纲的重点正是针对这三个方面展开。多达一百五十余埠的省河体系在埠地、埠商、引饷定额的情况下，虽然方便两广政府的管理与监控，但是埠商的资本和经营状况、地方社会经济的变迁、州县的人口流动等不可控的各种因素往往影响着盐课收入，更不用说地方官吏的敲诈勒索和盐商的私

---

[1] 道光《两广盐法志》卷2，《律令·户部则例》，第365—370页。

盐侵占官盐以夺盐利种种弊端。旺销之埠有可能变为滞销之埠，反之亦然。省河体系的运作需要埠地、埠商、引饷随时相应调整，从地方官员的奏疏可以看出其实他们非常清楚这种状况，称之为因地制宜。然而乾隆至道光时期官方的册籍记录显示埠地与引额在相当长的时期里很少变动，不能不说是定额化埠地引饷的僵化运作所致。因此，改埠归纲就是一场试图打破省河体系按埠定商、按商定引的僵化运作的改革："粤省埠地悬宕，减额供办、试办名目纠纷，改纲以后不能按埠定商，按商定引，年终引饷责成公所、运商通融筹拨、具报全完、奏销无误，期于杜绝商欠而止，故埠地虽在，埠名多改。"[1]两广地方政府希望通过改埠归纲的改革，仿照明代两淮盐政的纲运法，设立局商和召募有实力的运商，排除数量众多的散商，从而使局商和运商掌握食盐的运销权力。局商、运商共同整合埠地，搭配难易，打破僵化的定额化引饷，实现局商和运商随时协商引饷额的弹性运作，以此降低运销成本，获取最大利润，并保证盐课引饷的财政收入。改埠归纲的改革，使两广盐区的埠地引饷定额化失去现实意义。[2]民国时期，谙熟两广盐务的邹琳这样总结改埠归纲的改革："凡各场产盐，皆由总商领出盐本运回省河，收存河南、金家二仓，分运各柜。埠商向各柜买运，皆先交价饷，然后发盐，不准丝毫蒂欠。其各柜销盐多寡，由总商每月报明运司稽查。倒革各商未折积引，令总商代为拆运，以完课饷。无著帑息，令总商捆运余盐，以弥积欠。凡一切应完饷羡，皆责十人肩承，而散商不与焉。此所谓改埠归纲。"[3]

问题是，局商和运商的关系能否按照改革的设定正常合作？改埠

---

[1] 道光《两广盐法志》卷4，《六省行盐表》，第480—482页。
[2] 民国初年盐务署修撰的《清盐法志》实际照抄道光盐法志的埠地引饷数字，已说明晚清两广盐区埠地引饷名实不副的现状，两广地方政府实际已无法掌握运商在埠地的实际运销状况。参见民国盐务署纂：《清盐法志》卷227至卷232，第119—375页。
[3] 邹琳：《粤鹾纪实》第四编，《运销》，第一章"运销沿革之大要"，国家图书馆藏，1922年印刷，第1—2页。

归纲之后十余年中，局商状况不断。前述改埠归纲的重点之一是由局商召募运商，运商销盐，每年所获盐利尽数汇于公局，还需承担公局的工伙银等公务开支。局商并无埠地，却又获得埠商盐利。很显然，局商与运商关系中，运商受到局商掣肘。清人王守基就说："总商虽司经理，但各人并无应销埠地，未免又视埠商为二。原议埠商向柜买盐，本有定价，嗣则因用度浩繁，每包多收辛工银一钱五分，借口弥补帑息。每年不问正引折完与否，贪销余盐，反致有碍正引。地方官发艚船二百七十余只，任令损坏，并不及时修理。埠商销盐，仍系自行雇船，赴场装运。且课饷捐输应酬，皆总商之责。每有疲埠欠饷，及捐输措办不及，辄用盐本垫解。行之不十余年，虽正项年清年款，而盐本即亏至六十余万之多，虽经总商分限认完，迄未能依限缴纳。嗣后仍系埠商按引捐输，历年始能弥补清楚，而此十人者，已半物故，家产荡然矣。"[1] 局商的困窘为改纲归所埋下伏笔。但是，改纲归所要迟至嘉庆十七年才全面推行。那么，改埠归纲之后二十余年间，两广地方政府有无采取措施以挽颓势？从两广总督的奏疏来看，从改埠归纲到改纲归所显然是一场渐进式的改革，催化剂是乾嘉之际海盗问题，而运商入公局襄办局务则是转折点。

2. 广盐海运、海盗与海防

正如前述，雍乾以后两广盐区的食盐专卖越来越倚重海运，省河配运食盐全部由东、西海路运入广州，两广总督、广东巡抚以及两广运司不仅在各个海口设置缉私关卡，稽查私盐，还借助广东海防的军事力量，清剿海盗，以保证盐船的安全。

广东三面临海，尤重海防。海防的对象，主要是活跃于海上的海盗。安乐博认为，自16世纪至20世纪，南中国海海域有三个海盗活跃的时期。明嘉靖时期是第一个时期，海盗被称为倭寇。也就是在这一时期，广东开始形成三路海防之建设。明嘉靖时期郑若增

---

[1] 王守基：《广东盐法议略》，第6217—6218页。

于《筹海图编》中就已提出东、中、西三路海防之说。[1]明末清初的海寇是第二个时期。清人沿续明代海防之制，分广东海防为三路，"左为惠潮，右为高雷廉，而广州为中"[2]，惠、潮又称东路，高、雷、廉又称西路。第三个时期，是乾嘉时期的海盗。并且这一时期影响范围很大，海盗组织严密，属于被称为"洋盗"的大型海盗集团，也是中国海盗的黄金时期。[3]本章讨论的海盗，正是乾嘉时期活跃于南中国海的海盗集团。

海盗劫掠近海和远洋的商船，侵扰沿海的村庄、港口和城镇，在乾隆四十五年（1780）至嘉庆十五年（1810）间最为活跃，使东南沿海一带一度脱离清廷掌控[4]："粤东洋匪滋事十余年来，沿海数千里深受其害。自乾隆五十八年（1793）以后，年年捕盗，费日以广，盗日以增。"[5]

海盗的劫掠目标中有一类特殊的商船——海运盐船。清制，盐船出海，按商船例，船身、梁头以及配备军器都有严格的规定。自平定"三藩之乱"后，广东海面仍不时有小股海盗骚扰，但对广东海防尚未构成大的威胁。[6]康熙四十二年（1703）覆准出海的商船配备"军器，以防不虞，定数炮火不得过两位，鸟枪不得过八杆，片刀、腰刀不得过十五把，火药不得过三十斤。所有器械俱须凿錾船户姓名、号数。开载照票，税关先验州县印照，明白方许给牌，如有妄给，照州县给照之例处分"[7]。在小股海盗活跃的年代，这些

---

[1] [明]郑若曾：《筹海图编》卷3，《广东事宜》，中国兵书集成编委会《中国兵书集成》，北京：解放军出版社，沈阳：辽沈出版社，1990年，第311—319页。
[2] 道光《广东通志》卷123，《海防略一》，第2118页。
[3] [美]安乐博著，张兰馨译：《海上风云：南中国海的海盗及其不法活动》，北京：中国社会科学出版社，2013年，第4页。
[4] 安乐博著，张兰馨译：《海上风云：南中国海的海盗及其不法活动》，第42—53页。
[5] [清]那彦成撰：《那文毅公奏议》（一）卷12，《续修四库全书》编纂委员会：《续修四库全书》史部第495册，第438—444页。
[6] 关于清代广东海防研究，参见王宏斌：《清代前期海防：思想与制度》，北京：社会科学文献出版社，2002年。萧国健：《关城与炮台：明清两代广东海防》，香港：香港市政局，1997年。张建雄：《清代前期广东海防体制研究》，广州：广东人民出版社，2012年。
[7] 道光《广东通志》卷124，《海防略二》，第2164页。

商盐船只尚可以自保,一旦遭遇海盗集团的攻击,商盐船配备的武装便失去用武之地了。

穆黛安注意到,早在乾隆末、嘉庆初,海盗便涉足盐业。每隔一定时间海盗就会袭击一两艘盐船。嘉庆六年(1801)六月海盗郑七、乌石二劫掠电白一支由二十六艘运盐船组成的船队。[1]九月,新会知县禀报有海盗劫夺盐船:"有盗匪行劫商盐船,事主逃走。即前向施放枪炮,打伤盗匪多人落水身死。各盗匪丢弃所劫盐船一只,商船一只,坐驾大船往大洋驶逸。当经将商、盐各船获回。"[2]到嘉庆十年(1805),海盗实际上已控制西路的运盐航线。通过收取盐船保护费,海盗一年四季便有固定的收入来源。而随着保护费的缴纳和收取,海盗与盐商之间的联系也在不断加强,最终,盐商甚至开始将粮食和武器提供给海盗[3]:"近年以来,洋匪猖獗,凡运盐之红单船只,涉历外洋,或被掳劫勒赎,或因畏怯不得不向盗匪买照放行,名曰打单。其中不肖船户间有私带水米济匪获利。而内地一切情形就中暗递消息。或将船只炮火等物竟卖与盗匪,捏报遭风损失。"[4]

也有盐商捐银助剿,甚至直接展开武装抵抗。嘉庆九年(1804),省城埠商捐银修造米艇,用于捕盗:"米艇原有一百一十三只,因积年遭风击烂及捕盗,失去十八只,止存九十五只,不敷派拨。拟补造三十只。据洋、盐二商情殷报效,自愿捐赀成造三十只以资巡缉。"[5]嘉庆十四、十五、十六年(1809、1810、1811)盐商年年捐银,用于修造战船和舟师军费支出。[6]嘉庆十年十月,"运商

---

[1] 那彦成撰:《那文毅公奏议》(一)卷12,第384—385页。
[2] 那彦成撰:《那文毅公奏议》(一)卷13,第425页。
[3] [美]穆黛安著,刘平译:《华南海盗:1790—1810》,北京:中国社会科学出版社,1997年,第66、67、89、90页。
[4] 道光《两广盐法志》卷15,《转运二·配运》,第204—205页。
[5] 道光《广东通志》卷179,《经政略二十二·船政》,第2989页。
[6] 民国盐务署纂:《清盐法志》卷240,《两广二十七·杂记门八·捐输》,第93—102页。

邓时宜禀报，探得总盗首乌石二现发快船六七只，在归善、新安交界（今惠州惠阳区和深圳之间）之鹿角洋总路阻拿各处投诚船只，经该商雇备索罟渔船十三号，并乡勇兵役等驰赴防范，旋据伊弟邓从龙来报，该洋面止有盗船五只，并不敢拒敌。据称实系乌石二之头目张奇胜等六名散伙一百零二名船伍，号为乌石二，令在总路捉拿投诚船只。该头目等久有投诚之心，实不愿从贼。诳请贼令，来此乘便投首。经该商察看属实，当即将五船卸舵，炮械搬缴查无隐匿，照旧捐给口粮，候示"[1]。在与海盗的抵抗中，运商更进一步与官府联合，利用运盐船只夹攻海盗。当时盐船被称为红单盐船，由于"红单船只素能捕盗，该船多系舵工水手合资造成，不肯轻于舍弃，船身灵便，易于驾驶。又重载水手率皆强而有力之人，洋盗颇知畏惧"，运商"因之得用其力，再四筹画，即密与运使蔡共武商令，雇募此等船只，特色闲曹佐补之，有胆量及呈议呈请自赎之武弁等押带出洋，如有获盗者，该船户准其抽配盐斤，各员弁许其保奏，无不踊跃从事"，嘉庆十年十一月由赋闲的佐贰杂职官员带领全副武装的红单盐船出海，随即在陆丰捕获巨盗，又于中路香山县、新会县一带督办外洋搜剿事宜。[2]

面对海盗的猖獗和南中国海的失控，两广督抚剿抚相济，与势力强大的海盗集团在南中国海相持二十余年，至嘉庆十五年始告一段落。就在海面战事最为激烈的嘉庆十四年（1809），为杜绝盐船济匪，两广总督百龄以盐船出海实为目前之大患为由，奏请将海运食盐改为陆运："广州、肇庆、惠州、高州各府所属之海矬、双恩、大洲、淡水、碧甲、坎白、小靖、内外、石桥、海甲、电茂、博茂十二场栅俱系远隔重洋，向系省城纲局自置艚船赴场配运，由外海运省，分埠行销。后因艚船笨重，驾驶不能便捷，兼之年久多有损

---

[1] 那彦成撰：《那文毅公奏议》（一）卷13，第428页。
[2] 那彦成撰：《那文毅公奏议》（一）卷13，第444—445页。

坏。商人遂雇募红单船配运。现经查明，西路之海矬、双恩、电茂、博茂四场由阳江、恩平等县一路水路挽运，东路之大洲、淡水、碧甲、坎白、小靖、内外、石桥、海甲八场栅由海丰、归善等县一路水陆挽运，俱有内河可以行走。其间有陆路相隔者，或用小船驳载，或用牛车，或用肩挑，运至省城。自四百三十里起至一千一十一里止，每包脚费自五钱二分起至二两三钱八分不等，多寡牵算，统计每包脚费仍在二两以内。核之海运水脚每包需银一两六七钱，所增无几，而盐斤颗粒不能散失，各埠商获益更多。将来卖价仍可照常无须增减。"随着征剿的全面结束，在运商的要求下，一度改为陆运的食盐复改水陆并运："凡有盐船由海载运，无论空船重载，俱令巡洋师船带同行走，盐船可免疏虞，而船户、水手人等亦得借资稽查。即从前原充盐船水手人等并得以照旧营生，驾轻就熟，与陆运挑夫咸资活计，均不至于失所。"至嘉庆十六年（1811）广东全面恢复海运，但禁止盐船携带枪炮："从前均系携带炮火枪械，漫无稽考，致有济匪之虞。此项盐船亦一体禁止。……嗣后各埠配载场盐全行仍由海运，并请将商盐船只仍照原奏章程，无论空船重载，俱令巡洋师船随时照料行走，在醝商出海得资防护，可免失之虞。在师船出洋之便，按段督查，亦可杜偷漏之弊。至年来暂行陆运，所用挑夫无多，此后或愿在盐船充当水手，或愿仍在通衢挑负佣趁……照例不禁。"[1]派遣巡洋兵船照料盐船行走，足见食盐海运于两广盐政的意义，而保障食盐源源不断运入省城广州的运商在海盗肆虐的时代背景下愈加显得重要起来。

3. 改纲归所：运商入纲局帮办局务

改埠归纲后十余年，省河盐政积弊日深，以致总督、运司等官员皆称束手难办。嘉庆十年正月，总督那彦成莅任两广，随即向运司、局埠各商谘诹利病，溯查十余年来盐务档案。当年九月，那彦成

---

[1] 道光《两广盐法志》卷15，《转运二·配运》，第206—214页。

上粤省盐务积弊折,奏陈省河盐务积弊六事:一曰局商无船运盐,归于埠商自运也。一曰局收工火假公济私。一曰局商借销归局积引以图侵蚀。一曰帑息加配最为病埠。一曰采买余盐冲公蠹礶。一曰侵亏盐本难容掩饰。矛头直指局商。[1]继任总督吴熊光题请运商入局帮办局务:"督臣吴熊光奏明添派运商七人入局帮办,而事权向归局商,续派之运商亦不免意存推诿,虽居局中,无裨局务,非除退局商责成运商自办,不能清弊窦而节靡费。公同酌核,将各局商撤去,于运商中择诚实妥干之李念德、汤玉成、许秀峰、苏兆祥、苏高华、冯春山六人在局经理,该商等俱各有埠行盐事关切己,一切支销自知撙节,俟办理三四年后再查别埠诚实之商酌派三四人轮流更替,俾交替时即可借以稽查,不致久而滋弊,似于礶务商情均有裨益。"[2]挑选运商的过程很可能颇费周折,嘉庆十一年(1806)吴熊光再奏帮办局务的运商有七人,除一人身故,李念德、汤玉成保留,其余四人皆已换人。帮办运商须取印甘结:"帮办局务运商七人,除倪瑶璋业已身故查无子侄堪以接充,经详奉开除外,所有李念德、汤玉成、梁萃和、陈倍兴、游顺程、符炎和六人取具年貌、籍贯、姓名清册,印甘各结。及局商认赔虚悬盐本银六十六万四千五百余两,每年完缴细数又已归复借盐本银三十六万六百余两,各商缴还起止年限。又局务工火暨白盐加价四款每年收支细数理合分开清单,随详附缴。再局商所收工火等项系由运商按包摊捐,局中出入账目应责令入局运商李念德等随时稽查,以免冒滥,仍不许运商经手银钱,致有扶同弊混。嗣后此六商中如有事故,应行更换,随时取结,详咨备案,理合咨部。"[3]

自嘉庆十一年运商入局至十七年(1812)改纲归所,六年间运商如何帮办公局盐务,因史料阙如无法展开讨论。不过,嘉庆十七年两广总督蒋攸铦奏陈局商困窘之状就说:"臣等伏查此项盐本推原

---

[1] 道光《两广盐法志》卷20,《转运七·改纲归所》,第649—660页。
[2] 道光《两广盐法志》卷20,《转运七·改纲归所》,第720—721页。
[3] 道光《两广盐法志》卷20,《转运七·改纲归所》,第701—703页。

欠缺无着之故，固由局商经理不善，亦实因历年遭风被盗及借垫捐输、捕费、铸炮、修船等事用度浩繁，以致日久倍形支绌。现在核查案据尚未尽属无稽，原设局商十人兹已仅存其五，此外人亡产尽无可着追，而此五人中亦复非尽殷实，即将该商等严办监追亦不过拖宕迁延，仍于公项无补。"[1] 运商入局，其实反映局商仅负责出商本运盐，虽无盐埠经销权却掌控埠商盐利银的困境。运商入局，正是从局商手中一步步夺回对盐利银的控制权。所谓局商不能运盐，运商自行配运，表明局商已经被运商架空，被淘汰不过是早晚之事。嘉庆十六年，"以场愚贤不一，难免虚报截角。船户亦有久不回关。详议各场盐□驳银两，改由商人自行赴场垫发配运，停止发帑收盐。（嘉庆）十七年，运商输淮潮桥不在改纲之内，仍循旧章"[2]。嘉庆十七年改纲归所终于水到渠成："经两广总督蒋攸铦奏明，总商在局经理，徒资糜费，毫无裨益，裁去总商，即于埠商中之老练者选择六人经理六柜事务，彼皆各有埠地，自顾己赀，不至滥行开销。仍定为三年更换一次，免其盘踞把持。将省城总局改为公所，便宜在广东领引配运，责成六柜总商，有埠之商自运自销，无埠之商另招水客运销，官不得与闻焉。此所谓改纲归所也。"[3]

嘉庆时期的改纲归所，裁革局商，确立运商和六柜运制相结合的省河新体系。六柜之中、北、西三柜额引较多，东、南、平三柜额引较少，三柜合计不如西柜一柜之额引数。而独立于六柜运制的潮桥，额引最高，仅略低于中、西二柜之和，略高于北柜：

中柜：（设于三水）
广州府属，惠州府属，肇庆府属，罗定州属；
广西平乐府属，梧州府属

---

[1] 道光《两广盐法志》卷20，《转运七·改纲归所》，第717页。
[2] 道光《广东通志》卷165，《经政略八·盐法一》，第2707页。
[3] 邹琳：《粤鹾纪实》第四编，《运销》，第3页。

中柜共33州县，内南海分6埠，番禺分8埠，计45埠。额引157561道，其中东莞熟引4925道，并无盐包运销，应完饷银2401两，派入民粮，由东莞县征解。故各埠额引152635道，配盐253348包，应完饷银93809两。

北柜：（设于韶州）
广东广州府属清远埠，连州属，韶州府属，南雄州属；
江西赣州府属，南安府属；
湖南桂阳州属，郴州属

北柜共25埠，内仁化一埠兼销桂阳、桂东、雩都三属地方。额引212957道，配盐364440包，应完饷银18958两。

西柜：（设于梧州）
广西桂林府属，柳州府属，庆远府属，思恩府属，泗城府属，平乐府属，梧州府属，浔州府属，南宁府属，太平府属，镇安府属；
贵州黎平府属

西柜共57埠，内古州埠兼销黎平、都匀二府地方。又武缘、百色、新宁、隆安、横州、永康六埠兼配平柜熟盐。额引127287道，配盐368980包，应完饷银149633两。

东柜：（设于小淡水厂）
广东惠州府属；江西赣州府属

东柜共13埠。额引58148道，配盐104444包，应完饷银36436两。

南柜：（设于梅菉镇）
广东高州府属，雷州府属；广西郁林州属

南柜共 11 埠。额引 17911 道，配盐 31074 包，应完饷银 6884 两。

平柜：（设于平江口）

广东廉州府属；广西思恩府属，郁林州属，南宁府属，太平府属

平柜共 14 埠，额引 25285 道，配盐 48776 包，应完饷银 14491 两。

潮桥共 29 埠，额引 255358 道，配盐 325198 包，应完饷银 126414 两。

以上六柜、潮桥共额引 849581 道，配盐 1496260 包，应完饷银 617031 两。

加上场课、杂饷，共计 639250 两。[1]

晚清直至民国初年，两广盐区运商主持六柜盐务的运销格局未再改易："当咸丰时，兵燹迭经，各埠办法屡易，然六柜敬慕，迄仍未改，虽属旧制，究有沿革上之关系。"[2] 不过，同治以后广西 57 埠因商欠和战乱，先后改归官办："广西桂林府属临桂、兴安、灵川、阳朔、永宁、永福、义宁、全州、灌阳，平乐府属平乐、恭城、修仁、荔浦、昭平，梧州府属苍梧共十五埠，合柜通销，总名临全埠。同治八年因商潘继兴亏欠课款，改归官办。"[3] 在广东广州、广西梧

---

[1] 道光《两广盐法志》卷 15，《转运二·配运程途》，第 163—296 页。道光《两广盐法志》卷 8，《引饷四》，第 360—367 页。
[2] 邹琳：《粤醝纪实》第四编，《运销》，第 5 页。
[3] 参见《清穆宗实录》卷 267，同治八年己巳九月戊子载："谕内阁：瑞麟、李福泰奏承充盐商职员亏欠饷款请革职勒追一折。前浙江盐运使潘仕成，以潘继兴商名承充临全埠盐商。近因商力不足，改归官办。该员亏欠课款甚钜，业经该督等将潘仕成家产查封备抵，潘仕成着即革职，勒限追缴。如逾限不完，即着从严参办"，第 705—706 页。

州两处设立官局，招募水客督运督销。又，广西桂林府属龙胜，柳州府属马平、雒容、罗城、柳城、怀远、来宾、融县、象州，庆远府属宜山、天河、河池、思恩，思恩府属武缘、百色、宾州、迁江、上林，泗城府属凌云、西林、西隆，平乐府属永安，梧州府属藤县、容县、岑溪，浔州府属贵平、平南、贵县、武宣，南宁府属新宁、隆安、横州、永淳，太平府属崇善、养利、左州、永康、宁明，镇安府属天保、奉议、归顺，贵州黎平府古州四十二埠兵燹后尽成悬宕，引饷无商肩承，设法招徕，仅据合应兴商人立限试办转输，仍属不前。同治三年改归官办，在广东广州、广西梧州两处设立官局招募水客督运，嗣撤广州督运，但由梧局督销。"[1]

五　晚清潮桥体系改革

乾隆五十四年（1789），省河实行改埠归纲改革，"潮桥为粤盐分支，不在六柜之列"。当省河盐商试图通过改埠归纲、改纲归所改革来解决欠饷的困境时，潮桥保持独立的运作："乾隆中改埠归纲，别为六柜。而潮桥、琼崖不与焉。"[2] 但这并不是说潮桥埠商不存在欠饷，恰恰相反，19世纪以后潮桥埠商欠饷成为一个突出现象："道光以还，埠悬饷缺，始则借帑选商，继则省纲捐办，又继则劝募殷户暂充供客。逮至光绪中叶，终出于官运之一途，斯则潮商疲乏又未可与省河同日语。"[3] 这段描述，概括出19世纪潮桥盐商的疲敝：借帑选商，省纲捐办，劝募殷户暂充供客，终至光绪年间改归官运。

乾隆朝以后，潮桥引饷每引一道除正课以外，还有捐杂各款，包括平头银、朱引奏银、道库银、解费银、京饭食银、场脚银、公

---

[1] 民国盐务署纂：《清盐法志》卷220，《两广七·运销门十·官运》，第576页。
[2] 邹琳：《粤鹾纪实》第四编，《运销》，第4页。
[3] 民国盐务署纂：《清盐法志》卷219，《两广六·运销门三·商运》，第540—557页。

费银、杂项银、盐价银、卤价银等。[1]乾隆二十七年（1762），运同所辖潮、嘉、汀、赣、宁三府二州二十九埠，额征埠商饷课银十一万七千六百三十四余两。[2]道光十三年（1833）"潮桥引埠分隶三省，运道绵长，应征正杂饷课不下二十六七万两"[3]。因此潮桥盐商欠饷主要表现为杂饷积欠。

乾隆二十七年，总督苏昌即奏前任潮州运同马兆登任内商欠十万余两，且侄子马世紫私充埠商，致众商不服，酿成亏欠。[4]经苏昌督办，潮属商欠追完过半，将"所有马世紫名下应追埠欠银两现经着落追赔，但其从前私埠商酿成亏欠各情由"[5]除将马世紫定拟杖流外，查封家产入官。乾隆三十九年（1774），潮桥"原签本地殷户充商，惟赀本非厚历年既久，遂多疲乏，并有逃亡空悬之埠。虽亦屡饬招募殷商，因埠疲运滞，人皆视为畏途"[6]。

嘉道之际，阮元任两广总督。[7]在阮元看来，潮桥欠饷主要是捐杂各款的积欠，前任虽已分限完缴，但"自（嘉庆）十六年（1811）起，捐杂各款又有积欠银二十三万八千余两仍悬"，"嘉应等八埠疲滞不堪，商人歇退之后，久经召募无人肯来接充。又不便签拿富户。逐年额引均系该商等代完正课，其盐引并未领运拆销"，"该商等前完课银日久空垫，以致随引价杂捐输水脚等银二十三万余两，力难并输，是以未能一律完缴。各商俱有本埠应销，二十三年（1818）引盐尚不能拆，如将各疲商积引同时拆运，力难兼顾"[8]，因此，请"将二十三年正引，展至二十五年秋季起，分作六年带销。

---

[1] 乾隆《潮州府志》卷23，《盐法》，第377—379页。
[2] 乾隆《潮州府志》卷23，《盐法》，第382页。
[3] 道光《两广盐法志》卷30，《职官一》，第276页。
[4] 《清高宗实录》卷676，乾隆二十七年十二月辛丑十三日，第566页。参见陈历明编校：《明清实录潮州事辑》，香港：艺苑出版社，1998年，第161页。
[5] 中国第一历史档案馆编：《乾隆朝上谕档》第4册，乾隆二十七年（1762）十二月十三日，北京：中国档案出版社，1991年，第81页。
[6] 道光《两广盐法志》卷30，《职官一》，第277页。
[7] 《清史稿》卷199，《疆臣年表三》，第7323页。
[8] 道光《两广盐法志》卷27，《奏销》，第578—584页。

先将积引一千零八十程，于一年内赶紧拆运，统限至二十五年夏季，随同二十四年正引带运全完。其积欠随引价、杂捐输、水脚等银二十三万八千余两，亦着于限内随运随解，以清款项而纾商力"[1]。虽然第二年潮桥盐商不遗余力地执行旧引一年内代运全完的谕令，但商力不逮，嘉庆二十四年（1819）正引却无处可销。无奈之下，阮元再次奏请将二十四年正引分作六年接销，以纾商力。

面对盐商欠饷的困境，道光元年（1821）阮元再次上奏，要求在潮桥推行借帑选商的改革："潮桥商力疲乏，恳请将捐款展缓，并暂拨运本，专办疲埠悬引。当交户部核议具奏。兹据查明广东盐务，潮桥商力素疲，转输不济，本系实在情形。着加恩将潮商应缴垫解捐输款内已未届限，自道光二年（1822）为始，分作十六年完缴。其嘉应等八疲埠悬引无商，向由现商代拆引销，力难兼顾。并准其于运库盐本项下，拨盐七万两，交潮州运同选商设局专办，自道光二年起，分作五年归款，如有挂欠，即着落该运同赔缴。仍设法召募殷商，以期年清年款，勿再拖延。"[2]阮元的改革效果可能不错，道光八年（1828），总督李鸿宾援引前督阮元旧例，奏称再借运库盐本四万两专办八疲埠悬引："粤东嘉应等八疲埠无商承充，前经阮元奏请，暂借运本专办疲引。今此项银两业已依限完缴，瞬届奏销。若复责成通桥现商代拆输纳，仍不免顾此失彼，自系实在情形。着照所请，准其于运库弥补盐本项下，仍酌借银四万两，交运同另行选商设局，专办八疲埠悬引。"[3]此外，李鸿宾奏革潮桥运同杨绍庭，称其盐务办理不善，任内接续拖延，积成巨欠。[4]

道光十二年（1832），新任两广总督卢坤随即接到潮桥盐商的呈

---

[1]《清仁宗实录》卷361，嘉庆二十四年八月辛丑十二日，第763页。
[2]《清宣宗实录》卷23，道光元年九月丁卯二十日，第421页。参见民国盐务署纂：《清盐法志》卷219，《两广六·运销门·商运》，第543页。
[3]《清宣宗实录》卷136，道光八年戊子五月乙巳初七日，第77页。
[4]《清宣宗实录》卷141，道光八年八月乙酉十八日，第155—156页。

请，希望引饷展限。盐商们辩称"道光十一年（1831）分引饷，应于本年六月奏销。惟积引之内，仍有商垫未经收加饷款，兼之该年额引，甫经开拆，数月之间，断难拆办全年之引。且现在筹办疲悬埠务，条目繁冗，自应稍宽期限，以纾商力"[1]。卢坤任期针对潮桥缺饷之弊，连续出台招募殷户、省商承办等改革措施。道光十三年（1833），卢坤"奏准潮桥疲埠，招募殷户公集运本，选商办引"[2]。十五年（1835）户部议准"潮州疲埠由省举商承办，在运库酌借银四万两接济运本"，具体办法是"省商保举新商二人承办潮州悬埠，通纲商人公捐银三万两协济商本，由运库盐本项下暂时动垫，分五年归款"[3]。招募殷户承充饷课显然有一定成效："郑世兰……其叔廷治以世兰贵，赠封文林郎。道光季年，潮州盐课亏，助金三千两。诸所仗义，率为乡族先。"[4]但卢坤的改革也遭到一些地方官员的抵制："吴均[5]，号云帆，钱塘举人。道光间知潮阳县，性严毅勇于任事。……潮州盐课亏，大府饬将富户承充，得均上书，乃止。"虽然地方官员致力于解决潮桥疲埠、盐商积欠的改革，但事实上并未能根本解决这一积弊，御史黄仲容奏称潮桥各埠盐商承饷运盐，或有埠无商，或有商无本，盐商需借私盐维持运作已是公开的秘密。[6]

道光十九年（1839），户部奏称"潮桥引务，亟应整顿疏销，以清积欠"，"道光十三年以来，屡经该督奏请展缓奏销积欠，始则选商专办，继复设局官为经理，行之未久，仍请改归商办日章。徒事纷更，毫无实济。兹又定限二年，设法招商，其未招商以前，摊捐

---

[1]《清宣宗实录》卷235，道光十二年四月乙卯十五日，第519页。
[2] 民国盐务署纂：《清盐法志》卷219，《两广六·运销门·商运》，第548页。
[3] 民国盐务署纂：《清盐法志》卷219，《两广六·运销门·商运》，第550页。
[4] 光绪《潮阳县志》卷17，《义行》，广东省地方志办公室辑《广东历代方志集成·潮州府部》，第323页。
[5] 吴均曾于道光十六年（1836）和道光十八年（1838）两任潮阳知县。参见光绪《潮阳县志》卷14，《职官》，第201页。
[6]《清宣宗实录》卷278，道光十六年二月甲子十一日，第288—289页。《清宣宗实录》卷300，道光十七年八月乙亥三十日，第276—277页。

筹补"。[1]道光二十三年（1843）又有仿照淮纲票行兼行之议，因担心浸私而作罢。[2]道光二十五年（1845）"议准潮桥埠悬饷缺，劝谕殷户暂作供客，试办悬埠疲引"[3]。光绪十年（1884）行票引一事再次提上日程，彭玉麟奏称粤盐行票引，或可以在潮桥各埠先行试验，由总督详细筹划，再具奏施行。但是，票引之议并未落实。[4]

嘉道以来，潮桥的商运改革一变再变，仍然解决不了疲埠饷缺的困境，经过两广总督张之洞上奏和朝廷的讨论，光绪时期潮桥实行全面的官运改革。光绪十五年（1889）"奉准潮桥盐务疲弊已极，拨发盐本六万两设局委员，试办官运"[5]。潮桥自明中后期以来，一直以商运为主，此一时期改为官运，实为潮桥运制之大变革："潮桥自前清光绪十二年（1886）始改官运，每年缴正饷十余万两，另递年加缴筹备防费、善后经费、新案加价、新增报效等项，该局递年日有起色，款项亦递年日有增加。至宣统二年，认缴至六十余万两。迨盐商公所统承通纲，潮桥亦在其内。"[6]

---

[1]《清宣宗实录》卷325，道光十九年八月甲子初一日，第1100页。
[2]《清宣宗实录》卷394，道光二十三年七月己酉初八日，第1062页。
[3] 民国盐务署纂：《清盐法志》卷219，《两广六·运销门·商运》，第554页。
[4]《清德宗实录》卷189，光绪十年七月乙巳初三日，第643—644页。
[5] 民国盐务署纂：《清盐法志》卷219，《两广六·运销门·商运》，第576—582页。
[6] 两广盐运使公署编：《粤鹾辑要》不分卷，《清代稿钞本》三编，第145册，广州：广东人民出版社，2010年，第80页。此处指官运改革在光绪十二年，但《清盐法志》载光绪十五年，或许光绪十二年两广总督张之洞上奏改章，光绪十五年始实行，暂存疑。

第四章 水客与埠商

一般来说，明清时期实行专商引岸制，包括签商认引、划界运销和按引征课。[1]不过，两广盐区专商引岸制度可能迟至清代才形成。明代两广盐商缺乏翔实而具体的记载，也缺乏相关研究，可能与明代两广政府从未对盐商越境的课饷定额有关。明中后期广盐越境合法化推动了两广盐区的形成，以省河、潮桥为中心，盐商开始浮出水面。

前三章关于明清时期两广盐区盐产地新格局以及省河、潮桥体系的讨论，不仅为本章两广盐商研究提供了制度变迁背景，也提出了新的问题。[2]本章将从明中后期广盐海运以及省河、潮桥体系制

---

[1] 郭正忠主编：《中国盐业史》（古代编），北京：人民出版社，1997年，第736页。参见吴海波：《二十世纪以来明清盐商研究综述》，《盐业史研究》2007年第4期。
[2] 两广盐商的专题研究较早有王小荷的《清代两广盐商及特点》，该文认为清代两广盐商先后由王商、排商、流商三种人充当，经过康熙年间的摇摆，康熙四十六年以后趋于稳定。龚红月《清代前中期广东榷盐的两个问题》一文认为清代广东食盐运销经过官办官销、盐商自办、官收官运官销、官督商运商销、盐商自运自销五个时期，盐商资本出自商业资本、地租、手工业经营资本、借贷等四条途径。冼剑民认为清代广东的榷盐是从一种封建国家资本与私人资本合一的经营机制，渐次为私人资本所取代，国家只是从产销进行监督管理。盐商分水客和埠商，历经官帑收盐、改埠归纲、改纲归所等改革，嘉庆年间盐商始承包税饷，全面实行包商制，清代广东盐业呈现从官营走向商营的趋势。黄国信的研究集中在湘粤闽赣界邻地区，但他关于两广盐商的研究也有新意。他的《藩王时期的两广盐商》一文讨论清初两广盐商中的王商问题，文章认为清初迁海以后两广食盐运销由王商控制，扰乱清政府的盐政，妨碍清政府的课入，并影响民生。在另一篇文章中，他讨论明代开中制下的两广盐商运作及其在清代的制度变迁，认为最迟在隆庆年间形成两广盐区的区域概念。周琍致力于清代广东盐业研究，著作《清代广东盐业与地方社会》辟专章讨论广东盐商。该文对盐商捐输、盐商与书院建设、盐商与宗族等问题有较为深入的讨论，体现两广盐商研究的社会史视野。参见林永匡：《清初的两广运司盐政》，《华南师范大学学报》（社会科学版）1984年第4期。王小荷：《清代两广盐商及其特点》，《盐业史研究》第一辑，1986年。龚红月：《清代前中期广东榷盐的两个问题》，（转下页）

度出发，考察明清时期两广盐商的经营及其社会活动。概括而言，明中后期广盐产地新格局催生出广盐海运的特殊运制，形成特殊的运商——水客，两广盐商按照运销职能区分为水客与商人两大类。由于省河、潮桥体系的独立运作，商人区分为广商和桥商，入清以后皆称埠商。清朝继承这一运制格局，在此基础上通过盐课引饷的定额化管理、裁撤水客实行官运等措施，加强专商引岸制度。官帑收盐时期，两广盐区只有埠商而无水客。但是，当以引饷定额化为核心的专商引岸制陷入僵化运作的泥淖，两广盐政试图通过改埠归纲、改纲归所改革挽救颓势，实际上再度承认了水客与埠商的分工格局。一些埠商兼并相邻州县的埠务，于乾隆朝后期扩张为跨州连县的总埠大盐商。嘉庆以后省河体系分化为六大销区，称六柜，六柜盐务各由资本实力雄厚的运商、埠商掌领，他们正是纲法改革的推动者和受益者。

一 水 客

海盐产地的转移，两广盐区形成专事负责将食盐从盐场海运至省城、潮桥的运商——水客。水客的存在，表明两广盐区省河体系的盐商在运销环节有所分工，职能也有所区别。探寻水客的历史轨迹，可发现明代后期广东已经有广盐海运制度雏形。但是在政府力量介入之前，这一运制的运作情形并不清晰。20世纪80年代，有学

（接上页）明清广东社会经济研究会编《明清广东社会经济研究》，广州：广东人民出版社，1987年，第312—328页。冼剑民：《清代广东的制盐业》，《盐业史研究》1990年第3期。黄国信：《藩王时期的两广盐商》，《盐业史研究》1999年第1期。黄国信：《明清两广盐区的食盐专卖与盐商》，《盐业史研究》1999年第4期。黄国信：《区与界：清代湘粤赣界邻地区食盐专卖研究》，北京：生活·读书·新知三联书店，2006年。周琍：《论清代广东盐商与书院发展》，《求索》2006年第10期。周琍：《清代广东盐商捐输的流向分析》，《盐业史研究》2007年第3期。周琍：《清代广东盐商与宗族社会》，《历史教学》2008年第18期。周琍：《清代广东盐业与地方社会》，北京：中国社会科学出版社，2008年。参见赖彩虹：《国内近二十年清代两广盐业研究综述》，《盐业史研究》2007年第2期。

者注意到广东水客,认为其源于食盐的专卖。然而,由于史料缺乏,水客的相关研究迄今仍然成果甚少。[1]我们仅仅知道的是成化年间针对水客和商人的运销分工,广东实行不同标准的税制:水客原本"无饷。成化八年(1472)巡抚韩雍始奏议熟盐万斤抽官价一两,生盐减十之一,为军饷。嘉靖二十八年(1549)议分为四,仍以万斤为率"[2]。说明成化以后水客始有军饷,商人则纳引价、纸价。[3]嘉靖、万历时期省河体系的盐商已区分为水客、商人两类:"水客者,在场收买盐斤到省货卖之人,即为居货之贾。商人者,与水客接买,前往行盐地方发卖之人,即为行货之商。"[4]由于"广东盐课提举司一十四场"的食盐"俱解广州盐仓收卖"[5],水客数量甚为可观,嘉靖时期盐商陈一敬就提及广东沿海的盐船水手不下数万。[6]万历时期水客与商人的纲饷区分为水客饷银和商引饷银。商人缴纳引饷银也称纳堂,销区范围包括"广、南、韶、惠、肇庆五府大小埠头""南、番等县埠头""南雄、韶、连埠头""顺德九埠""韶、连二埠路通湖广""南雄往江西、梧州入广西"等埠头。[7]

清初迁界和三藩之乱,水客和埠商的运销分工被打破。由于海禁,水客几近绝迹,政府盐场设场商养灶:"康熙三十七年(1698)裁去水客,设场商出资养灶,埠商出资收盐。"[8]场商职责在认增场课:"各场认增场课,向由场商认办",如"广州府属新安县东莞场场商认增课银一千两,余费银三十七两一钱九分三厘。新安县归德

---

[1] 叶显恩:《明清广东水运营运组织与地缘关系》,《广东社会科学》1989年第4期。《广东航运史》编委会:《广东航运史》(古代部分),第175—178、216页。
[2] 万历《广东通志》卷7,《藩省志七·盐课》,第183页。
[3] 嘉靖《广东通志初稿》卷29,《盐法》,第504页。
[4] 嘉靖《广东通志初稿》卷29,《盐法》,第504页。嘉靖《广东通志》卷26,《民物志七·盐法》,第671页。
[5] 万历《粤大记》卷31,《政事类·盐法》,第513页。
[6] [明]陈一敬:《复通盐路疏》,吴道镕编《广东文征》第3册,香港:香港中文大学出版部,1973年,第407页。
[7] 万历《广东通志》卷7,《藩省志七·盐课》,第183—184页。
[8] 道光《广东通志》卷165,《经政略八·盐法一》,第2707页。

场场商认增场课银五百两,余费银一十八两五钱九分六厘五毫。惠州府属归善县淡水场场商认增课银一千五百两,余费银五十五两七钱八分九厘五毫。潮州府属饶平县海山隆澳场场商认增课银二百两"。[1]康熙五十七年(1718)官帑收盐改革裁革水客、场商,食盐官收官运。承担食盐海运职能的称海运船户,即由官配艚船,雇募船户运盐,船户领取水脚,将场盐海运至省城、潮桥。至于官配艚船的数量,盐法志书均未见记载,清人王守基有"地方官发艚船二百七十余只"[2]之语,可能为彼时官运船只的实数。此外,海运船户尚有"卤耗"的补贴:"乾隆六年(1741)五月,户部议覆两广总督马尔泰题酌拨帑银疏。言各场生盐,春夏每包准收一百六十五斤,运至省河,除配埠一百五十斤,给船户卤耗四斤,出子盐十一斤。秋冬一百六十三斤,除配埠一百五十斤,给船户卤耗三斤,出子盐十斤。此系由场运省之例。"[3]显然,海运船户并不是水客。水客作为专责运务的盐商,盐运利润为其生计之本。海运船户领官艚受官资,当属于被雇用者。即使水客受官府之命重操旧业,也已经转变为身份特殊的受雇用海运船户。乾隆年间有广东水客子孙试图复业,赴京控告。不过,乾隆帝通过惩戒为广东水客翻案的江南道监察郭石渠予以否定:"江南道监察御史郭石渠奏粤东盐务办理不公。得旨。御史郭石渠折奏广东盐务一案。查广东盐斤,先系水客办运,后因课饷不清,于康熙年间,改为官收官运,遵行已久。今水客之子孙吴湘、张嵩等,希冀复业,赴京控告。郭石渠不察其情事之真伪,即接受呈词,代为陈奏,已属不合。且并不奏请,敕下该督抚详察颠末与本地情形,并水客之有无资本,力能办课与否。遽称继杨琳之后者,因仍贪利,久假不归,是偏听细人一面之诉,而辄加历任督抚以贪污之名,甚属悖理。着将郭石渠交部议处,以为假公

---

[1] 道光《两广盐法志》卷10,《引饷六·认增场课》,第493—494页。
[2] 王守基:《广东盐法议略》,第6217—6218页。
[3] 道光《两广盐法志》卷19,《转运六·成本》,第502页。

济私者之戒。"[1]

官帑收盐施行七十余年，于乾隆五十五年（1790）正式废除，实行改埠归纲。官运为商运取代，但此时已非官帑收盐之前的散商，而是归十名公局商人，他们掌握了省河全部食盐的配运权。鉴于改埠归纲的失败，两广盐政又有改纲归所之议。经过官帑收盐、改埠归纲和改纲归所改革，商运改归官运再复改商运，公局商人为运商所取代。

改纲归所之后，六柜埠商中省河埠商自赴盐场运盐逐渐为专责赴盐场收盐的运馆取代，于是又有上下河之分："嗣因帑本停发，艚船废坏，由埠商自运场盐回省配兑，分运各埠济销。旋以资本微薄，难以继续，当由运馆备赀置船挽运回省，售与埠商。于是有上下河之分。备船领程，分赴各场配运，散盐回省者，谓之下河。其埠商另雇船只，请照领配，分运各埠济销者，谓之上河。"[2]因此，上河仅指在省河配运的中、西、北三柜："运往中、西、北柜之埠商俗称上河商，即有引岸运销之商。""下河运馆置备和船，分赴各场运盐回省，报由东汇关验舱监掣，以配兑于上河。上河各商领配盐包，报由西汇关点验放行，以运销于埠地。省河配盐大略具是。"[3]"航海运盐之运馆谓之下河商，即没有引岸，而专向盐场运盐回省转售之商"。清末民初有"王仁印之同益堂、陈泰饶之广裕祥、苏政垣之东威堂等是也。下河商设立运馆，须有程船两艘，并得同业运馆三家联保，方准立案，非经立案，不得领程照配盐。前清以来，历皆照办。各下河商为固结团体，于前清联合组织济安公堂，以为办事机关"。"清末民初下河商各运馆多设于（广州之）海味街、太平沙、麦栏街、永安街等地，计有陶兴盛、同德堂、安泰堂、公泰祥、永和堂、广发源、顾和堂、万宝源、致和堂等四十多家。各运馆在盐场经理购盐配运事家，向设立

---

[1]《清高宗实录》卷58，乾隆二年十二月乙未，第947页。
[2] 两广盐运使公署编：《粤鹾辑要》不分卷，《清代稿钞本》三编，第145册，第40页。
[3] 民国盐务署纂：《清盐法志》卷221，《两广八·运销门五》，第585页。

场馆专司其事。下河商往各场配盐,须向埠商领取期程照(中华民国成立后改称运盐水程照),此项期程照为埠商拟配盐时,由省馆向盐运使署请领者,下河商取得此照,即可放船前往各场配盐,名曰出海;船至盐场,将期程照向场官呈验,经审核后,即可缴饷、配盐装舱,俟场官在盐面压盖木印,用封条将舱面加封;各项手续办理完毕,下河商可按期程照内所订日期回省城,抵达省城后,将样盐分送各埠省馆,看货议价,订期交易。"[1]

二 省河埠商与运商

埠商就是明后期称"商人"的盐商。清康熙以后全面推行定额化的专商引岸制,商人始改称埠商:"粤人所谓埠,即商人所开之盐馆也。"[2] 清乾隆以后两广盐法志书所载两广188埠,其中省河159埠和潮桥29埠,说明除人口密集的珠江三角洲地区外,其他多以某州或某县为一埠,埠的分布与州县重叠,销引的范围即州县的政区辖境。埠商开盐馆,被称为承充某埠。明中后期虽然有水客与商人之分,但被官书称为"商人"的盐商如何承充,史书缺乏记载。就此而言,两广盐商的相关记载是从清代开始的。清前期两广盐商的承充较为复杂,虽然制度上经历王商、排商、总商、土商几个阶段,实际多由地方官员家人、幕客或地方家族、宗族垄断。临全埠商李念德和乐桂埠商孔法俫的两个个案表明家族式经营是两广盐区省河体系大盐商的常态,他们通过垄断盐埠的经营权、家族成员科举入仕等途径,在地方社会成功站稳脚跟,从而维系长达半个多世纪乃至一个半世纪的家族式经营。

就承充身份而言,顺治朝至康熙二十年(1681)以前,平南王

---

[1] 孔昭晟:《清末民初广东盐务鳞爪》,《广东文史资料》第十辑,1963年(内部发行),第174—175页。
[2] 王守基:《广东盐法议略》,第6210页。

尚可喜镇戍广东，广东实行过王商制："自逆藩僭窃之时"，"大吏官商借商人出名销引，自发本委官各场买盐，占据各埠，于国课虽无所损，而夺商民之利"。[1] 王商之后，短暂实行过排商，以及康熙二十七年（1688）至康熙四十六年（1707）的流商制（总商制），此后改行土商制："议准禁革总商，州县自募土著殷实之商承充。"[2] 潮桥盐商的承充是否经历王商、排商、总商、土商几个时期的变化，目前仅有零星史料可证。如大埔县曾于"（康熙）四十六年抚院范题裁盐院暨分司衙门，革去总商，请募土商，画地售销"[3]。乾隆三十三年（1768）海阳县龙溪都谢氏族产有一项即配本都盐饷，可证康熙四十六年以后州县招募土商的政策的确在地方在推行："窃思我族始祖壶山公，历潮刺史领铁牌总管，蒙宋王赐雷打石数峰，因卜葬是山，并历代祖考皆附葬其旁焉。该山粮饷，前系派下子孙轮流完纳，迨后人丁蕃盛，分居别处，相距弯远，其山粮每完不清款，故于雍正年间会集各房分定完纳。我族所均分之山粮，载揭邑梅岗都二图谢光裕户，又配本都谢其平盐饷两项，议就大祭日赴席者，每人缴净钱州文（疑州为卅之误，指三十文），司事汇齐，越日完纳。因勒碑志，愿后人依行勿替尔。乾隆三十三年（1768）仲冬之月吉日光裕堂立。"[4] 谢氏以族产方式承纳盐饷，反映土商制于地方运作的实态。盐商孔法徕为孔昭晟高祖履亭公的商名，于乾隆年间承办乐桂埠，迄民国初年仍由其兄孔季修继续承办，家族式垄断经营长达一个半世纪。其孙孔昭晟忆述清代广东盐法时就说："埠商之

---

[1] 道光《广东通志》卷165，《经政略八·盐法一》，第2707页。参见黄国信：《藩王时期的两广盐商》。
[2] 民国盐务署纂：《清盐法志》卷219，《两广六·运销门》，于浩辑《稀见明清经济史料丛刊》第二辑第10册，第488页。参见王小荷：《清代两广盐商及其特点》。
[3] 乾隆《大埔县志》卷3，《盐课》，广东省地方史志办公室辑《广东历代方志集成·潮州府部》，第571页。
[4] 《谢氏宗祠碑记》，《庵埠志》编纂办公室：《庵埠志》，第302页。原书注：此碑原立于文里村谢氏宗祠内，后祠倒塌散置，1983年迁置缅怀亭。碑高93厘米，宽45厘米，立碑时间为1768年（碑额为编者所加）。

中有原商和供商之别，原商经奉盐运使批准承办，非有欠饷或违法情事，即可为子孙世守之业，他人不能搀夺；如有资本不充，不能独力全埠自办时，将本埠认销之引额拨出若干，分与别人办理，而参加此部分之引盐者，是为供商；若一个供商之财力仍有未足时，可多分几个供商，用某某堂名义办理，至原商资本充裕，能独力全埠自办时，可收回自办。"[1]

　　检读两广盐商史料，会发现排商、流商、土商出身和资格的规定不过是一纸官方具文，实际运作往往有所变通。事实上，清代两广官员也很清楚这种状况，且视之为当然："粤东本籍素无殷实商人，从前声势赫奕之埠商，半系督抚司道之奴仆，盈千累万之资本尽属伊主之宦囊。内惟前任督臣石琳家人沈维相承充赣县埠则改名赵廷佐，承充英德县埠则改名沈吉占，承充连平州埠则改名沈义和，共有盐本十余万金。前任广州将军石礼哈系石琳之侄孙，自石礼哈到任以后，将沈维相百端勒诈盐本殆尽。雍正六年盐课是以沈维相无力完纳，欠饷独多。即从前发本行盐之督抚司道无一在粤久将原本收回，家人星散。现在之商人，类皆外省之贾客，盐本多则万金，次则数千金，仅可勉力拆运无误饷项而已。此近日之商人所以远逊于昔日之商人也。窃商人承埠，必因某州某县缺商办课，该商呈明督臣，先令预完一年之饷，方准给帖挨次拆盐。商人虽愚，必不肯独力办课，甘让当道霸占行盐之理。""粤东各埠往往乏商承充，而道、府、州县之亲友携资到粤承埠认商者有之；各官幕客积蓄馆金充商者有之。若辈上裨于国课，下无害于民生，商人原无一定，有本即可承充，是亦情理允协，无足怪者。"[2]王士俊这份关于两广盐商身份的疏文，道出两广盐商承充的实质：盐商的政商关系是决定其承充资格的重要因素，也决定其资本实力及其经营成败。疏文透露两广盐商承充的实际状况：多由

---

[1] 孔昭晟：《清末民初广东盐务鳞爪》，第173—174页。
[2] 《广东布政使王士俊奏覆粤省地方盐政折》，台北故宫博物院编《宫中档雍正朝奏折》第13辑，台北：台北故宫博物院，1978年，第699—701页。

外省流寓之士充任,其中地方官员的家人、幕客不在少数。他们承充某埠商时往往改用商名,一埠一名,一人可充多埠,一埠也可由多人朋充。近年黄国信发现,乾嘉时期南海县百滘堡黎村潘氏十八世祖潘进正是以幕宾身份从事盐策之业,是潘氏家族崛起的核心人物:"潘进,字健行,号思园,百滘堡黎村人。自幼友爱性成,笃交谊,喜施予。读书不屑屑章句,屡困童试,澹如也。后以家贫,弃举业,习法家言。""粤中州县多延为幕宾。而进谓佐治者,如箭在弦上,指发由人,恐不能自行其意,遂改事盐策。如是者数年。又谓业此者,止可利用安身,不能惠人泽物,且终日持筹握算,亦觉其劳。方拟改业,会李可蕃观察楚南,招之往。"[1]

下面讨论的两个个案,表明由幕业转而从事盐策之业是清代两广盐商承充的主要途径。

(一) 省河大埠商:临全埠商李念德与乐桂埠商孔法徕

道光十五年(1835),一位名华仲起的无锡文人撰《粤东管见》,之后手稿为一位自号"神堂"之藏书家重金购得。据其考证,该手稿所载广东官场掌故,"当系北人久宦吾粤者所录"[2]。值得注意的是,手稿概述两广盐政有如下记载:"省河每年行盐一百万包,共计饷银四十余万两,向例年清年额。""大约百万之盐,临全拆额十六万,雄赣拆额十六万,连阳拆额二十四万,乐昌拆额十六万,其余各埠匀拆。"[3] 此说未见于道光《两广盐法志》等同一时期志书

---

[1] 同治《南海县志》卷14,《列传》,广东省地方史志办公室辑《广东历代方志集成·广州府部》,第625页。参见黄国信:《评介》,[清]潘斯濂、潘斯澜辑《潘氏家乘》,桂林:广西师范大学出版社,2015年,第1—4页。
[2] [清]华仲起:《粤东管见》一卷,《广州大典》第34辑,史部地理类,第9册,广州:广州出版社,2015年,第478—483页。书末有收藏者附记:"《粤东管见》一卷,道光十五年无锡华仲起手稿本,前有李兆璜撰序。二氏生平不详。揆之所记,当系北人久宦吾粤者所录,掌故多他书所未德(得)。戊子重阳,书贾自春申来试,索以重直,破悭夺之。神堂记。"
[3] 华仲起:《粤东管见》,第479页。

文献。[1]《粤东管见》所载临全、连阳、雄赣、乐昌等埠皆属省河，实属两广盐区之头等大埠。

不过，上述临全等并非某一埠名，而是数处盐埠乃至十余盐埠的总称，也称总埠。乐昌埠商孔法徕后人孔昭晟的回忆录记载有更多细节："粤盐运销各地，划分为若干引岸，合数引岸或十数引岸为一埠之所属，如临全（自梧州沿抚河而上，凡桂林府属九县，平乐府属五县，梧州府属之苍梧县，皆临全埠引地）、大江、连阳、乐桂（运销乐昌、曲江、乳源及湖南郴州、永兴、宜章、兴宁、桂阳、临武、蓝山、嘉禾并带办英德属之捕属埠）、雄赣、仁化等埠（埠名尚多，未能尽述）。"[2] 其中大江、仁化虽为总埠，然《粤东管见》不载，或许是引饷额数较少，未与上述四埠同列。临全埠为广西桂林府、平乐府、梧州府三府15埠总称。乐桂埠则为广东韶州府、湖南郴州、桂阳直隶州两省界邻府州县共11埠总称。孔的回忆也可在道光时期的盐法志书中得到印证。嘉庆二十三年两广总督阮元奏疏称"广东乐昌埠商孔文光管十一埠"，"孔文光所办十一埠，内乐昌、曲江、乳源三埠，系在广东；其桂阳、嘉禾、蓝山、临武、郴州、宜章、兴宁、永兴八埠，系在湖南"。[3] 民国盐务署纂《清盐法志》亦载临全埠："广西桂林府属临桂、兴安、灵川、阳朔、永宁、永福、义宁、全州、灌阳，平乐府属平乐、恭城、修仁、荔浦、昭平，梧州府属苍梧共十五埠，合柜通销，总名临全埠。"[4] 上述临全、连阳、雄赣、乐昌等四大

---

[1] 道光《两广盐法志》载"自乾隆五十五年改埠归局，嘉庆十七年改局为所，统以中北西东南平六柜，每岁奏销用六柜商名报完咨部，其潮州运同所属二十九埠专案奏销，不入六柜之数，大抵诸埠所隶或柜或桥，因地制宜，犬牙交错，不以直省限断，并不以府州划分，期于小民就便买食，此粤盐界之大凡也。""以上六柜、潮桥共一百八十八埠，额引八十一万四千五百十道八分六厘零，完饷银六十一万七千三十一两一钱七分八厘（包税场课等款不在此数）。"道光《两广盐法志》卷4，《六省行盐表》，第443—482页。
[2] 孔昭晟：《清末民初广东盐务鳞爪》，《广东文史资料》第十辑，1963年（内部发行），第173页。
[3] 道光《两广盐法志》卷14，《转运一》，第87—98页。
[4] 民国盐务署纂：《清盐法志》卷220，《两广七·运销门十·官运》，于浩辑：《稀见明清经济史料丛刊》第二辑第10册，第576页。

埠销引占省河72%，其埠商当可归于大盐商之列。遗憾的是，由于史料阙如，今人对这些大盐商的事迹了解甚少，目前仅见临全埠商李念德相关成果[1]。幸运的是，广东省立中山图书馆藏南海《孔氏家谱》[2]详细记载乐桂埠商孔法徕家族长达一个半世纪的经营。本书通过临全埠李氏与乐桂埠孔氏两个个案研究，探讨清代中后期省河大盐商的形成及其家族式运作。

1. 临全埠商李念德

两广盐商中以幕业改事盐策最著名者，莫过于盐商李念德。李念德为盐商商名，系乾隆时期流寓桂林的李宜民承充广西临全埠商时所用。李宜民以外省流寓的身份充任盐商，纵横两广上百年，其事迹正如王士俊、孔昭晟所论，为清代两广盐商历史之写照。有关盐商李念德的研究，较早有左步青和王小荷等学者注意到。王小荷对其父子家族业盐事迹做了初步考订。林京海通过整理清人诗文集、李氏后人收藏的《李氏支谱》，补充李宜民生平及承充临全埠商的细节。[3]本章将结合前人研究，继续挖掘盐法志等官史文献，参以广西碑刻等地方文献，梳理李宜民家族业盐史实，并就其与两广政府

---

[1] 临全埠商李念德研究成果较为丰富。参见左步青：《清代盐商的盛衰述略》，《故宫博物院院刊》1986年第1期。王小荷：《清代两广盐商及其特点》，《盐业史研究》第一辑，1986年。林京海：《李宜民生平事要系年》，《桂林文博》1997年第2期。林京海：《李宜民承充广西临全埠商述略》，《社会科学家》1998年第1期。其他还有徐国洪：《清代广西盐法及临全商埠考略》，《广西金融研究》2008年增刊。注：关于临全埠商李念德的研究集中于第一代商李宜民事迹，其家族第二、三代成员的经营，前人关注不多。笔者认为乾隆时期江西临川人李宜民入幕广西桂林，以幕客身份从事盐策致富。李宜民初事盐策尚受制于人，其后鹾务不断扩张，乾隆末改埠归纲时已有临全总埠。李氏第二、三代袭用李念德商名，以祠产形式继续经营临全埠近半个世纪，至道光二十四年始告退。桂林李氏家族三代由官运起家，转为商办，扩张鹾务八十余年，垄断广西桂江流域的食盐专卖，为清代两广盐商之翘楚。参见段雪玉：《从幕客到盐商：盐商李念德与清代广西食盐专卖》，《中国社会科学报》2017年11月10日。又，除论文外，目前广东盐业史专题研究仅黄国信《区与界》与周琍《清代广东盐业与地方社会》两种专著。黄著关注盐商在界邻地区食盐专卖中与地方官府的关系，侧重盐商整体的研究，周著虽专章讨论盐商，但主要是潮桥而非省河的个案研究。

[2] 孔广铺、孔广陶合编，孔昭重修：《孔氏家谱》14卷（附世系图1卷），公安局惩教场刻本，1929年，广东省立中山图书馆藏。

[3] 左步青：《清代盐商的盛衰述略》，《故宫博物院院刊》1986年第1期。王小荷：《清代两广盐商及其特点》。林京海：《李宜民承充广西临全埠商述略》，《社会科学家》1998年第1期。其他还有徐国洪：《清代广西盐法及临全商埠考略》，《广西金融研究》2008年增刊。

的关系以及李氏家族在桂林的活动做进一步讨论。

目前记载李宜民生平事迹的史料主要出自三种传记：一为《李氏支谱》中的李宜民传；一为嘉庆《广西通志》中的李宜民传；一为清人林有席诗文集《平园杂著内编》中的李宜民传。第一种为私人族谱，由林京海整理公开发表，仅涉及李宜民个人史料，未涉其后人。第二、三种为方志、文集史料，皆影印公开出版。本章以方志、文集中的李宜民家族史料，参考林京海引用的族谱史料，结合《两广盐法志》等专书，进一步梳理李宜民家族承充广西盐埠商的来龙去脉。

嘉庆《广西通志》载：

> 李宜民，字丹臣，江西临川人。少孤露，工书。游粤西为州县掌书记。时粤醝官运，其引销每不及额，宜民乃为主运，远无侵失，诸府争致之。乾隆二十三年，总督惩官运之弊，奏请募商当事。遂以临全商属宜民承焉。宜民性诚悫，有干济才，尤喜施与，既富亦乐善不倦，亲旅待举火者，常数十家。桂林有开元寺、虞山庙，停旅榇至多，率多久朽露，为营地瘗之，而别建巨厦为厝殡所，使僧掌焉。桂林府学圮，助之兴葺。城东南有桥，久坏，行者病涉，出金独成之。其居梧州也，买婢询其有夫家，即呼其舅来，折契资之归。年九十余卒，子孙贵盛，皆及见之。[1]

清人林有席《平园杂著内编》卷12《诰封中宪大夫临川李公厚斋传》载：

> 公讳宜民，号厚斋，丹臣其字也。……少孤露，依外氏就塾，工董文敏书法。既不自安，遂售己宅业贾。未几，复佣书桂林。……值大府议广盐改官销引，引公为助，公经纪有法。

---

[1] 嘉庆《广西通志》卷276，第6840页。

已而仍归商运，诸商悉推委，荐公主其事。公领引不循故常，行之恢恢有余裕，官民两便，公亦以是起其家。然终不自私，好资给人，人多赖之举火。而新家庙，创义庄义学，尤关节目之大。且所至急公，凡学宫、桥渡、庙寺、古迹、旅榇、瘗埋，罔不独力修复。立石俟访其善行，有未易数数举者。[1]

李宜民为江西临川人，雍正时期以幕客身份流寓广西桂林府属州县。文集与方志等传记史料述其行盐史事颇简，唯族谱史料稍详。据林京海的考证，李宜民初涉盐务当广西官运官销时期，于奉议、北流勾当转运，因其诚悫练达，为有司所重，委其主运，随即显露长于商业的才干。乾隆二十三年临桂等埠由官运改归商运，李宜民承充临全埠商。原本专欠饷课的临全埠，在李宜民领办之后，渐有起色："年额饷课得通纲七分之一。"其后子孙继续承办该埠，"数十年尚无逾期不完有烦比追之事。是李念德为两粤办饷可靠之商，临全亦为粤东引饷最重之埠"[2]。道光初年，阮元上此奏疏时李宜民已去世多年，阮氏所称李念德为两粤可靠之商，临全埠为粤东引饷最重之埠，实其子孙接力承办之功。

李宜民少孤露，承办埠业前家境甚为贫寒。承充埠商后，日臻富庶。李宜民一生奔走于桂林、梧州之间从事盐业，但选择在桂林修建家庙、设立义庄义学，其子孙后人也多居桂林。李宜民热衷于地方事务："凡学宫、桥渡、庙寺、古迹、旅榇、瘗埋，罔不独力修复。"李亦好施与，当与其虔信佛教有关。乾隆五十七年（1792），八十九岁高龄的李宜民音注佛经刻碑二十件藏于桂林佛寺。[3]嘉庆三年（1798）李宜民卒，年九十五。李宜民生子八人，长房先故，

---

[1] [清]林有席：《平园杂著内编》卷12，《诰封中宪大夫临川李公厚斋传》，《清代诗文集汇编》编辑委员会编：《清代诗文集汇编》第337册，第206—207页。
[2] 道光《两广盐法志》卷14，《转运一·行盐疆界》，第123页。
[3] 《李宜民音注王凤冈录佛经》，杜海军辑校《桂林石刻总集辑校》下册，北京：中华书局，2013年，第934—948页。

次房李秉礼子李宗瀚出继。李宜民故后临全埠业以祠产方式由八房共同管理，[1]并沿用李念德商名。其后三、四、五、八等房先后退出，由次房李秉礼、六房李秉绶、七房李秉文接承埠业。[2]故嘉庆以后实际由李氏第二代的次房、六房和七房共三房掌管埠业。

乾隆时期李宜民以幕客起家至第二代接办临全埠业，李氏家族成员已涉足举业，并成功入仕。管理盐务的六房李秉绶，"字佩芝，号芸甫、竹坪、信天翁、碧霞主人"。"官工部都水司员外郎。赏戴花翎。诗人，画家，开岭南画派。所绘兰竹梅石尤佳。"[3]李宜民第三代孙李宗瀚，其父李秉礼，出继长房承嗣，仕途更盛："李宗瀚，字春湖，江西临川人，乾隆五十八年进士，选庶吉士，授编修。嘉庆三年，大考二等，擢左赞善。累迁侍讲学士，充日讲起居注官。五年，典福建乡试，母忧归，服阕，补原官，转侍读学士。九年，督湖南学政，历太仆寺卿、宗人府丞、左副都御史。二十年，丁本生母忧，服阕，在籍奏请终生祖母养，允之。道光三年，遭祖母丧。先是礼臣建议，为父后者为生祖母终三年丧，宗瀚幸奉功令，既而部议仍改期服，宗瀚本生父秉礼已老，而有子四人，以出继不得终养。五年，入都，召见，询家世官资甚悉。宗瀚具陈终养始末，宣宗为之嗟叹，遂补原官。八年，擢工部侍郎，典浙江乡试，留学政。十一年，丁本生父忧，哀毁，扶病奔丧，卒于衢州，以衰服殓，年六十三。宗瀚孝谨恬退，中岁以养亲居林下十年，书法尤为世重。"[4]嘉道时期盐商李念德在两广盐务中表现尤为活跃，多次捐输军饷、参与地方公务，与两广政府和朝廷联系甚为密切，亦当与李氏第二、三代家族成员科举入仕有关。

---

[1] 道光四年李氏曾以李念德堂名义捐资修造桂林白龙庵神龛："李念德堂银十两。"李宜民传记中述及修家庙一事，李念德堂当为其家庙，临全埠业则为其祠产。参见杜海军辑校：《桂林石刻总集辑校》下册，第1013页。
[2] 道光《两广盐法志》卷14，《转运一·行盐疆界》，第114页。
[3] 杜海军辑校：《桂林石刻总集辑校》下册，第972页。嘉庆十一、十二年，李秉绶在桂林留下书法画作七处。杜海军辑校：《桂林石刻总集辑校》下册，第971—977页。
[4] 《清史稿》卷354，《李宗瀚传》，第11294页。桂林石刻留下四方李宗瀚文墨，其一为李宗瀚祖母诰封碑。参见杜海军辑校：《桂林石刻总集辑校》下册，第979、993页。

作为祠产的盐商李念德在嘉庆时期迎来第二个高峰。时值两广改埠归纲,省河设立纲局,选局商十人总理两广盐务。李念德虽未入局商之列,但其凭借运商实力,于嘉庆十一年(1806)以运商首领身份入局帮办局务:"十余年来局商不能运盐,仍归运商自行配运,局商止系虚縻经费,徒有纲局之名,而无领办之实。即至嘉庆十一年前督臣吴熊光奏明添派运商七人入局帮办,而事权向归局商,续派之运商亦不免意存推诿,虽居局中,无裨局务,非除退局商责成运商自办,不能清弊窦而节靡费。公同酌核,将各局商撤去,于运商中择诚实妥干之李念德、汤玉成、许秀峰、苏兆祥、苏高华、冯春山六人在局经理,该商等俱各有埠行盐事关切己,一切支销自知撙节,俟办理三四年后再查别埠诚实之商酌派三四人轮流更替,俾交替时即可借以稽查,不致久而滋弊,似于鹾务商情均有裨益。"[1]如第三章所述,六名运商入局后,逐渐接掌六柜运务实权,取代局商而成为六柜之总商。嘉庆十七年(1812)改纲归所裁革局商,正式承认运商对省河六柜盐务的掌领。嘉道时期,盐商李念德表现活跃,不仅身任六柜运商之首商,还积极捐输、代纳局商欠饷。王小荷统计乾隆十四年(1749)至咸丰十一年(1861)两广盐商的捐输,盐商李念德参与捐输达7次,[2]如果算上乾隆三十八年(1773)捐输金川用兵银20万,则达到8次,为捐输时间最长、捐银最多的两广盐商[3](参见表4-1)。

---

[1] 道光《两广盐法志》卷20,《转运七·改纲归所》,第720—721页。
[2] 王小荷:《清代两广盐商及其特点》。按:该文表格中盐商李念德捐输至咸丰十一年,查阅光绪《两广盐法志》,并无其咸丰十一年捐输事,而是同治五年众盐商捐输京饷20万,然该年捐输并未著盐商名。参见光绪《两广盐法志》,陈建华、曹淳亮主编《广州大典》第37辑,史部政书类,第22册。
[3] 《清高宗实录》卷949,乾隆三十八年癸巳十二月丙午:"据李侍尧奏,现在川省办理军务,广西省众李念德等吁请照东省之例捐银二十万两,洋商潘振承等亦请照两省埠商捐银二十万两,稍佐军需等语。该商等既属踊跃急公,情词恳切,姑允所请,着该督将各商捐银数目核定等次,即行咨部",第865页。

表 4-1 乾隆至道光年间盐商李念德参与捐输一览表

年代	捐商姓名	数目/万两	捐输用途	备注
乾隆三十八年	广西商众李念德等	20	金川用兵	
乾隆五十二年	盐商李念德等	20	台湾剿匪	
嘉庆九年	盐商李念德等	16.65	造修捕盗米艇	捐造米艇30只，捐修米艇21只，洋、盐二商各捐半
嘉庆十一年	盐商李念德等	20	剿捕洋盗	与洋商共捐
嘉庆十五年	盐商李念德等	24	巡洋师船经费	每年8万，共3年
嘉庆十六年至道光四年	运商李念德等	84	巡洋师船经费	每年再捐6万，道光四年止
道光六年	盐商李念德等	40	回疆用兵	
道光十二年	盐商李念德等	10	剿连山瑶人	
总计		234.65		

资料来源：道光《两广盐法志》卷29，《捐输》，第129—188页。光绪《两广盐法志》卷47，《捐输》，第305—328页。本表制作参考王小荷《清代两广盐商及其特点》一文之表格，并做修正。

道光初年，盐商李念德仍为两广督抚所重。道光元年（1821），总督阮元奏请留盐商李念德于公所帮办事务："粤商资本微薄，不特迥非两淮可比，即较之两浙、长芦亦属不及，商人备本数千金即可认充运盐。迨本银清乏又不久告退。甚或误课欠饷，经官斥革追办。前项办事运商有总司通河事务之责，凡散商赴官认引及新旧彼此交代，俱由该商督同清算，出具保结，误即着赔，责任甚重。着令旋充旋退之商滥厕其间，不惟难资经理，且恐转滋贻误。……有李念德一名，在粤行盐最久，虽近年资本不及从前，而较通河尚为稍殷之商，于盐务亦最谙练，迭据该商呈请告退，俱经蒋攸铦暨臣驳饬不准，可见并非该商意图盘踞。且现商中一时亦实无可以更替之人，应仍暂留李念德在公所帮办事务。"[1] 道光五年（1825）阮元

---

[1] 道光《两广盐法志》卷20，《转运七·改纲归所》，第744—747页。

亲率盐商督修清远英清峡："广东英德、清远两县峡江为各省通行之要路。……道光五年，元议修通之，乃于阅兵韶州时往来亲督勘丈，于三百七十余里之中，分为南、中、北三段。南段自清远县白庙起，至英德县细庙角止，元率盐运司翟公（名锦观），督盐商治之。……凡平治道路二万四千四百余丈，修造桥梁一百四十五处，凿崖石，叠栈级，伐竹木，六年秋，工始毕，用银四万九千两有奇。每年冬，查勘修补一次。此以记其岁月工段，待后人视此程式耳。"[1]可以推测，道光年间阮元督修清远峡，盐商李念德当以首商身份位列其中。

据徐国洪的考证，道光九年（1829）李念德借官帑12万两济运，以资转输："李鸿宾奏盐商恳借运本援案分年本息并缴一折。运商李念德承办粤西临全等埠，因程途纡远，挽运维艰，致滋赔累。兼以历年弥补捐款为数甚多，运本益形支绌。据该督查明，恳请借本济运，以资转输。着照所请，准其于运库存贮弥补盐本项下借给银一十二万两，交该商李念德收领办运。所借盐本，即援照从前云南土练广西捕费两款本息并缴成案，分作十五年连本带息共缴银二十四万两。每年应缴本息银一万六千两，按四季完纳，遇闰不增。傥有延欠，着落保商钱德馨等五人分赔完缴。俟十五年期满，本息缴足，即行停止。该部知道。"[2]道光十年（1830）以后李念德商本渐形支绌，临全埠务举步维艰。道光末年临全埠改由广东盐商潘仕成承充，商名潘继兴。[3]

---

[1] 阮元：《揅经室续集》卷2，《英清峡凿路造桥记》，《清代诗文集汇编》第477册，上海：上海古籍出版社，2010年，第632—633页。又，《阮元年谱》载"道光五年冬，大人阅武韶、阳，亲为相度，因与抚部成公格、榷部达公三、都转翟公锦观、商令盐、洋二商及太平关分段捐修（《弟子记》道光六年谱）"。参见王章涛：《阮元年谱》，第776页。
[2] 《清宣宗实录》卷161，道光九年己丑冬十月丁丑，第495页。
[3] 徐国洪：《清代广西盐法及临全商埠考略》。徐国洪论及潘仕成时，引用史料未注出处，故其事迹无相关史料直接佐证。目前，潘仕成研究存在洋、盐二商争议，有关潘仕成史料亦未详其道光至同治年业盐事迹，暂存疑。参见陈泽泓：《潘仕成略考》，《广州史志》1995年第1期。陈泽泓：《潘仕成身份再辨》，《学术研究》2014年第2期。刘佩：《广州十三行行商潘仕成研究》，广州大学未刊硕士学位论文，2013年。最新研究则有邱捷：《潘仕成的身份及末路》，《近代史研究》2018年第6期。

乾隆时期，江西临川人李宜民举幕广西，以幕客身份从事盐策致富，落籍桂林、寓居梧州，李氏遂发展为桂林地区最重要的家族之一。李氏三代袭商名李念德，垄断临全埠业达半个世纪之久。李氏子孙通过科举入仕，热心地方慈善，捐输军需、河工，为两广督抚等地方大员所倚重，实为乾隆至道光年间两广叱咤风云之盐商翘楚。

2. 乐桂埠商孔法徕

细读孔昭晟的回忆录，弥足珍贵的是对"高祖履亭公以孔法徕名号自乾隆年间承办乐桂埠盐之后，迄民国初年仍由先兄季修继续承办"[1]的回忆，侧面揭示出其家族经营乐桂埠长达一个半世纪的史实。今广东省立中山图书馆藏 8 册 14 卷南海罗格《孔氏家谱》[2]，即乐桂埠商孔氏家谱，谱内所载世系、家传、墓志铭等内容，为研究乐桂埠商孔氏的家族经营提供了关键、丰富的史料。本节以南海罗格《孔氏家谱》为中心，参以两广盐法志书、档案、诗文集等官私史料，考察清代后期广东大盐商孔氏的家族经营，同时探讨清代后期两广盐商与地方政治、文化的关系。

南海罗格《孔氏家谱》由孔氏第七十一世孔昭度重修于 1929 年，共 14 卷附世系图 1 卷。家谱目录为：卷首"序例"；卷 1"圣谕；历朝制诏祭文"；卷 2"家庙帖示呈约"；卷 3"公移录；南迁十一房支派；罗格房名字派"；卷 4"图像"；卷 5 至卷 11"世系"（以下称罗格世系）；卷 12 至卷 13"事迹"；卷 14"南迁遗爱祠墓古迹；罗格房祠宇事迹；家庙祖祠联额；艺文；金石"。卷首共四序，分别为第七十一世孔昭度、山东阙里第七十一世孔昭浃、第七十世孔广镛、第七十世孔广陶所作。序一作者孔昭度称，按大宗谱记

---

[1] 孔昭晟：《清末民初广东盐务鳞爪》，第 173 页。孔文光、孔法徕皆为乐桂埠商名，下文将讨论孔氏以孔文光、孔法徕不同商名承充乐桂埠商的缘由。
[2] 孔广镛、孔广陶合编，孔昭度重修：《孔氏家谱》14 卷（附世系图 1 卷），公安局惩教场刻本，1929 年，广东省立中山图书馆藏。由于本书引用内容较多，除特殊说明，本书所引家谱统一采用正文内注明卷数格式，不再采用页下注。

载，南海罗格孔氏源自唐岭南节度使孔戣嫡孙昌弼公随幕入粤，留居岭南。后传至承休公始迁居广州，又数传而散居番禺、南海、顺德、高要等地。罗格孔氏则由第五十三世细祖公迁来定居。序二则由赐进士出身、即用知县记名、同知直隶州、前署潮州府饶平、澄海县事、辛酉科补行戊午科同考试官阙里七十一代孙昭浃作于同治三年（1864）。该序称自己咸丰朝来粤任职，并于庚申年（咸丰十年，1860）与观察怀民公昆仲（即广镛、广陶）及同族数人见面，相谈甚欢，因作序。序三和序四则分别为第七十世广镛、广陶作于同治三年，略言该谱于道光辛巳（道光元年）重修，乃其父未成稿。四十余年后，该志终由广镛、广陶两兄弟续修完成："详考互参，斟酌损益，精为厘订，由六卷增至十四卷，计自同治壬戌（元年，1862）孟春起，同治甲子（三年，1864）孟春止，阅二十五月而谱成。"（卷首《序四》）从序言来看，罗格孔氏追溯迁入岭南的孔氏祖先为孔子第三十八代唐节使度孔戣，其曾孙、第四十一世孔昌弼始定居岭南。因此罗格孔氏即为孔子后代，与山东阙里孔氏联系起来，卷2"曲阜孔氏系统一脉图"标明罗格开族祖"细祖"与曲阜孔氏的世系关系。

细祖号阜林，为迁入罗格开族祖，孔子第五十三世孙。卷6《世系》载细祖为元时期明经。因有庄在罗格，时往取租，为通判区龙所识，"日与讲学，遂留教授。公爱其民风质朴，谓斯乐土，就业而居，故为罗格始祖"。按此记载，罗格孔氏开族祖大约于元代定居南海罗格。卷12《元明经孔阜林先生家传》称"圣裔四十一代南来，寓南雄保昌之珠玑巷，自唐散骑常侍名昌弼者始。四十三代再迁居广州城西之采虹桥，自宋累举不仕名承休者始。至五十三代又移家南海所隶之罗格乡，则自元时明经号阜林者始"，简要交代细祖阜林公入粤祖先迁移地。阜林公家传有三点值得注意，一是南雄珠玑巷的入迁地，二是自宋累举不仕，三是罗格开族祖阜林公元明经的出身。先祖由南雄保昌珠玑巷迁来的故事常见于珠江三角洲地区族谱，学界已有较多讨论，此不赘论。[1]家传载明这一支孔氏入粤后相当长时期后裔并无科举功名，即使阜林的元明经出身也语焉不详。考元延祐元年（1314）复科举乡试，明经为第一场试，通过之后始考第二场。[2]阜林公为元明经，说明其可能止步于明经试，并无功名亦无仕宦经历。[3]

细祖生六子，卷2《南海罗格孔氏五代图》载长房思明二传后无嗣而终，故罗格孔氏世系实际为细祖第二至第六子共五房的后代。该谱记载第四房子孙最为详细，房祖也最多。四房细祖第四子思强传至第五十七世伯恒称北庄祖，生三子。长子第五十八世公麟传至第五十九世彦义称莱拙祖，彦义再传第六十一世宏谟称慕林祖、第六十一世宏才称念林祖，第六十一世宏雍称龙湾祖，宏雍再传至第六十四世尚英称闲庭祖、尚玘称若浦祖，以及第五十八世公麟再传至第五十九世彦舜称道缘祖。第五十七世伯恒北庄祖次子第五十八世公康称公康祖，三子第五十八世公万称公万祖。进一步细考家谱，显然四房又以第六十四世若浦祖孔尚玘一支子孙最显，罗格孔氏第一代盐业致富者第六十七世毓泰、第一代以科举功名显者第六十九世继勋皆出自这一房支，继以科举功名显者第七十世广镛、广陶也出自该房支。该谱卷12至卷14的家传、事迹、墓志铭等实际也围绕这一房支历代先祖展开。南海罗格《孔氏家谱》的编撰与重修工作实际由开族祖细祖阜林公第四子思强之第六十九世继勋、第七十世广镛、广陶以及第七十一世昭度三代接力完成，谱内满溢孔子之后、岭南簪缨、仕宦大家之词。

---

[1] 参见刘志伟：《附会、传说与历史真实——珠江三角洲族谱中宗族历史的叙事结构及其意义》，上海图书馆编《中国谱牒研究》，上海：上海古籍出版社，1999年，第149—162页。
[2] 姚大力：《元朝科举制度的行废及其社会背景》，《元史及北方民族史研究集刊》1982年第2期。杨树藩：《元代科举制度》，宋史座谈会宋史研究集编辑小组编《宋史研究集》14辑，台北：中华丛书编审委员会出版，1983年，第191—221页。
[3] 同治《南海县志》之《孔继勋传》又称"元有贡士细祖始迁居罗格"，贡士之说仅见于此，亦非科举正途。同治《南海县志》卷13，《列传》，广东省地方史志办公室辑《广东历代方志集成·广州府部》，第610页。

家谱卷6《罗格孔氏世系》载，罗格孔氏四房第六十三世贞德生子二人：第六十四世尚英与尚玑，皆生于崇祯殁于康熙，当明末清初之岭南。长尚英"长躯虬髯，少有努力从戎靖难，所向有功，碣石镇咨部以随征守备用，札授昭勇将军"，次尚玑"少读书，有兵略。恂恂孝友，惠及乡间。游抚幕多年，有阴德而不自鸣。终嘱书五子，戒刀笔、建试馆、设膏火十余款，忠厚严肃，诰诫谆谆"。尚英与尚玑的人生际遇，显示其在新王朝统治下或武职或入幕，虽不入流，却如鱼得水，与地方军政长吏维持良好关系。康熙四十六年（1707）三月碣石镇中营游击李荣[1]为其父贞德撰写墓志铭，称"二子允文允武。长君从戎，靖难碣镇，台咨部札昭勇将军，树绩边疆。次君佐大中丞继任闽浙总制幕政，咨部考授迪功郎，给札候选"（卷13李荣撰：《六十三世叠赠昭勇将军了瑕孔公墓志铭》）。第六十四世尚玑游督抚幕多年，深知官场险恶，故有戒刀笔之嘱。然而，其后三代子孙的人生轨迹，幕业仍为首选。尤其第六十七世孙毓泰入两广盐运使幕，终以盐业起家："（贞德）五代孙毓泰遂以鹾业致富，六代而后且以甲第入词林。"（卷12曹登镛撰：《赠君了瑕公家传》）

罗格孔氏第六十七世孔毓泰，字来建，号履亭。生于乾隆癸亥年（八年，1743），终于嘉庆辛酉年（六年，1801）（卷6《罗格孔氏世系》）。又据第七十一世阙里孙孔昭慈所撰《赠君孔履亭公家传》（卷12）载其"好读书，兼读律，以在官者代其耕，聘为盐都转署主稿"。表述虽隐晦，孔毓泰以幕为业是无疑的，且"贫俭之家如素封"。盐都转署，乃盐运使署之别称。康熙三十二年（1693）"设两广都转运盐使司盐运使一员，驻扎广州府城，秩从三品，职掌两广

---

[1] 乾隆《陆丰县志》载碣石镇中营游击"李荣，康熙三十七年（1698）五月任。王进忠，康熙四十六年（1707）五月任"。表明李荣在任九年，于康熙四十六年五月卸任，并于当年三月撰写了墓志铭。乾隆《陆丰县志》卷4，《秩官》，广东省地方史志办公室辑《广东历代方志集成·惠州府部》，第55页。

盐法之政令，率其僚属以办其职务：发帑收盐，给引配运。督程课，杜私贩，听讼狱。会计出入，以修其储贡。凡兴革之事，由所属者咸质正于运使，白于制府，而后宣于治境焉"[1]。孔毓泰为两广盐运使所聘，当入其幕。不过，家传并未言明该运使是谁，有避讳之意。家传又称：

> 时有精相人术自豫章来者，都转神之。延入署，遍视所亲爱，若热烛以照，一见公即下拜，曰："公阴德鸣耳，致巨富，享大年，簪缨贻子孙未艾也。"都转心伟之，默察其案牍盈室，过目辄记，援例比事，铢两必得其平，有不平，虽长者意，向弗少徇，得直而后止。因以为能，倚如左右手。是时醝务刊弊四坏，乐桂为北江之总，饷引甲于通纲，不可一日虚饷额。都转熟筹：当此重任，上输国帑下济民食，有如桓宽其才者，则非我孔主稿不能也。乃进公而委之乐桂，公力辞，都转曰："尔以财力薄疑乎？我知尔仁廉，公慎足济此。且准尔领南仓盐，运销随缴价，则转输无绌。"公遂感激肩承，搜别积弊，振全纲而起之，输饷源以报国而报知己。都转则大喜曰："相人者，不予欺耶！抑知人者，有以补相人术耶！"公起家隆隆，请封典为二亲九秩双寿，名公伟人制文以祝，一时荣之。

这段生动的传记文字，勾勒出孔毓泰因其长于案牍之才获盐运使信任，倚如左右手并委以业盐重任的传奇人生经历。时逢醝务弊坏，乐桂为北江之总，饷引甲于通纲。盐运使以毓泰有桓宽之才，委以经营乐桂埠。毓泰不负重任，振全纲而起之，其家亦隆隆而起。

毓泰其时所承之埠恐非乐桂埠，而是乐昌埠。考康熙时期已有乐昌总埠之说。康熙四十八年（1709）广东巡抚范时崇奏

---

[1] 乾隆《两广盐法志》卷21，《职官》，第9—10页。

言"臣会同巡盐御史温泰合词具题：查册开广东连州总埠额引共二万九千九百三十九道零，原派行销于连州一州一万八千四百八十二道零，湖广衡属桂阳、临武、蓝山、嘉禾等四州县共一万一千四百五十七道零。又乐昌总埠额引共二万八千五百六十四道零，原派销于乐昌一县一万二千八百三十七道零，湖广郴州、宜章、兴宁、永兴等四州县共一万五千七百二十七道零"[1]。此时之乐昌总埠，包括乐昌、湖广之郴州、宜章、兴宁、永兴等五州县，而连州总埠包括连州、湖广衡州府属桂阳、临武、蓝山、嘉禾等五州，故乐昌总埠并非乾隆以后之乐桂总埠。乾隆《两广盐法志》又载"雍正十年（1732）九月，户部议覆广东总督鄂弥达奏言：韶州乐昌以及湖南郴州、宜章、兴宁、永兴四州县引饷向系盐政衙门积蠹一人总充，统名西河埠商，五处引盐均设埠乐昌，另招小贩肩挑运回各县销卖"，"经前任督臣批允，准行至今，竟成定例"。[2]说明雍正十年广东总督仍称乐昌、郴州、宜章、兴宁、永兴等五州县，向来为盐政衙门之人总充，统名西河埠商。如此说来，两广盐运使委派孔毓泰经营乐昌总埠其来有自，乃属定例。不过，大约自孔毓泰接手之后，毓泰及其子孙的苦心经营终将乐昌埠扩张为囊括十一处盐埠的乐桂总埠。

第六十七世毓泰生二子，长传灏，"例授文林郎、盐运使司经历、候选知县"；次传颜，"字振才，号复之，履亭公次子"。"贡生。敕授儒林郎、候选布政使司经历"，"钦加盐运使衔"（卷9《罗格世系》）。传灏是否子承父业，谱未载不明，但次子传颜随其父打理醝务是肯定的。从传记看，传颜虽为贡生，非科举正途，故仍未入流。《孔氏家谱》卷12有曹振镛所撰《赠君孔复之公罗恭人合传》，称"字振才，号复之，履亭公次子"，毓泰说服传颜"肩理醝务"，"当

---

[1] 乾隆《两广盐法志》卷3，《奏议三》，第270—271页。
[2] 乾隆《两广盐法志》卷6，《奏议四》，第497—498页。

履亭公之承乐桂也,别埠多逋饷,抄产不足,身系于官,父母妻子颠沛无可状。履亭公则盛治杯酌,集同商酒极欢,公前席陈曰:'某负饷躬缧绁,举家迫冻饿,我与君忍坐视乎?请各署资以助,余项虽巨,我愿统任之,毕某饷而后止。'遂通纲领为仁人。公踵先志行之,完商欠,赒人急,以施与节损其家无憾"。传记侧重于传颜完商欠、赒人急,以至于损其家也无憾的商业品德,也表明孔氏父子以通纲仁人的口碑,为其扩张经营打下基础。

毓泰、传颜父子以鹾业起家,其时亦非独力经营,而是聘请其他房支子孙协助打理埠务,以毓泰房支为核心的家族式经营初具雏形。考《孔氏家谱》,与传颜同辈的四房公康祖第六十八世传彬时在乐桂埠打理埠务。谱载传彬"字振煜,号芸斋","读书能文,屡试不第,改业就馆。一生谨慎,遇事有卓见。鹾务倚任者数十年。同治壬戌(元年,1862)年广镛、广陶兄弟修建祖祠等事,公时在乐昌主持埠务,犹复千里外谆谆致书,亦以商榷整顿族务为念"(卷9《罗格世系》)。按《孔氏家谱》的记载,自第六十九世毓泰之后,与其同辈者、第七十世、第七十一世等罗格孔氏三房、四房、六房后代多人皆以乐桂埠业起家,侧面证明南海罗格孔氏家族盐业经营的逐步扩张。

爬梳《孔氏家谱》,可发现毓泰之后各房子孙从事乐桂埠业的有:四房广念祖第六十九世继扬,"字开显,号宪臣,国学生。经商坪石,以勤俭成家"。四房广念祖第六十九世继宗,"字开嗣,号才喜,一生好学,事亲最孝,教子苦心,寸阴是惜。且公少有捷材,弱冠随父北游坪石"。四房广念祖第六十九世继松,"字开镜,号郁林,少孤苦,随芸斋公在乐昌学习商务,卒通书算,且致小康,皓首而归"。四房若浦祖第六十九世继让"字开仁,号近廉,大行六,盐务议叙六品衔。例封武德骑尉,升用守备"。四房公康祖第六十九世继贯,"字开祐,侨居乐昌贸易,寿至七十余岁"。四房念林祖第七十世广权"字满昌,号巽泉,经商坪石,兼办湖南矿务"。六房子达祖第七十世广修,"字惺昌,号省之,又号省吾,少年随叔父往乐昌贸易,阅数十年捆载,旋里,从事田园,常督诸子以耕读,寿至八十余岁,不病而终"(以上皆卷10《罗格世系》)。孔氏第六十九世、第七十世子孙业盐者皆活跃于乾嘉道时期,前引嘉庆二十三年总督阮元奏疏表明嘉庆后期其规模已从五埠扩张至十一埠,孔氏也由西河埠商发展演变为乐桂总埠商,规模扩大,家族成员参与者众。

道光以降直至清末民初,孔氏主要由三房、四房及六房的第七十一世孙"昭"字辈主理埠业。三房南庄祖第七十一世昭熙,"字炎东,号寅宾,公学问超凡,更长于书启,兼善书,性亦宽裕,以文字受知于广镛、广陶家中乐桂省馆,数十年文牍俱由公掌理。寿至七十余岁,犹能作楷书"。四房若浦祖第七十一世昭达"字祥和,性纯粹,历就盐席,享寿八十余岁"。四房若浦祖第七十一世昭衍"性情真挚,书算兼优,少年贸易韶州,颇称得志,惜为数所限,未婚而卒"。四房若浦祖第七十一世昭懿"字令和,号秉德,至诚珍重,忠厚居心善戁迁,事母特孝。以商业起家,更乐为善,输助不吝"。四房道缘祖第七十一世昭然"字燕和,号朗如。人极漂亮,性情纯情挚。惜少孤,及长失恃,随诸兄习读,喜学能文,惟命蹇不售,改充广州东关盐务抽厘厂收支员"。六房子达祖第七十一世昭弼"字宜和,号伯铨,为人谨纳,初业儒,继弃儒服贾。晚近归家,复操笔砚,授徒自乐,一切子弟多所造就,邻里称之"。六房子达祖第七十一世昭群"字和号霞轩,性本冲和,学精文艺,向在乡中讲学,课文成绩卓著。中年就馆乐昌,后改充乐昌公署仓房课员"。六房子达祖第七十一世昭庆"字肇和,号福余,一生循谨,孝悌为怀,弱冠后随淡渠公赴乐昌襄理醝务"。四房若浦祖第七十二世宪鸿,"字兆基,号颂雅,党政机关职员,军事训练班毕业。宣统三年(1911)钦州中屯盐务收税局司事。民国七年带河基花捐分局局长。民国八年,河南义和里花捐分局局长。民国九年平海城盐务收税分卡委员。民国十一年,盐务稽核分所东汇关监秤委员。民国十三年至十六年,历任两广盐运司源潭查缉分厂厂长"。前引《清末民初广东盐务鳞爪》作者孔昭晟为四房若浦祖第七十一世孙，"字幼和，号自明，光绪辛丑（二十八年，1902）补行庚子恩正并科中式第十五名副贡。民国二年被选国会议员。公赋性慈祥，当仁不让。光绪辛丑从传庆公之请，首捐百金，倡修基头茶亭，以利行旅，途人便之"（以上皆卷11《罗格世系》）。

综观南海罗格《孔氏家谱》，孔氏第六十七世至第七十一世共计五代经营乐桂埠者事迹，自乾隆中期至民国初年时间跨度长达一个半世纪，其中二房、五房子孙业盐事迹谱皆未载，三房、六房偶有委以重任亦皆其信任之人，揭示清代后期乐桂埠大盐商孔氏实际是以第四房若浦祖后代第六十七世毓泰房支的直系子孙为核心的家族式经营。

毓泰次子传颜娶同邑罗氏女，敕封安人，诰封太恭人，晋赠太淑人。罗氏生二子一女，长子继勋、次子继骧。传颜长子第六十九世继勋，"原名继昌，又名继光，字开文，号炽庭，又号伯煜，以阖属经古第一人入邑庠补廪膳生。嘉庆戊寅恩科五十九名举人。道光丙戌科大挑二等，化州学正。癸巳科一百五十八名进士，殿试二甲三十八名"。"生于大清乾隆壬子年（五十七年，1792）"，"终于道光壬寅年（二十二年，1842）"，终年五十一岁（卷10《罗格世系》）。罗格孔氏自细祖开基以来至第六十九世继勋终以科举正途显名。家传载传颜少喜读书，虽承父业，"部署稍闲，手不去书"。又"于濠上筑观鱼轩，延名宿为主讲，[1]集贫戚友子弟廿余辈，饮食教诲，与其子继勋、继骧同者多历年，而诱奖诸后进，月有课日有程，实以

---

[1] 南海罗格《孔氏家谱》卷14《艺文》，《濠上观鱼轩书目》二卷。香山黄培芳序：复之先生乡有南园吟咏地也，居有观鱼轩藏书处也，宅濠之畔以是名。余亦馆此最久。先生采芹后，时以蓣务事羁，遂弃举业混迹。盐策稍暇，辄手不释卷，而所藏日益富。尝语余曰："司马温公云：'积金，子孙未必能守，积书，子孙未必能读。'能守固难，能读更不易。"噫！先生数世以来，祖德宗功蓄而必发，正所谓积阴德于冥冥之中，先生之书其子恐不止徒读而已，计所藏四万卷有奇，翻阅书目，感而志此。香山黄培芳漫书。

一身兼慈父严师之任。受教育最著则有若罗文俊,以一甲进士第三人及第,何汝龙、族子传薪皆举孝廉,何云仪、刘云皆廪于学。长子继勋选庶常、次子继骧以金石诗字名,尤沉深于邵子皇极之旨,余皆郭品励学人伦著称,毋少负公作人之望"(卷12曹振镛撰:《赠君孔复之公罗恭人合传》)。观鱼轩之大名,香山名儒黄培芳亦曾执教于此,可见继勋以甲第入词林与其父传颜的悉心栽培密不可分。

道光、同治《南海县志》皆载孔继勋功名:"(进士)孔继勋,庶吉士,癸巳科。""孔继勋,编修,有传。祖毓泰、父传颜俱赠如其官。"[1]同治《南海县志》之《孔继勋传》更为详细:"孔继勋,字开文,号炽庭,罗格围人。""祖毓泰以鹾务起家,父传颜为名诸生,多蓄图书古籍,俾子孙服习其中,故继勋幼能属文工书善射,弱冠以经古第一补弟子员。逾年试高等食廪饩,寻中嘉庆戊寅(二十三年,1818)恩科举人,道光丙戌(六年,1826)大挑二等,授化州学正。癸巳(道光十三年,1833)会科,成进士,选庶吉士散馆,授编修。旋充国史馆协修。丙申(道光十六年,1836)派殿试收卷官。丁酉(道光十七年,1837)顺天乡试同考官。戊戌(道光十八年,1838)教习庶吉士,会其弟继骧卒,见古有期丧去官者,乃告假南归。出都三日,奉有儤值上书房行走之命,同人代为惋惜,继勋澹如也。"《列传》主要记载孔继勋科举功名、仕宦经历,赞其"初入翰林时,为曹文正振镛所赏识,后潘世恩、穆彰阿当国咸器重之"。[2]

《孔氏家谱》载有孔继勋"行述"一篇,呈现其生平仕宦更多细节:继勋青年时"仁宗睿皇帝六旬万寿圣节曾恭纪《广雅十篇》进呈,乃连科荐而不售",说明其早年科举之途并不顺利。后"又因鹾纲大坏,欲改捐巡道为得禄养亲计",时观察许乃济"飞书千余

---

[1] 道光《南海县志》卷21,《选举表二》,广东省地方史志办公室辑《广东历代方志集成·广州府部》,第448页。同治《南海县志》卷9,《选举表》,第531页。
[2] 同治《南海县志》卷13,《列传》,第610—611页。

言以阻之，遂不果"。"道光乙酉（五年，1825）赴都，冒雪游南岳，登祝融峰绝顶，与隐者明鉴上人订交，归筑岳雪楼，以藏书画图籍。逾年丙戌科大挑二等，选授化州学正。绕道过孔林谒先圣，观礼乐祭器，如见三代遗风。"此后青云直上，改选翰林院庶士，编修。"乙未（道光十五年，1835）闰六月十一日，召对勤政殿，天颜和霁，奏对甚祥，旋充国史馆协修"，获道光帝嘉赏如此（卷12广镛、广陶谨述：《皇清敕授儒林郎翰林院编修晋赠奉政大夫显考炽庭府君行述》）。上述传记、行述文字从不同侧面勾勒孔继勋仕宦生平，也可从其诗集《岳雪楼诗存》得到印证。道光五年（1825）冬孔继勋北上，沿途写下《乙酉元旦平石馆旅望》《晚抵临武水东村寓绿云书屋》《耒阳道中》等诗多首，其行程停留处皆乐桂埠所在地。卷1《赠明鉴上人并引》序称明鉴上人"颇赡俯蓄，矫志山栖，择地于衡岳绝顶，孤岩傍启禅榻，外仅容数步，栖身其中垂二十年，妻若子数请还乡，弗愿也。歌以赠之。"[1] 揣度之，明鉴上人被视为隐世高人，继勋专程拜访，当有指点迷津之请。继勋与其订交，下山后即筑岳雪楼收藏书画图籍，此后更是科举高中，仕途显赫，成就一世功名。

同治《南海县志》又载继勋于"庚子（道光二十年，1840）春，拟赴京供职，值洋人滋事，督臣邓廷桢、林则徐、抚臣怡良、祁𡎰、将军宗室亦湘等先后皆力留襄办军务。继勋悉心规画，刚柔并施"[2]。考《岳雪楼诗存》有诗《壬寅（道光二十二年，1842）元夜宫保祁竹轩制府𡎰柱顾赋呈四章》[3]一首，有"元戎小队屏弓刀""壁垒筹边鬓尽霜""兵军储共计先防"等句，表明其时正协助督抚等地方大员襄办军务。正是这年春天，孔继勋"以劳瘵病卒"：

---

[1] 孔继勋《岳雪楼诗存》卷1，清咸丰十年（1860）刻本，陈建华、曹淳亮主编《广州大典》第56辑，集部别集类第39册，第769—770页。
[2] 同治《南海县志》卷13，《列传》，第611页。
[3] 孔继勋《岳雪楼诗存》卷4，第787页。

"旋值夷氛,当时诸大府礼请先大夫襄办军务,借筹决策无虚日,将就告竣。于壬寅春以劳瘁病卒。"[1]家谱卷12《皇清敕授儒林郎翰林院编修晋赠奉政大夫显考炽庭府君行述》特别提到壬寅元夜继勋与祁宫保的这次谈话:"先大夫条陈十款,大略所忧,不及现在而及将来,总以理财练兵为急务,非理财无以裕国,非节用无以理财,此饷无由乏也。欲御敌必先练兵,欲练兵必先立法,此兵无由疲也。循名核实力挽颓风。缕缕千余言,皆关系国计民生之大局。"孔继勋条陈十款很可能为总督祁𡎴采纳。同年正月十四日,上谕祁𡎴:"据祁𡎴等奏,核计存贮及报销银数仅敷数月之用等语。该省现存银两究可敷几月用度?现在办理夷务尚无蒇事之期,旷日持久,虚糜粮饷,伊于胡底!着该督等通盘筹画,从长计议,据实具奏。所有洋商盐商绅民人等捐输银两,及捐资造炮筑台置办军械,并捐资出力各绅士,均着该督抚会同该将军查明捐输姓名银数,分别开单具奏,候朕施恩。"[2]从上谕来看,广东夷务理财为急要正是祁𡎴奏疏的主题。

继勋娶三女,正室许氏、侧室梁氏、何氏。许氏生二子五女,长子广镛,次子夭折。梁氏生二子,第七子广猷早殇,第八子广陶。何氏是否生有子女家谱未载。故广镛、广陶分别为许氏、梁氏所生,乃同父异母兄弟。

继勋正室许氏娘家乃番禺官宦大家、大盐商许氏,"敕封孺人。覃恩诰封宜人。覃恩晋封太夫人。覃恩诰赠淑人。覃恩叠赠一品太夫人"(卷10《罗格世系》)。"先慈许太宜人,帝高阳氏之苗裔也。始祖梅斋公世居潮郡,至外王父入籍广州之番禺。外王父讳赓飏,诰授朝议大夫军功议叙府同知加二级。我太宜人乃系次女,为道光壬辰进

---

[1] 孔继勋:《岳雪楼诗存》卷4,第788页。
[2] 《着两广总督祁𡎴等确奏粤省库存银数通筹用度等事上谕》,道光二十二年(1842)正月十四日(剿捕档),中国第一历史档案馆编《鸦片战争档案史料》第5册,天津:天津古籍出版社,1992年,第28—29页。

士赏戴花翎,特赏三品顶戴,现任广西桂平梧郁盐法道名祥光公、赏戴蓝翎钦加同知衔尽先选用通判名礼光公胞妹。道光己酉举人现任刑部山西司郎中名应骙、癸卯举人候选内阁中书现任工部虞衡司主事应镠、己酉举人本科进士名应骙之胞姑。"(卷12《先慈许太宜人行状》)许氏是晚清广州名宦许祥光、许礼光胞妹,以及许应骙、许应镠、许应骙的胞姑。[1]许氏能够嫁入孔家,缘于许氏父亲赓飚与继勋父亲孔传颜同业醝务,二人私交甚笃:"我先王父副贡生、候选布政司经历、敕赠儒林郎、翰林院编修加一级、晋赠朝议大夫讳传颜公与外王父同业醝务,绨交最善。稔知我太宜人贤淑,乃为先大夫委禽焉。"显然,这桩婚姻不仅是名宦联姻,也是大盐商的联姻。许氏嫁入孔家,全力支持鼓励丈夫心无旁骛走科场之途,称"醝务外事,叔能任之"。继勋中进士,"入词馆中,间七赴礼闱,资斧浩大。是时也,外而醝务岌岌难支,内而家中累累负欠,而绸缪于八千里外不至匮乏者,良由太宜人节俭张罗,苦心足见也"(卷12《先慈许太宜人行状》)。继勋以仕宦身份为家族带来声名,许氏则承担起继勋有份经营的醝务及其京城的浩大开支,若非其盐商家庭的出身和长袖善舞的商才,恐难绸缪于八千里外使继勋用度不至于匮乏。

继勋长子广铺"字厚昌,一字少庭,号怀民,又号韶初。大行二。邑庠生。道光廿一年(1841)防夷出力保举。廿二年(1842)五月十六日奏上谕,着赏给副贡生,遵豫工例报捐内阁中书。廿二年海疆军需劝捐出力保举,十一月初三日奉上谕,着赏加内阁侍读衔,以内阁中书遇缺即选。廿四年(1844)甲辰恩科中式第十五名举人。咸丰七年(1857)报捐郎中,先分部学习行走。九年(1859)捐输团练经费保奏,十一月初六日奉旨赏戴花翎。十年(1860)三月报

---

[1] 关于广州许氏研究,主要有伊妮著:《千秋家国梦》(上下部),广州:广东人民出版社,1994年。卢延光编著:《广州第一家族》,广州:岭南美术出版社,2004年。丁新豹、黄燕芳、许建勋编:《高风世承:广州许氏家族》,香港:香港大学美术博物馆,2011年。孙中山大元帅府纪念馆编:《广州许氏六昆仲与近代中国民主革命》,广州:广州出版社,2015年。

捐，不论单双月即选知府加五级。十二月加捐道员加一级，归部选用。同治元年（1862）助广西浔州兵饷保奏案内四月廿六日奉上谕，着赏加盐运使衔。咸丰十一年（1861）助蓝山兵饷保举案内，同治二年（1863）奏准以道员分缺先选用，并赏加布政使衔，随请一品覃恩封典。著有《书画跋》二卷、《研斋砚铭》一卷、《总校皇清经解》一千四百卷。无嗣。以广陶第六子昭祖（家谱载广陶第四子，榜名昭鋆，参见卷11《罗格世系》）继世"（卷10《罗格世系》）。继勋次子广陶"字鸿昌，一字季子，号少唐，大行八，由佾生捐国学生，不论双单月候选郎中，分部学习行走。咸丰九年捐输团练经费案内保奏，十年六月十六日奉旨赏戴花翎。著有《云山得意楼文钞》二卷、《得意楼诗草》十卷、《三秋随笔》四卷、《鸿爪日记》二十卷、《德城滋蔓录》二卷、《百七十二兰亭考》八卷、《寓目记》四卷、《岳雪楼书画录》六卷、《辑岳雪楼丛书》、《王氏仿汉瓦当印谱》一卷、选刻《知不足斋诗草》四卷"（卷10《罗格世系》）。

从广镛、广陶兄弟生平事迹来看，兄弟二人皆未能如父亲那样以科举正途步入仕途，而主要通过捐纳获得功名，故《南海县志》不载。又，广镛获赏盐运使衔，似乎表明正是由他继承父业，继续经营乐桂埠。广陶妻妾众多，子嗣亦众多。孔昭晟即广陶第十五子，其兄广陶第四子昭鋆（号季修）出嗣广镛。昭晟称民国初年先兄季修继续承办，故昭鋆能以嗣父广镛名义倡议族众，"将父广镛公付下的款子母合计万圆有奇埽数提出"，又"自行捐赀数千圆"修建报本堂，又"为太祖清偿夙欠，为数千余两"（卷11《罗格世系》）。说明乐桂埠的经营仍然由长房长兄为核心而持续至民国初年歇业。

广镛、广陶虽不以科举显，然生平著述甚丰。尤其广陶，乃晚清广州著名藏书家。徐信符《广东藏书纪事诗》有"孔广陶岳雪楼""孔昭鋆烟浒楼"两首诗和两篇附记，披露父子二人藏书和乐桂埠业遭变细节。孔广陶岳雪楼诗曰：

第四章　水客与埠商

岳雪楼空异昔时，盐官改制不胜悲。藤田囊括东瀛去，泉谱储藏近属谁。

诗后附记：以盐业起家，富收藏。家居广州南关太平沙，藏书处曰三十三万卷书堂，其楼曰岳雪楼。宋元椠皆极充牣。余藏有三十三万卷书堂目录，皆属通常阅览之书，其精椠犹未列入。光绪戊申而后，盐法改制，易商办为官办，孔氏由此中落，藏书因而动摇。宣统元年，广东优级师范学校开办，上虞罗振玉偕日人藤田封八到粤。岳雪楼精本首被其选择售往东瀛。其后次第散出。广东按察使蒋式芬、提学使沈曾桐、按察使王秉恩均有搜采。继之上海、北平书贾辇载而去，精华渐尽。民国后，岁壬子所剩巨帙尽归康有为，最巨者殿本《图书集成》孔氏曩日用巨资由宫监辇运而出，为藏书者绝无仅有，于今已归于万木草堂矣。所刻书惟《北堂书钞》最有功艺林，盖少唐借钞周季贶所藏孙、严诸家校本，原分五色笔以为标识，校勘精细，自经孔氏录文，由林敔伯逐条细校，实胜祖本。同时姚彦侍拟刻此书，因少唐而中辍，少唐所钞录原本，今藏余南州书楼中，将所刻本与所钞校本比较，林氏于诸家校语，多所删削，亦多有增益，非漫然也。孔氏所刻若《覆古香斋十种》《岳雪楼书画录》均甚精，书画录于宋元画轴纪载精详，今俱荡然矣。岳雪楼古泉币至精，其所拓泉谱颇为大观，书画散尽，惟泉币尚存。近则不知谁属矣。编有《清淑轩钱谱》，藏品极为详备云。

孔昭鋆烟浒楼诗曰：

不堪回首说南园，烟浒楼空旧迹存。平准均输纷献策，运筹推算到盐官。

诗后附记："孔昭鋆，字季修。光绪己丑（十五年，1889）

举人，为少唐次子，出嗣别房。岳雪楼未散时，先取宋元佳椠移藏他处，有南国别业名'烟浒楼'，近于海滨，饶花木之盛。当盐业改制时，苟随遇而安，不作规复之谋，犹可小康。乃季修惑于人言，欲图复兴，卒之。事归空幻，资产荡然。季修郁郁以死。烟浒楼易主，昔日觞之地遂为南园酒家矣。友人伦哲如曾居广州麦栏街邱某家，见宋椠王右丞、孟浩然、韦苏州诸集，旧钞宋二十家文集，毕秋帆、钱竹汀诸家校《资治通鉴》诸书并宋拓兰亭书画多种，皆孔氏抵债物，转数主而至邱氏也。"[1]

南海罗格孔氏以乾隆时期第六十七世毓泰经营乐昌埠业起家，至第七十一世昭鋆民国初年遭逢盐业改制，虽试图复兴，却终使偌大的乐桂埠业归于荡然。不难看出，南海罗格孔氏能够在长达一个半世纪的时间里维持家族式经营，家族成员的商业才干固然重要，历代子孙科举出仕、大盐商的联姻、与广东军政大吏的交游以及以藏书享有文化盛名皆是其商业成功的基石，反之亦然。

值得一提的是，清代后期乐桂埠商孔氏的经营虽然延续五代不坠，但是不代表家族式经营没有遭遇困难。前引第六十九世孔继勋妻许氏在道光年间的苦心经营，反映这一时期家族经营困境。又道光、光绪《两广盐法志》皆载乐桂埠商孔文光，而第七十一世孔昭晟则说毓泰祖以孔法徕商名承充埠业，说明乐桂埠可能有两个商名。又光绪《两广盐法志》载咸丰三年（1853）两广总督叶名琛奏疏中有"粤省

---

[1] 徐信符：《广东藏书纪事诗》，沈云龙主编《近代中国史料丛刊续编》第二十辑，第216—218、218—220页。孔昭鋆烟浒楼诗附记中的"伦哲如"即伦明，著有《辛亥以来藏书纪事诗》，其中也有孔氏父子藏书的记载，今人研究多以此二种史料为主探讨晚清广东藏书历史，本书主要征引徐信符纪事诗为证。参见伦明：《辛亥以来藏书纪事诗》，上海：上海古籍出版社，1999年。黄国声：《广东的藏书家》，《中国典籍与文化》1993年第4期。倪俊明：《民国时期广东图书出版史述略》，《广东史志》1994年第3期。袁忠仁：《广州古代书籍板刻概述》，《岭南文史》1996年第1期。吴丹青：《晚清羊城三大藏书家述略》，《广东史志》2001年第2期。李绪柏：《清代广东朴学研究》，广州：广东省地图出版社，2001年。邝以明：《广东印谱知见补略》（上下），《荣宝斋》2016年第4、5期。

本皆微薄,或数人始能共办一埠,试办数年又须另招。如现拟运盐接济湖南之乐桂埠,即系二商合办,运盐接济江西之雄赣埠即系八商合办,本年均已届满,旧商无力告退,新商甫经接充,支绌情形难以缕陈"[1],部分证实乐桂埠有二商合办经营的实际情形,猜测孔文光、孔法俫皆为南海罗格孔氏的商名,有可能是毓泰在子孙中做了分配。目前未见新证,俟后再考。嘉庆二十二年(1817)省河运商孔文光就禀称盐价自十二年(1807)以来无加增,运本却年有加增,恳请盐斤加价。[2]嘉庆二十三年(1818)在总督阮元的斡旋下,乐桂埠商孔文光撇清煎卖私盐、与淮盐争利的嫌疑。[3]咸同时期乐桂埠再次卷入淮粤之争。[4]清代后期乐桂埠商孔氏家族式经营犹如浪里行船,虽连绵不坠却也历经曲折,是广东大盐商历史的一个缩影。

(二)大运商广州高第街许氏

临全埠商李氏与乐桂埠商孔氏可谓嘉道以后最为活跃的大埠商,而这一时期与两大家族有着密切关系的还有一家大运商——广州高第街许氏。前人有关许氏的研究集中在家族百年历史,对其凭盐业发迹的先祖许拜庭皆笼统地称其为大盐商。本书认为,广州高第街许氏先祖许拜庭从事场盐海运的生意,是大运商,其生平反映了乾嘉时期大运商的命运。

广州高第街许氏,是清代、民国广州的名门望族,其族居地称许地。发迹于乾隆朝后期的太始祖许拜庭(名赓飏,字美瑞,号拜庭),有一个盐商的传奇出身。相传许氏家族于南宋末年迁至潮州府澄海县沟南村。清乾隆年间,拜庭之父许永名(颖园)到广州高第街开铺,经营小生意,娶贫家女黄氏为妻,生三子。乾隆四十七年

---

[1] 光绪《两广盐法志》卷24,《转运七·借销》,第532—533页。
[2] 光绪《两广盐法志》卷25,《转运八·成本》,第557页。
[3] 道光《两广盐法志》卷14,《转运一》,第87—98页。另见光绪《两广盐法志》卷18,《转运一·行盐疆界》,第425—428页。
[4] 参见黄国信:《区与界》,第272—302页。

(1782)许永名病逝。黄氏独力带三子讨生活,遂送长子许拜庭入盐店做工。"一次,拜庭受店主指派出海购盐,同行有另两家盐商共三条货船,在三条货船满载食盐返回广州途中,忽遇暴风,一条在暴风中沉没,一条被吹得迷失方向,误了归期,只有拜庭的一条在他的正确指挥下顺利返回广州。由于是独市生意,拜庭的店发了大财……店主为拜庭的忠诚所感动,投桃报李,便将一些股份划归拜庭名下。从此以后,拜庭更加尽心尽力,生意越做越好,终于成了广州一大盐商。许家也从此兴旺起来。"[1]

这段传记文字,提及许拜庭所在盐店以及三条盐船出海运盐,表明他的运商身份。"盐店出海购盐",当指运商出海赴盐场配盐。道光年间无锡文人华仲起的《粤东管见》记载"省河每年行盐一百万包",是由运商"先盐后价,其盐准海运赴场,垫晒配盐,运至省河东关,听各埠商掣配运赴各埠。其埠商完缴帑饷并晒价,始准赴西关,验掣放行。清舱之后,运商向运库领回所垫晒价"[2]。因此,许拜庭及其同伴所驾盐船正是赴盐场的运盐船,他们需要将盐运回省城广州东关。至于其中一条盐船"被吹得迷失方向,误了归期",当是指海运盐船违限:"海运船户往场运盐,先具单开列船户姓名,并告运盐斤数目,投缴运司,即将旗程填注明白,发与该船户收领,并支给上期水脚,往场装运。到场验明挂号,照依程内盐数配足。下船押令开行,经过关厂,委官查验。挂号回至东关海面停泊,官验明,将运回盐包数目、到关日期具文呈报,并将水程缴司,查明有无违限。其盐或就船兑埠拆引,或上河南仓候配。"[3]

许拜庭一生可知有三事:捕洋盗,豁洋米税,为其子娶孔氏女。

---

[1] 李廷贤、许锡挥、李乃芊主编,广州市越秀区地方志办公室编《广州高第街许氏家族》,广州:广东人民出版社,1992年,第4—5页。
[2] 华仲起:《粤东管见》,陈建华、曹淳亮主编《广州大典》第34辑,史部地理类,第9册,第478页。
[3] 乾隆《两广盐法志》卷16,《转运》,第326—328页。另见道光《两广盐法志》卷16,《转运三·引程》,第41册,第311页。

捕洋盗与豁洋米税两事见于《许母黄太淑人墓志铭》："时长君赓飏次君赓荣已成立，兄弟友爱，继先志以鹾业起家。会海洋不靖，太淑人捐金资，命长君招红单船，集壮士，请于百菊[1]溪制府，出洋剿捕，立功行间，仰邀懋赏。岁大祲，复命长君具状于制府阮芸台相国，驰洋米税，至今利赖。""太淑人出者二，赓飏，以协捕洋匪军功议叙府同知衔；赓荣，候选州同，先卒。"[2]许拜庭捕洋盗事，可与前文第三章第四节互证。嘉庆十二年十二月初二日上谕"州同职衔许赓飏捐资雇船出洋缉捕搷获多盗"，"许赓飏并着赏给加衔顶戴"[3]。

龚自珍《书番禺许君》记捕盗、减洋米税细节更为生动："治海之道有二，曰得卒，曰得船。乡勇之老于海者，视官兵其生熟相万也。私船之法式，视战船之造于官者，其狙钝相万也。尚书百文敏公方锐茹群言，君进指画缓急状。文敏曰：'具如君言。'则退而自具舟，神机鬼式百十其舸，疾于飓风曰红单船，龙首鱼身燕尾，首尾自卫曰燕尾船。又立募潮少年万人为乡军，军于珠光里而自将之，日散千金自为守。其年败贼于大洋，明年盗魁自缚猷百数，文敏爵轻车都尉，粤遂平，实嘉庆十五年某月也。粤大祲，君忾然曰：'夫互市之耗，中国久矣。独徕洋米可以偿所失。今法，洋米至则税以拒之，义空反以窘之，米益少客益多，主客皆饥，是与外夷市勇于招徕淫巧而怯于筹食也。宜蠲其税之八，而许其货之出夷，商大悦，则反害为利。'大吏佥曰：'如君言。'由是粤虽恶岁米直平，许君之册也。"[4]许拜庭生平大事集中于缉捕洋盗与洋米入境，二者皆需海船，而许拜庭拥有上百红单船燕尾船且募勇上万的实力，其为运商当无疑。

---

[1] 两广总督百龄，字菊溪。原碑文不清，抄录时以"□"代替，补为"菊"字。
[2] 广州市越秀区地方志办公室编：《广州高第街许氏家族》，第103页。
[3] 中国第一历史档案馆编：《嘉庆道光两朝上谕档》第12册，桂林：广西师范大学出版社，2000年，第600页。参见《高风世承：广州许氏家族》，香港：香港大学美术博物馆，2011年，第30页。
[4] 龚自珍：《定盫续集》卷4，《书番禺许君》，《清代诗文集汇编》编纂委员会编：《清代诗文集汇编》第573册，上海：上海古籍出版社，2010年，第488—489页。

前文论及许拜庭做主将女儿许配给乐桂埠商孔氏家族进士孔继勋，许女乃许祥光、许礼光胞妹，以及许应骙、许应鑅、许应骙的胞姑。相对于醝业已经营两代的孔氏而言，许拜庭乃许氏经营醝务的第一代，官商人脉关系当不及孔氏，可见与孔氏联姻带给许氏家族的好处是显而易见的。

高第街许氏首位获得科举功名者第三代许祥光，通过修建其父许拜庭家庙、扩建许地，奠定此后一个世纪广州许氏望族的地位："（许祥光）在道光二十九年（1849）在省城高第街建大宅、修祠堂，冠名拜庭许大夫家庙。从此，许氏子孙在此聚居而成广州一望族。"[1]许祥光，字宾衢，许拜庭长子。嘉庆二十四年（1819）中举，道光十二年（1832）中进士，任六部员外郎，未几告假还乡。道光二十一年（1841）中英之战，祥光因捐资军需，并向粤中缙绅劝捐，获赏戴花翎。[2]对于许氏家族来说，晋升于品官之列在于立家庙，这件事由祥光来完成：道光二十九年（1849）许拜庭大夫家庙落成，祥光撰写碑文。他说"自王父颖园公来会垣，犹未定居。先大夫始隶籍番禺，卜居新城之高第街，同居共爨四十余年于兹矣"。"吾家之迁籍禺山，实自先大夫始。及身而膺显秩，晋荣封，缔造留贻，昌许氏之宗者，亦自先大夫始。""戊申之春，于居室之东得李氏故宅，其毗连邻居咸购以直廓而新之。地纵二十五丈，横十丈有奇，建家高于中，左右翼以居室，仿古人居庙相连神人互依之意。""经始于戊申二月，以己酉二月落成。谨颜曰：'拜庭许大夫家庙'，昭专祀也。"[3]值得一提的是，许氏家庙建基于"李氏故宅"，正是临全埠商李念德在省城的商馆，称省馆。埠商在省城设办事处"称为省馆，办理请照、缴饷、配盐、装运及指挥本埠

---

[1]《高风世承：广州许氏家族》，第31页。
[2]《高风世承：广州许氏家族》，第33页。
[3] 李廷贤、许锡挥、李乃芊主编，广州市越秀区地方志办公室编：《广州高第街许氏家族》，第105—107页。

一切事宜"。[1]赵一沄利用香港许氏后人所藏广州许地四十余份房屋契约研究高第街街区历史形态，其中所引多份契约显示许家于道光二十四年（1844）至道光二十八年（1848）陆续购入盐商李念德宅地。[2]

（三）东江埠商归善县淡水邓氏

本节分析出自省河体系东江流域的盐商个案，该盐商家族于清初发迹，与前节讨论的省河大盐商不同的是，该盐商家族垄断东江盐务时间更为长久，跨越整个清朝直至民国。

2019年1月，我带领本科生在惠州市惠东县平海镇调研，于平海东门外西园村盐埠头邓姓村民家中发现一本《惠阳淡水邓氏族谱》。[3]族谱名称中的淡水并非平海所在淡水盐场，而是指今惠阳区淡水街道，历史上称作淡水墟，也是宋代淡水盐场场址所在地。[4]按照省河体系的规定，惠州大亚湾区淡水、碧甲、大洲诸盐场（栅）的食盐除部分运往省城，其余需供应东江流域的州县，清代称东江盐务，属于省河体系，改埠归纲后又称东柜（参见第三章），淡水墟承担东江盐运枢纽的重要职能。

大约几千年前，大亚湾西北湾区海滩"伸延至淡水的桅杆岭、墩头围一带"，海上渔民因寻找淡水到此地而得名。宋末此地小市集称上圩，后改称锅笃（乌）圩。[5]另一种说法是"传说晋朝时候淡水已有圩集"[6]。不过有史记载则在明代，明嘉靖时期"归善之市……曰淡水墟"[7]。归善县的淡水墟除承担圩集功能，明清时期是

---

[1] 孔昭晟：《清末民初广东盐务鳞爪》，第174页。
[2] 赵一沄：《清末民国广州南城高第街街区的形态演变》，华南理工大学未刊硕士学位论文，2012年，第41—45页。
[3] 共同发现该族谱的有中共平海镇平海社区总支部书记汪洁、华南师范大学历史文化学院2018级本科生石珂源与杨毅珩两位同学，谨此致谢！
[4] 惠州市惠阳区人民政府网（2019年10月8日）：http://www.huiyang.gov.cn/hygk/xzqh/index.shtml.
[5] 《淡水镇简介》，《惠阳文史资料》第四辑，1990年，第1页。
[6] 惠阳崇雅中学广州地区校友会编：《淡水史话》第一辑，1988年，第2页。
[7] 嘉靖二十一年《惠州府志》卷五，《食货志》，第180页。

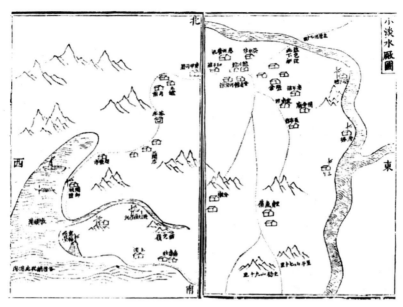

图 4-1 乾隆时期小淡水厂图
资料来源：乾隆《两广盐法志》卷首，第 84—85 页。

重要的东江食盐转运枢纽，盐法志称小淡水厂。大亚湾区的食盐经海运至淡水统一掣验，再溯东江水系运抵各处盐埠。清乾隆时期规定"惠州府属一州九县俱运销场盐"，江西省"（赣州府）安远、信丰、龙南、定南俱运销广东惠州府场盐"。[1]如惠州府归善埠"场引船赴平海、碧甲等场掣配，由平海港出大星汛，至墩头赴小淡水厂，交官贮仓，领程筑包，经惠粮厅点验，过浮桥抵埠。程限三十五日"。其他如龙川埠、连平埠、永安埠，以及江西省赣州府信丰埠、安远埠、龙南埠、定南埠皆按此转运规定，赴小淡水厂点验，再各按程限通过东江水系抵达盐埠[2]（参见图 4-1）。

---

[1] 乾隆《两广盐法志》卷 16，《转运·疆界》，第 204、206 页。
[2] 乾隆《两广盐法志》卷 16，《转运·疆界》，第 234、237、270、271、272 页。参见高玥奇主编，惠州市盐务局编：《惠州（东江）盐务志》，北京：中共党史出版社，2009 年，第 142 页。

第四章　水客与埠商

《惠阳淡水邓氏族谱》的发现，为我们揭开定居在小淡水厂的东江大盐商家族历史面貌。

《惠阳淡水邓氏族谱》1996年重修本，收藏于平海城东门外西园村盐埠头邓姓村民家中。据邓先生介绍，他的祖先清朝时由惠阳淡水迁来，在平海设立盐埠头，是帮政府收盐税的。[1]该谱首列《南阳邓氏族谱源流序》《重修邓氏族谱后跋》《重修族谱字派目》《重修淡水邓氏族谱后跋》《续编邓氏族谱序》《邓氏重修族谱序》等六篇序言。首篇序言由晋王羲之撰，第二篇后跋、第三篇字派目由赐进士第翰林院编修邓瀛于清道光十四年（1834）撰。比较重要的是民国二十一年（1932）淡水邓承宜撰写的第四篇后跋，清晰勾勒淡水邓氏由深圳大鹏营迁入的历史："吾族聚居淡水数百年于兹矣。族谱所载，利生公于前清初叶由惠州至大鹏城营盐业，旋迁至淡水，因落居焉。溯利生公生奕富、奕贵两公，奕富公迁观音阁，而世居淡水者为奕贵公。我奕贵公生四子，腾龙、云龙、兆龙、从龙四公。自是支分派衍，继继绳绳至于今日。计全族老少男妇达千人，惟其中或迁居惠州，或侨居南洋，移居稔山、平海。考诸族谱，多付阙如。甚且聚居淡水间，有未曾登载。承宜等有见及此，爰为作一次之修辑，凡我利生公奕贵公一脉相传之后嗣子孙，悉分别男妇名字、姓氏详加增订，志在得一淡水邓氏之完备族谱，斯则修订之本旨也。是为跋。十八世裔孙承宜敬撰。1932年冬。"[2]第五篇序言写于1996年，为集体撰写。第六篇序言写于道光十三年（1833），由赐进士出身文林郎拣选县正堂第九房裔孙邓彬撰。是故六篇序言（派目）除引王羲之源流序外，其余撰写于道光时期和1996年，表明淡水邓氏族谱首修于清代后期，重修于民国，新修于1996年。其序言作者邓瀛、邓彬和邓承宜是淡水邓氏的重要代表性人物。

---

〔1〕 2019年1月21日，平海西园村盐埠头邓先生访谈记录，采访人：段雪玉、汪洁、石珂源、杨毅昕。
〔2〕《惠阳淡水邓氏族谱》，1996年重修，第6页。

邓氏谱称入粤一世为南宋进士文渊公（九十三世祖），游潮州府程乡松口，因爱其山水，遂举家迁至松口铜盘桥琵琶铺开基立业。文渊公生九子，在粤开枝散叶，故俗称九子公，会医术，也称太乙老人。[1] 入粤第十一世祖维翰，于万历戊午（四十六年，1618）科乡试三十六名举人，顺治己丑年（六年，1649）委惠州府长宁县教谕，是为邓氏入清以后有科举功名之第一人。[2] 邓氏十二世祖邓枌，偕三子由嘉应州到惠州归善县，遂家于县城。其子十三世祖邓利生由归善县城移居于新安县大鹏城。[3] 正是邓利生之子十四世祖奕贵公，于康乾时期由大鹏城迁居归善县碧甲司，"属淡水镇，创建拔子园老屋。公生平孝友慷慨，乐善好施积德。承先创业，裕后承办东江盐务，商名时宜，是为乔迁开基"[4]。康乾时期迁入淡水的奕贵公作为开基祖，生四子：腾龙、云龙、兆龙、从龙，长次之间生一女出嫁，是为淡水邓氏四大房：长房、三房、四房、五房。四房之下又派衍出二十三分支。[5] 此后直至民国，淡水邓氏以"邓时宜"为商名承办东江埠务，不仅成为淡水大族，也为晚清民国东江之大盐商。其后代子孙相继于晚清民国百余年间承办东江埠务、充任两广盐政要职，清末民初交游孙中山、廖仲恺、陈炯明等广东政要，是晚清民国广东地方横跨政商界的地方大族。

谱载，三房云龙公"自幼佐父创业埠务家务，极其繁剧，悉一手综理所为"。云龙公长房重润公嘉道时期"赞助叔父兆龙经理"东江埠务，重润公二子十七世祖伦斌"己酉科中式本省乡试第四十二名举人，拣选知县"，其第六子十八世承愫公"光绪辛丑年选岁贡生。宣统己丑年被选广东咨议局议员，辛亥年任惠阳县县长，民国元年授两

---

[1] 《惠阳淡水邓氏族谱》，第31—32页。
[2] 《惠阳淡水邓氏族谱》，第41页。
[3] 《惠阳淡水邓氏族谱》，第46页。
[4] 《惠阳淡水邓氏族谱》，第51页。
[5] 《惠阳淡水邓氏族谱》，第52页。

广盐政处总理","民国成立,奉委为惠阳县县长,旋升充广东盐政处总理,改良鹾政,自由配运,一税收数倍,当道每举以风示僚属,其于国计民生裨益不少"。伦斌公脉系十九世邓启诚于民国二年（1913）"授大洲场场长"。重润公三子伦琛"中式己酉科本省乡试第十八名举人",其曾孙二十世邓立云"民国九年（1920）充两广盐运使利深缉私舰舰长,十一年（1922）调充江澄缉私舰长"。重熙公子十七世祖伦升公,"道光癸卯科本省乡试第五十二名举人","举孝廉后以会试不第,即捐知府衔回乡,总办东江盐务,拓先人旧业,宏鹾制新猷。于是家成巨富,筑疏香圃花园以自娱"。伦珠公脉系二十世邓洪"民国二年奉委广东军法处员。七年（1918）授惠潮梅督办署军务处长,旋充福建永定县知事。九年任广东财政厅金库长。十年授潮桥盐运副使。十一年任粤军总司令部总参议长"。二十世邓靖"民国二年两广盐运使缉私舰长。七年署吴川县虎头岭警察署长。十年任潮桥盐务查验局局长"。伦秀公脉系十八世祖邓承宜"民国二年充香安盐务督销兼缉私委员。五年代理广东淡水盐场知事。八年（1919）任福建漳浦县产烟苗委员。九年任潮州广济桥缉私局局长。十二年（1923）充琼崖全属盐务总办。十八年（1929）充惠阳第二局治安委员会主席兼惠阳自治筹备员"。邓承宜即族谱序言作者之一。

淡水邓氏三房云龙支二系十九世邓怀彰"因与廖仲恺、朱执信、黄克强、赵声、邓铿、陈炯明请于游,得晤孙中山先生于香港,遂加入兴中会,致力排满运动。旋受密令返乡编练民团,以树军命根本实力。创办坤德女学校,使清廷不致生疑。设惠工织造工司,集合党人机关,凡此大端,进行最密,非局内人鲜有知者。布置妥帖,出与党人谋进取。辛亥（1911）三月廿九日,广州之役,公参与焉。宣统三年（1911）,武汉革命军与公同乡率民团响应,出师之日身殉国难,而东江革命健儿归邓铿领导,直扑惠城。清提督秦炳直降,全粤因而底定"。其兄弟邓宝渠"民国元年（1912）广东六门缉局利安缉私舰舰长"。

淡水四房兆龙生于乾隆二十年（1755），卒于道光十五年（1835），"壮岁继承家业，守而兼创，恢廓埠务，慷慨好施，不蓄私财，好学乐善，至耄不倦。早岁以诗经受知督学汤公，先甲取进业学生员，旋补增广生转贡，加捐封诰。值海氛不靖，出身禀请招安洋匪，捐备需数以巨万，并给资散归生全无数，功德在民至今传颂"。其子邓文典"由大学生加捐盐大使，分发山西补授河东西盐大使，历署东场盐池巡检"，后殁于山西官署。

淡水五房从龙公长子邓文焕，生活于乾隆、道光时期，"由国子监加捐盐知事，分发两淮，历署丰利、草堰场大使"。文焕十八世孙邓承修，号铁香，名声最著，"清咸丰十一年（1861）中第一百一十九名举人，加捐刑部郎中朝考御史。总办秋审学内廉监试官，考试八旗教习场内监试官，考试内阁中书会试稽查磨勘官，甲戌科殿试分卷官"。"光绪十三年（1887）法国侵越镇南关，却敌后，钦差为中越勘界大臣，议约全权大臣，争回权力不少，让诰授通议大夫，告老还乡，在惠州主讲丰湖书院，设尚志堂以经史理学辞章课士子，于淡水设崇雅书院而崇尚风节，树之风声，一时士风丕变。"著有《语冰阁奏议》若干卷，《清史稿》列传二百三十一有传。[1]五房伦铨公脉系十九世祖邓杰，"民国壬子年（1912）授碧甲场场长，壬申年授淡水圣堂乡长"。五房支四际华公，从龙公四子，其曾孙十九世邓怀灿，"民国元年充广东盐政徒总务科员，二年调充广州东汇关监制，查验缉私委员，兼操江缉私舰管带。旋充东汇关委员。后调充淡水场场长。四年（1915）任鹰璘舰舰长。民国七年任省河督销局长。民国八年充潮桥缉私连长，九年充缉私大队长"[2]。

---

[1]《清史稿》卷444，《列传第二百三十一·邓承修》，第12457—12459页。今惠州市博物馆藏邓承修撰"何处下渔竿"青石刻下联。参见邹永祥、吴定贤编著：《惠州文物志》，惠州市文化局、惠州市博物馆，1986年印刷，第84—85页。
[2] 除单独注释外，淡水邓氏三房至五房支子孙业盐事迹皆录自《惠阳淡水邓氏族谱》，第111—275页。

淡水邓氏四房后裔业盐事迹，表明其子孙于清后期至民国时期连续以科举出仕，不仅充任两广军政、盐政要职，甚至任官山西、两淮盐政，更重要的是百余年间牢牢把持东江盐务，遍涉碧甲、淡水、大洲盐场场务、盐商埠务、缉私等要职，是对清后期至民国大亚湾区历史有重要影响的地方大族。

（四）大埠商与大运商联手推动省河改埠归纲、改纲归所改革

乾隆时期孔毓泰以乐昌埠业起家，至迟于嘉庆朝已是运销十一埠的乐桂埠大盐商，家族经营扩大的时期，正是两广盐区推行改埠归纲、改纲归所改革的重要时期。上文通过分析乐桂埠盐孔氏的家族式扩张经营，结合已有的广西盐商李念德研究，本小节尝试提出改埠归纲、改纲归所改革很可能主要由乐桂埠盐孔氏、临全埠商李念德、东江淡水大盐商邓时宜以及连阳、雄赣等大盐商共同推动而致。

关于改埠归纲改革，多部盐法志书有载。《清史稿》概括甚为简要："（乾隆五十五年，1790）并两粤百五十埠为一局，举十人为局商，外分子柜六，责成局商按定额参以销地难易，运配各柜，所有原设埠地，悉募运商，听各就近赴局及各柜领销，交课后发盐二十九埠如旧。所谓改埠归纲也。"[1]"子柜六"是指中柜、东柜、西柜、南柜、北柜、平柜等六柜。纲，也称局，合称纲局："令众商捐集资本，在省河合成一局，公同经理，各场盐斤由公员商人自行赴场配运，停止发帑。"[2] 按照两广总督和盐政官员的说法，改埠归纲的缘由在于亏帑大弊积重难返。乾隆四十年末，运库收回的盐价已不及帑本之半，补救无方，不断用库项银两借入帑本，以应支发，结果窟窿越补越大，即官员所称挂欠越多。乾隆五十四年三月两广总督孙士毅奏陈帑本大

---

[1]《清史稿》卷123，《食货志四·盐法》，第3616页。参见黄国信：《清代乾隆年间两广盐法改埠归纲考论》，《中国社会经济史研究》1997年第3期。
[2] 道光《广东通志》卷165，《经政略八·盐法一》，第2707页。

亏的原因是不肖商人任意花帑所致。[1]关于两广盐政改埠归纲改革研究，今人多依上述官方之说。唯黄国信利用清人文集和地方文献等史料，梳理乾隆五十三年至五十四年总督孙士毅事迹，提出改埠归纲的缘由乃是孙士毅利用派捐纲本以逃脱个人罪责这一观点，令我们注意到推动改革的复杂人事和权力关系。[2]

不过，若考虑到广西临全埠商李念德、南海罗格孔氏等大盐商在从乾隆朝中期开始的扩张，如临全总埠下辖十五埠、乐桂总埠下辖十一埠，《粤东管见》所载临全、连阳、雄赣、乐昌等大埠的年均销售食盐占省河总量75%，这一规模的盐埠和大盐商集中出现于乾隆末年，正是改埠归纲推行时期，当不是巧合。另一方面，还需要考虑的是，改埠归纲改革可以使谁得到好处？考《户部则例》载改埠归纲："广东省河各盐埠并为一局，公举老成谙练者十人定为局商总司其事。出本殷商一体襄办，统以省城河南、金家二仓为公局。此外分设子柜六处：西江在于梧州，北江在于韶州，中江在于三水，东江在于小淡水厂，廉州府在于平塘江口，高州府在于梅菉镇。每处由局商慎选妥人分布经理。场盐统责局商慎贮公局，由运司督同局商核照定额，参以地方销售难易运配各柜，报明总督衙门掣验开江。所有原设埠地，一律召募运商，听其各照地段分赴公局及各柜领盐运销。每年所获盐利尽数汇归公局，为完课运盐之用。"政府当然以盐利归公为目的，这一改革并不损害其利益，而局商与运商的分工，恰恰配合上述临全、连阳、雄赣、乐昌等四大埠的运作，显然孔文光、李念德等大盐商的埠业能够在这一改革框架中运作自如。可以说，清代前期省河159埠的盐商经营主要为分散式、定额化的运作，至乾隆末年已不再适合大盐商们的扩张，经过整合的总埠经营成为盐埠运作的重要方式，从地方官员奏疏中可以

---

[1] 道光《两广盐法志》卷20，《转运七·改纲归所》，第610页。
[2] 黄国信：《清代两广盐法"改埠归纲"缘由考》，《盐业史研究》1997年第2期。

看出，他们其实非常清楚这种状况，称之为因地制宜。改埠归纲就是一场试图打破省河体系按埠定商、按商定引的僵化运作的改革："粤省埠地悬宕、减额供办、试办名目纠纷，改纲以后不能按埠定商，按商定引，年终引饷责成公所、运商通融筹拨、具报全完、奏销无误，期于杜绝商欠而止，故埠地虽在，埠名多改。"[1]两广地方政府希望通过改埠归纲的改革，仿照明代两淮盐政的纲运法，设立局商和召募有实力的运商，排除数量众多的散商，从而使局商和运商掌握食盐的运销权力。局商、运商共同整合埠地，搭配难易，打破僵化的定额化引饷，实现局商和运商随时协商引饷额的弹性运作，以此降低运销成本，获取最大利润，并保证盐课引饷的财政收入。改埠归纲的改革，使清前期两广盐区的埠地引饷定额化失去现实意义。[2]民国时期谙熟两广盐务的官员邹琳这样总结改埠归纲的改革："凡各场产盐，皆由总商领出盐本运回省河，收存河南、金家二仓，分运各柜。埠商向各柜买运，皆先交价饷，然后发盐，不准丝毫蒂欠。其各柜销盐多寡，由总商每月报明运司稽查。倒革各商未折积引，令总商代为拆运，以完课饷。无著帑息，令总商捆运余盐，以弥积欠。凡一切应完饷羡，皆责十人肩承，而散商不与焉。此所谓改埠归纲。"[3]

问题是，局商和运商的关系能否按照政府主导的改革设定正常合作。改埠归纲之后十余年中，局商状况不断。改埠归纲的重点之一在于局商召募运商，上述几大总埠的盐商均为运商，运商销盐，每年所获盐利尽数汇于公局，还需承担公局的工伙银等公务开支。局商并无埠地，却又获得埠商盐利。很显然，局商与运商关系中，

---

[1] 道光《两广盐法志》卷4，《六省行盐表》，第480—482页。
[2] 民国初年盐务署修撰《清盐法志》，其实照抄道光盐法志的埠地引饷数字，已说明晚清两广盐区埠地引饷名实不副的现状，两广地方政府实际已无法掌握运商在埠地的实际运销状况。参见民国盐务署纂：《清盐法志》卷227至卷232，第119—375页。
[3] 邹琳：《粤鹾纪实》第四编，《运销》，第一章"运销沿革之大要"，第1—2页。

运商受局商掣肘。[1]局商的困窘为改纲归所埋下伏笔。改埠归纲后十余年，省河盐政积弊日深，总督、运司等官员皆称束手难办。嘉庆十年（1805）正月，总督那彦成莅任两广，奏陈省河盐务积弊六事，直指省河局商。[2]继任总督吴熊光题请运商入局帮办局务。[3]嘉庆十七年（1812）改纲归所的改革使运商掌控省河大局尘埃落定："裁去总商，即于埠商中之老练者选择六人经理六柜事务，彼皆各有埠地，自顾己赀，不至滥行开销。仍定为三年更换一次，免其盘踞把持。将省城总局改为公所，便宜在广东领引配运，责成六柜总商，有埠之商自运自销，无埠之商另招水客运销，官不得与闻焉。此所谓改纲归所也。"[4]显然，从改埠归纲到改纲归所，这场持续二十二年的改革最终受益者是李念德、孔氏这样的大运商，当然也包括两广地方政府，在引饷得到保障的前提下，大盐商们的利益也同时得到保障。当然，也就不难想象谁才是这场改革背后的推动者。

三 潮桥埠商

明代后期，潮桥体系有潮商或桥商之称。嘉靖以后潮盐北销的合法化促使潮桥体系的形成。盐商须于广济桥纳饷掣盐，方能溯韩江北上销盐："榷盐厂，在府治东一里广济桥之北，岁榷盐于此。"[5]潮桥盐商也因此称为桥商。明末鹿善继、李枟有水商和潮商说："东粤左襟汀漳，右控梧桂，负荆楚而面溟渤。潮有隆井、招收、小江，惠有淡水、石桥之饶，其盐为青、生。潮商系广济桥散入三河，转达闽之汀州，为东界。水商运惠、潮之盐贸于广州，听商转卖。一

---

[1] 王守基：《广东盐法议略》，第6217—6218页。
[2] 道光《两广盐法志》卷20，《转运七·改纲归所》，第649—660页。
[3] 道光《两广盐法志》卷20，《转运七·改纲归所》，第720—721页。
[4] 邹琳：《粤鹾纪实》第四编，《运销》，第3页。
[5] 嘉靖《潮州府志》卷2，《建置志》，第27页。

自南雄度岭至南、赣以达于吉安，为北界。一自梧入桂至全州以达衡、永，为西界。而递转于北，一自韶州至乐昌平石村径达于楚之郴州、宜章。一自连州至星子白牛桥，径达于衡之蓝山、临武，为北界。而迤延于西，向来通行无碍。自官运兴，于是西省专衡、永之利，而禁韶盐不得逾平石，连盐不得逾白牛，东人亏饷，楚人艰食。于是衡州之民思复连、韶之引额，便于楚并便于粤，此断宜通也。"[1]从运输路线来看，运销惠、潮海盐至广州的水商即水客。明末清初顾炎武的《天下郡国利病书》则有广商和桥商说："广商从盐法道领引，到招收等场照引几道买盐若干，由海运至南雄，逾岭接卖淮商。从西关而下，直抵三姑滩，谓之南盐。桥商领给军门大票，到东界等场买盐，听管桥官掣秤上桥，领户部引目，至三河接卖汀商。逾岭过赣州袁、临等府，瑞金、会昌、石城等七县，从东关而下，谓之汀盐。"[2]顾氏所言广商即省河盐商，包括水客与商人两类。

万历时期潮桥的"桥商，原额九十名，万历十四年（1586）增钞商十名，代纳通府盐钞。本年内又增商二十名，足一百之数。每岁纳饷上盐分为六大班。至二十年改为四大班，分为四十小班，每小班一名，纳饷银五十六两，上盐三万七千八百斤，一岁共纳银二百二十四两，上盐三万六千斤，领引四十三道，每引带盐一千七百五十斤。万历十年（1582）以前，先纳饷后卖盐"[3]。康熙府志对明代桥商的记载更为详细："广济桥商，从本府管桥官领票，到场收买，运至桥门，照依先纳在库饷银。每商半名上盐船一只，每只九舱，每舱二十八吊，每吊一百五十斤，实秤盐一万斤，

---

[1] 鹿善继：《粤东盐法议》，《鹿忠节公集》卷10，《续修四库全书》编纂委员会编：《续修四库全书》集部第1373册，第226页。乾隆《潮州府志》卷23，《盐法》，第374页。

[2] 顾炎武：《天下郡国利病书》第28册，《广东中》，《续修四库全书》编纂委员会编：《续修四库全书》史部第597册，第350页。参见黄挺、陈占山：《潮汕史》（上册），第324—325页。

[3] 顺治《潮州府志》卷2，《赋役部·盐政考》，第201页。

兑纳饷银七两四钱一分六毫。秤加盐一斤，即为挟带，七倍行罚。制放上桥，另领户部引目，照往三河发卖。"[1]也就是说，一名桥商可上盐船两只，共载盐两万斤。不过，嘉靖、万历时期的一百名桥商能否如额纳饷、按期上盐很值得怀疑。时人称"近年以来，饷增路塞，今年纳饷明年卖盐，商始称困。饷期一至，有以数金贴人代纳者"。"嘉靖四十五年（1566）广商侵卖过界，潮盐路塞。隆庆二年（1568）又开。至万历十五年（1587）复塞。路塞饷增，是以十四年以后尚有积饷在库一万五千两零，而未上盐者商民之困至此极矣。"[2]入清以后潮桥很可能不再推行定额化桥商，而是与省河一体实行专商引岸制。乾隆府志记载潮桥29处盐埠：潮属大埔埠；嘉（应州）属之嘉应埠、平远埠、镇平埠、兴宁埠、长乐埠；汀属之长汀埠、宁化埠、清流埠、上杭埠、归化埠、连城埠、武平埠、永定埠；赣属之长宁埠、雩都埠、兴国埠、会昌埠；宁都州之宁都埠、瑞金埠、石城埠；潮属之海阳埠、潮阳埠、揭阳埠、澄海埠、饶平埠、惠来埠、普宁埠、丰顺埠。这29处盐埠的埠商，当由明后期定额桥商演变而来。除部分盐埠实行场配外，其余各埠需由埠商赴潮桥掣配："潮州属府九县内，大埔一县运销广济桥盐，丰顺县桥、场兼运，海阳等七县俱运销场盐。直隶嘉应州并所属四县运销广济桥盐。福建省汀州府属八县运销广东潮州广济桥盐。江西省赣州府属九县内，赣县运销广东省河东汇关盐，安远、信丰、龙南、定南俱运销广东惠州府场盐，雩都等四县俱运销广东潮州府广济桥盐。直隶宁都州并所属二县运销广东潮州广济桥盐。"[3]清代潮桥埠商还进一步分为桥下商和桥上商："各埠有桥上、桥下之别。桥即广济桥也。海阳、潮阳、揭阳、澄海、饶平、惠来、普宁称桥下埠，就场配运。

---

[1] 康熙《潮州府志》卷4，《盐政》，广东省地方史志办公室辑《广东历代方志集成·潮州府部》，第136页。
[2] 顺治《潮州府志》卷2，《赋役部·盐政考》，第201—202页。
[3] 乾隆《两广盐法志》卷16，《转运》，第206—207、253—260页。

其余皆为桥上。额饷不同。惟丰顺一埠半属桥上，半属桥下。"[1]

四 捐输与慈善的利益考量

省河、潮桥埠商捐输朝廷军需、河工；省河埠商参与珠三角基围的维护，潮桥埠商参与广济桥的维修、韩江治理；埠商捐修盐义仓、书院，参与地方慈善，乃至祀神的费用，既有朝廷公费，也有涉己身利益之公费，反映清代两广盐区省河、潮桥两大体系中盐商的地域性特征。

"粤商当全盛之时，遇国家大工大役，必输将巨款，以济急需。其急公奉上之忱，视芦淮浙各纲无多让焉。"[2]清代的食盐专卖制度，盐商获得引岸销盐垄断权，同时也获得官府的庇护。在清人看来，盐商与官府的关系就是豢与腴的关系。作为回报，盐商需在政府经费有困难时出手相助，这种行为被称为捐纳或报效。许大龄的《清代捐纳制度》研究认为盐商是清代捐纳主体。[3]陈锋认为清代盐商报效可分为军需报效、水利报效、赈济报效和备公报效等四种，其中最主要的是军需报效。清代盐商的军需报效始于雍正时期。[4]有关清代广东盐商的捐纳、报效的研究成果较少，主要有王小荷的《清代两广盐商及其特点》，刘正刚、朱文利的《广东对平定金川叛乱的财力支持》，周琍的《清代广东盐商捐输的流向分析》《清代广东盐课收入在地方政务中的流向分析》等。王小荷根据光

---

[1] 乾隆《潮州府志》卷23，《盐法》，第377—378、408页。按：康熙四十五年（1706）广东巡抚范时崇疏请赣州府属信丰、龙南、定南三县原属潮盐，接壤惠州，就近改食惠盐。说明明末以来粤闽赣界邻地区的盐区入清以后仍然在进行调整。参见陈历明编校：《明清实录潮州事辑》，北京：艺苑出版社，1998年，第107页。
[2] 民国盐务署纂：《清盐法志》卷240，《两广二十七·杂记门一·捐输》，第79页。
[3] 许大龄：《清代捐纳制度》，北京：燕京大学哈佛燕京学社，1950年。参见［日］伍跃：《捐纳制度研究的回顾与思考》，朱诚如、王天有主编《明清论丛》第十二辑，北京：故宫出版社，2012年，第47—74页。
[4] 陈锋：《清代盐政与盐税》（第二版），武汉：武汉大学出版社，2013年，第284—305页。

绪《两广盐法志》卷四十七《捐输》制作广东盐商捐输状况表，表明从乾隆十四年（1749）至咸丰十一年（1861）百余年中广东盐商共计捐银5700余万两，主要用于军需报效、河工、捕盗等方面。刘正刚认为，乾隆时期两次平定金川叛乱广东财力支持大约有283万两，捐输主体是行商和盐商，显示出广东洋、盐商人的巨力财力。周琍认为清广东盐商的捐输主要用于军饷、缉私捕盗和河工、育婴堂等地方公益事业。[1]关于清代两广盐商的捐输，前人研究集中于朝廷军需、河工报效，于地方事务的捐输涉及较少，细考之，尚有讨论的空间。

以乾隆《潮州府志》载盐商捐纳报效为例。该府志关于潮州盐商捐输的最早记载始于雍正五年（1727）捐造谷仓买谷赈济灶丁，终于乾隆二十一年（1756）捐建越华书院膏火银：[2]

（1）雍正五年盐商于潮州城开元寺旁捐建公济仓，购买仓谷赈济灶丁；

（2）乾隆九年（1744）盐商购买房屋和耕地用于出租，征收银、谷以供天后宫香灯之用；[3]

（3）乾隆十四年大金川之役盐商签请捐银以助军饷，共计银二万四千九百两；

（4）乾隆十四年福建巡抚周学健于汀州府建育婴堂，汀州府各埠分别捐助，共二千四百余两；

（5）乾隆十九年（1754）盐商公捐银于广济桥东桥头建施茶亭一座，海运船户另捐银置买粮质归田收租谷以资施茶之费；

---

[1] 刘正刚、朱文利：《广东对平定金川叛乱的财力支持》，《西藏研究》2006年第1期。周琍：《清代广东盐商捐输的流向分析》，《盐业史研究》2007年第3期。周琍：《清代广东盐课收入在地方政务中的流向分析》，《赣南师范学院学报》2006年第5期。
[2] 乾隆《潮州府志》卷23，《盐法》，第412—414页。
[3] 潮州府城东门楼下有一座天后宫，传始建于元世祖至元二十五年（1238），是潮州郡城唯一一座春秋二祭的天后宫。乾隆《潮州府志》卷25《祀典》载"天妃庙，在东门内"（第446页）。参见蔡绍彬、黄镇浩编著：《潮州和各地天后宫》，潮州：潮州妈祖研究会联合出版，2002年。

（6）乾隆二十一年（1756）商籍生童拨入越华书院，潮州盐商、盐场大使、知事等官员共捐银九百四十两，给盐商营运取处，以资膏火之用。

雍乾之际三十年，潮桥商人捐款六事，既用于政府的军需、河工，也用于盐商子弟教育和地方慈善赈济，甚至用于盐商崇祀天后的费用支出。可见捐款范围不仅有政府军饷公费，也涉及盐商己身利益之地方公共事务。前人研究重在朝廷军需、河工报效，本书不拟重复，仅以两广盐商捐输地方慈善等公共事务论之。

1. 捐修盐义仓

清代的州县仓储，《清史稿》记载有常平仓、社仓和义仓三类："由省会至府、州、县，俱建常平仓，或兼设裕（预）备仓。乡村设社仓，市镇设义仓。"此外，又由于军事镇戍和食盐专卖的需要，在"东三省设旗仓，近边设营仓，濒海设盐义仓"[1]，建立了针对性的特殊仓储制度。孔毓珣奏疏提到的广东惠州府盐场的谷仓即属于盐义仓这种特殊仓储制度。清代仓储制度的研究，前人已有较为丰富的成果。就区域社会视角而言，清代广东仓储制度研究一度成为学术热点。高惠冰和冼剑民较早关注到佛山的义仓。[2] 陈春声的广东粮食仓储系列研究对区域社会视角下的仓储制度研究提出新解。他注意到广东社仓的自我繁殖能力，认为社仓的出现是地方官员和士绅共同作用的结果，社仓成为一种社会控制形式。广东地区义仓的兴起则迟至清末，与常平仓和社仓的衰落是同时出现的两个过程。[3] 不过，前人研究多集中在常平仓、社仓和义仓方面，对旗仓、营仓、

---

[1]《清史稿》卷121，《食货二·仓库》，第3553页。
[2] 高惠冰：《清代前期的佛山义仓》，《华南师范大学学报》（社会科学版）1985年第3期。冼剑民：《清代佛山义仓》，《中国农史》1992年第2期。
[3] 陈春声：《论清代广东的常平仓》，《中国史研究》1989年第3期。陈春声：《清代广东社仓的组织与功能》，《学术研究》1990年第1期。陈春声：《清代广东的社仓》，《纪念梁方仲教授学术讨论会论文集》，广州：中山大学出版社，1990年，第308—332页。陈春声：《清代广东常平仓谷来源考》，《清代区域社会经济史研究》，北京：中华书局，1992年。陈春声：《论清末广东义仓的兴起》，《中国社会经济史研究》1994年第1期。

盐义仓这类特殊仓制的研究少有涉及。[1]盐义仓制的专题研究，目前仅见张岩的《清代盐义仓》一文。该文梳理滨海盐区盐义仓史料，以两淮的盐义仓制为中心，对盐义仓的创设与发展、管理特点及其社会意义有较为全面的讨论。[2]

清代前期常平仓和社仓是广东州县仓储的两种主要形式，常平仓早在康熙中叶就遍设于广东府州县，社仓则迟至雍正二年（1724）、三年始普遍设立。[3]雍正初，广东的灾荒特别严重，发生持续几年的全省性粮米短缺。[4]面对全省性的米粮短缺，广东官府的应对措施之一，就是鼓励乡村设仓建厂，贮谷备荒。一般来说，雍正朝是清代大规模推行州县仓储制度的时期。[5]雍正帝于雍正元年、二年关于"议定社仓事例"的谕旨就直接推动了广东社仓的普遍设立。[6]这一时代背景下，雍正帝重视州县仓储建设、鼓励盐商捐纳推动两淮盐义仓的设立[7]。雍正四年（1726），两淮盐区始设立盐义仓："雍正四年题准，两淮众商公捐银二十四万两，盐政缴公务银八万两。奉旨以二万两赏给两淮巡盐御史，以三十万两为江南买贮米谷、盖造仓厂之用。所盖仓厂，赐名'盐义仓'。即着两淮巡盐御史，交与商人经理。"[8]两淮盐义仓的设立显然起着示范作用，

---

[1] 参见闫文博：《清代仓储制度研究述评》，《中国史研究动态》2011年第2期。关于旗仓和营仓，目前尚无专题研究。盐义仓专题研究仅见张岩《清代盐义仓》（《盐业史研究》1993年第3期）一文，其他有关盐义仓的研究多以两淮盐场为对象，在盐商、荒政、慈善和救济等专题研究中略有涉及。
[2] 张岩：《清代盐义仓》，《盐业史研究》1993年第3期。
[3] 陈春声：《清代广东社仓的组织与功能》，第76页。
[4] 陈春声：《市场机制与社会变迁——18世纪广东米价分析》，第202页。
[5] 唐林生：《清代的常平仓制度》，《衡阳师专学报》（社会科学版）1989年第3期。白丽萍：《试论清代社仓制度的演变》，《中南民族大学学报》（人文社会科学版）2007年第1期。陈春声：《清代广东社仓的组织与功能》。
[6] 陈春声：《清代广东的社仓》，第309页。
[7] 刘淼认为雍正年间盐商捐输制的施行是盐商兼营米业和盐义仓之设的重要原因。参见刘淼：《清代前期徽州盐商和扬州城市经济的发展》，《安徽史学》1987年第3期。
[8] ［清］昆冈等修：《钦定大清会典事例》卷193，《户部·积贮·义仓积贮》，《续修四库全书》编纂委员会编：《续修四库全书》史部第801册，第214页。参见张崇旺：《徽商与明清时期江淮地区的荒政建设》，《安徽大学学报》（哲学社会科学版）2009年第5期。

第四章　水客与埠商

此后数年，盐义仓制在沿海各盐区相继实行，两广盐区于雍正六年（1728）设立盐义仓。[1]清雍正六年正月，户部议覆广东总督孔毓珣奏疏，将"广西省定配广东惠州府属淡水场之坎下、白沙二栅，酌贮谷八千石接济灶丁，于附近邻省委员买运。所需仓厂于坎下栅北之坎下寨高燥之处建造，所贮仓谷专责广西驿盐道经管，听其慎选员役驻扎寨城，守备协同看守，一应出入悉听委员办理。每年青黄不接之时，听各灶丁计口赴领。其价银在于晒缴盐斤内照依原买谷价算还收贮，秋成后即令该道照数买谷还仓。其买谷建仓需用钱粮，将广西省雍正四年（1726）分节省盐包火足银两动用"[2]。总督孔毓珣奏请朝廷批准在广东惠州府属盐场建造谷仓，贮谷接济灶丁。这段话引出这些问题：清代盐场设立谷仓是何种仓储制度？为什么雍正年间广东惠州府属盐场需要建造谷仓？除惠州府属盐场，广东其他盐场谷仓的建造情形如何？

  淡水场成为建造盐义仓的首选盐场，当以该场食盐产量高为主要原因。从设立的时间和空间分布来看，广东盐义仓的建置先后符合盐产自高到低的标准，大约经历两个阶段，雍正时期广东东路惠、潮二府属的盐场设立盐义仓为第一阶段，乾隆时期广东西路广、肇、高、廉诸府属的盐场设立盐义仓则为第二阶段。盐义仓的设立从高产区到低产区，也与这一时期广东盐场裁革、增置的新格局相适应。

  前引雍正六年广东总督孔毓珣奏疏有三点值得注意。一是谷仓建于淡水场的坎下、白沙二栅；二是所有仓谷归广西驿盐道经管；三是建仓买谷之银，来自广西省节省火足银两。考建立谷仓的坎下、白沙二栅，位于惠州府海丰县境内。雍正二年由淡水场分出，由场大使委员管理。乾隆二十一年（1756）坎下栅升栅为场改称坎白场。[3]雍正初年，广西盐政实行官运官销制的改革："广西盐引因商人无力承办，

---

[1]　参见张岩：《清代盐义仓》，表1《各区建仓概况》，第51页。
[2]　道光《两广盐法志》卷23，《场灶二·谷仓》，第291页。
[3]　乾隆《两广盐法志》卷21，《职官》，第14—16页。

以致民间有淡食之苦。于雍正元年经督臣孔毓珣题请官运官销,借动库银为盐本,赴广东纳价配盐,分给各州县,照部定价值发卖。"[1]所谓官运,是指广东各盐场生产的食盐按照规定配运广西各府州县,其中广西"桂林、平乐、柳州、浔州、庆远五府属宾州一州、迁江、上林二县及梧州之苍梧、藤县,太平之永康、义利二州,配运惠州白沙、坎下二场生盐"[2],即坎下、白沙二栅,供应广西桂林等五府州县的食盐。改制后的坎下、白沙二栅官运官销广西食盐,两广总督孔毓珣奏称拨广西官银并派遣广西盐官管理盐义仓也就顺理成章了。经管仓谷的广西驿盐道全称为广西苍梧驿盐道,掌广西省盐法之政令。[3]至于广西省节省火足银两,是"因广西官运官销彼时事在创始,需用颇繁,各属领销盐斤,每包酌支火足银三钱。今行之已久,三钱之内实可节省银一钱,通计西省每年额盐九万三千三百八十九包,每包节省银一钱,共可节省银九千三百三十八两九钱。除雍正二三年动用火足银两钱已经支销外,其雍正四年(1726)分节省动用火足银两俟买谷建仓完日另疏题报"[4]。

经过一年兴建,雍正七年(1729)坎下和白沙二栅谷仓建成。原定用于建仓贮谷的广西省节省火足银并没有全额用完,据雍正八年(1730)广东总督郝玉麟奏称,建仓共计工料银"一千二百七两二钱六分",买谷八千石用银"三千三百六十九两八钱七分",通计共用"四千五百七十七两一钱三分,尚余银四千七百六十一两七钱七分"。郝玉麟还认为,"坎下、白沙两栅盐场甚小,每年产盐灶价不过五六千两,除支领银钱外,所需领给谷石不过四千石之数",今后两栅应"止存谷四千石,永为接济灶丁,听各灶随时给领,全完

---

[1] 乾隆《两广盐法志》卷1,《制诏》,第156页。
[2] 同治《梧州府志》卷9,《盐榷》,第194—195页。
[3] 乾隆《两广盐法志》卷21,《职官》载"广西苍梧驿盐道一员,秩正四品,职掌西省盐法之政令,征额税,疏壅闭,杜私贩,会计出入而修其储贡,凡兴革之事由所属者商于运使,白于制府,而后宣于治境焉",第17页。
[4] 道光《两广盐法志》卷23,《场灶二·谷仓》,第293页。

扣回原价银,统于秋成后尽银照时价买补还仓"[1]。因此,坎下、白沙二栅盐义仓建成后经过调整保持如下规模:"坎白场谷仓一所,在署廨左右厢房,四大间。雍正七年建,额贮谷一千六百九十八石三斗七升四合六勺";"白沙栅谷仓一所,在坎下寨地方。雍正七年建,额贮谷二千三百零一石六斗二升五合四勺"[2](参见表4-2)。

表4-2　乾隆《两广盐法志》载广东盐场谷仓一览表

盐场仓名	设置地点	设置时间	谷仓容积及仓斗名额	各场栅贮谷额数/石
潮州公济仓(包括招收场、河西栅、隆井场、惠来栅、东界场、海山场、小江场)	潮州府城开元寺右	雍正六年	二层共十间;斗给二名	6840+
东莞场	场署	乾隆二十年	谷仓二所	1187+
归靖场	一在场署右;一在旧署之内	乾隆二十一年	谷仓二所	342+
香山场	在场署右	乾隆二十一年	谷仓一所	371+
海 场	未建仓,递年买谷借给灶丁,有情愿领谷价者就近自行采买			782+
淡水场	平海城南门内	雍正九年	谷仓一所,计厂十六间	4645+
碧甲场	平山城内	雍正八年	谷仓三间	1637+
大洲场	平海城内		谷仓一所	2479+
大洲栅	平海城内		谷仓一所	2198+
坎白场	署廨左右厢房	雍正七年	谷仓一所	1698+
白沙栅	坎下寨	雍正七年	谷仓一所	2301+
石桥场(包括海甲栅、小靖场)	碣石城内	雍正八年	谷仓一所	11911+

---

[1] 道光《两广盐法志》卷23,《场灶二·谷仓》,第298—299页。
[2] 乾隆《两广盐法志》卷18,《场灶下·谷仓》,第540页。

续表

盐场仓名	设置地点	设置时间	谷仓容积及仓斗名额	各场栅贮谷额数/石
双恩场	分贮各厂			305+
东平场	一在东平厂；一在塘选厂	乾隆二十一年	谷仓二所	70；106+
电茂场	场署内	乾隆二十一年	谷仓二间	614+
博茂场	场署右	乾隆十九年	谷仓二间	614+
茂晖场	场署西后	乾隆二十年	谷仓二间	700
丹兜场	场署内东厢		谷仓二间	218+
白石场	一在多颜厂；一在公馆墟；一在西场墟	乾隆二十年	谷仓三所	1500
总计				40518+

资料来源：乾隆《两广盐法志》卷18，《场灶·附仓谷》，第538—539页。

坎下、白沙二栅的盐义仓由广西盐政动用官银建设并管理，但这一形式并没有持续太久。大约十年以后，随着广西官运官销的裁革，[1]原本由广西驿盐道管理的坎下、白沙栅盐义仓，"自乾隆三年（1738）起，照东省淡水场内平海、大洲等栅及石桥场各仓数之例扣回，秋成后照数买谷还仓，一应出入责令东省收盐委员就近管理，照前协同寨城守备看守。运使稽查年底取具实贮无亏印结，运使核明加结，移运藩司，于请严仓谷等事案内造册送部"。至于"应需买备谷石，另请在于东省乾隆二年分各埠搭销元年余盐埠羡银内动支，买谷四千石，以为乾隆三年给发灶丁之用"[2]。从此，坎下、白沙二栅盐义仓改由广东盐运使稽查，场栅大使、委员管理。

与坎下、白沙二栅盐义仓大约同时设立的，是潮州府境内盐场的盐义仓。雍正六年（1728）四月，广东总督孔毓珣上疏，称"嗣

---

[1] 道光《两广盐法志》卷23，《场灶二·谷仓》，第304页。参见覃延欢：《清代广西盐法刍议》，《学术论坛》1993年第2期。黄优：《清代广西食盐运销探析》，广西师范大学未刊硕士学位论文，2008年。

[2] 道光《两广盐法志》卷23，《场灶二·谷仓》，第305—306页。

有潮州运同所辖之潮汀各商，现在省商人帮缴银两，亦欲效法公捐银七千两，而商小本微，零星缴贮，为谷无多。臣回任后，知其资本微薄，且汀盐又经发帑，因而□令停止。然已缴者，则不能发还。今潮州运同黄六吉禀称，潮惠汀赣属正商供商捐缴贮库者已共银三千八百九十九两三钱二分零。臣思潮汀等商人正商少而供商多，此银系零星陆续缴贮，既难给还，本人莫若充为养灶公用。我皇上爱养元元，至周至渥，臣仰体宸衷，俾民常沾圣泽。查潮属地窄民稠，向来米粮多贵，各场之灶丁尤为窃苦。臣请将前项银两买备谷石，建立仓厂，令运同经管，于每年青黄不接之时，借给灶丁，陆续扣回盐价，秋成买补，年年如是。则茕茕灶丁，实得常沾利益，专力耙晒。收盐供配，亦仍有裨于盐商"[1]。在广东总督孔毓珣疏请下，雍正六年潮汀盐商的捐银三千八百余两充为养灶公用，买备谷石，建立仓厂。其仓名为"公济谷仓"："在潮州府城开元寺右"，"二层共十间，斗给二名。贮谷六千八百四十石五斗七升六合"[2]，内贮谷包括招收场、隆井场、惠来栅、东界场、海山场、小江场共六处场栅。

次年，也就是雍正七年（1729）七月，惠州府属淡水、石桥二场也开始设立仓厂，买备谷石，接济灶丁。此二场的仓谷费用来自盐商赵廷佐等人的捐银："（雍正五年）广、肇二府五方杂处，兵民辐辏，户口殷繁"，"商人赵廷佐等二十四人联名具呈捐银二万两，以为帮赈之需"。时任广东总督的阿克敦"准其所请。令该道收贮，酌议拨发广州银一万四千两、肇庆银六千两，饬令该地方官确查乏食穷民，量为赈济"[3]。实际上，这二万两白银并没全额用于广、肇

---

[1]《两广总督孔毓珣奏请用商人供捐银两买谷石以备接济灶丁折》，雍正六年四月十一日，中国第一历史档案馆编：《雍正朝汉文朱批奏折汇编》第12册，第162—163页。参见道光《两广盐法志》卷23，《场灶二·谷仓》，第295页。
[2] 乾隆《两广盐法志》卷18，《场灶下·谷仓》，第537页。
[3]《署广东总督阿克敦奏报赈济贫民事宜折》，中国第一历史档案馆编：《雍正朝汉文朱批奏折汇编》第9册，第501页。陈春声曾引用赵廷佐捐银一事说明商人在赈灾中发挥的作用。参见陈春声：《市场机制与社会变迁——18世纪广东米价分析》，第204页。

二府的赈灾,"粤东雍正四年秋间雨水过多,贫民乏食,据在省盐商赵廷佐等情愿捐银二万两买谷赈济,除煮粥赈济动支仓谷买补还仓外,尚剩一万两应买谷贮仓,以备借给之需"。也就是说,雍正五年赵廷佐等盐商捐银二万两,仅有一万两用于广州、肇庆两府的赈济,由于"通省贮谷已多,而灶丁业晒为生,远处海滨,米谷稀少。请将捐剩银一万两于淡水、石桥二场建立仓厂,买备谷石接济灶丁,于青黄不接之时,照依原价借给,陆续于盐价内扣回,秋成买补。责令场大使专管,运使稽查,年底取具实贮印结,转移藩司汇并奏销。该大使交代照仓谷例造具印结接管"[1]。次年,碧甲栅谷仓落成于平山城。石桥场谷仓在碣石城内,内贮石桥场、海甲栅、小靖场各场栅仓谷。雍正九年(1731)淡水场、大洲场、大洲栅谷仓在平海城建成。

从广东盐义仓第一阶段的设立过程来看,除最初的坎下、白沙二栅,东路其余府属盐场的盐义仓主要由盐商捐建。结合上述雍乾时期盐业生产新格局的讨论,说明盐商捐建谷仓有着非常现实的要求,他们需要足额的食盐运销,以保证灶丁的正常生产。那些正在增置场栅、不断扩大生产规模的盐场成为盐商的首选目标。

惠州府属淡水场、石桥场的谷仓统称"丰裕仓",由赵廷佐等省城盐商捐建,乾隆《陆丰县志》收录的一篇碑文,详细记载了淡水、石桥二场设立谷仓的前后经过:

> 皇上御极以来,敬天勤民,感集和丰,率土共称安饱矣!而念芸生以食为天,蠲赈之外,未雨绸缪,诏令天下郡县设立常平社仓,饬有司谨出纳,严盘查,核虚实,陈陈相因,有备无患。考诸往古,为民积贮,孰有如今日之周且重乎?由是臣民观感,业助乐输,在在有之。而滨海产盐之地,籍晒煮以供

---

[1] 道光《两广盐法志》卷23,《场灶二·谷仓》,第297—298页。

行运者，实繁有徒，此等丁户贫乏居多，故长芦、两淮间亦有积贮。兹于淡水、石桥二场，建仓买谷，同是意也。按：粤东雍正四年（1726）秋，雨水过多，收成稍薄。而广州、肇庆二府，兵民辐辏，户口殷繁，一时米贵，除减价平粜外，前督抚筹量发赈，随据在省盐商赵廷佐等情愿捐银二万两，备买谷石，止用过一万两，尚余其半。尔时藩司、醝使佥议，以此项出自商人，仍于盐上计议。查得淡水、石桥二场产盐最多，灶丁丛集。且僻处边海，谷米稀少。请将各商捐赈余银一万两，以盐之余济谷之乏，一准时价采买谷石，建立仓厂，分贮淡水、石桥二场，以备偶逢荒歉并青黄不接需谷孔亟之时，核数借给灶丁，陆续在于支发灶价内扣回，秋成买补，一应出入，责令该场大使专管，运司稽查，年底取具场大使实贮印结，运司核明，加结转移藩司汇核送内部。其该大使交代照州县仓谷例，造具册结接管。如买谷价值或有赢余，尽数添买均贮，再或酌量为建设仓厂之用。经督抚两院于雍正七年（1729）二月十三日具题，七月初四日接内部咨覆，奉旨依议钦尊，行回司道。即建淡水场仓于平海、平山两处，石桥之仓建设在碣石卫城。鸠工庀材，渐次告竣。元方因详请额名勒石。夫贮谷以备不虞，穷丁不啻屡丰而既饱勤于晒煮，商人行运亦裕如矣！名曰丰裕，义取诸此弟。是举也，已历数年，谷本出于众商，创议则藩司王公，名士俊、醝使黄公名文炜也，入告于君，则大司马孔公，会同少司农傅公也。此两场灶户永沐圣世绵绵之德，而予适当其时，得乐观厥成。爰原其始而为之记，以表众善之攸归云！[1]

---

[1] 冯元方：《丰裕仓碑记》，乾隆《陆丰县志》卷12，《艺文》，广东省地方史志办公室辑《广东历代方志集成·惠州府部》，第171—172页。该碑文是目前唯一一篇有关清代广东盐义仓创建缘由的碑文，前人未曾留意，为便于讨论，全文抄录。

考捐建淡水场、石桥场谷仓的省城盐商首商赵廷佐，乃两广总督石琳[1]的家人，改名后充任盐商，承充赣县、连平州埠等多埠的运销："粤东本籍素无殷实商人，从前声势赫奕之埠商半系督抚司道之奴仆，盈千累万之资本尽属伊主之官囊内。惟前任督臣石琳家人沈维相承充赣县埠，则改名赵廷佐，承充连平州埠则改名沈义和，共有盐本十余万金"，这种情形的出现，是因为"粤东各埠往往乏商承充，而道府州县之亲友携资到粤承埠认商者有之，各官幕客积蓄馆金、辞幕充商者有之"，地方官府和朝廷为保证盐课往往采取默许的态度："若辈上有裨于国课，下无害于民生，商人原无一定，有本即可承充，是亦情理允协，无足怪也。"[2]

像赵廷佐这类沾恩已厚的大盐商，在捐银赈灾的同时，也呈请增加饷课以报效朝廷。雍正七年八月，商人赵廷佐、叶松云、胡文钟、查惠来、汪赞朋等连名具呈，请增饷课以报效朝廷。[3]以报效朝廷的名义，盐商赵廷佐等人呈请增加饷课，情愿捐银倡建盐义仓。只不过这些省城盐商为何捐建淡水、石桥二场而不是其他盐场呢？前引丰裕仓碑文很清楚地提到淡水、石桥二场产盐最多，灶丁丛集。只有灶丁勤于晒煮，盐商才能行运裕如。盐商有选择性地在淡水、石桥二场建设谷仓，贮谷以备不虞，于盐利乃至于两广盐政都有着重要的意义。雍乾以后，供应珠江三角洲地区以西以北广大区域的食盐，主要来自惠州府归善县和海丰县境内的淡水场、石桥场诸场栅。从贮谷额数来看，惠州淡水、石桥等场栅的谷仓额贮米谷最高，占全省盐场仓谷总额的66%以上。如果加上潮州府各处盐场仓谷，则两府盐场仓谷为全省的93%。盐场谷仓及贮谷额数的分布，恰恰

---

[1] 石琳，康熙三十二年（1693）总督两广，宦粤长达十四年。参见道光《广东通志》卷255，《宦绩·石琳》，广东省地方史志办公室辑《广东历代方志集成·省部》，第4094页。
[2] 《广东布政使王士俊奏覆粤省地方盐政折》，第699—701页。
[3] 《广东总督郝玉麟奏报清理两广盐议增引折》，雍正七年九月十一日，中国第一历史档案馆编：《雍正朝汉文朱批奏折汇编》第16册，第562—564页。

说明惠、潮二府盐场生产在两广盐政中的重要性。在这个意义上，盐商针对盐场的赈济就有了特殊的含义。

自雍正六年（1728）粤督倡建坎下、白沙二栅谷仓开始，至雍正九年（1731）淡水场各场栅盐义仓的建成，三年内盐义仓覆盖广东东路惠、潮二府属高产盐场和盐栅，此为广东盐义仓建置的第一阶段。第二阶段是乾隆二十一年（1756）前后广东西路广、肇、高、廉诸府属盐场盐义仓的设立。

乾隆二十年（1755）四月，两广总督杨应琚奏称"东省凡系生盐场分，俱经历任督臣分别筹项公捐题请，买贮谷石，按年出借，以为晒丁青黄不接之需。独熟盐各场则竟阙焉"[1]。杨应琚奏疏中特别提到盐场有生、熟之分，主要是这些盐场采用不同的生产技术，煎盐为主的盐场为熟盐场，晒盐为主的则为生盐场。从制盐技术来看，明清时期广东盐业生产经历从煮到晒的变化。明初广东制盐只有煎盐一种方法，即所谓"煮海为盐"[2]。天顺年间部分盐场开始改用晒法。[3]晒盐法与煮盐法相比既节省燃料，又节省人工。晒盐法的推行，于广东沿海社会有着特别的意义。[4]较早采用晒盐技术的是潮州、惠州，明中期以后逐渐向广东西部推广。[5]至清乾隆末年，除广东西部个别盐场尚采用煎盐技术外，其余各场皆已改用晒法制盐[6]："旧制：东场产生盐，西场产熟盐"，"今惟上川司生、熟兼产，余皆易煎以晒，改熟为生矣"。[7]因此，明清时期广东的海盐区分为生盐和熟盐，那些采用煮盐和晒盐技术的盐场就分别被称为熟

---

[1] 道光《两广盐法志》卷23，《场灶二·谷仓》，第307—308页。
[2] 隆庆《潮阳县志》卷8，《风俗志》，广东省地方史志办公室辑《广东历代方志集成·潮州府部》，第83页。
[3] [明]陈天资：《东里志》，汕头市地方志编纂委员会办公室，1990年，第143页。
[4] 参见杨培娜：《生计与制度：明清闽粤滨海社会秩序》。
[5] 嘉靖《广东通志》卷26，《民物志七·盐法》，第670—671页。
[6] 王守基：《盐法议略》，第6217—6218页。道光《两广盐法志》卷23，《场灶二·煎晒》，第237—258页。
[7] 民国盐务署：《清盐法志》卷215，《两广二·场产门二·田埠》，第311页。

盐场和生盐场。

杨应琚提出官商捐资建设盐义仓："及臣思熟盐工费甚于生盐，而每遇谷价昂贵之时，此等贫灶转不得与生盐场分之晒丁共邀接济，似觉偏枯。臣即与盐运使范时纪、运同王图炯公同捐资，以为倡率。而领配熟盐各该商人，亦无不踊跃捐输，统计官商共捐银五千两。臣饬令该运使按照熟盐场分之大小，灶丁之多寡，分派饬发。因目下正值青黄不接，未及遽买谷石。即令查明各场乏食灶丁，照依现在粮价折银借给，于收盐价内陆续扣还。俟本年秋成买谷存贮，来岁出借后亦照此扣价买补，以备递年接济。仍于岁底照生盐各场之例委员盘查，取具实贮册结分案送部查核。如遇场员新旧交代，亦令一体盘查结报。倘有亏缺，参究追赔。其贮谷应需厂座，容臣另行筹酌办理。庶使边海贫灶俯仰有资，悉皆专力收盐，无误配运。"[1] 杨应琚的奏疏清楚表明，一直到乾隆二十年，盐义仓仅设于广东生盐场，广东西路诸熟盐场皆阙。因此，为惠及西路各处熟盐场栅的灶丁，由杨应琚发起，两广运使、运同以及领配熟盐的盐商共同捐银五千两，于广东西路各熟场栅买谷贮仓。

第二年（乾隆二十一年，1756）正月，两广总督杨应琚再次上奏，称在原捐银之外愿意额外捐建仓银："原捐银五千两，照依时价约可买谷七千五百石。按照熟盐场分之大小分贮十一场栅，约需建仓银一千二百六十余两。臣复与盐运使范时纪公同捐资，而领配熟盐商人亦踊跃输助。官商共捐银一千二百六十余两，除饬令分拨各场相度高阜处所备料建筑巩固，嗣后令场官新旧交代，使贫灶得以永沾实惠。"[2] 至此，盐义仓制在广东全面确立。

张岩认为清代沿海各盐场设立盐义仓，其性质是官督商管，具有较大的灵活性。仓谷由商人自筹、自管等种种因素，使盐义仓的

---

[1] 道光《两广盐法志》卷23，《场灶二·谷仓》，第307—308页。
[2] 道光《两广盐法志》卷23，《场灶二·谷仓》，第309页。

恤灶与商人自身利益直接挂钩，在维持灶户生计，保障盐业生产、食盐运销等方面发挥了重要作用。[1]不过，广东的盐义仓制与两淮有较大不同，广东盐义仓组织和管理的权力并不在商人，并非官督商管，而是掌握在盐场基层官吏之手，原因在于广东实行官帑收盐的改革。潮州府（还包括福建汀州府）属盐场的盐义仓由运同经营："议准潮州运同所辖之潮汀各场买备谷石建立仓厂，即令运同经管。"[2]而惠州府以西包括广、肇、高、廉各府盐场的经管权实际上归两广盐运使稽查，具体则由各场栅的大使和委员经管。最早建成盐义仓的坎下、白沙归广西驿盐道委员经管，乾隆三年（1738）复归坎白场大使和白沙栅委员管理。淡水、石桥二场"责令场大使专管，运使稽查，年底取具实贮印结，转移藩司汇并奏销。该大使交代照仓谷例造具印结接管"[3]。乾隆二十一年（1756）设立盐义仓的各熟盐场俱"令场官新旧交代"[4]。由于史料阙如，广东盐义仓的管理细节目前尚不清晰。大约盐场大使经管或专管灶丁支应米谷，各处盐场大体略同。如坎下、白沙二栅"听各灶随时给领，全完扣回原价银，统于秋成后尽银照时价买补还仓"[5]。潮属各场盐义仓"于每年青黄不接之时，借给灶丁，陆续扣回盐价，秋成买补，年年如是"[6]。淡水、石桥场的灶丁"于青黄不接之时，照依原价借给，陆续于盐价内扣回，秋成买补"[7]。广东西部熟盐场的灶丁"照依现在粮价折银借给，于收盐价内陆续扣还。俟本年秋成买谷存贮，来岁出借后亦照此扣价买补，以备递年接济"[8]。两淮、长芦等盐区的盐

---

[1] 张岩：《清代盐义仓》，《盐业史研究》1993年第3期。
[2] 道光《广东通志》卷169，《经政略十二·积贮》，第2770页。
[3] 道光《两广盐法志》卷23，《场灶二·谷仓》，第298页。
[4] 道光《两广盐法志》卷23，《场灶二·谷仓》，第310页。
[5] 道光《两广盐法志》卷23，《场灶二·谷仓》，第299页。
[6] 《两广总督孔毓珣奏请用商人供捐银两买谷石以备接济灶丁折》，雍正六年四月十一日，中国第一历史档案馆：《雍正朝汉文朱批奏折汇编》第12册，第162—163页。参见道光《两广盐法志》卷23，《场灶二·谷仓》，第295页。
[7] 道光《两广盐法志》卷23，《场灶二·谷仓》，第297—298页。
[8] 道光《两广盐法志》卷23，《场灶二·谷仓》，第307—308页。

义仓有赈济、平粜、出借的成例，但从广东盐义仓的运作来看，主要采取的是免息出借的形式，即每年青黄不接时借出米谷，从盐价中陆续扣回，秋成按原价再补买米谷。

广东的盐义仓制从雍乾时期仓谷实物到部分折银，在广东盐场实行近百年，至嘉道时期全面折银而终结。有学者注意到，乾隆末年有的地方仓储已经出现以银代谷的现象，但还不很普遍。[1]如果将这一时期仓谷货币化现象仅仅解释为仓制混乱不堪、仓储衰败所致，无助于我们理解地方督抚大吏阳奉阴违的行为。清朝前期政府大力推行的仓储制度货币化的结局，恰恰说明了仓储制度的缺陷。

州县设立仓储，原本出于朝廷备荒赈灾之意，很大程度上是政府行为。仓储的运作，最重要的是保证米谷的供应。清代广东一直是严重缺粮的省份。所缺米粮除大部分由广西输入，闽、赣、湘三省甚至外洋也是米粮贸易的来源地，估计每年广东从省外输入粮食在400万石左右。迟至18世纪中叶，广东已存在一个联结广西、湖南、江西、福建等省，并与外洋有一定联系的米粮贸易网络。既然仓谷需要从米粮市场中购买，就不能保证其价格长期不变。陈春声的研究表明有清一代广东米价呈上升趋势。[2]如果买贮米谷的银额一直没有变动，要从市场中买到足额的米谷几乎是不可能的。如再遇上灾荒歉收，米价更有可能在短期内飙升，买谷补仓就成为一个几乎不可能完成的任务。因此，在一个变动的米粮市场中保持着谷仓的运作，对政府、受助的灶丁、经管者乃至盐商都是一个不小的考验。从实情来看，广东盐义仓的运作显然并不理想。

雍乾时期广东各处盐场设立谷仓，无论是官银还是商捐，都是动用白银买谷建仓，建立仓储制度。如果最初建仓用的白银不敷米谷价格，贮仓米谷就不易买补足额。嘉庆四年（1799），两广总督吉庆提

---

〔1〕 康沛竹：《清代仓储制度的衰败与饥荒》，《社会科学战线》1996年第3期。
〔2〕 参见陈春声：《市场机制与社会变迁——18世纪广东米价分析》，第120—179、202页。

到"广州、肇庆、惠州、高州、廉州五府及潮运同所属各场仓谷各处场地皆属滨海,素非产谷之区,采运维艰。加以水陆夫脚船价实与原定之价不啻加倍",米谷价昂,吉庆咨请户部,"仍准照旧以银借给,按年扣还,委县结报,倘有亏挪,即行参追等由咨达前来"。户部的议覆正如吉庆所希望的那样:"应如所咨,暂准以银借给,按年取结报部,仍竣各属谷价平减,即饬买谷贮仓,以敷原额。如有亏挪,参追报部可也。"[1]吉庆疏中提到的"照旧以银借给",说明在此之前盐义仓仓谷的出借已开始货币化。虽然道光以前广东的盐法志书和方志等史料中没有发现更为详细的记载,但以下两条史料还是提供了乾隆至嘉庆年间广东盐义仓仓谷折银的一些线索。

乾隆《潮州府志》载:"公济仓在郡城开元寺右侧,雍正六年(1728)建,前后二层,共十间。每间宽一丈六尺,深三丈四尺,额贮谷六千八百四十石零五斗。递年借给予潮阳晒丁,俟秋成后再于晒缴盐包价内扣还买补。源源接济,因循有年。乾隆六年(1741)原价五钱不敷买补,运同鲍尚忠详准原价折色借给东界场额谷二千五百五十九石九斗,折领银一千二百七十九两九钱五分。海山场额谷九百七十九石一斗七升六合,折领银四百八十九两五钱八分八厘。河东场额谷七百一十三石,折领银三百五十六两五钱。河西场额谷八百二十石,折领银四百一十两。隆井场额谷六百零三石,折领银三百零一两五钱。惠来场额谷六百七十石零五斗,折领银三百三十五两二钱五分。小江场额谷四百九十五石,折领银二百四十七两五钱。斗级二名,每月工伙银一两,在杂项内动支。"[2]这说明潮属各场盐义仓仓谷早在乾隆六年已经开始折银。又广东双恩场"谷仓始于乾隆二十一年(1756)奉行建设,原备灶丁青黄不接之时,计丁借给,其价银在盐价内扣还。俟秋成后照额买谷还仓。嗣因扣回之价不敷买谷

---

[1] 道光《两广盐法志》卷23,《场灶二·谷仓》,第310—312页。
[2] 乾隆《潮州府志》卷23,《盐法》,广东省地方史志办公室辑《广东历代方志集成·潮州府部》,第412—413页。

原额，嘉庆二十三年（1818）复奉行以银借给"[1]，说明广东西部盐场仓谷也于嘉庆朝后期折银的事实。至于其他盐场仓谷折银的时间，因史料阙如，整体面貌仍不清晰。不过嘉庆四年（1799）两广总督吉庆请照旧以银借给的奏折已经说明此时各处盐场的官员已经将仓谷折银作为一种旧例在遵循。

道光时期，广东盐义仓仓谷折银全部完成："道光元年（1821）三月，户部咨覆两广总督阮元称，据盐运使查清阿详称，嘉庆二十三年（1818）分双恩、电茂、茂晖、白石东西等场大使并上川司盐巡检扣回各丁谷价银五千两，缘原定价值不敷买谷贮仓，业已咨部，照旧以银借给在案。今据上川司巡检及各场大使委员造具，嘉庆二十四年（1819）分扣存谷价银两实贮数目清册前来理合咨部。"两广总督阮元奏称的谷价银属于广东西部各盐场，嘉庆二十三年已经全部折银。他又称"再照东莞、归靖、香山、丹兜四场奉准裁撤，所有原发谷价银两业经扣解，归款贮候另行借给，合并声明等由相应咨达等人前来，查广东上川司及双恩等场借给各丁谷银两。据该督将嘉庆二十四年扣回谷价银两实贮数目造册送部，本部查与原借银数相符，应咨该督，俟出借时将所借各场银两查明，专案报部。至东莞等场业经裁撤，扣存谷价收贮另借之处，应如所咨，办理可也"[2]。不仅广东西部各场盐义仓仓谷折银于道光元年完成，东部地区的淡水、石桥等场栅仓谷也于道光年间全部完成了折银[3]（参见表4-3）。

清代广东的盐义仓，是在雍正时期两淮盐区盐义仓制示范作用

---

[1] 民国《阳江县志》卷14，《食货志二·盐课》，广东省地方史志办公室辑《广东历代方志集成·肇庆府部》，第414页。
[2] 道光《两广盐法志》卷23，《场灶二·谷仓》，第312—313页。
[3] 关于嘉道时期广东盐义仓的全面折银，似与乾隆末年"改埠归纲"改革有关。改埠归纲结束官府收盐的历史，盐商"捐集资本，在省河合成一局，公同经理，各场盐斤由公局商人自行赴场配运，停止发帑"（道光《广东通志》卷165，《经政八》，第2716页。参见黄国信《清代乾隆年间两广盐法改埠归纲考论》，《中国社会经济史研究》1997年第3期）。也就是说，盐商重新获得食盐收购权，场场官商灶三者的关系重新调整。在这个意义上，盐义仓由盐政官员经管的模式势必发生变化。但是，由于相关史料的缺乏，对盐场内部盐商与盐义仓货币化的关系尚不能更深入地展开，希望留待日后再行讨论。

下，在全国性的仓储建设高潮中出现的一种特殊仓储制度。广东盐义仓的建置及演变，以建仓贮谷赈济灶丁、保证盐业生产为目的，与两广盐区的盐政改革相适应，反映出广东区域社会经济的特点。清代前期，广东盐业生产的重心在惠、潮二府，盐义仓的设立由产量最高、场栅遍布的惠州府开始，遍及于东路惠、潮二府属各生盐场栅，再向广东西路广、肇、高、廉诸府属熟盐场栅推行，分两个阶段历时三十余年始全面确立。广东盐义仓与广西食盐官运官销、官帑收盐等一系列的盐政改革相配合，呈现出官营的特征。丰裕仓的个案说明盐义仓的背后活跃着盐商的身影。嘉道年间，广东盐义仓随着仓谷折银而终结。

表 4-3　道光时期广东盐义仓仓谷折银一览表

盐场名称	谷仓位置	贮谷数量/石	谷价银/两
上川司盐巡检（原名海矬场）	未曾建仓	782+	590
淡水场	平海城内，谷仓一所	4645+	
碧甲场	平山城内谷仓三间	1637+	550+
大洲场	平海城内谷仓一所	2479+	共存 1600
大洲栅	平海城内谷仓一所	2198+	
乾隆五十年大洲栅归并大洲场大使兼管		大洲场栅共贮谷 4677+	
坎白场	署廨左右，厢房四大间，谷仓一所	1698+	共存 2660+
白沙栅	坎下寨，谷仓一所	2301+	
乾隆三十五年白沙栅归坎白场大使兼管		坎白场和大洲栅共贮谷 4000	
石桥场	碣石城内，谷仓一所	11911+ （海甲栅额谷 2352+） （小靖场额谷 4529+）	1709+

续表

盐场名称	谷仓位置	贮谷数量/石	谷价银/两
海甲栅	碣石城内	2352+	800
小靖内五场	碣石城内	2583+	878+
小靖外三场	碣石城内	1945+	661+
双恩场	分贮各厂	305+	共存410
东平场（乾隆二十五年东平场归双恩场大使兼管）	一在东平场；一在塘选场	176+	
电茂场	场署内	614+	430
博茂场	场署右	614+	430
茂晖场	场署西厅后	700+	490
白石东西场	一在多颜场；一在公馆墟；一在西场墟	1500	1040
裁汰四场存库谷价			
东莞场	场署	1187+	950
归靖场	一在场署右；一在旧署之内	342+	240
香山场	在场署右	371+	260
丹兜场	场署内东厢	218+	160
潮属各场谷价			
招收场		713	356+
河西栅		820	410
隆井场		603	301+
东界场		2559	1279+
海山隆澳场		979+	489+
小江场		495	247+
总计		40536+	17206+（裁汰四场谷价银提贮运库）

资料来源：道光《两广盐法志》卷23，《场灶二·谷仓》，第313—323页。民国盐务署纂：《清盐法志》卷241，《两广门二十八·杂记门七》，第1:8—120页。

2. 捐修越华书院

两淮自明代万历年间设立商籍。商籍在很长时间里是淮浙盐商的特例，并未在全国推行，清以后才额设定制。[1]两广盐区于康熙六十年（1721）"议准广东盐商子弟照淮浙河东之例，取进童生二十名"[2]，是为广东设立商籍之始。清代广东盐商与商籍、科举的专题研究目前仅见周琍《论清代广东盐商与书院发展》和赵利峰《清代两广地区的商籍》两文。周琍讨论粤秀书院、越华书院和菊坡精舍三个个案，认为盐商生息银两是书院维持运作的主要经费来源。赵利峰重点讨论两广商籍制度的运作。他认为乾隆元年两广商籍制度才正式确立，此后商籍生员人数不断增加，为应对越来越多的商籍生员入学，乾隆二十年（1755）第一所以商籍生员为对象的书院——越华书院设立。经过乾隆四十三年（1778）的全国商籍整顿，各省商籍人数大为减少，广东商籍生员人数大大受限。越华书院因盐商子弟多归民籍，甄别事例遂与粤秀书院同，不复限以商人子弟。[3]

广东设立商籍之初，商籍生员一直"拨入广州府学，分拨南海、番禺二学肄业"[4]。此后生员数量日益增多，乾隆十六年（1751），两广总督苏昌的一份奏折提到商籍贡监生有225名，"较之辛酉（六年，1741）等科人数倍多"[5]。因此，商籍子弟入学越来越成为一个问题，"粤东已有粤秀书院，惟商籍书院向未专建，众商深以为歉"[6]。乾隆二十年，总督杨应琚、盐运使范时纪"捐俸，率商人王

---

[1] 许敏：《明代商人户籍问题初探》，《中国史研究》1998年第3期。许敏：《试论清代前期铺商户籍问题——兼论清代"商籍"》，《中国史研究》2000年第3期。
[2] 民国盐务署纂：《清盐法志》卷242，《两广二十九·杂记门三》，第125页。
[3] 周琍：《论清代广东盐商与书院发展》，《求索》2006年第10期。赵利峰：《清代两广地区的商籍》，安平秋、张玉春主编：《古文献与岭南文化研究：古文献与岭南文化国际学术研讨会论文集》，北京：华文出版社，2010年，第708—715页。
[4] 乾隆《两广盐法志》卷10，《奏议八》，第239页。道光《两广盐法志》卷33，《职官四·选举附》，第499页。
[5] 道光《两广盐法志》卷33，《职官四·选举附》，第507页。
[6] 范时纪：《越华书院记》，梁廷枏：《越华纪略》卷1，道光二十一年（1841）刊本，广东省立中山图书馆藏。

贵和等捐赀创建"越华书院,其中盐商"捐银四千二百两,以一千余两起造学舍,以二千余两一分五厘取息,以供束脩膏火"。乾隆二十二年(1757)"潮属各官亦愿捐廉俸银二百两。又据廉州府禀称捐银一百两。又据原任廉州府今调潮州府周硕勋禀捐银一百两。又经历司冯忱詹等禀愿公捐银七百两,以少助书院膏火之费。又据桂阳等埠商王贵和等呈请,再公捐银二千一百两以为商籍书院膏火"。大庾埠商耿素方愿将利息由一分二厘改为一分五厘,每年可增加生息银144两。[1]

越华书院的捐款,包括官捐和商捐两部分:官捐以盐政官员为主,包括总督、两广运使、潮桥分司、廉州私知府、潮州知府、经历司、广盈库大使、东汇关批验所大使、香山场大使、东莞场大使、归靖场大使、海矬场大使、淡水场大使、石桥场大使、隆井场大使、署招收场大使、东界场大使、双恩场大使、署茂晖场大使、电茂场大使、白石场大使、潮知事、大洲栅委员、白沙栅委员、小淡水厂委员、小靖场委员、海甲栅委员、惠来栅委员、河西栅委员、小江栅委员、博茂场委员、丹兜场委员、西运馆委员、归靖场委员、矬岗场委员、香山场委员等,计1700两。商捐以省河埠商王贵和为首,共计41位盐商先后捐银6300两。潮桥商人单列,有"徐明高、漆组、查永盛共捐银600两"[2]。此次所收捐银"计官捐银一千七百两,商捐银六千九百两,共银八千六百两"[3]。乾隆《潮州府志》提供了更为详细的捐款名单:"平远埠商徐明高、兴宁埠商漆组、长汀埠商查永盛等公捐银六百两,东界场大使陈起鹏、署招收场大使徐严、河西场委员杨天德、海山场委员韩世琦、小江场委员陈伦各捐银二十两,隆井场大使王汝梅、知事潘万宁各捐银一十五两,惠来场委员陈锡周捐银一十两,运同马兆登捐银二百两,共捐

---

[1] 道光《两广盐法志》卷34,《杂记》,第531—534页。
[2] 道光《两广盐法志》卷34,《杂记》,第534—538页。
[3] 道光《两广盐法志》卷34,《杂记》,第532页。

银九百四十两。"[1]从所占比例来看，省河埠商和运使等官员的捐款约占89.1%，而潮桥埠商和运同、盐场大使、委员等官员的捐款额约占捐款的10.9%。

越华书院的运作维持到嘉庆年间，因院舍陈旧以及经费支绌，"嘉庆十一年总督吴熊光、运使蔡共武捐廉率商重修。二十年七月肄业人数日多，经费不敷，各商续行筹捐银四千两，照旧发商生息，每年得息银七百二十两，遇闰加息银六十两"。"道光八、九两年，运使耿维祜三次捐廉一万二千两发商营运，内四千两自八年正月起，四千两自九年二月起，每两每月一分起息，遇闰照加。又四千两自九年十二月起息，每两每周年息银八十两，俱经总督李鸿宾咨部立案，通计历年官商所捐本银二万三千四百两，每年应得息银三千四百一十二两。"同治五年（1866），两广总督瑞麟、巡抚蒋益澧、运使方睿颐以"昔之长春仙馆改而新之"，创建菊坡精舍。同治九年（1870）钟谦钧捐廉俸22000两发商生息充作每年束脩膏火银。[2]

清代两广官立书院还有粤秀书院、端溪书院、应元书院以及广雅书院等，皆以发帑本给盐商生息的方式运作，而由盐政官员和盐商直接捐输创办并载入盐法志书的仅越华书院和菊坡精舍两所，当与越华书院和菊坡精舍招收生员多为盐商子弟有关。或者说，越华书院和菊坡精舍因招收盐商子弟，盐商捐输更为主动。

3. 捐建育婴堂与地藏庵

关于明清慈善组织研究，以梁其姿等学者的观点最具代表性。梁其姿认为明代政府在社会长期救济政策没有创新，取而代之的是地方精英的接手。作为整顿社会秩序的一种策略，明末清初民间慈善组织首先兴起于江南地区，清以后逐渐在其他地区普及开来。育婴堂就是最早的制度化慈善组织。扬州育婴社的背后是地方上有实

---

[1] 乾隆《潮州府志》卷23，《盐法》，第414页。
[2] 民国盐务署纂：《清盐法志》卷242，《两广二十九·杂记门六·书院》，第135—136页。

力的盐商。[1]以此视角考察两广盐商的慈善,就会看到全国各地仿效的结果。明代两广盐商在慈善组织方面没有留下什么线索,直到康熙朝省城育婴堂的创建才看到盐商的身影。

省城广州的育婴堂创建于康熙三十六年(1697),总督石琳《创建广州府育婴堂记》碑文,透露出广州育婴堂乃仿京师、江浙之制:

> 丁丑冬,藩张君有设立育婴堂之议,以请于余,余首肯之。会山人陈洽自云间来,备述京师、江浙建堂规制,而群僚绅士复从而赞裹之。乃于广州西偏购得钟氏废园,稍加葺治,即堂宇岿然而广善有其地矣。于是首事候选州同知云志高复行广募,得置清远县助善田荒熟税共一十四顷五十二亩零,捐买耕牛二十头以资给费。然而未足,则屡以为请。余以广城行署后余地置之无用,乃捐而施之,俾葺铺舍,收其租入以佐所需。其犹未足,则首事者任其责,或募或劝补捐,视其力以助给焉。数载以来,长养生遂,其出沟中之瘠而予以襁褓之安,所存活者凡数百命,其殇而瘗者弗计也。自兹以往,吾知粤台之畔,群婴之失所者,庶几鲜矣。独是建立匪难,永久为难,苟无法焉。以善其后,则此嗷嗷仰给之众,将有不能终日之势,安望其百年无弊乎?[2]

两广总督石琳、巡盐御史沈恺"率同商人云志高等购买西门外钟氏废园,起建堂屋,以为育婴堂之所",其经费来源屡有变化。主要是买地:"买田地于清远、新会、开平、新宁等县",此后陆续收买地方上有争议的土田。其次是出租铺屋收取租金。第三是盐商捐

---

[1] 梁其姿:《施善与教化:明清的慈善组织》,石家庄:河北教育出版社,2001年,第93—98页。参见[日]夫马进:《中国善会善堂史研究》,北京:商务印书馆,2005年。游子安:《善与人同:明清以来的慈善与教化》,北京:中华书局,2005年。
[2] 乾隆《广州府志》卷57,《艺文九》,第1258—1259页。

银生息，乾隆二年（1737）盐商捐银1510两由各商领回，以每两二分起息，每季一缴的办法收息。乾隆二十二年（1757）改为一分五厘起息。第四是乾隆七年（1742）盐场余盐每包加盐一斤，盐商完纳盐价先缴羡余，每年可收入1600、1700两不等。乾隆十一年（1746）议再加盐一斤，为省城育婴堂费用及肇庆府普济、育婴堂之用。捐银者包括清远埠等31埠在内的盐商，潮桥埠商不在其列。[1]

地藏庵"在大东门外，旧为浙绍商人捐赀建设，以为乡人停柩之所。迨后各省侨寓棺柩亦皆殡引，有庄头经营，亡者姓名、籍贯，皆所掌焉"。乾隆二十年（1755），因流寓省城的外省盐商较多，总督杨应琚、盐运使范时纪争取设立商籍、创设书院的同时，还劝谕好善之殷实盐商捐建地藏庵和义冢，以寄放、安葬盐商家眷："粤省埠商江浙居多，其亲属子弟司事诸葛亮人携眷来广，间有寿夭不齐，势难克期扶榇回籍。每于省城庵观暂为寄顿，日积月累，遂致滋多。时有乐善商人就于省城东门外之地藏庵购地建屋，以慰幽魂。""但寄入者多，迁去者少。其间老少男妇、上下人等不可数计。并无闲房可以再为安放"，"劝谕好善之殷商，出余资另买高燥义冢地一方，将年远之柩立一大冢，竖立总碑，刊刻姓氏。其尸棺完整并有姓名、住籍可稽，现无嫡属在粤者，亦于义冢地内分别葬埋，各柩前竖小石碑一通，详刊姓名、籍贯并编列字号立簿登记，以便将来亲属认领。至现有亲人在粤而原籍并有坟墓，将来必须归里目前无力运回者"，"可令商人遴选保举数人，分作多起，仿照前式运送。每起载柩一十六口，每口给足辛工运费银一十二两，不得短少。若有在粤子孙欲附柩船赴籍者，仍须自办口粮，一得于运费内扣算。则事有利益，自肯实心经理，不至中途弃捐"。以桂阳埠商王贵和为首共41位省河埠商捐银3000两以及运送棺柩银600两，乾隆二十二年3000两再由盐商领回生息，用于地藏庵、

---

[1] 乾隆《两广盐法志》，《外志》卷4，《育婴堂》，第542—552页。

义冢日常费用维持。[1]

4. 潮桥埠商捐修广济桥

前述乾隆《潮州府志》已列六事说明潮桥商人的参与概况,其中既有与省河商人共同捐输的地方公共事务,也有因地缘关系而各自独立参与的地方事务。省河埠商纳饷于广州,潮桥埠商纳饷、秤掣于广济桥,因此广盐海运的运道以及东、西、北三江航道的畅通,是保障省河盐商销盐纳饷的交通命脉。而韩江和广济桥则为潮州盐商的交通命脉。在河工方面,省河盐商采用生息银的方式参与珠江三角洲堤围的维护,[2]广济桥和韩江堤岸的维修则是潮桥商人相当重要的地方公共事务:"又有堤岸帑本银五万两,系于乾隆十四年(1749)准部咨,亦交商生息,以为潮属堤工岁修之用。""嗣因围基、堤岸俱议归民修,二项息银无须支用。乾隆二十五年(1760)总督李侍尧奏准停止生息,分作三年完缴归款。"[3]

潮盐北销的枢纽在广济桥,潮桥盐商是否参与广济桥修缮、维护等桥务?明代盐商是否参与桥务史载不详,甚至乾隆以前有关广济桥维护的记载也以地方官员捐银为主。但这一做法很可能在乾隆朝以后开始改变。乾隆六十年(1795),朝廷"议准潮州运同所属座船、巡船及浮桥船只由商自行修理,毋庸动用官项"[4]。《海阳县志》记载道光时期潮州盐商参与维修东岸桥墩浮船事宜,为目前所见盐商捐金修墩造桥的最早史料。道光二十二年(1842)潮江大水,冲毁广济桥石墩和桥梁多处,时"大水决东岸,石墩圮者六,损者二,坏者一。决西岸石墩圮者三。木石桥梁损失殆尽。明年,知府觉罗实禄谕官绅捐款重修。成西岸三墩,复造浮梁船四十二,合原

---

[1] 乾隆《两广盐法志》,《外志》卷4,《义冢》,《地藏庵》,第587—607页。
[2] 珠江三角洲堤围的兴修费用采取动支盐羡银给商领运生息的方式,参见道光《两广盐法志》卷28,《生息》,第32—39页。
[3] 乾隆《两广盐法志》,《外志》卷4,《生息》,第618—619页。
[4] 民国盐务署纂:《清盐法志》卷239,《两广二十六·建置门六》,第76页。

设浮梁十八,直接东岸。二十七年(1847)嘉应盐商邱慎猷捐千金,募闽人成东岸墩一,于是知府吴均捐廉续修石墩三,其余五墩布商朱莆瑞等捐修一墩,米商林资福等捐修一墩。嘉应、平远、镇平诸盐商捐修一墩,潮桥海运船户共修一墩,郡绅设局劝捐,共修一墩。……二十九年(1849)五月桥成"[1]。墩也称洲,道光二十七年嘉应、平远、镇平诸盐商请求修第十洲,并于事后立碑记录这次修缮经过:"予等尝为(吴)公部民,今鬻盐转运又隶公宇下,佥议就行盐,每票输费若干。合嘉应、平远、镇平三属水客,共修复一洲。并呈请分转派司桥工□事四人邱君慎猷、黄君国诗、辜君利权、李君鹏程代为董理。丁未年(道光二十七年,1847)十月兴工,至本年五月二十四日工竣。予等嘉应、平远、镇平三属,旧皆为程乡县潮州治,后析为三。至国朝雍正十年(1732)改程乡为嘉应直隶州,而以平、镇二县属之。然则予等固潮民也。今虽析治,而吴公固尝为嘉应州牧伯,今又权分转兼署郡事。予等荷吴公教养而体恤之者,已异于常则。所以副吴公教养而体恤之者,自异于众也。工已竣,谋筑亭,为往来徒旅憩息之所。洞为第十洲,即以名其亭。吾闻蓬瀛之境,三岛十洲。潮为古瀛州,十洲亭盖亦蓬瀛之一胜景也。夫是为记。清道光二十八年(1848)岁次戊申秋八月。"[2]这篇碑文,透露出盐商、水客与广济桥关系的细节。此次捐修一处桥墩的嘉、平、镇三州县,因政区更迭,平、镇二县在雍正十年后改属嘉应直隶州,所以平远、镇平实为嘉应埠的子埠。单独捐修一座桥墩的恰好是嘉应盐商邱慎猷,并在嘉、平、镇三埠盐商捐修第十洲时董理其事,很可能邱作为嘉应埠商,动员子埠盐商共同参与广济桥的修缮工程。而且,知府吴均曾任嘉应知州,与三埠盐商关系当不浅,这是不是此次修桥仅见嘉应一埠盐商参与的主要原因?第十

---

[1] 光绪《海阳县志》卷22,《建置略六·桥梁》,第207页。
[2] 《嘉平镇三属盐行重建广济桥第十洲记》,饶宗颐《广济桥志》,第240页。

洲的捐修，参与者还有嘉、平、镇三埠水客，足见盐商与水客关系的密切。虽然方志等文献关于盐商参与维护广济桥务的史料比较零星，但有理由相信潮州盐商迄至民国都在参与韩江水患的治理和广济桥桥务。[1]

五　官帑生息：盐商资本再探讨

两广盐商的经营资本实际有相当一部分来自官帑："生息云者，借库储之闲款而还本限以年，济商运之急需而纳羡余于用。"[2]刘秋根对明清高利贷资本的研究表明，清代各级官府将生息银存放商铺或发商营运，定期纳息，以满足各类官府、社会的经费需求，如补贴兵丁、缉捕盗贼、学校、善堂经费等，资金数量大，种类复杂。[3]雍正朝至乾隆二十二年（1757），两广政府交发盐商生息的帑本种类多达17项，金额计25万余两：

各标帑本银 149200 两

归补各标帑本银 34000 两

八旗帑本银 30000 两

水师营帑本银 5000 两

马乾帑本银 5700 两

端溪书院帑本银 2000 两

粤秀书院帑本银 2000 两

粤秀、端溪两书院帑本银 2000 两

越华书院帑本银 3400 两

---

[1]　黄挺：《商人团体、地方政府与民初政局下之社会权力——以1921—1929年的韩江治河处为例》，《潮学研究》第9辑，广州：花城出版社，2001年，第175—236页。

[2]　道光《两广盐法志》卷28，《生息》，第1页。

[3]　刘秋根：《明清高利贷资本》，北京：社会科学文献出版社，2000年，第56—57页。

  又越华书院帑本银 4000 两

  育婴堂帑本银 2510 两

  又育婴堂帑本银 2000 两

  普济堂帑本银 4500 两

  又普济堂帑本银 143.4 两

  沙坦入官价银 1395.07 两

  地藏庵帑本银 3000 两

  招收场大册村旧署基地变价银 130 两

  以上生息共 17 项：总计 250978.47 两[1]

  发盐商生息的帑本银多以一分、一分二厘、一分五厘或二分起息，低于清代三分的平均利息率。[2] 截至乾隆二十四年（1759），发商生息的官帑共收息银 433737 余两。乾隆三十四年（1769），乾隆帝谕旨停止各省发帑生息，限两年内收回借出帑本。事出突然，两广盐商力争留下帑本营运，提出遵照长芦、两淮商人生息改为"赏借"字样，照例输息。嘉庆、道光以后，两广地区盗匪不断，两广督抚不断筹议借款生息以资巡缉经费。[3] 统计道光十年（1830）各项生息银两：

  赏借息银 230245 余两（乾隆三十四年改帑本为赏借）

  粤秀书院本银 2000 两（乾隆二年借商生息）

  端溪书院 2000 两（雍正十年借商生息）

  粤秀、端溪二书院本银 2000 两（雍正十一年借商生息）

  又粤秀、端溪二书院本银 2600 两（乾隆二十七年藩库收回洋商本银及清远县义学租借商生息）

---

[1] 乾隆《两广盐法志》，《外志》卷 4，《生息》，第 607—620 页。

[2] 刘秋根：《明清高利贷资本》，第 176 页。

[3] 道光《两广盐法志》卷 28，《生息》，第 33—114 页。

越华书院本银 3400 两（乾隆二十年官商公捐银生息）

又越华书院本银 4000 两（乾隆二十二年官商续捐银生息）

又越华书院本银 4000 两（嘉庆二十年盐商续捐借商生息）

又越华书院本银 12000 两（盐运使耿维祐捐廉生息）

育婴堂本银 2510 余两（乾隆二年商捐以及三年姚圣先人堂陪祀捐出借商生息）

又育婴堂本银 3200 两（乾隆二十年运库积存婴息银拨作婴本银生息）

又育婴堂本银 2000 两（乾隆二十二年将运库积存婴息银拨作婴本银生息）

修补八旗军装本银 5700 两（乾隆元年借商生息）

普济堂本银 4500 两（乾隆八年借商生息）

又普济堂本银 143 两（乾隆十七年借商生息）

又普济堂本银 270 两（乾隆三十一年借商生息）

龙王等庙本银 1395 余两（乾隆十二年借商生息）

龙门协本银 4000 两（乾隆二十二年由粮道衙门移解闲款借商生息，每年用于龙门协兵食之用）

马谷价本银 10000 两（嘉庆十五年发商生息）

捐修洋船本银 6485 余两（嘉庆十五年藩库将盐商捐输 4000 两及变卖洋船 2485 两借商生息）

修补墩台水栅本银 8414 余两（嘉庆十六年藩库将广州绅士捐输发商生息）

肇罗台汛本银 13887 余两（嘉庆十六年肇庆、罗定各府州县绅士捐输发商生息）

裁汰马匹变价本银 2622 余两（嘉庆二十二年藩库发商生息）

旗举会试水脚本银 5000 两（道光二年藩库拨出马价谷谷余存银发商生息）

滇省土练本银 100000 两（道光二年藩库拨银发商生息）

广西捕费本银 100000 两（道光三年广西藩库养廉扣旷项下拨银发商生息）

以上赏借等生息共 17 项：总计 500358 余两[1]

细读上列各项帑本生息银，可以发现乾隆二十二年（1757）以后很长一段时间没有增加生息类别和帑本银额，很可能与乾隆三十四年（1769）乾隆帝停止发帑生息的谕旨有关。但是嘉庆十五年（1810）以后帑本银有比较快速的增长，且集中于缉捕、兵丁等军费，表明这一时期两广地方动乱、盗匪不断的状况令两广财政大绌，军费开支孔亟，洋、盐二商捐输尚不敷用的情况下，通过发帑交盐商生息来获取军费开支。然而，尚不清楚的是，哪些盐商可以获得如此巨额的帑银。是两广盐区省河、潮桥的盐商利益均沾，还是那些名列在册的总商、局商、运商才有资格？考清代两广官员的档案奏折、盐法专书等官史文献，官商关系的史料不仅缺乏，即使有也常常晦而不清，其中的隐晦只能靠猜测。很可能只是那些与朝廷、地方政府官员有着非同寻常关系的实力盐商才有机会获得这些巨额官帑。唯其如此，才会有那么多的官员家人、幕客前赴后继地承充盐商。

---

[1] 道光《两广盐法志》卷 28，《生息》，第 115—128 页。

结　语

广东濒临南海，面向太平洋，海岸线漫长，岛屿众多，居全国首位。广东沿岸带位于北纬20°09′—23°40′和东经109°45′—117°20′之间，呈条带状自北东向南西展布，基本位于北回归线以南，处于热带的北缘。[1]历史上，广东海盐产地就分布在这条沿岸带上。宋代以后，广东的盐产地称为盐场，开始纳入政府的管控。明代广东盐场的分布"自广、肇、惠、潮以至高、雷、廉、琼诸郡皆有之"[2]，由"广东、海北二提举司"[3]提举盐务，其中"广东所辖盐场十四，海北所辖盐场十五"[4]。清朝"因明制而损益之"，在广东设都转运盐使司盐运使一人，运同一人，下辖盐场"二十七场，行销广东、广西、福建、江西、湖南、云南、贵州七省"[5]。清乾隆二十七年（1762），两广总督李侍尧为其编修的《两广盐法志》作序，他说："粤左三面产盐，供亿数省，北渡大庾，东达楚、闽，西溯滩流而上，由梧、桂以及黔、滇。"[6]"粤左"，指广东。也就是说，广东所产的盐，供应包括两广、楚、赣、闽、滇、黔在内的七省。李侍尧的这段话，已勾勒出清代两广盐区食盐产销的整体格局。

---

[1] 广东省地方史志办公室编：《广东省志·盐业志》，广州：广东人民出版社，2006年，第31页。
[2] 道光《两广盐法志》卷22，《场灶一》，第141页。
[3] 道光《两广盐法志》卷3，《历代盐法考》，第437页。
[4] 《明史》卷80，《食货四·盐法》，第1934页。
[5] 《清史稿》卷116，《职官三·盐运使》，第3349—3351页；卷123，《食货四·盐法》，第3604页。
[6] 乾隆《两广盐法志》，《卷首·序》，第2—3页。

然而，李侍尧描述的是 18 世纪中叶的两广盐区概况，如果向前追溯两个世纪，这一格局恐怕尚未形成。本书历史时间断限为 16 世纪中叶至 19 世纪末，研究的主题是三百年间两广盐区盐业盐政的制度变迁，主要包括以下观点：明代中期以后两广盐区的盐产地有新的表现，一是万历时期海北盐课提举司的裁废，一是珠江三角洲盐场生产的衰退。16 世纪中叶以后，广东海盐生产的中心逐渐转移到广东东部的惠州府、潮州府的盐场。珠江三角洲地区在宋元时期为广南路最重要的盐产地，宋元之际东莞伯何真的个案表明盐业是珠江三角洲地区的主要经济命脉。明代以后，随着珠江三角洲沙田开发速度加快，盐田与沙田呈现互为替代的局面。香山县的个案表明，香山盐场利用地方动乱、官府重新登记户籍的机会而结为盐场社会组织，在向沙田开发转型的过程中发挥了重要作用。清代珠江三角洲地区的盐业衰退趋势更为明显，通过官帑收盐的改革，乾隆时期惠潮沿海地区的盐产量占全部产量的 70% 有余，乾隆朝后期珠江三角洲地区东莞、香山盐场裁撤、归并，广东盐产地格局的调整至此定型。又由于潮州府的盐场主要供应韩江流域的粤闽赣界邻府县，以及高州府、廉州府盐场主要供应广西南、太、思三府和郁林州，两广盐区之广西北部、粤湘赣界邻地区的食盐供应实则主要由惠州府的盐场承担。对广东地方政府而言，惠州府海丰县变得如此重要，以至于雍正年间从海丰县划出一部分设立陆丰县，同时通过增设海防同知来加强这一海域的海防，以保障海盐的生产和运输。自此，广东历史有了"海陆丰地区"这一政区概念。本书的研究亦表明，对海陆丰地区的历史研究目前远远不够，仅是广东海盐产地中心这一点前人研究就皆未触及。

伴随广东盐产地新格局的形成，两广盐区发展出将盐从盐产地海运至广州，再由广州转运至销岸的独特食盐专卖制度——省河体系。食盐海运、省城广州是理解省河体系的两个关键词。广盐海运一制前人研究未曾涉及，本书强调广盐海运的制度演变及其意义。

明代后期广盐海运已现端倪，因史料缺乏，只能窥其一斑。经过清初的摇摆，乾隆时期广盐海运成为定制。从海运里程、盐船标识、被称为"水客"的海运盐商、海关对盐船的征税以及缉私无不体现海运制度的成熟。该运制规定，广东盐场的盐除附近州县的场配以及特定销区的配运（石康运馆和潮桥体系），其余皆须经海运至广州，广州成为两广盐区省河体系的总枢纽。海盐运至广州的盐仓，等待埠商来配盐，埠商配盐后再发往盐埠（所在州县）贩卖。由此可见，两广盐区省河体系的盐商以运销分工区分为两大类：水客和商人。

盐商销盐纳饷，始于明初的广盐开中。明代天顺以后，为获取足够的军费以用于地方平乱，两广总督允许盐商纳饷后越境销盐，此举使越境销盐合法化，广东盐课提举司的海盐西进广西、北上湘赣闽，销区得以扩大，而海北盐课提举司的海盐因运道阻滞、挽运艰难而日益减产，万历时期终致裁撤，海北司的盐场归所在州县管理。嘉靖、万历时期《苍梧总督军门志》[1]的修纂标志着两广盐区的区域范围大致匡定，以广州为总枢纽的省河体系初步形成。明代后期，广州成为广盐汇聚之地，除廉州府、高州府、潮州府盐场的部分海盐运往各自销区（高盐运至梅菉，廉盐运至石康运馆，潮盐运至广济桥），其余则须运往省城广州。广州府、惠州府盐场的盐则几乎全部运往广州。清康熙三十年（1691）两广设立巡盐御史，进行盐政官制的调整。明代以来两广所设驿盐道、盐课提举司改为两广盐运司，设两广都转运盐使司盐运使一员，驻广州，职掌两广盐法之政令。两广盐运司设于广州，巩固广州作为总枢纽的地位。省河体系中，尚有几处食盐运销的枢纽。其一为梧州与桂林。明代天顺以后，梧州为广盐西进的门户。自梧州沿着西江航道，可西进至百色，可北上桂林及湖南衡、永二府。明成化以后，两广总督开府

---

[1] 应槚初辑，凌云翼嗣作，刘尧诲重修：《苍梧总督军门志》，第147—148页。

于此，已见其为两广军事重镇和西盐饷税中心。清代梧州作为广西盐运中心的地位进一步加强。雍正元年广西再行官运官销之法，就是以梧州为中心。明代嘉靖、隆庆年间平定"古田僮乱"，为筹措军费，巡抚殷正茂经奏请推行官般官卖法，官买广盐经梧州北上桂林，再经灵渠挽运至湖广衡州、永州二府销卖。该举措奠定府江流域桂林经济中心的地位。[1]乾隆朝以后，临全埠商以家族垄断的形式，在长达半个多世纪的时间里掌控这一区域的食盐专卖权。其二为南雄府的梅岭和韶州府的乐昌、连州以及惠州府的小淡水厂。[2]这些盐埠为广盐北上湖南、江西的枢纽。黄国信关于清代湘粤赣界邻地区食盐专卖的研究即以此为对象。省河体系中，还有两处枢纽值得注意，一是石康运馆，一是梅菉镇。此两处为高州和廉州府的海盐销至广西南宁、太平、思恩三府和郁林一州的转运枢纽。也就是说，广西盐分为南北两大区域，北部区域以西江航道的梧州、桂林为中心，南部则以石康运馆、梅菉镇为中心。吴滔关于梅菉镇的研究表明这是一个广东西部沿海地区的商业大镇。[3]乾嘉之际的改埠归纲和改纲归所改革，其一是恢复水客运制，水客在广州设立下河运馆；其二是针对上述几处枢纽的食盐专卖制度改革，埠商演变为六柜运商（东、西、南、北、中、平），实际正是由这几处枢纽的埠商控制六大区域的食盐专卖。六柜运商与下河运馆构成19世纪两广盐区新的省河体系。

清初两广盐区盐商统称埠商（专商引岸），承充盐商者从王商、排商到流商、土商制一变再变不过是官方具文，实际运作往往多所变通。承充盐商者多为宦粤官员家人、幕客，揭示盐商背后复杂的

---

[1] 参见麦思杰：《"古田僮乱"与府江地域社会变迁》，《桂林师范高等专科学校学报》2008年第2期。
[2] 张素容：《食盐贸易与明清南雄地方社会》，《盐业史研究》2007年第1期。作者认为明天顺年间叶盛在南雄设立盐关后，开放食盐运销，大部分运往赣南的食盐均取道南雄。
[3] 吴滔：《清代广东梅菉镇的空间结构与社会组织》，《清史研究》2013年第2期。

政商关系。埠商从广州配盐，运至盐埠发卖，并按照规定缴纳盐饷。道光时期，两广盐区共188埠，属于省河体系的盐埠计150余埠，占有绝对比重。课饷之外，盐商以捐输方式参与朝廷军务，如乾隆朝至道光朝盐商捐输大小金川之役军费、台湾之役的海防军费、廓尔喀之役的赏赉之需。又如雍正初年两广盐商响应雍正帝州县普设义仓的诏谕，紧随两淮盐商之后，选取盐产量最高的海陆丰地区援建盐义仓，并于乾隆前期普及到广东各处盐场。不过，广东盐场的盐义仓制很快就背离初衷，由出借谷米改为无息贷银，凸显出广东米粮消费的市场特征。两广盐商还参与筹建越华书院，为盐商子弟争取商籍生员名额；也捐建育婴堂、地藏庵善银、珠三角桑园围基维护，表明盐商广泛参与地方慈善事务，实际有着己身利益之权衡。

明清时期两广盐区形成独立于省河的食盐专卖体系——潮桥体系。明代天顺以后，随着广盐越境的合法化，潮州府的海盐以广济桥为枢纽，凭借韩江流域地区的水陆要道，北销闽、赣等界邻府州县，嘉靖、万历时期两广盐区形成潮桥体系。明代潮桥体系下的桥商和水商纳饷销盐，盐饷既支军用，也用于地方河堤工程、虚粮代纳等财政支出，体现简化地方政府财政税收的条鞭特征。清康熙三十二年（1693）两广盐区的职官调整也包括在潮桥增设潮州运同，驻潮州城，职掌潮桥体系盐法之政令。两广盐运使和运同于广州和潮州的分置，正式承认省河体系和潮桥体系的独立。清代潮桥体系下的桥商也称埠商，引岸总计29埠。潮桥埠商参与广济桥的维修、韩江的治理，既捐纳朝廷军需、河工，也捐修盐义仓、书院，乃至承担祀神的费用，表明潮桥埠商的地域性特征。乾嘉时期省河体系的改埠归纲、改纲归所改革，潮桥并未同步。道光以后，潮桥埠商屡陷欠饷困境，两广总督推动下的改革与省河改革相异，光绪年间张之洞的官运改革，表明潮桥体系运作的独立性。

本书附录一提出留待今后解决的一个问题：如何重新审视19世纪广东海陆丰社会？海陆丰地区的现代历史因彭湃领导的农民运动

结　语

和民国时期广东军政人物陈炯明而为世人知晓。我想要追寻的是19世纪海陆丰地区的历史,也就是将它的历史时间从现代往前推,考察清代广东盐业盐政制度在海陆丰地区具体展开的历史过程,进一步对现代广东历史提出新解。

从目前搜集的史料来看,19世纪以后这个地区丐匪、烂仔扰民的现象非常突出,令人想到海陆丰盐场从事季节性海盐生产的数量众多的灶丁,他们的生计不会囿于食盐生产,淡季很可能离开盐场,从事海运、捕鱼等多种职业。当然他们也有可能无事可做,成群结队在城乡间游荡。海陆丰各地留存至今的严禁烂仔、丐匪扰害地方的石碑,正是晚清惠州沿海社会动荡不安的写照。光绪时期海陆丰社会的整合主要表现为村落之间的大规模械斗。民国时已有本地文人认识到地方大族的强悍和缺乏诗书教化是导致械斗的重要原因。值得注意的是,晚清会党、械斗等动乱发生的地区正是盐场所在的村落社会。那么晚清海陆丰社会结构具有什么特征?晚清海陆丰地区的动乱与现代海陆丰历史究竟有着什么关联?我想,唯有深入这一区域社会,通过长期的田野调查,充分搜集整理官史和民间文献,才能够得出更为可信的结论。

附录一　19世纪海陆丰社会经济研究的意义

大约六十年前，何维凝对明代盐户的讨论，以及日本学者藤井宏关于明代盐场的研究，是最早以盐场为专题的学术论文。他们的研究以灶户制度为中心，围绕明代灶户的户籍制度和赋役制度变迁，创见性地提出明代商品经济的发展和货币白银化使得灶户制度解体等观点。因为聚焦于灶户制度，他们的研究与民国前期盐政通史性质的研究区别开来，开启中国盐业史专题研究的先河，是明代盐业史研究的滥觞。半个多世纪以来，尽管明代灶户制度的研究层出不穷，但方法论意义上的突破并不多见。

盐场，首先是指从事盐业生产的那些地区。但它还有另一层含义。中国古代盐业史上，能够针对王朝疆域内盐的产区划定范围、设官管理的大约只有明清两朝。也就是说，盐场须由政府来界定，凡设官管理的产盐地才能够称之为盐场。明清时期的王朝政府正是由盐场的界定出发，划定盐区，从盐的生产到运销，设计出一系列制度，实现对盐的管控和专卖。从产、销到税课的征收，各盐区都有相对独立运作的系统和机制。明代以后各种盐法志、盐政志就是这类制度条文的汇编。仔细检读这些文献，我们会注意到，盐法或盐政专书通常只是某个盐区的盐业志书。即便是涵盖全国范围的官修盐业志书，内容也是按盐区做分类记载。因此，盐业史研究特别是明清盐业史研究，一开始就具有区域社会史研究的意义。

何维凝、藤井宏等学者对于明代盐场的考察，立足于王朝的典章制度，通过对盐法或盐政专书的梳理，对盐场中的主体——灶户、盐商等规制下的人群——展开研究。这一研究视角以王朝统治来划定灶户身份，是自上而下的分类。但是，近30年来史学的整体转向带来方法论的革命，使盐场、灶户制度等传统论题有进一步讨论的空间。区域社会的视角、社会史研究的路径、历史人类学方法的运用，带来盐业史研究的创新和突破。对于盐场中被规制的各色人群，这些不过是他们身份的其中一种而已，随时可以改变。本书关于盐场社会的讨论，还有更深一层的思考。历史上，这些生活在沿海盐场社会的各色人群，不仅有着王朝户籍制度下的身份划定，也有社会内部用以区分他类的身份区隔，如疍民、盗寇之类。此外，盐场的社会组织、村落形态甚至宗教礼仪，都是应该讨论的话题。在这个意义上，对盐场社会的研究，就有自下而上的视角，探索"盐民"如何回应王朝制度，如何建构他们所处的社会，如何表达经济的、文化的、权力的观念。

  本书四章论题，是以两广盐区制度变迁为视角，试图勾勒全局的、整体的广东盐业盐政历史轨迹，尽管这幅制度变迁的图画尚有许多细节有待补充，甚至有待修正。本书结论之一，是认为盐场的空间分布并不是一个长期不变的、均衡的状态，明清时期广东盐场的分布在广东沿岸线上呈现出此消彼长的特点。明初设立广东、海北两个盐课提举司管理盐场和灶户，明万历时期海北提举司的裁废，标志着粤西高、雷、廉诸府境内的盐场生产萎缩。同时，珠江三角洲地区沙田的快速开发，沙田—民田逐渐成为这一区域的主要土地利用类型，也意味着沿海制盐滩涂的消退。清代两广的食盐供应实际上由粤东惠、潮两府的盐场承担。又由于潮州府境内盐场主要销往韩江流域所在的州县，自成一体，基本不能满足广东大部分地区和广西、湖南、云南等省的食盐需求。因此清代以后供应珠江三角洲地区以西以北广大区域的食盐，主要来自惠州府归善县和海丰县境内的淡水场和石桥场。雍乾时期，数量众多的盐场和盐栅从淡水、石桥二场分出来，使得海陆丰沿海地区盐场、盐栅数量激增，表明两广盐区的食盐供应向这一地区转移了。

清人形容海陆丰地区的山川形势，在于其"极南天末，形势孤悬。其背则层峦叠嶂，其面则大壑巨洋。潮之上吭，惠之左臂者，曩者人夺鱼盐之利"[1]。乾隆《海丰县志》记载："邑三面距海，东起石帆港，接潮之惠来境。其东置甲子巡司，其西置甲子所城。三十里至宁海澳，外有鱼尾澳，洲渚延亘可以泊舟。中有湖东港，山势曲盘可以避风。又二十里至石桥港，外有田尾澳，亦可以泊舟。中至碣石。又西四十里至乌坎港。又二十里至捷胜所，外有白砂湖遮港角，亦可以泊舟。中有大德港。又三十里至长沙港。又三十五里至谢道山，离县仅十里，则邑之门户也。"[2]现代地理学则认为，惠东县至汕头市之间的粤东海岸是沙坝—潟湖海岸，属堆积性海岸。堆积性海岸大多居于锯齿形海湾内，沙坝地貌是这个体系的基干，主要由全新海滩砂和风成砂组成。其特点是有许多浅水港湾，如粤东的平海港口、后门、汕尾、乌坎、碣石、甲子、神泉、靖海、海门和达濠。[3]

实际上，惠州府境不仅港湾众多，而且山势险峻，富于矿藏，明代以来此地就以悍客、矿徒动乱而闻名。唐立宗考察《定氛外史》所载明代嘉、万年间广东惠州府境内的动乱事件，认为矿徒崛起成为地方上不容小觑的势力，明代后期该地区逐渐形成"以'矿盗'与'山寇'为主、'据险立巢'的独特地域社会，各巢之间相互依恃，外界理所当然地视作'盗区'"[4]。惠、潮二府沿海地区还不时遭到倭寇入侵。嘉靖四十三年（1564）三月，惠州府矿盗伍端投降后成为进攻潮州倭寇的先锋。六月，广东官军在惠州海丰县大破倭

---

[1] 乾隆《海丰县志》卷1，《舆图》，广东省地方史志办公室辑《广东历代方志集成·惠州府部》，第177页。
[2] 乾隆《海丰县志》卷1，《舆图》，第178页。
[3] 曾昭璇、黄伟峰主编：《广东自然地理》，第49页。
[4] 唐立宗：《坑冶竟利——明代矿政、矿盗与地方社会》，台北：政治大学历史学系，2011年，第489—550页。

寇。[1]直到清雍正年间，广东巡抚杨文乾犹称海丰县为盗贼渊薮："海丰县，唐时为郡。旋改循州。又改为海丰县。其地广三百八里，袤三百八十里，辖典史、巡检各一员，驿丞三员。负山面海，最为繁冲。境内复有碣石一卫，海丰、捷胜二所，而碣石则有总兵驻扎，实为海滨极大之县。山之林箐深远，海之港汊多歧，均可藏奸。"[2]雍乾以后，在惠州府海陆丰沿海地区锯齿状的海湾中，分布着众多的盐场和盐栅，数量为广东之最，产量最高时占全省的60%余。乾隆二十三年（1758）两广总督陈宏谋就道出"惠州府所属八场场官，正委共计十员，岁产盐斤将及百万包，以通省产盐而论，惠州居其大半，督收、缉私各务，较他府尤为紧要"[3]这一事实。这意味着，18世纪中叶以降广东海陆丰地区历史与快速增长的盐业经济密切相关。

让我们先来看一例嘉庆年间海丰县的私垦盐田案。

清代梅陇是海丰县沿海重要墟市，称梅陇墟，位于"海丰西南部，距县城18公里。踞汕尾市45公里。梅陇东连联安镇。以石塘岭为界；西有南山岭、羊蹄岭，与后门、赤石相毗邻；北靠莲花山区，以石锣山、银瓶山为屏障；南临红海湾，海岸线全长14公里。地势自西北向东南倾斜，北部为丘陵地带，东西两侧为狭长谷地，南部为广阔的滨海冲积平原。聚落沿山麓自东往西方向呈长条形状分布"。此地原本不称梅陇，大约"明末清初，邹、蔡二姓在此建居时，即称'梅陇'"。现今梅陇的居民大多于清初迁海、复界后定居于此，"梅陇平原多数乡村始建于此时，各姓始祖多为福建籍"[4]。

历史上梅陇平原曾是一片浅海，"据梅陇南山冯姓族谱记载，南

---

[1] 范中义、仝晰纲：《明代倭寇史略》，北京：中华书局，2004年，第156—157页。
[2] 《广东巡抚杨文乾奏请分割清远英德海丰增设县治以防盗贼折》，雍正五年正月初三日，中国第一历史档案馆编：《雍正朝汉文朱批奏折汇编》第8册，第803—805页。
[3] 乾隆《两广盐法志》卷10，《奏议八》，第225—227页
[4] 海丰县梅陇镇修志办公室编：《梅陇镇志》（初稿），1992年，第1—2页。

山冯姓建村始于明景泰七年（1456），其始祖至南山依山搭寮居住，捕鱼为业。'村前尽是渔帆，门外可泊舟'"[1]。因此"常受海潮袭击。康熙五十七年（1718）五月二十八日深夜突发大海潮，临海村庄被吞没，成千上万人死于顷刻，田园庐舍俱毁，尸体飘零，惨绝人寰。这就是后人所说的'三个涌，盖梅陇'。雍正元年（1723），举人吴位睦发动村民沿海滩造海堤。雍正十二年（1734）海丰县令林寅奉上司之命再修海堤，故称'王堡'。以后几经重修，仍未能根治潮灾"[2]。这座被称为"王堡"的海堤曾在此后两度崩塌，两度重修。乾隆十三年（1748）堤崩重修，乾隆三十六年（1771）堤崩重修时又修筑了附堡，此后历年都有维修，至嘉庆时没再崩坏。县志也载："杨安一都，一望原隰，土壤□沃，岁收倍于他乡。惟虑飓风鼓浪，瞬息澎湃，遂成巨浸。雍正甲寅（十二年，1734），前令林寅躬度苟捐杂税，以东澳口至西炮台横亘十余里乃潮汐必经之路，爰从众议，筹画工程，田主计程出钱佃人，计户出力填筑土堡，以防漂泊。十余年来，咸潮无患，地土益腴，林公之力也。但土堡非同石磴，潮汐冲击，岁久必溃。乾隆戊辰（十三年，1748）二月，复鸠工修筑之，通都长保无虞，功德永垂不朽。是窃缪于未雨，其敢忘诸？又杨安之谷，可济三都，谚曰：杨安熟，海丰足，非虚语也。近者杨安有秋而粒米不及县市者，盖奸商贱籴，出粜他邑以获厚利故也。今令营汛严其盘诘，保甲察其情形，庶几不致肥商以瘠农乎？"[3]

嘉庆二十年（1815），附近石洲、流沟的苏得利等人在堡坦私垦盐田，开沟冲堡，以致有海水冲堡的危险。梅陇绅耆六十多名联名上控，终于获得府县官员批示，不准乡民私自开垦。现存梅陇镇王堡中路一块石碑，详细记载了这一严禁私垦盐田，以固基堡的事件：

---

[1] 海丰县梅陇镇修志办公室编：《梅陇镇志》（初稿），第 12 页。
[2] 海丰县梅陇镇修志办公室编：《梅陇镇志》（初稿），第 2 页。
[3] 乾隆《海丰县志》卷 2，《都里》，第 184—185 页。

特授惠州府海丰县正堂加五级、记录十次郎,为恳恩再行严禁、保坦固堡、永救课命事。

嘉庆二十一年(1816)十一月十三日,据职员陈腾琏、监生莫御□、监生杨九成、武生徐元彰、监生胡定选、武生杨拱光、武生陈毓俊、耆老罗俊熙、陈周雅、黄道济等呈称:职等杨安都邻大海,赖堡保障。痛康熙戊戌岁,潮涨堡陷,惨遭巨浸,村落民畜淹没贻尽。雍正十二年(1734),蒙前县主林祥请列宪法督民筑堡,斥田为坦以辅堡,又立善后事宜。请宪勒石禁护,称曰:"王堡。"乾隆元年奉建风神庙,奠安斯堡。乾隆十三年(1748)堡又崩,蒙前县主予勘修。三十六年(1771)间六甲罗哨等堡又崩。蒙县饬,徐司爷率内筑附堡,仍斥田为坦。嗣是递年修葺,各任县主又勘修示禁,所以数十年来,不致毁伤崩浸。殊去岁七月内,哭有流沟乡、石州乡苏得利、苏顺利、钟大山、叶朝祖、刘成权等背禁瞒廉,在堡坦私垦盐田、开沟冲堡。迫职等呈叩。庶偕奉批,开垦盐田应报县勘详办理。苏得利等胆敢违禁私垦,殊属不法,侯即饬严拘讯究。蒙即拘苏得利等责押,嗣府宪札行勘禁,蒙廉勘明私垦贻殃等弊。职等又赴上宪,呈请示禁,奉运宪批仰海丰县即查案示禁。奉府宪批,前访闻场员私给印示,开垦盐田,经本府札饬该县勘办,禁止开垦在案,现未据详复。兹据职员陈腾琏具呈,以该处开垦盐田,海水势必冲堡,与民居田堤大有关系,并绘俱图说前来,仰海丰县立即确勘禁止,一面严查实情,迅速详复、核办。事关民瘼,毋稍瞻徇饰延,印发到县。蒙廉按拟申详,该堡坦饬令照旧守葺,不许乡民开垦,以固基堡,足见防害安民至意。但据案尤贵勒碑,伏乞出示勒石。所有牛只践堡、割堡草、在堡坦挖□、开垦盐田及伤堡基等项,永行禁止;并饬该处保练,勒紧赶修巡守,俾该堡该坦永固、课命永保等情。据此,当批准给示勒石在案,合行示禁。为此,示谕乡民、保练人等知悉：自示之后，毋得在壆牧牛取草、在壆坦挖□、开垦盐田等情。如敢故违，许该都绅耆、保练人等，立即指禀赴。本县以凭究办。各宜凛遵，毋违特示！

绅耆（六十六名，姓名略）
嘉庆二十年（1815）十二月初四日示
二十三年（1818）正月廿日竖[1]

在梅陇绅耆看来，苏得利等人所开盐田，乃盐场官员私给印示所致。嘉庆年间海丰县梅陇堤壆维护与盐田开垦的矛盾，反映出清代中后期海陆丰沿海地区盐业快速扩张所引发的地方利益冲突。

19世纪海陆丰社会一个非常突出的现象是烂仔、丐匪的骚扰。如海丰县的鲘门港濒临大海，为惠潮商贩往来贸易之地。乾隆三十九年（1774），此处就有不法棍徒搭寮聚赌，扰害地方。[2]类似反映烂仔、丐匪骚扰的碑文在石碗窑乡黄京埔村、赤石圩、联安镇白町村、公平圩、马宫镇、莲花南垭村、海丰县城等地都有留存，时间从嘉庆至宣统，跨越整个19世纪，[3]反映晚清海陆丰社会动荡不安的现状。官方史志等文献记载显示，19世纪海陆丰地区最为严重的社会问题是会党与械斗。

晚清会党问题，特别是天地会问题研究，是20世纪清史研究的一个热点。[4]近年来，会党史研究的转向，乃结合地域社会的经济、族群、信仰诸因素，试图对会党的起源、流布等问题提出新的解释。晚清时期，与天地会同样活跃的一个现象是团练。国外学界对于晚

---

[1]《运宪、府宪、县主禁碑》，郑正魁主编《海丰县文物志》，第91—93页。该碑长1.54米，宽0.70米，嘉庆二十三年（1818）正月二十九日竖于梅陇王壆中路口处。
[2]《奉县主翟给示碑》，郑正魁主编《汕尾海丰考古研究文集》（2007年，载海丰县碑文共计23篇，皆为清代碑刻），第140页。
[3] 郑正魁编著：《汕尾海丰考古研究文集》，第142—150页。
[4] 野牛：《中国秘密社会史研究概述》，《学术界》1991年第5期。有关两广的秘密会党问题，参见陆宝千：《论晚清两广的天地会政权》，台北："中央研究院"近代史研究所专刊》第33本，1985年。

清团练与地方社会研究起步较早，主要有魏斐德、孔飞力等人。魏斐德的《大门口的陌生人：1839—1861年间华南的社会动乱》一书较早采用清代广东衙门档案。[1]孔飞力的《中华帝国晚期的叛乱及其敌人：1796—1864年的军事化与社会结构》进一步讨论晚清各地团练、地方武装及由此引起的社会结构的变化。他对地方社会中创办团练的绅士群体着力最重，其创办团练的形式、规模、财政，与宗族的关系，尤其对绅士与地方政治中的保甲、里甲、治安与税收网络的关系一一做剖析，堪称团练与地方社会结构研究的经典之作。[2]其他关于华南社会团练的讨论还有日本学者西川喜久子《顺德团练局成立始末》、并木赖寿的《苗沛霖团练事件》以及韩国学者都重万的《嘉庆年间广东社会不安与团练之发展》等。[3]嘉庆初年，广东始倡团练。科大卫认为清代广东的团练实起源于沙田上的民壮。嘉庆八年（1803）东海十六沙防卫联盟的组建标志着晚清团练的出现。[4]都重万的研究则表明嘉庆五年（1800）阳江县绅民组织抵抗天地会活动的团练组织。[5]

嘉庆初年，天地会等秘密会社开始在惠州府沿海社会活动。[6]李崇玉为陆丰甲子所城人，嘉庆初曾创立共合义会。[7]嘉庆十年

---

[1] 魏斐德：《大门口的陌生人：1839—1861年间华南的社会动乱》，北京：中国社会科学出版社，1988年。参阅David Pong, *A Critical Guide to the Kwangtung Provincial Archives, Deposited at the Public Record Office of London*, "Foreword" by Wakeman.
[2] 孔飞力：《中华帝国晚期的叛乱及其敌人：1796—1864年的军事化与社会结构》，北京：中国社会科学出版社，2002年。
[3] [日]西川喜久子：《顺德团练局成立始末》，中国社会科学院近代史研究所编《国外中国近代史研究》第23辑，北京：中国社会科学出版社，1993年。并木赖寿：《苗沛霖团练事件》，《学术界》1994年第1期，第56—62页。都重万：《嘉庆年间广东社会不安与团练之发展》，《清史研究》1998年第3期。
[4] 科大卫著，卜永坚译：《皇帝和祖宗：华南的国家与宗族》，第320—339页。
[5] 都重万：《嘉庆年间广东社会不安与团练之发展》，《清史研究》1998年第3期。
[6] 民国《海丰县志》，《续集·邑事》，广东省地方史志办公室辑《广东历代方志集成·惠州府部》，第464页。关于嘉庆年间华南的海盗，参见穆黛安著，刘平译：《华南海盗：1790—1810》，北京：中国社会科学出版社，1997年。曾小全：《清代嘉庆时期的海盗与广东沿海社会》，《史林》2004年第4期。
[7] 《清仁宗实录》卷137，嘉庆九年（1804）十一月己酉，第868—869页。

（1805）海丰知县、道员等地方官员先后赴甲子地方平乱。[1]嘉庆年间甲子李崇玉之乱，惊动朝廷，广东地方大员上自两广总督那彦成，下至道员、知县，无不倾力平叛。《清仁宗实录》载："孙玉庭奏，要犯李崇玉闻拿潜逃，先获犯属匪徒多名，地方安静情形一折。据称先饬道员吴俊，带同委员兵役，亲赴陆丰县甲子地方，查拿逃遣李崇玉，正欲前赴围捕，适碣石镇总兵李汉升阐信，带兵二百名，与该县会商前往。"[2]正是这位道员吴俊，在甲子地方开始编查保甲、团练壮丁。[3]三点会由天地会演变而来。嘉庆十一年（1806）江西周达滨等人改天地会为三点会。[4]道光十年（1830）前后，三点会在广东传播开来。至清末民初，三点会在广东一直非常活跃。[5]如海丰县青草圩三点会。[6]咸丰四年（1854）七月，惠州归善县三点会领袖翟火姑举兵起事，[7]其势力遍及惠州府归善县、海丰县、陆丰县甚至博罗、龙川等地。惠州地方官府仓皇应对，在各地与三点会徒展开拉锯战。地方士绅也纷纷组织团练自保。[8]

19世纪海陆丰社会动乱最著名的莫过于红黑旗械斗。民国《海丰县志》认为地方大族的强悍和缺乏诗书教化是导致械斗的原因。[9]民国郎擎霄专题研究清代粤东械斗，重点之一是讨论海陆丰地区的红黑旗械斗。他认为械斗起源于福建漳泉地区，但粤东惠、潮尤甚。

---

[1] 光绪《惠州府志》卷18，《郡事下》，第273页。
[2] 《清仁宗实录》卷142，嘉庆十年（1805）四月己未，第938—939页。
[3] 《二位道宪缉匪安良编查保甲团练壮丁告示》和《道宪吴公六约稽查防堵规条》。中共陆丰县委编史修志委员会编印：《甲子乘摘抄》下册，1965年2月，陆丰市档案馆藏，第9—12页。
[4] 秦宝琦：《从档案史料看嘉道年间天地会组织与传会手段的演变》，《上海师范大学学报》1987年第1期。
[5] 《清宣宗实录》卷180，道光十年十一月丙子，第833页。关于晚清广东三点会的研究，参见何文平：《近代的会与匪——以广东为例》，《历史教学》2006年第5期。
[6] 《奉廉明县主冯勒石示禁》，郑正魁主编《海丰县文物志》，第98—99页。按：此碑刻长0.99米，宽0.61，道光十八年（1838）竖于青草圩。
[7] 光绪《惠州府志》卷18，《郡事下》，第275—280页。
[8] 民国《惠阳县志》卷9，《人物》，广东省地方史志办公室辑《广东历代方志集成·惠州府部》，第311—312页。
[9] 民国《海丰县志》，《山川》，第404页。

红黑旗械斗始于道光二十二、二十三年间，迄至清末械斗仍然不止。该文引清人程含章对惠潮械斗的评论，认为地方官唯知鱼肉乡民，不理民事，民间词讼，延至数年不结，也数年不得一见官，地方百姓投诉无门，不得已激酿成械斗。斗后官仍索贿，并不与民曲直，于是械斗再起。[1]细考郎擎霄一文所引海陆丰地区红黑旗械斗的史料，皆出自光绪朝官员李钟珏的《圭山存牍》。

《圭山存牍》，清李钟珏撰，光绪乙未（二十一年，1895）刊于宁阳官廨，为李钟珏光绪二十年（1894）摄篆陆丰县的公牍汇编。[2]是书不分卷，共计34篇牍文，有江阴金武祥序和作者自序各一篇。李钟珏，原名安曾，字平书，30岁改名钟珏，号瑟斋，60岁自号且顽。生于咸丰三年（1853），卒于1927年，终年75岁。李钟珏于光绪十一年（1885）以后以科举步入仕途，先后任广东陆丰、新宁、遂溪等地知县。李钟珏是文人，也是医家，兼擅书画。他出生于上海，仕途退隐后又活跃于上海，是上海近代史上的重要人物。[3]李钟珏仕宦广东十年，留下两种公牍《圭山存牍》和《宁阳存牍》以及自传《且顽老人七十岁自叙》，为研究晚清广东历史的重要文献。[4]李钟珏任陆丰知县一职在光绪二十年二月至五六月间，有三四个月，任职时间并不长。《圭山存牍》为李钟珏处理陆丰县地方事务的公牍文件，公牍内容涉及陆丰县的会党、械斗、赋役、海防、教化诸问题，为他史所不载，颇具史料价值。

---

[1] 郎擎霄：《清代粤东械斗史实》，《岭南学报》1935年第4卷第2期，第114、116—121页。参见[清]程含章：《岭南集》卷7，《惠州观风策问》，林登昱主编《稀见清代四部辑刊》第三辑，台北：经学文化事业有限公司，2014年，第486—489页。
[2] [清]李钟珏：《圭山存牍》，广东省立中山图书馆藏。
[3] 关于李钟珏的研究，20世纪下半叶主要分为两个时期，一是70年代末80年代初围绕广州湾租界问题，探讨李钟珏的政治立场、阶级属性。二是80年代中期至今，学界就李钟珏与上海近代历史中的地方自治展开讨论。黄健美从上海近代历史的视角研究李钟珏，参见黄健美：《上海士绅李平书研究》，复旦大学未刊博士学位论文，2011年。
[4] 李钟珏撰：《宁阳存牍》，新宁县（今广东台山市），光绪二十四年（1898）刊本，广东省立中山图书馆藏。李钟珏：《且顽老人七十岁自叙》，北京：中华书局，1922年，广东省立中山图书馆藏。

在陆丰县地方情形的禀文中，李钟珏首陈民情之悍："邑与潮属昆连，故风气相近。偶因口角微嫌，动辄逞凶。邑民聚族而居，人丁既众，势力遂强。咸丰年间红黑旗会乡之风起，凡人少而势弱者，或三五乡一旗，或七八乡一旗，或数十乡一旗，结成会党。于是械斗之风纷然四起。"[1]会党成员主要是红旗的族姓子弟，协助官府清剿会党的则为黑旗族姓子弟。双方受雇帮斗者被称为铳手。光绪二十年陆丰桥涌新乡、环田林乡卓姓和乌石乡、潭头新乡郑姓械斗案，即为李钟珏经办的一件械斗大案。[2]李钟珏总结海陆丰地方情形四条：一曰民情之悍，一曰士习之陋，一曰粮额之紊，一曰差役之疲，当为晚清海陆丰社会历史的写照。[3]

不过，上述海陆丰社会的描述，主要出自方志、官员公牍等官史文献。民国时期的彭湃谈到海丰农民政治地位时说："在这个时候，一般失业的贫苦农民，已经有了反抗运动的要求。三合会秘密结社之盛行，几乎普遍了全县。一八九五年间，一个失业农民洪亚重，号召了数千人在海丰暴动，到处抢掠，旋为清政府执而杀之。其后相继也有小小的反乱，但旋踵而被消灭。然而他们秘密结社的势力，已经谁都知道了！辛亥革命时，资产阶级实在利用这班人加入革命战线，才得到胜利。……辛亥革命，陈炯明实利用三合会的势力而取得都督、省长、陆军部长、总司令之各种重要位置。陈炯明一握到广东政权，所有海丰的陈姓家族，自然随着陈炯明的地方家族主义占据了广东的政治势力及军权，以巩固个人的位置。"[4]如果将彭湃的这段话与光绪二十年（1894）陆丰县令李钟珏眼中的海陆丰社会联系起来，会发现农会、辛亥革命等现代革命运动实际与晚清海陆丰社会的会党、械斗等问题密不可分。

---

[1] 李钟珏：《圭山存牍》，《卓郑两姓斗案禀一》。
[2] 李钟珏：《圭山存牍》，《卓郑两姓斗案禀二》。
[3] 李钟珏：《圭山存牍》，《到任地方情形禀》。
[4] 彭湃：《海丰农民运动》，北京：作家出版社，1960年，第1—2页。

附录一　19世纪海陆丰社会经济研究的意义

可是，如何将晚清会党、械斗诸问题与海陆丰地区作为两广盐业生产中心这一经济现象联系起来？盐业生产中心的经济结构如何形塑晚清海陆丰社会？我以为，要回答这些问题，现有的研究和史料仍然远远不够。

通过田野调查，考察18世纪以后海陆丰沿海社会历史或许是一条可行的研究路径。18世纪中叶以后，快速扩张的盐业成为海陆丰地区人们的重要生计。海陆丰地区依山靠海，海运和海洋渔业也是本地社会的主要生计。因此，从清代特别是晚清海陆丰地区社会经济结构来看，这里的村落当是以盐民和渔民为主体构成的社会。所以，我在整理民国海陆丰农民运动史料时，不禁为他们被称为农民而感到疑惑。参加彭湃领导的农民运动的那群人，是否可以被称为农民？从晚清会党倡乱到民国海陆丰农民运动，海陆丰社会历史的书写发生重要的转变。如何理解并阐释这一转变？本书对清代海陆丰地区盐业经济的初步梳理，提出19世纪海陆丰社会历史研究的新命题。

附录二　晚清广东一位基层盐官的仕宦经历
——读《双松馆日记》[1]

光绪十九年（1893）仲春的一天，广州，一位官员在日记开篇写下苏东坡诗《和子由渑池怀旧》的前四句："人生到处知何似？应似飞鸿踏雪泥。泥上偶然留指爪，鸿飞那复记（计）东西。"[2]就像那雪地上偶然留下爪印的鸿鹄，奔波不定留不下痕迹，作者嗟叹碌碌人生的心情跃然纸上。日记作者王为桢，杭州仁和人，其撰写的《双松馆日记》，为每日言行的简要记录。王为桢的《双松馆日记》大部分已经散佚，不过第九、第十一本为广东省立中山图书馆收藏。近年得以影印出版，王为桢及其《双松馆日记》始为世人所知。[3]

读王为桢的《双松馆日记》，我们可以知道他曾在光绪时期任职两广盐政，但声名并不显赫，只是一名基层盐政官员。两本日记反映了王为桢的仕宦经历，历时三年零三个月，是研究晚清两广盐政极为难得的原始史料，具有较高史料价值。目前，王为桢的《双松馆日记》尚未引起史学界关注。本文旨在解读王为桢两本日记，考察其短暂的仕宦经历，勾勒晚清两广盐政基层官场运作之实态。

---

[1] 本文发表于《盐业史研究》2019年第3期。
[2] [清]王为桢:《双松馆日记》，陈建华、曹淳亮主编《广州大典》第31辑，史部传记类第16册，第324页。本文所引《双松馆日记》原文的注释页码出自《广州大典》第31辑第16册影印本。
[3] 参见王为桢:《双松馆日记》，桑兵主编《清代稿钞本》第9册，广州：广东人民出版社，2007年。孙燕京:《〈清代稿钞本〉（第一辑）的编辑、出版与史料价值》，《清史研究》2008年第2期。

一 王为桢与《双松馆日记》

王为桢，杭州仁和人，生卒年不详。生平著述不见他书记载，唯《中国祠墓志丛刊》收录一本王为桢撰写的《仁和王氏茔录》[1]，为其家世和生平提供了些许线索。《仁和王氏茔录》序言由王为桢撰写，成于光绪十七年（1891）夏五月间。序言提及晚清太平天国运动波及杭州，庚申（咸丰十年，1860）、辛酉（咸丰十一年，1861）之乱后杭州城破，居民四散，"余家服官远游，分驰南北"。同治丁卯（同治六年，1867）后"族人始渐有归里者"，王为桢其时"马鬣就倾，崇封未暇"。《仁和王氏茔录》于"戊子（光绪十四年，1888）冬书成，合支谱装而庋之。会仆仆岭表，未遑刊也。今夏得少暇，遂检此卷先授手民。庶几道路虽远，子姓虽繁，得以人手一编，订伪补阙，而不至散而莫纪也"。[2] "仆仆岭表"当是指王为桢在岭南做官一事，与《双松馆日记》内容相对照，可知王为桢在为家族撰写茔录期间恰在广东任职。该序言由王为桢兄弟三人及其儿子四人共七人落款："（左起第一行）十二世孙为桢谨识，（中间一行）十二世孙为干、乐注图，（右边一行）十三世孙维熊、维炯、维煊、维焯校字"[3]，这些人名为整理《双松馆日记》提供了重要线索。

从序言来看，王为桢兄弟、子侄还共同为家族撰写了家谱。检索《中国家谱综合目录》，发现一本编者为王为桢、王为干的《仁和王氏重订家谱》不分卷，出版信息显示家谱为清光绪二十四年（1898）刻本，一册，藏于日本，具体藏书机构不详。[4] 倘若能够整

---

[1] 王为桢：《仁和王氏茔录》，《中国祠墓志丛刊》第56册，扬州：广陵书社，2004年。书前有编者按语："《仁和王氏茔录》不分卷，清王为桢撰。清光绪辛卯（1891）双松馆刊本。墓在旧杭州。仁和，今属浙江杭州。本书分仁和县属、钱塘县属，按区域辑录仁和王氏一族先祖墓葬事，书成于光绪十四年。书前有光绪十七年（1891）王为桢识。书后附仁和王氏重订家乘目录。"
[2] 王为桢：《仁和王氏茔录》，第3—4页。
[3] 王为桢：《仁和王氏茔录》，第4页。
[4] 《中国家谱综合目录》，北京：中华书局，1997年，第15页。

理王氏家谱，当可以发现王为桢生平的更多线索。此外，杭州地方志书中也发现个别王氏家族成员的身影。纂修于清末、民国铅印本《杭州府志》选举卷记载王为桢兄弟王为幹于光绪十五年（1889）己丑中举，曾任职山西巡警道。[1]但是，府志中找不到有关王为桢的记载，显示他并未能以科举身份或孝善行为留名于地方社会，也说明王为桢可能只是晚清杭州的一名普通文人。

王为桢为家族修谱等事务操劳期间供职广东，作为一名基层盐政官员，《双松馆日记》记录了这位"仆仆岭表"盐官的日常生活。

《双松馆日记》现存第九、第十一本。第九本的封面写有起止日期："癸巳（1893）二月朔日畊伯氏订，甲午（1894）五月廿四日，双松馆日记第九本。"[2]日记时间共16个月，即一年零四个月。第十一本的封面则只写开始日期，未写终止日期："丙申（1896）春正月畊伯氏订，双松馆日记第十一本。"[3]日记始于丙申（光绪二十二年，1896）二月初一日，止于丁酉（光绪二十三年，1897）十二月二十六日，共23个月，即一年零十一个月。因此，第九、第十一本两本日记所记时间共计三年零三个月（39个月）。[4]所缺第十本日记，起止日期应为甲午（1894）五月二十五日至丙申（1896）正月底，共20个月，即一年零八个月。

《双松馆日记》为稿本，原书版框高184毫米，宽105毫米。[5]日记用的是翰墨斋稿纸，鱼尾中缝，下有"翰墨斋"三字墨印，竖排十六行。日记以行楷书写，除个别日期书写潦草较难辨认外，其

---

[1]［清］龚嘉儁等修：《杭州府志》卷113，《选举七》，《中国方志丛书》第199号，1922年铅印本，第2200页。

[2] 王为桢：《双松馆日记》，第323页。

[3] 王为桢：《双松馆日记》，第363页。

[4]《清代稿钞本》编者按语称"《双松馆日记》存第九、第十一本。第九本起于癸巳（一八九三）二月初一日止于甲午（一八九四）五月二十四。第十一本起于丙申（一八九六）二月初二日止于丙申十二月二十六日"，编者按语有误。从日记内容来看，日记止于丁酉（光绪二十三年，1897）十二月二十六日，而不是丙申年十二月二十六日，编者少统计一年。参见王为桢：《双松馆日记》，桑兵主编《清代稿钞本》第9册，第45、110页。

[5] 王为桢：《双松馆日记》，第321页。

余皆清晰可辨。日记文字简练，一般每日一行或两行，偶尔十余行，记录作者当天主要会见的人、做过的事。每日页眉处则用两三字或数字记录当天天气情况。

二　基层盐官王为桢

《双松馆日记》第九本始自光绪十九年（1893）仲春朔日，日记首页写道："余自庚寅（光绪十六年，1890）冬仲督记东关，一舸往还，不觉两载余矣。鹾事委缺，有轮摇之例，计余补班，即可挨到。"[1]这段话中的"督记东关"，提供王为桢从事两广鹾务的第一条线索。光绪十六年至光绪十九年仲春，王为桢当在两广盐区省河食盐掣配处广州东汇关任职。

1. 督记东关

清制，两广盐区实行场配、省配和桥配。康熙五十七年（1718）两广盐运司实行官帑收盐改革，规定沿海各盐场运出的食盐实行官运，运司对广盐海运路线和配运有严格的规定。除就近场配外，食盐配运在广东主要有两处：省河东汇关和潮州广济桥，三种配盐方式分别称为场配、省配和潮桥。除近场州县到盐场配运（称场配），以及潮商由广济桥上溯韩江流域，转达闽、赣界邻州县外（称潮桥），其余全由海道运至位于广州的东汇关候配，称省配。嘉庆时，两广总督百龄奏称："粤东省盐场共二十二处，除近场各县就近坐配，不由省河配运外，余盐俱由外海运至省河候配。"[2]两广盐区食盐的省配之地即广州的东汇关，简称东关。民国黄佛颐考

---

[1]　王为桢：《双松馆日记》，第324页。
[2]　道光《两广盐法志》卷15，《转运二·配运》，于浩辑《稀见明清经济史料丛刊》第一辑第41册，第204—205页。参见段雪玉：《清代广东盐产地新探》，《盐业史研究》2014年第4期。段雪玉：《试论明清两广盐区的潮桥体系》，《历史人类学学刊》第13卷第2期（2015年10月）。

证东汇关的方位，称"东汇关，在广州府城对河鸣墩。墩枕河旁，为海运各盐船停泊之所。向建盐厂一座三间，稽查到关盐船，验明舱口，挨次督配。南北两岸，竖立旗杆四根，张以黄旗，大书'上下盐关'字样，以棕缆横截过河，设小艇二只，水手四名，上下分守，依时启闭。令海运盐船，泊于缆内；埠运各船，泊于缆外。配兑则启关放进埠船，用泥排小艇架秤，拢近海艚，挨次秤掣，捆筑成包，拖递过船，官为记筹配足，验明押令出关，请领运照，开行赴埠"[1]。

清代广州东汇关和西汇关是两广盐区省河配运掣验的枢纽：东汇关"系运盐艚船湾泊候配之所。雍正七年（1729）派委督标把总一员、巡检一员、巡丁二名稽查掣配。乾隆三年（1738）八月添设沙罟船一只、巡丁七名在河下巡缉。旋将巡丁裁汰。五年（1740）二月，复设巡丁四名，驾巡船查缉河道。七年（1742）裁去把总、巡检，改设批验所大使一员、候补守备一员，协同稽查配兑。凡遇埠商到关配盐，照单秤掣，打包放行。将配过盐斤，造册报查。二十四年（1759），添设上下二关，在于六名巡丁之内，抽拨四名。配驾上下二关小船二只，职司启闭，稽查运船商船，夹私走漏交通等弊。乾隆五十年（1785），移批验大使管理西关验放，奏将广粮通判兼管东汇关监掣事务，其武弁裁撤。道光七年（1827），奏请添委文员，轮派总商督配"[2]。经过东汇关掣配，盐船从东汇关出发，需西汇关（简称西关）验放才能驶出广州城："西汇关，为盐船开行验放要口，委文职一员，候补武弁一员驻扎。凡遇盐船经过，将旗程船照查验放行，按月造册报查。如无旗程，拿解审究。乾隆五十年，因东关改设监掣通判，即以批验所大使管理西关验放事务，裁去文

---

[1] 黄佛颐编纂：《广州城坊志》卷6，第363页。
[2] 乾隆《两广盐法志》卷21，《职官》，于浩辑《稀见明清经济史料丛刊》第一辑第42册，第114页。

武委员。"[1]此外,清两广盐法志书中皆有东汇关和西汇关挈配盐的绘图。[2]

王为桢督记东关,并没有详述自己的职务。从其无科举功名的身份来看,当为东关挈验机构中的一名吏员。两广盐法志书中的职官卷仅记载东汇关盐运批验所大使一员,正八品,"职掌东关配盐之事,稽查海运盐船,验缺溢杜私售,由运司檄饬以次配给各商领运"[3]。王为桢不大可能任东关批验所大使一职,只可能是以吏员身份任东关杂职。由于史料缺乏,晚清批验所大使署任用吏员情形今已不明,难以判断王为桢的具体职务。但他在日记里提到"蹉事委缺,有轮摇之例,计余补班,即可挨到"[4]。这是首次发现关于两广盐政机构中吏员内部流动的史料,它表明盐政机构的吏员可以通过轮摇之法,替补各处盐政机构中的空缺,当然也可能是肥缺。王为桢日记开篇的这段话,似乎表明他颇为期待这次补班。

2. 海山隆澳盐场委员

《双松馆日记》第九本从光绪十九年(1893)二月初一日开始,二月二十五日之前,王为桢一直在东关做事。二十五日当天,王为桢接到委任令:"运宪牌示委篆海山场事。"[5]三月初十日后,王为桢就开始频繁出入于运台衙门。三月底的一周,开始各处辞行。三月三十日,辞行结束。四月初一日,正式出发。四月"初三日,挈眷搭汉口夜渡至港,子正二刻抵港。家人登岸,寓鸿安客舍,行李留船"。四月"初四日,未正二刻搭海增轮船放洋,波平如镜"。四月"初五日卯正,抵汕头,寓鸿安客舍"。[6]王为桢及其家眷离开省城广州,搭乘渡船至香港,再转乘轮船至汕头。这段航程,透露出近

---

[1] 黄佛颐编纂:《广州城坊志》卷5,第330页。
[2] 道光《两广盐法志》卷首,第176—177页。参见乾隆《两广盐法志》卷首,第57—58页。
[3] 乾隆《两广盐法志》卷21,《职官》,第11页。
[4] 王为桢:《双松馆日记》,第324页。
[5] 王为桢:《双松馆日记》,第326页。
[6] 王为桢:《双松馆日记》,第328页。

代开埠以后,广东沿海新式轮船运输给人们生活带来的变化。[1]仅用两天,王为桢就从广州到达汕头。但是,他的行程还没结束。初六日王为桢再坐船去潮州。由于下雨水涨,一直耽延到十一日暮才从汕头抵达潮州城南门。四月十二日登岸,十三日"见分宪"。[2]此后五天,王为桢分别前往潮州道宪分司各衙门拜谒。

考分宪,当指潮州运同。运同一职设于康熙朝。康熙三十二年(1693)两广盐政职官改制:"两广盐政,向属抚臣兼理。课饷引目,系驿盐道、提举司经管。臣蒙皇上将恩简用,所属之员,自应照例改设,将驿盐道改为运司。潮州一府离省窎远,行盐亦多,必得专员管理。应将提举裁去,改设运同,使之驻扎潮州,催征课饷。"[3]"设都转运盐使司同知一员,驻扎潮州,秩从四品,掌治分司潮、嘉、汀、赣盐法之政令。"[4]两广盐运使和运同的分置,区分了省河与潮桥的盐政管理。潮桥运同,正是海山隆澳盐场的上级管理机构:"潮桥盐运司同知(简称运同),管理潮、嘉、汀、赣、宁三府二州二十九埠并海山隆澳场。"[5]乾隆时期,潮州运同署"在府城东门内生融坊,原系潮桥商人公建,后裁缺其署半为潮州衙署,半为众商公所"[6]。日记也显示,潮州运同衙门是王为桢任职海山隆澳盐场期间定期前往之所。

四月十七日,王为桢"买员尾船三只,五肚船一只,与熊儿、陆子绍世兄下河局开船。五点钟至东泷(六十里,下水)。本署书差均在此伺接"。当天即"渡海角至海山,在饶平浮任乡"[7]。至此,王为桢一行结束旅程,到达目的地海山隆澳盐场。日记中出现的"熊

---

[1]《广东航运史》(近代部分),北京:人民交通出版社,1989年,第13页。
[2] 王为桢:《双松馆日记》,第329页。
[3]《清圣祖实录》卷159,康熙三十二年癸酉三月,第743—744页。
[4] 乾隆《两广盐法志》卷21,《职官》,第9—12页。
[5] 民国《饶平县志补订》卷5,《盐课》,广东省地方史志办公室辑《广东历代方志集成·潮州府部》,第461页。
[6] 乾隆《两广盐法志》卷21,《职官·署廨》,第103—116页。
[7] 王为桢:《双松馆日记》,第330页。

儿"这一昵称，很可能就是其子王维熊。日记多处出现"熊儿"，尤其是王为桢在海山盐场任职期间，熊儿协助其父，直接参与盐场事务管理。从日记来看，同行的这位陆子绍显然与王世桢关系十分密切，是不是其家人或幕僚尚不清楚，但海山隆澳盐场的东边区域即由陆子绍负责。四月十八日巳时（上午9点至11点），王为桢一行住"进公馆"。"午时接印"，与"前任徐缙庭世兄、官盐栈丁子俊兄循例事毕，仍回公馆"[1]。前任徐缙庭完成交接事务后，于四月二十二日离开海山。"官盐栈丁子俊"的驻所当在柘林，如日记中有五月初二日"丁子俊兄自柘林来"，"六月初二日，子俊自柘林来"[2]等记载。

　　王为桢此行的目的地海山是粤东海湾里的一座孤岛，位于潮州府饶平县境，花岗岩地貌，是一座丘陵岛。[3]海山岛"曾名黄梦岛，在饶平县南面，柘林湾西，北距陆地1.5公里。面积47.6平方公里。岛上山丘起伏，原为2岛，东为海山岛，西北海北岛，两岛间是笠港水道"，"1977年在水道上架桥，两岛连成一体，合称海山岛"。[4]

　　海山场，全称为海山隆澳盐场，为潮桥七所盐场之一，位于海山岛。"海山场距郡城西北一百里，在县城南一百二十余里之信宁都海山岛浮浔村。东接东界场，西界澄海。"[5]清初，海山场为东界场下辖一盐栅，生产规模较小。康熙四十八年（1709）两广巡盐御史鄂洛就提到"饶平县属海山隆澳地方，孤悬海岛，内有场地产盐"，因无商人承引，故多鬻私。[6]康熙朝后期，海山栅生产规模逐渐扩大，"东界、海山二场雍正十一年（1733）详请分辖"。海山由栅升

---

[1] 王为桢：《双松馆日记》，第330页。
[2] 王为桢：《双松馆日记》，第331—332页。
[3] 曾昭璇、黄伟峰主编：《广东自然地理》，第85页。
[4] 广东省地方史志编纂委员会编：《广东省志·地名志》，第562页。
[5] 民国《饶平县志补订》卷5，《盐课》，第446页。
[6] 乾隆《两广盐法志》卷3，《奏议一》，第266—267页。

级为盐场,"管辖浮浔、东边、隆澳三栅,共盐田一千七百三十六塳,晒池六千四百二十口"[1]。不过,海山场从东界场分出,虽然名为盐场,但职官行政级别仍较东界场低,"海山隆澳场,委官一员(由东界场分出,委员管理)"[2]。从俸禄来看,海山场官也低于东界场官:"东界盐场大使一员,部选缺,向系委员。雍正七年(1729)改为大使,额俸银四十两,养廉银一百二十两。海山隆澳盐场委员一员,不入部选,额支饭食银一百二十两,在运同场脚银内支领(附注:海山场委员后改为大使)。"[3]海山场委员何时改为大使,由于史料缺乏,不甚清楚。民国《饶平县志补订》职官表记载海山场大使,续接乾隆二十五年(1760)刘鹤龄的是光绪二十九年(1903)的田保年,其间缺载的原因很可能是海山隆澳场由不入部选的委员署理所致。[4] 如此说来,王为桢所任即海山隆澳盐场委员。

四月二十二日,王为桢为前任徐缙庭送行。四月二十五日,"入署"检视衙署修葺事务,并于"海边看盐田"。四月二十六日,"点卯。稿书一,外总书一,经书九,门子一。东班总役四,头役七,差役五。西班总役四,头役六,差役九。浮任内外围长二,押晒四,外围押晒七。东边围长三,押晒八。隆澳围长四,押晒三。隆澳总巡一,盐保一。浮东外三厂总巡一,东边盐保一。共八十二名"[5]。这段日记表明文书、东西班总役、围长、总巡、盐保等人共同组成海山场的管理层。海山隆澳场委员署在浮任乡,署内有稿书、外总书、经书、门子等12名,以及东西班总役等各色役共35名。浮任、东边、隆澳三栅分别为盐场下辖的三处盐产区,设有围长和押晒共计35名。海山场各栅人员设置规模,大约"管辖浮碍(即

---

[1] 民国《饶平县志补订》卷5,《盐课》,第447页。
[2] 光绪《两广盐法志》卷49,《职官二》,第364页。
[3] 民国《饶平县志补订》卷4,《禄饷》,第404页。
[4] 民国《饶平县志补订》卷8,《职官表》,第830页。
[5] 王为桢:《双松馆日记》,第331页。

浮浔或浮任)、东边、隆澳三栅,共盐田一千七百三十六塭,晒池六千四百二十口"[1]。就盐产量而言,清末海山场在潮桥各盐场中属于中等水平:"粤省盐场,向称东场、西场及潮场七场。潮桥七场曰隆井、曰小江、曰招收、曰惠来、曰海山、曰东界、曰河西,在潮州府饶平、潮阳、惠来等县境内。统计各场面积不下数百方里,现行场制,共分五等",海山场为第三等。[2]值得注意的是,王为桢到达海山场的四月二十二日,就"派隆澳、东边官厂司友、家人",表明海山场各处产盐区皆由王为桢所派司友、家人督理,其中东边即此次同行的陆子绍,隆澳则为郑毅臣。《双松馆日记》关于海山场管理人员及其分工的详细记录,是反映晚清广东盐场内部管理的珍贵史料,为我们了解晚清广东盐场结构提供了重要佐证。

此后,直至甲午(光绪二十年,1894)五月二十四日,也就是第九本日记的最末一日,王为桢一直在海山隆澳场履职。《双松馆日记》所缺第十本,自甲午(1894)五月二十五日始,至丙申(光绪二十二年,1896)正月三十日止,包括乙未(1895)整整一年,前后共缺载20个月,即一年零八个月。第十一本日记开篇王为桢即写道:"余来权海山,因地属饶平,为先大夫遗棠之邦。敬慎自持,不堕先德,谬荷上考及瓜留任。复以奋勉从公,始终罔懈,修塭督晒,经理咸宜,再留一次。今又匆匆届满。"[3]说明王为桢在这一年零八个月中仍留在海山场管理盐场事务。至丙申(1896)四月二十九日,王为桢在场署"料理交卸各事"。五月十八日,写手折,陈述三年来盐场办理情形。六月二十四日,接任者吴次白到郡城。二十六日,"辰刻交印。(吴)次白即于辰刻接印"[4]。至此,王为桢的海山隆澳场委员任期结束。自

---

[1] 民国《饶平县志补订》卷5,《盐课》,第446—447页。
[2] 两广盐运使公署编:《粤鹾辑要》不分卷,《场产》,《清代稿钞本》三编,第145册,第88—89页。
[3] 王为桢:《双松馆日记》,第364页。
[4] 王为桢:《双松馆日记》,第370—373页。

癸巳（1893）四月至丙申（1896）六月，王为桢在海山盐场任职共计三年零两个月。前引第十一本日记序言提及王为桢因经理咸宜而留任两次，说明正常情形一届盐场委员的任期当为一年，其留任两次共计三年。因第十本日记缺失，我们不清楚王为桢在海山场三年的全部事迹，但从第九、第十一本日记相关内容来看，王为桢在海山场任上的大致情形尚可以清晰地勾勒。

其一，督修埠塌与押晒。王为桢到任时间为癸巳（1893）四月下旬，此时海山场正值春汛："海山场春秋十日一汛，次汛七日。久晴则五日。夏季八日一汛，次汛五日，久晴则三日。冬季十一日一汛，次汛八日，久晴则六日。盐颗大色白，每两洗沙四分。"[1] 从日记来看，五、六、七这几个月王为桢直接督促盐场生产的内容不多，主要是熟悉盐场盐务。从八月开始，海山场进入夏、冬汛期，为海山场生产旺季，因此王为桢自八月起，就逐渐忙于督修埠塌、督促押晒：

　　八月三十日，督修埠塌。

　　九月十一日，东边、外围各处督修塌。

　　九月十二日，传各厂围长押晒，盒查收盐数目。

　　九月廿二日，出示都客，赶紧来埠，并禁私售与桥下埠，发贴五乡。

　　九月廿三日，传各海运伙记。

　　九月廿五日，派托港差，冬季畅旺，添派二名，以资查缉。

　　十月十三日，寅时到署。午后传本厂记盐，责成围押。

　　十月十四日，下午盐田一行。

　　十月廿一日，看记都盐。

　　十月廿五日，至东边外围巡看塌埠，日暮始返。本来一切

---

[1] 民国《饶平县志补订》卷5，《盐课》，第448页。

诣押晒供应，苛派各丁。余皆由自备，出示晓谕，并诫语四条。十一月廿五日，拟记本厂盐价，议未可。[1]

八月至年底，王为桢忙于盐场埕塌督修，以及督促围长押晒。其间他曾"出示都客""看记都盐"，表明他特别关心省河盐船到场配盐。前文提及两广盐区以省城广州为中心的省配，广东各盐场皆有海运盐商到场配运食盐："东界、海山二场除坐配本县属之黄冈、海山二埠外，余归海运。由澄属之樟林港，入东陇口查验，直抵广济桥应配。如省运，由海外经过佛堂门、虎头门查验，直抵东汇关应配。"[2]甲午（光绪二十年，1894）二月十一日王为桢写下"都船有三四十只来埠，今年最盛"[3]，透露出晚清时期省河盐商来海山场配盐规模最盛时为三四十只盐船。

九月间，王为桢还处理一单因偷盐引发的械斗案件。八月十二日，"赖（达）坑乡晒户被东边人窃盐致斗，彼此互伤"。王为桢援用省例进行调解，并未上报，此事似乎告一段落。岂料九月十七日，"南澳镇委员云骑尉傅从龙、谭孙织来拜"，事关械斗。原来，八月械斗一事因汛官索银不成，将械斗事上报，上司遂遣南澳镇委员来海山查明。在王为桢看来，偷盐引起的械斗本已调解妥当，双方达成和解，却因官差介入而变得复杂："八月初间，东边乡人沈增科夜偷邻村达坑乡之盐，彼此喊警，各出乡人互斗。传人达坑乡来署，递手批注，移县查明办理。正在列文，尚未发行，两乡俱有人来言已和息，伤皆平复"，双方已"见康和之象，两造皆欣然而去"。"孰

---

[1] 王为桢：《双松馆日记》，第340—348页。
[2] 民国《饶平县志补订》卷5，《盐课》，第470页。参见乾隆《两广盐法志》卷16，《转运·运省》，第322页。另见光绪《两广盐法志》载："海山隆澳场在饶平县属之浮任乡，至省水程一千九百二十里。向产生盐，坐配饶平县属之黄冈、海山二埠引，余拨运潮桥、省河。其运潮桥，由澄海县属之樟林港入东陇口盘验，抵广济桥候配。运省由海外经佛堂门、虎门盘验，抵东汇关候配。"光绪《两广盐法志》卷22，《转运五·引程·水程》，第514—515页。
[3] 王为桢：《双松馆日记》，第354页。

云汛官索钫杂银四十元"不遂,仍将前情上报"该管上司及厅县司各衙门",结果"各衙之差陆续而至,滋扰其乡"。王为桢显然认为械斗已息和,事后官差滋扰导致重启衅端,"虑不十年而械斗之风又将炽矣"[1]!九月十七日的日记长达十四行,作者对地方官府调处不当进而加深地方社会矛盾的愤慨之情溢满字里行间。

其二,督修隆澳栅荒废盐田。隆澳栅位于海山岛隔海相望的南澳岛,其"地分四澳,深澳、隆澳、云澳、青澳"[2]。乾隆时期,南澳县征收隆澳盐埕银作为该县的杂税收入:"隆澳宫前甲盐埕二十六亩八分四厘,征银五两三钱六分零八毫(每亩征银二钱,后同)。隆澳西阁甲原额盐埕七十六亩三分五厘五毫,征银一十五两二钱七分一厘。又新垦盐埕七十亩八分四厘零九丝,征银一十四两一钱六分八厘一毫。隆澳大围崩埕水埭银四两六钱四分。通共征盐埕饷银三十九两四钱四分。"[3]隆澳栅归海山场管辖后,为海山场三栅之一。因此王为桢到任后,即派遣司友、家人赴隆澳栅管理盐务。除围长、押晒以外,王为桢派遣管理隆澳栅的负责人姓郑名毅臣。《双松馆日记》郑毅臣一共出现八次,集中在甲午(1894)二、三、四月。二月初六日,郑毅臣自隆澳来,初八日返回。二月二十二日,王为桢"雇海船,同朱春师、林每炎往隆澳……住官埠郑毅臣处。下午周历盐田,往前港看罟船(盐田均在后港)。埕多荒废,亟须筹复"。二月二十七日,"拟勤修隆澳盐埕各稿"。三月初二日,"拟隆澳整顿荒埕情形稿"。[4]这些记载表明,甲午新年之后,王为桢即着手隆澳栅荒废埕埕的整顿、督修,除亲自往隆澳栅考察以外,还撰拟公文,向上司报告隆澳栅埕埕的整顿情形。隆澳栅的围长、押晒因此特地

---

[1] 王为桢:《双松馆日记》,第341—342页。
[2] 乾隆《南澳志》卷2,《疆域·疆界》,广东省地方史志办公室辑《广东历代方志集成·潮州府部》,第14页。
[3] 乾隆《南澳志》卷5,《田赋·杂税》,第53页。
[4] 王为桢:《双松馆日记》,第354—358页。

送来牌匾,褒扬王为桢之举:"三月二十九日,隆澳围、押送牌匾,盖余之愧也。"[1]

其三,缉私。海山场委员王为桢的缉私任务似乎不重,其到任后,总共处理以下缉私盐船等事务:

> 五月初六日,东边托港差林顺放私一小船,习惯如此,不以为非。向差一月一换,余定以随时更换,渐资整顿。
> 五月廿八日,本厂港差缉获私盐一船。
> 八月初二日,拟禁私告示稿。
> 九月廿二日,出示都客,赶紧来埠,并禁私售与桥下埠,发贴五乡。
> 十一月三十日,壮勇海旁获私一船。
> 甲午(1894)三月十五日,署勇获私一船。
> 三月十七日,解私盐、私船至东陇关。[2]

由于缺少第十本日记,尚不清楚甲午五月以后至解任期间王为桢的缉私情况,但显然盐场委员的缉私任务并非首要之务,缉获的私盐船也解送到东陇关。考东陇,为粤海关的缉私子口:"澄海县属之东陇口,为海运盐船出入之区。设立住船一只,脚踏小船一只,向系委员盘查。雍正八年(1730)撤回委员,归运同衙门差拨。司事一名,书办一名,水手四名。在于该处盘查海运盐船进港,并堵截海山、东界二场水路私盐。"[3]

海山是饶平县境的一座孤岛,那么王为桢在海山隆澳场的生活是否枯燥乏味呢?从日记来看,非也。他将家眷悉数接来安顿,平时处理盐务,闲时和儿孙在郊外登山看海。就在他到任当年的八月

---

[1] 王为桢:《双松馆日记》,第359页。
[2] 王为桢:《双松馆日记》,第332—358页。
[3] 乾隆《两广盐法志》卷20,《缉私》,第609页。

十五、十六日，还在衙署为女儿、女婿举行杭州习俗的婚礼。八月十九日，"衙门有事，满街挂灯为贺，须演纸影戏，或大戏"[1]。中秋期间为庆贺王为桢嫁女而满街挂灯、演大戏，可以想象入夜后海山场大街小巷喧闹的人群。十一月初七日，王为桢生辰，"海运盐行、耆老绅士、厂友摆面四桌，管家、书差、围长、押晒、巡勇均给面，街坊、晒户、常差笼灯为祝，酬以木戏"[2]，海山场都动员起来，给足面子，讲足排场。除督理场内盐务，王为桢还定期前往樟林、东陇，甚至赴潮州府城，拜见上司、访亲问友。值得一提的是，甲午（1894）二月十五日，他专程往樟林港看"火神会"。王为桢笔下的火神会场面壮观，十六日夜他"看灯一百余架"，之后看戏、看游神，流连忘返。[3] 四月初三日至二十日，王为桢在潮州府城逗留，其间他观赏三十年一遇的"双忠会"[4]。通过《双松馆日记》，我们仍然能够感受到百年前潮州社会多元神明崇拜带给这位外来宦者的震撼。

3. 西洲埠短差之后再回东关

丙申（1896）六月底，王为桢交印之后，随即离开海山场，赴潮州府城运同衙署办理交代事务。逗留二十余天之后，于七月二十一日抵汕头，再换乘轮船至香港，二十五日抵达省城广州。七月二十八日王为桢入两广盐运司署，再办理交代事务。此后两个月，王为桢一直在广州会客访友。[5] 直到十月初三日，接到运使"委查西洲埠札"[6]，开始一次短差。十月初四日，王为桢至运使衙门辞行

---

[1] 王为桢：《双松馆日记》，第338页。
[2] 王为桢：《双松馆日记》，第347页。
[3] 王为桢：《双松馆日记》，第355—356页。火神会，又称游火帝。关于樟林的"火神会"及其研究，参见陈春声：《从〈游火帝歌〉看清代樟林社会——兼论潮州歌册的社会史资料价值》，《潮学研究》第一辑，汕头：汕头大学出版社，1994年，第79—111页。
[4] 王为桢：《双松馆日记》，第360页。关于潮州地区的双忠公信仰及其研究，参见陈春声：《"正统"神明地方化与地域社会的建构——潮州地区双忠公崇拜的研究》，《韩山师范学院学报》2003年第2期。
[5] 王为桢：《双松馆日记》，第373—379页。
[6] 王为桢：《双松馆日记》，第380页。

后,即刻启程前往西洲埠。[1]十月初八日,"早见县令林棣、刑幕朱佩仰……下午传西洲埠商张熙垣,晓以事理。遵具结"。十月初九日,"会同三水大令,往西洲埠,将仓房、埠屋点交原者,即回。棣留招饮"[2]。具体西洲埠发生何事,由于史料缺乏,尚不得知。但十月十一日暮王为桢就已经返回省城。直到十一月初一日,王为桢才"上衙门,销西洲埠差"[3]。

西洲埠短差之后,王为桢一直在省城广州探亲访友,亦不时到运台衙门、缉私局走动。十二月十八日,王为桢到"运署销服"[4],奔波一年的盐务到此告一段落。丁酉(光绪二十三年,1897)正月初四日,王为桢从运使处获悉自己即将到差。正月底至二月初,王为桢数次前往运使家应酬。二月初二日"公所六商请","即赴席"。[5]考公所六商,当是指乾隆、嘉庆时期改埠归纲、改纲归所改革后形成的六柜公所总商:"自乾隆五十五年(1790)改埠归局,嘉庆十七年(1812)改局为所,统以中、北、西、东、南、平六柜。每岁奏销用六柜商名报完咨部。"[6]嘉庆十七年,"经两广总督蒋攸铦奏明,总商在局经理,徒资糜费,毫无裨益,裁去总商,即于埠商中之老练者选择六人经理六柜事务,彼皆各有埠地,自顾己货,不至滥行开销。仍定为三年更换一次,免其盘踞把持。将省城总局改为公所,便宜在广东领引配运,责成六柜总商,有埠之商自运自销,无埠之商另招水客运销,官不得与闻焉。此所谓改纲归所也"[7]。直

---

[1] 西洲埠可能为三水埠之分埠,位于三水县境。查阅道光《两广盐法志》卷15《转运二·配运程途》(第163—296页),以及光绪《两广盐法志》卷19《转运二·行盐疆界》(第457—460页)所载改纲归所后六柜埠名,仅载三水埠,无西洲埠名。康熙、嘉庆《三水县志》亦无载(广东省地方史志办公室辑:《广东历代方志集成·广州府部》,广州:岭南美术出版社,2007年)。从王为桢日记内容来看,他到达三水县后与县令、刑幕共同处理埠务,推测西洲埠位于三水县境,为三水埠之分埠。关于西洲埠更多史实,待考。
[2] 王为桢:《双松馆日记》,第380页。
[3] 王为桢:《双松馆日记》,第382页。
[4] 王为桢:《双松馆日记》,第385页。
[5] 王为桢:《双松馆日记》,第386—388页。
[6] 道光《两广盐法志》卷4,《六省行盐表》,第443页。
[7] 邹琳:《粤鹾纪实》第四编,《运销》,第3页。

至晚清，两广盐区由公所六名总商主持六柜盐务的运销格局未再改易："当咸丰时，兵燹迭经，各埠办法屡易，然六柜敬慕，迄仍未改，虽属旧制，究有沿革上之关系。"[1] 看来，王为桢的应酬圈子除了运使这类盐政官员，还包括公所六商，没有他们的支持，要想谋得一官半职，恐怕也是不易。

丁酉（1897）二月十一日，王为桢"到关，到缉私局"[2]，表明他正式返东关做事。一直到第十一本日记结束的十二月二十六日，王为桢的日记频频出现"到关""上关""上东关"等词，以及周期性地赴运使衙门、公所办公，与海山隆澳场时期内容丰富的日记相比，这一部分的日记寥寥数语，内容不详，似乎回到东汇关的生活乏善可陈。十二月二十六日之后王为桢是否一直在东关任职，我们尚不清楚，但很有可能再次按轮摇之例，赴潮州府盐场做官："东界场大使：光绪二十八年（1902），王为桢（见《岭东日报》）。"[3] 返东关四年之后，王为桢再赴潮州，不过这次不再是无官品无部选的委员，而是权责更加重要的盐场大使了。

三　结　语

光绪年间，一位名叫王为桢的杭州文人远赴岭表，在两广盐政基层做一名吏员。如果没有他留下的《双松馆日记》，我们对晚清两广盐政基层运作的了解几乎是一片空白，而这位盐官的仕宦生活也将湮没无闻。保存至今的两本日记，使我们得以窥见晚清两广盐政基层之一斑，也得以窥探这位基层盐官不算枯燥的日常生活。王为桢是省河东汇关的一名吏员，通过轮摇之例，补班海山隆澳场委员，

---

[1] 邹琳：《粤鹾纪实》第四编，《运销》，第5页。
[2] 王为桢：《双松馆日记》，第388页。
[3] 民国《潮州志》，《职官志四·清盐官》，广东省地方史志办公室辑《广东历代方志集成·潮州府部》，第845页。

留任两次总计三年,之后再回东关做吏。四年之后,再补班东界场盐大使。从东汇关吏员到盐场委员,再回到东汇关吏员,《双松馆日记》为我们呈现出王为桢一段短暂的仕宦经历以及日常生活。令人感兴趣的是,没有科举功名的杭州文人王为桢,为何能够"仆仆岭表"?民国《饶平县志补订》中的这段话,或许可以部分地解答我们的疑惑:"因向来场官、埠商皆外省人,江浙籍尤多。浙之绍兴人且居大半。黄冈埠商漆惟龙、海山埠商斯作基均浙人也。光绪之季,盐官多准用本省人。然任者殊鲜。入民国则为盐官者,本省多而外省少,盐商几尽本省人矣。"[1]

---

[1] 民国《饶平县志补订》卷5,《盐课》,第479页。

征引文献及参考论著

一 征引文献

（一）档案

中国第一历史档案馆藏档案：

1. 康、雍、乾、嘉、道五朝《朱批奏折》，财政类·盐务项；
2. 《内阁汉文题本》；
3. 《户科题本》；
4. 《雍正朝题本》；
5. 《军机处录副》财政、法律、内政、捐输类；
6. 乾隆、嘉庆朝《刑科题本》，违禁类；
7. 乾隆朝《宫中朱批》法律类。

中国第一历史档案馆编：《乾隆朝上谕档》，北京：档案出版社，1991年。

中国第一历史档案馆编：《康熙朝汉文朱批奏折汇编》，北京：档案出版社，1984年。

中国第一历史档案馆编：《康熙朝满文朱批奏折全译》，北京：中国社会科学出版社，1996年。

中国第一历史档案馆编：《雍正朝汉文朱批奏折汇编》，南京：江苏古籍出版社，1989年。

［清］鄂尔泰、张廷玉编：《朱批谕旨》60册，上海：点石斋，清光绪十三年（1887）。

中国第一历史档案馆编：《嘉庆道光两朝上谕档》，桂林：广西师范大学出版社，2000年。

中国第一历史档案馆编：《咸丰同治两朝上谕档》，桂林：广西师范大学出版社，1998年。

张伟仁主编：《明清档案》324册，台北：联经出版事业股份有限公司，1986年。

台北故宫博物院：《宫中档康熙朝奏折》，台北：台北故宫博物院，1976年。

台北故宫博物院：《宫中档雍正朝奏折》，台北：台北故宫博物院，1977—1978年。

台北故宫博物院：《宫中档乾隆朝奏折》，台北：台北故宫博物院，1984—1985年。

广东省档案馆藏英国公共档案馆《清代广东衙门档案》（胶片），FO.931。

哥伦比亚大学藏清代广东档案抄本（中山大学历史人类学中心复印件）。

广东省阳江市、台山市、珠海市、中山市、惠州市、海丰县、陆丰市、汕尾市档案局（馆）藏档案。

中山大学历史人类学中心藏广东文献。

（二）正史政书

［明］胡广：《明实录》，台北："中央研究院"历史语言研究所，1962年。

《清实录》，北京：中华书局，1985—1986年。

［清］张廷玉等撰：《明史》，北京：中华书局，1974年。

赵尔巽等撰：《清史稿》，北京：中华书局，1976年。

［清］伊桑阿等纂修：《（康熙朝）大清会典》，《近代中国史料丛刊》三编，第72辑，台北：文海出版社，1992—1993年。

［清］允禄等监修：《（雍正朝）大清会典》，《近代中国史料丛刊》三编，第77—79辑，台北：文海出版社，1994—1995年。

［清］托津等纂修：《（嘉庆朝）钦定大清会典》，《近代中国史料丛刊》三编，第64辑，台北：文海出版社，1991年。

［清］昆冈等奉敕修：（光绪朝）《钦定大清会典图》；（光绪朝）《钦定大清会典事例》，《续修四库全书》编纂委员会编：《续修四库全书》，第794—

797、798—814 册，史部政书类，上海：上海古籍出版社，2002 年。

［明］陈子龙等编：《皇明经世文编》，北京：中华书局，1962 年影印本。

［清］贺长龄辑：《皇朝经世文编》，沈云龙主编：《近代中国史料丛刊》正编，第 74 辑，台北：文海出版社，1972 年。

［清］盛康辑：《皇朝经世文续编》，沈云龙主编：《近代中国史料丛刊》正编，第 84 辑，台北：文海出版社，1972 年。

陈忠倚辑：《皇朝经世文三编》，沈云龙主编：《近代中国史料丛刊》正编，第 76 辑，台北：文海出版社，1972 年。

何良栋辑：《皇朝经世文四编》，沈云龙主编：《近代中国史料丛刊》正编，第 77 辑，台北：文海出版社，1972 年。

麦仲华编：《皇朝经世文新编》，沈云龙主编：《近代中国史料丛刊》正编，第 78 辑，台北：文海出版社，1972 年。

席裕福、沈师徐辑：《皇朝政典类纂》，沈云龙主编：《近代中国史料丛刊》续编，第 91 辑，台北：文海出版社，1982 年。

［清］清高宗敕撰：《清朝文献通考》，杭州：浙江古籍出版社，1988 年。

刘锦藻撰：《清朝续文献通考》，杭州：浙江古籍出版社，1988 年。

虞浩旭主编：《天一阁藏明代政书珍本丛刊》，北京：线装书局，2010 年。

周庆云辑：《盐法通志》100 卷，1914 年，暨南大学图书馆藏。

民国盐务署纂：《清盐法志》300 卷，民国盐务署，1920 年，暨南大学图书馆藏，索书号：PS202558。

［清］李侍尧等修，［清］梁国治等纂：《两广盐法志》，二十四卷外志六卷，乾隆二十七年（1762）刻本，于浩辑：《稀见明清经济史料丛刊》第一辑，北京：国家图书馆出版社，2009 年。

［清］阮元等修，［清］伍长华等纂：《两广盐法志》，三十五卷卷首一卷，清刻本，于浩辑：《稀见明清经济史料丛刊》第一辑，北京：国家图书馆出版社，2009 年。

［清］阮元等修，［清］伍长华等纂：《两广盐法志》，三十五卷卷首一卷，道光十六年（1836）刻本，华南师范大学图书馆藏。

［清］孙玉庭：《盐法隅说》一卷，清同治十一年（1872）刻本，于浩辑：《稀见明清经济史料丛刊》第一辑，北京：国家图书馆出版社，2009年。

［清］刘坤一等修，［清］何兆瀛等纂：《两广盐法志》，五十五卷卷首一卷，光绪十年（1884）重辑，中山大学图书馆藏。

［清］王守基：《广东盐法议略》，［清］盛康辑：《皇朝经世文编续编》卷54，沈云龙辑：《近代中国史料丛刊》正编第84辑，台北：文海出版社，1972年。

［清］两广盐运使署编：《粤鹾辑要》，桑兵主编：《清代稿钞本》三编，第145册，广州：广东人民出版社，2010年。

［清］广东盐运使司：《使鹾批牍》，桑兵主编：《清代稿钞本》三编，第146册，广州：广东人民出版社，2010年。

［清］陈铨衡：《粤鹾蠡测编》，清光绪八年（1882）刊本，广东省立中山图书馆藏。

黄恩彤：《粤东省例新纂》，八卷，清道光二十六年（1846）刻本，暨南大学图书馆藏。

［清］梁廷枏：《粤海关志》，沈云龙主编：《近代中国史料丛刊》续编，第19辑，台北：文海出版社，1975年。

（三）地方志与专书

广东省地方史志办公室辑：《广东历代方志集成》，广州：岭南美术出版社，2007—2009年。

1. 省部；
2. 广州府部；
3. 惠州府部；
4. 潮州府部；
5. 韶州府部；
6. 南雄府部；
7. 高州府部；

8. 肇庆府部；

9. 廉州府部；

10. 雷州府部；

11. 琼州府部。

［清］佚名：《南海乡土志》，光绪三十四年（1908）抄本，倪俊明主编：《广东省立中山图书馆藏稀见方志》，北京：国家图书馆出版社，2011年。

［清］儒林书院纂：《龙江志略》四卷，道光十三年（1833）抄本，倪俊明主编：《广东省立中山图书馆藏稀见方志》，北京：国家图书馆出版社，2011年。

［清］雷泽普编辑：《新宁乡土地理》二卷，宣统元年（1909）石印，倪俊明主编：《广东省立中山图书馆藏稀见方志》，北京：国家图书馆出版社，2011年。

［清］黄炉修纂：《梅菉赋志》不分卷，光绪二十二年（1896）稿本，倪俊明主编：《广东省立中山图书馆藏稀见方志》，北京：国家图书馆出版社，2011年。

［清］梁兆罃撰：《梅菉志稿》八卷，光绪二十八年（1902）稿本，倪俊明主编：《广东省立中山图书馆藏稀见方志》，北京：国家图书馆出版社，2011年。

黄墨园编：《陆丰县乡土志》，民国二十年（1931）铅印本，倪俊明主编：《广东省立中山图书馆藏稀见方志》，北京：国家图书馆出版社，2011年。

翁辉东、黄人雄合编：《潮州乡土地理教科书》，宣统元年（1909），海阳晓钟报社石印，存第一册，广东省立中山图书馆藏。

翁辉东、黄人雄编：《潮州乡土历史教科书》，宣统二年（1910），汕头晓钟报社石印，存三册，广东省立中山图书馆藏。

袁应淦撰，刘文亮等补编：《茶山乡志》，《中国地方志集成·乡镇志专辑》第32册，南京：江苏古籍出版社，1992年，据民国二十四年（1935）铅印本影印。

《新会乡土志》，台北：冈州学会出版社，1970年。

卢子骏编辑：《潮连乡志》，《中国地方志集成·乡镇志专辑》第32册，南京：江苏古籍出版社，1992年，据民国三十五年（1946）铅印本影印。

［清］金武祥：《赤溪杂志》，光绪十七年（1891），台山市图书馆藏。

［清］梁鸿勋：《北海杂录》，光绪三十一年（1905），香港中华印务公司，广东省立中山图书馆藏。

［清］广东清理财政局编订，广东省财政科学研究所整理：《广东财政说明书》，广州：广东经济出版社，1997年。

吴道镕编，张学华增补，李棪改编：《广东文征》6册，香港：香港中文大学出版部，1973—1979年。

佛山市革命委员会《珠江三角洲农业志》编写组：《珠江三角洲农业志》，佛山：佛山市革命委员会，1976年。

高明奇主编，惠州市盐务局编：《惠州（东江）盐务志》，北京：中共党史出版社，2009年。

（四）文集笔记

［明］王士性：《广志绎》，元明史料笔记丛刊本，北京：中华书局，1998年。

［明］王临亨：《粤剑篇》，北京：中华书局，1997年。

［明］俞大猷：《正气堂集》，四库未收书辑刊编委会：《四库未收书辑刊》，北京：北京出版社，2000年。

［清］九龙真逸辑：《胜朝粤东遗民录》，《明代传记资料丛刊》第一辑，北京：北京图书馆出版社，2008年。

［清］顾炎武：《天下郡国利病书》，《四部丛刊》三编，史部，上海：上海书店，1985年，据上海商务印书馆1935年版重印。

［清］顾祖禹：《读史方舆纪要》，上海：上海书店出版社，1998年影印本。

［清］钱仪吉：《碑传集》，沈云龙主编：《近代中国史料丛刊》正编，第93辑，台北：文海出版社，1973年。

［清］屈大均：《广东新语》，北京：中华书局，1985年。

［清］屈大均：《屈大均全集》，北京：人民文学出版社，1996年。

［清］计六奇：《明季南略》，北京：中华书局，1984年。

［清］杜臻：《粤闽巡视纪略》，沈云龙主编：《近代中国史料丛刊》续编，第

98辑，台北：文海出版社，1983年。

［清］钮琇：《觚賸》，上海：上海古籍出版社，1986年。

［清］吴方镇：《岭南杂记》，北京：中华书局，1985年。

［清］王庆云：《石渠余纪》，沈云龙主编：《近代中国史料丛刊》正编，第8辑，台北：文海出版社，1967年。

［清］江日升：《台湾外纪》，台北：世界书局，1979年。

［清］郑昌时辑：《韩江闻见录》，上海：上海古籍出版社，1995年。

［清］陈宏谋：《培远堂偶存稿》，纪宝成主编：《清代诗文集汇编》，第280—281册，上海：上海古籍出版社，2010年。

［清］左宗棠：《左文襄公奏疏》，《台湾文献史料丛刊》第九辑，台北：大通书局，2000年。

［清］左宗棠：《左宗棠全集》15册，长沙：岳麓书社，2009年。

［清］李士桢：《抚粤政略》，沈云龙主编：《近代中国史料丛刊》三编，第39辑，台北：文海出版社，1988年。

［清］大汕：《海外纪事》，北京：中华书局，1987年。

［清］仇巨川纂，陈宪猷校注：《羊城古钞》，广州：广东人民出版社，1993年。

［清］朱橒：《粤东成案初编》，道光戊子年（八年，1828）刻本，日本：东京大学东洋文化研究所藏汉籍善本全文影像资料库。

［清］蓝鼎元：《鹿洲初集》，《鹿洲公案》，沈云龙主编：《近代中国史料丛刊》续编，第41辑，台北：文海出版社，1977年。

［清］李天根：《爝火录》，《台湾文献史料丛刊》第六辑，台北：大通书局，2000年。

［清］阮元撰，邓经元点校：《揅经室集》，北京：中华书局，1993年。

［清］阮旻锡：《海上见闻录》，《明清史料丛书八种》，北京：北京图书馆出版社，2005年。

［清］李钟珏：《圭山存牍》，光绪二十一年（1895）刊本。

（五）族谱

《邝业进堂家谱》，民国刻本，台山市档案馆藏。
《泮溪邝氏族谱》，光绪癸巳（光绪十九年，1893）刻本，台山市档案馆藏。
《浮石赵氏族谱》，香港：永经堂有限公司，1966年，台山市档案馆藏。
《东坑李氏族谱》，民国二十年（1931）圣颐堂重辑，台山市档案馆藏。
《立记年册部》，1948年手抄本，台山市海晏镇沙边村陈氏族人收藏，复印本。
台山市黄氏居正事业董事会编：《台山黄氏族谱》，2006年8月印刷本，台山市海晏镇沙边村黄氏族人收藏。
《流冈陈氏宗谱》，2002年手抄本，台山市海晏镇沙栏村陈氏族人收藏。
《汇源堂陈氏族谱》，手抄本，台山市海晏镇沙桥村陈氏族人收藏。
《赵氏族谱（西祖谱）》，手抄本，台山市海晏镇海晏街赵国清先生提供。
《汶村陈氏族谱》，1995年，台山市汶村镇汶村村委收藏。
《陈迪时祖家谱》，香港，1982年，台山市汶村镇汶村村委收藏。
引宗陈公纪念堂、汶村乡文海小学校筹委会编：《汶村乡土史实》，香港，1988年，台山市汶村镇汶村村委收藏。
《侨港丰芑联谊特辑》（8），香港，1988年，台山市汶村镇汶村村委收藏。
《范阳堂卢氏族谱》，民国八年（1919）手抄本，台山市海晏镇春场村卢氏族人收藏。
《庄氏族谱》，手抄本，台山市海晏镇春场村庄氏族人收藏。
《余风采堂南泮余氏族谱》，2004年印刷本，台山市海晏镇南泮（畔）村余氏族人收藏。
《石阁村苏氏家谱》，手抄本，台山市海晏镇石阁村苏氏族人收藏。
光绪戊申岁（1908）重修《香山翠微韦氏族谱》，传经堂发印，广东中山省立图书馆藏。
珠海市山场村《吴氏族谱》，珠海市前山镇界涌村郑少交先生收藏。
《延陵吴氏族谱》，珠海市前山镇界涌村郑少交先生收藏。

《崖口那洲潭氏长房谱》,珠海市前山镇界涌村郑少交先生收藏。

中山市崖口村谭姓《谭氏族谱》,珠海市前山镇界涌村郑少交先生收藏。

珠海市山场村《鲍氏族谱》(鲍延禧堂敬修),珠海市前山镇界涌村郑少交先生收藏。

《邓氏毅庵公家谱》,手抄本,珠海市上栅村邓先生收藏。

《邓氏族谱》,手抄本,珠海市上栅村邓先生收藏。

《广东陆丰王氏文化志》,陆丰市档案局(馆)藏。

《吴氏族谱》,1990年印刷本,陆丰市档案局(馆)藏。

中共陆丰县委编史修志委员会编印:《姓氏族谱摘抄》,1965年,陆丰市档案局(馆)藏。

《广东河婆汕尾张氏统宗世谱》,1991年印刷本,陆丰市档案局(馆)藏。

《长林丰采——广东海陆丰林氏源流》,1996年印刷本,陆丰市档案局(馆)藏。

蔡子忠等:《广东海丰鹿境蔡氏乡史族谱》九卷,2000年电脑排印本。

海丰县鹿境风情录编委会编:《鹿境风情录》,2009年,汕尾市地方史志办公室藏。

汕尾市城区红草镇人民政府编:《红草镇志》,1998年,汕尾市地方史志办公室藏。

《惠州马氏族谱》,2009年,惠州市图书馆藏。

《惠州市惠阳区沙田镇萧氏族谱》,2009年,惠州市图书馆藏。

《惠阳淡水邓氏族谱》,惠东县平海镇西园村邓氏家藏。

香港原居民族谱,计53件,原件影像制作版,香港中文大学中国研究计划,香港历史与社会网站:http://elearn9.itsc.cuhk.edu.hk/history/node/12/。

(六)碑刻契约及其他文献

《汶村"三圣堂"碑》,三圣堂位于台山市汶村镇汶村三圣堂内,1997年第四次重修。庙内左右长廊墙上嵌有石碑,左九块,右七块。除当代重修碑刻外,可辨识历史年代最早的碑为乾隆二十四年(1759),最晚为咸丰三年(1853)。

乾隆十年（1745），《重修开城阃府花公墓志》，碑存惠东县平海镇，谭棣华、曹腾騑、冼剑民编：《广东碑刻集》，第868—869页。

乾隆三十七年（1772），《建庙碑记》，台山市海晏镇春场村天后宫侧。

乾隆五十六年（1791），《重建天君碑》，台山市海晏镇春场村天后宫内。

道光二十年（1840），《重建康王古庙碑》，台山市海晏镇春场村天后宫内。

乾隆三十一年（1766），无碑额，内容为大洲场关于私枭盐贼告示，东县黄埔镇盐洲社区天后宫（大庙）侧。

乾隆辛巳（二十六年，1761），《重修天后娘娘庙碑》，惠东县黄埔镇盐洲社区西涌村天后宫。

嘉庆二十年（1815），《运宪、府宪、县主禁碑》，碑存海丰县梅陇桥头村，谭棣华、曹腾騑、冼剑民编：《广东碑刻集》，第844—846页。

光绪二十二年（1896），《奉宪勒碑》，惠东县黄埔镇盐洲社区前寮村天后宫侧。

光绪二十二年（1896），无碑额，内容为归善同知关于大洲约"宾兴"租金判词，惠东县黄埔镇盐洲社区天后宫（大庙）侧。

谭棣华、曹腾騑、冼剑民编：《广东碑刻集》，广州：广东高等教育出版社，2001年。

"大洲场"捐银碑，无碑额，无年月，东县黄埔镇盐洲社区天后宫（大庙）侧。

隆庆六年（1572）至光绪二十三年（1897），海丰县档案局（馆）藏明清碑文、奏疏、墓志，共48件。

顺治至光绪年间，海丰县联安马振武等十六户立卖田地、瓦屋子、蚝町、鱼塭契约，约计30份。

郑正魁编著：《汕尾海丰考古研究文集》，2007年，载海丰县碑文共计23篇，皆为清代碑刻。

卢木荣、陈波编著：《历史文化名城碣石》，2001年，载陆丰县碣石镇碑文共7篇，时间自明万历年间至清光绪年间。

陈守竣主编：《碣石文化志》，1996年。

《陆丰县文物志》，1986年。

郑可茵、赵学萍、吴里阳编辑点校：《汕头开埠及开埠前后社情资料》，汕头：潮汕历史文化研究中心，汕头市文化局，汕头市图书馆，2003年。

《立卖断生盐塭契》，双恩场溪头场务所，1948年12月，阳市江档案局（馆）藏。

二　参考论著

（一）著作

王云五、傅纬平：《中国盐政史》，上海：商务印书馆，1937年。

曾仰丰：《中国盐政史》，北京：商务印书馆，上海商务印书馆1936年版影印本，1998年。

吴海波、曾凡英编：《中国盐业史学术研究一百年》，成都：巴蜀书社，2010年。

彭泽益、王仁远主编：《中国盐业史国际学术研讨会论文集》，成都：四川人民出版社，1991年。

郭正忠主编：《中国盐业史·古代编》，北京：人民出版社，1997年。

唐仁粤主编：《中国盐业史·地方编》，北京：人民出版社，1997年。

郭正忠：《宋代盐业经济史》，北京：人民出版社，1990年。

戴裔煊：《宋代钞盐制度研究》，上海：商务印书馆，1957年。

张国旺：《元代盐政与盐业》，南开大学博士学位论文，2006年。

何维凝：《明代之盐户》，《中国社会经济史集刊》1944年第7卷第2期。

徐泓：《明代的盐法》（上下），台湾大学历史学研究所博士毕业论文，1972年。

［日］佐伯富：《清代盐政の研究》，日本京都大学东洋史研究会，1956年。

刘淼：《明代盐业经济研究》，汕头：汕头大学出版社，1996年。

刘淼：《明清沿海荡地开发研究》，汕头：汕头大学出版社，1996年。

陈锋：《清代的盐政与盐税》（第二版），武汉：武汉大学出版社，2013年。

张小也：《清代私盐问题研究》，北京：社会科学文献出版社，2001年。

黄国信：《区与界：清代湘粤赣界邻地区食盐专卖研究》，北京：生活·读书·新知三联书店，2006年。

黄国信：《国家与市场：明清食盐贸易研究》，北京：中华书局，2019年。

黄国信：《市场如何形成：从清代食盐走私的经验事实出发》，北京：北京师范大学出版社，2018年。

黄国信、叶锦花、李晓龙、徐靖捷：《煮海成聚：明清灶户与滨海社会建构》，北京：社会科学文献出版社，2023年。

陈然、谢奇筹、岳明达主编：《中国盐业史论丛》，北京：中国社会科学出版社，1987年。

张国旺：《元代榷盐与社会》，天津：天津古籍出版社，2010年。

倪玉平：《博弈与均衡：清代两淮盐政改革》，福州：福建人民出版社，2006年。

周琍：《清代广东盐业与地方社会》，北京：中国社会科学出版社，2008年。

舒瑜：《微"盐"大义：云南诺邓盐业的历史人类学考察》，北京：世界图书出版公司，2010年。

[美] 曾小萍著，董建中译：《自贡商人：近代早期中国的企业家》，南京：江苏人民出版社，2014年。

段雪玉、汪洁编著：《淡水场：广东大亚湾盐业历史调研》，广州：广东人民出版社，2021年。

杨培娜：《生计与制度：明清闽粤滨海社会秩序》，北京：社会科学文献出版社，2022年。

华德英著，冯承聪等编译：《从人类学看香港社会——华德英教授论文集》，香港：大学出版印务公司，1985年。

科大卫著，卜永坚译：《皇帝和祖宗：华南的国家与宗族》，南京：江苏人民出版社，2010年。

陈春声：《市场机制与社会变迁——18世纪广东米价分析》，广州：中山大学出版社，1992年。

陈春声：《信仰与秩序：明清粤东与台湾民间神明崇拜研究》，北京：中华书局，2019年。

刘志伟：《在国家与社会之间：明清广东里甲赋役制度研究》，广州：中山大学出版社，1997年。

刘志伟：《贡赋体制与市场》，北京：中华书局，2019年。

郑振满：《明清福建家族组织与社会变迁》，长沙：湖南教育出版社，1992年。

郑振满：《乡族与国家：多元视野中的闽台传统社会》，北京：生活·读书·新知三联书店，2009年。

赵世瑜：《狂欢与日常：明清以来的庙会与民间社会》，北京：生活·读书·新知三联书店，2002年。

赵世瑜：《小历史与大历史：区域社会史的理念、方法与实践》，北京：生活·读书·新知三联书店，2006年。

赵世瑜：《在空间中理解时间：从区域社会史到历史人类学》，北京：北京大学出版社，2017年。

黄永豪：《土地开发与地方社会——晚清珠江三角洲沙田研究》，香港：文化创造出版社，2005年。

程美宝：《地域文化与国家认同：晚清以来"广东文化"观的形成》，北京：生活·读书·新知三联书店，2006年。

程美宝：《走出地方史：社会文化史研究的视野》，北京：中华书局，2019年。

黄志繁：《"贼""民"之间：12—18世纪赣南地域社会》，北京：生活·读书·新知三联书店，2006年。

黄海妍：《在城市与乡村之间：清代以来广州合族祠研究》，北京：生活·读书·新知三联书店，2007年。

温春来：《从"异域"到"旧疆"：宋至清贵州西北部地区的制度、开发与认同》，北京：生活·读书·新知三联书店，2008年。

吴滔：《清代江南市镇与农村关系的空间透视——以苏州地区为中心》，上海：上海古籍出版社，2010年。

陈贤波：《土司政治与族群历史：明代以后贵州都柳江上游地区研究》，北京：生活·读书·新知三联书店，2011年。

唐晓涛：《俍徭何在——明清时期广西浔州府的族群变迁》，北京：民族出版社，2011年。

贺喜：《亦神亦祖：粤西南信仰构建的社会史》，北京：生活·读书·新知三联书店，2011年。

谢湜：《高乡与低乡：11—16世纪江南区域历史地理研究》，北京：生活·读书·新知三联书店，2015年。

罗香林辑著：《客家史料汇篇》，香港：中国学社，1965年。

罗香林：《客家源流考》，北京：中国华侨出版公司，1989年。

罗香林：《客家研究导论》，上海：上海文艺出版社，1992年影印本。

李平日、黄镇国、宗永强、张仲英：《韩江三角洲》，北京：海洋出版社，1987年。

曾昭璇、黄少敏：《珠江三角洲历史地貌学研究》，广州：广东高等教育出版社，1987年。

曾昭璇：《广州历史地理》，广州：广东人民出版社，1991年。

曾昭璇：《岭南史地与民俗》，广州：广东人民出版社，1996年。

徐松石：《粤江流域人民史》，徐松石《民族学研究著作五种》，广州：广东人民出版社，1993年。

方志钦、蒋祖缘等主编：《广东通史》（古代部分，近代部分，共6册），广州：广东高等教育出版社，1996年。

黄挺、陈占山：《潮汕史》（上册），广州：广东人民出版社，2001年。

谭棣华：《清代珠江三角洲的沙田》，广州：广东人民出版社，1993年。

广东历史学会编：《明清广东社会经济形态研究》，广州：广东人民出版社，1985年。

明清广东省社会经济研究会编：《明清广东社会经济研究》，广州：广东人民出版社，1987年。

明清广东省社会经济研究会编：《十四世纪以来广东社会经济的发展》，广州：广东高等教育出版社，1992年。

罗一星：《明清佛山经济发展与社会变迁》，广州：广东人民出版社，1994年。

叶显恩主编：《广东航运史》（古代部分），北京：人民交通出版社，1989年。

饶宗颐:《潮汕地方史论集》(上下),汕头:汕头大学出版社,1996年。

梁嘉彬:《广东十三行考》,广州:广东人民出版社,1999年。

陈翰笙:《陈翰笙集》,北京:中国社会科学出版社,2002年。

[日]冈田宏二著,赵令志、李德龙译:《中国华南民族社会史研究》,北京:民族出版社,2002年。

广东省民族研究所编:《广东疍民社会调查》,广州:中山大学出版社,2001年。

萧国健:《香港历史与社会》,香港:香港教育图书公司,1994年。

萧国健:《香港前代社会》,香港:中华书局,1990年。

萧国健:《关城与炮台:明清两代广东海防》,香港:香港市政局,1997年。

张建雄:《清代前期广东海防体制研究》,广州:广东人民出版社,2012年。

[英]莫里斯·弗里德曼著,刘晓春译,王铭铭校:《中国东南的宗族组织》,上海:上海人民出版社,2000年。

傅衣凌:《明清时代商人及商业资本》,北京:人民出版社,1956年。

梁方仲:《梁方仲文集》,广州:中山大学出版社,2004年。

王毓铨:《明代的军屯》,北京:中华书局,1965年。

韦庆远:《明代黄册制度》,北京:中华书局,1961年。

马楚坚:《明清边政与治乱》,天津:天津人民出版社,1994年。

张金奎:《明代卫所军户研究》,北京:线装书局,2007年。

于志嘉:《明代军户世袭制度》,台北:学生书局,1987年。

于志嘉:《卫所、军户与军役:以明清江西地区为中心的研究》,北京:北京大学出版社,2010年。

谢国桢:《明清之际党社运动考》,北京:中华书局,1982年。

经君健:《清代社会的贱民等级》,杭州:浙江人民出版社,1993年。

刘凤云:《清代三藩研究》,北京:中国人民大学出版社,1994年。

袁良义:《清一条鞭法》,北京:北京大学出版社,1995年。

杨国桢、郑甫弘、孙谦:《明清中国沿海社会与海外移民》,北京:高等教育出版社,1997年。

瞿同祖著，范忠信、晏锋译：《清代地方政府》，北京：法律出版社，2003年。

罗尔纲：《绿营兵志》，北京：中华书局，1984年。

王宏斌：《清代前期海防：思想与制度》，北京：社会科学文献出版社，2002年。

陈序经：《疍民的研究》，上海：商务印书馆，1946年。

庄景辉：《海外交通史迹研究》，厦门：厦门大学出版社，1996年。

李士豪、屈若搴：《中国渔业史》，北京：商务印书馆，1998年据1937年版影印本。

［美］穆黛安著，刘平译：《华南海盗：1790—1810》，北京：中国社会科学出版社，1997年。

欧阳宗书：《海上人家：海洋渔业经济与渔民社会》，南昌：江西高校出版社，1998年。

秦璞、徐桂兰：《河疍与海疍珠疍》，哈尔滨：黑龙江人民出版社，2009年。

［美］孔飞力著，谢亮生、杨品泉、谢思炜译：《中华帝国晚期的叛乱及其敌人》，北京：中国社会科学出版社，1990年。

［美］施坚雅著，史建云、徐秀丽译：《中国农村的市场和社会结构》，北京：中国社会科学出版社，1998年。

［日］滨岛敦俊著，朱海滨译：《明清江南农村社会与民间信仰》，厦门：厦门大学出版社，2008年。

全汉昇：《明清经济史研究》，台北：联经出版事业股份有限公司，1987年。

许涤新、吴承明编：《中国资本主义发展史》第一卷，《中国资本主义的萌芽》，北京：人民出版社，1985年。

［日］滨下武志著，朱荫贵、欧阳菲译：《近代中国的国际契机——朝贡贸易体系与近代亚洲经济圈》，北京：中国社会科学出版社，1999年。

李伯重：《理论、方法、发展趋势：中国经济史研究新探》，北京：清华大学出版社，2002年。

林满红著，詹庆华、林满红等译：《银线：19世纪的世界与中国》，南京：江苏人民出版社，2011年。

（二）论文

科大卫：《国家与礼仪：宋至清中叶珠江三角洲地方社会的国家认同》，《中山大学学报》（社会科学版）1999年第5期。

科大卫、刘志伟：《宗族与地方社会的国家认同——明清华南地区宗族发展的意识形态基础》，《历史研究》2000年第3期。

科大卫、陈春声：《中国的资本主义萌芽》，《中国经济史研究》2002年第1期。

科大卫：《人类学与中国近代社会史：影响与前景》，《东吴历史学报》2005年第14期。

陈春声：《正统性、地方化与文化的创制——潮州民间神信仰的象征与历史意义》，《史学月刊》2001年第1期。

陈春声：《从"倭乱"到"迁界"——明末清初潮州社会动乱与乡村社会变迁》，《明清论丛》第二辑，北京：紫禁城出版社，2001年。

陈春声：《明末东南沿海社会重建与乡绅之角色》，《中山大学学报》（社会科学版）2002年第4期。

陈春声：《历史的内在脉络与区域社会经济史研究》，《史学月刊》2004年第8期。

陈春声：《明清之际潮州的海盗与私人海上贸易》，《文史知识》1997年第9期。

陈春声、陈树良：《乡村故事与社区历史的建构——以东凤村陈氏为例兼论传统乡村社会的"历史记忆"》，《历史研究》2003年第5期。

陈春声、刘志伟：《贡赋、市场与物质生活——试论十八世纪美洲白银输入与中国社会变迁之关系》，《清华大学学报》（哲学社会科学版）2010年第5期。

陈春声、肖文评：《聚落形态与社会转型：明清之际韩江流域地方动乱之历史影响》，《史学月刊》2011年第2期。

刘志伟：《明清珠江三角洲地区里甲制中"户"的衍变》，《中山大学学报》（社会科学版）1988年第3期。

刘志伟：《宗族与沙田开发——番禺沙湾何族的个案研究》，《中国农史》

1992 年第 4 期。

刘志伟:《明代广东地区的"盗乱"与里甲制》,《中山大学史学集刊》第三辑,广州:广东人民出版社,1995 年。

刘志伟:《地域空间中的国家秩序——珠江三角洲的"沙田—民田"格局》,《清史研究》1999 年第 2 期。

刘志伟:《地域社会与文化的结构过程——珠江三角洲研究的历史学与人类学对话》,《历史研究》2003 年第 1 期。

[美] 萧凤霞、刘志伟:《宗族、市场、盗寇与蛋民——明以后珠江三角洲的族群与社会》,《中国社会经济史研究》2004 年第 3 期。

刘志伟:《从乡豪历史到士人记忆——由黄佐〈自叙先世行状〉看明代地方势力的转变》,《历史研究》2006 年第 6 期。

[美] 萧凤霞、包弼德等:《区域·结构·秩序——历史学与人类学的对话》,《文史哲》2007 年第 5 期。

[美] 萧凤霞:《传统的循环再生——小榄菊花会的文化、历史与政治经济》,《历史人类学学刊》第 1 卷第 1 期,2003 年 4 月。

张小军:《史学的人类学化和人类学的历史化——兼论被史学"抢注"的历史人类学》,《历史人类学学刊》第 1 卷第 1 期,2003 年 4 月。

程美宝、蔡志祥:《华南研究:历史学与人类学的实践》,《华南研究资料中心通讯》第 22 期,2001 年 1 月。

黄志繁:《二十世纪华南农村社会史研究》,《中国农史》2005 年第 1 期。

黄国信、温春来、吴滔:《历史人类学与近代区域社会史研究》,《近代史研究》2006 年第 5 期。

郎擎霄:《清代粤东械斗史实》,《岭南学报》1935 年第 4 卷第 2 期。

伍锐麟:《三水河口蛋民调查报告》,《岭南学报》1936 年第 5 卷第 2 期。

陈文石:《明代卫所的军》,《"中央研究院"历史语言研究所集刊》四十八本二分,1977 年。

[日] 森正夫:《围绕"乡族"问题》,《中国社会经济史研究》1986 年第 2 期。

顾诚:《清初的迁海》,《北京师范大学学报》(社会科学版) 1986 年第 4 期。

顾诚：《明帝国的疆土管理体制》，《历史研究》1989年第3期。

李渡：《明代募兵制简论》，《文史哲》1986年第2期。

徐斌：《明代河泊所的变迁与渔户管理》，《江汉论坛》2008年第12期。

徐斌：《明清军役负担与卫军家族的成立——以鄂东地区为中心》，《华中师范大学学报》（人文社会科学版）2009年第3期。

于志嘉：《试论明代卫军原籍与卫所分配的关系》，《"中央研究院"历史语言研究所集刊》六十本二分，1989年。

于志嘉：《再论族谱中所见的明代军户——几个个案的研究》，《"中央研究院"历史语言研究所集刊》六十三本三分，1993年。

于志嘉：《明清时代军户的家族关系——卫所军户与原籍军户之间》，《"中央研究院"历史语言研究所集刊》七十四本一分，2003年。

于志嘉：《论明代的附籍军户与军户分户》，《顾诚先生纪念暨明清史研究文集》，郑州：中州古籍出版社，2005年。

黄挺：《明清时期的韩江流域经济区》，《中国社会经济史研究》1999年第2期。

黄挺：《明代中期潮州工商业复兴与民风之间转变》，《汕头大学学报》2000年第4期。

李东珠：《清初广东迁海的经过及其对社会经济的影响》，《中国社会经济史研究》1995年第1期。

余汉桂：《清代渔政与钦廉沿海的海洋渔业》，《古今农业》1992年第1期。

闫富东：《清初广东渔政评述》，《中国农史》1998年第1期。

尹玲玲：《论明代广东地区的渔业分布》，《生物史与农史新探：中国生物学史暨农学史学术研讨会》，台北：万人出版社，2005年。

杨培娜：《"违式"与"定例"——清代前期广东渔船规制的变化与沿海社会》，《清史研究》2008年第2期。

杨培娜：《明代中后期的渔课征纳制度变革与海界圈占》，《学术研究》2012年第9期。

杨培娜：《澳甲与船甲——清代渔船编管制度及其观念》，《清史研究》2014年第1期。

杨培娜:《清代海洋管理之一环——东南沿海渔业课税规制的演变》,《中山大学学报》(社会科学版)2015年第3期。

杨培娜:《从"籍民入所"到"舟人系人"——明清华南沿海渔民管理机制的演变》,《历史研究》2019年第3期。

广东省盐务局:《历代广东盐务管理机构概述》,《盐业史研究》1991年第4期。

郭正忠:《宋代广盐课利及其帐籍考辨》,《宋辽金史论丛》第二辑,北京:中华书局,1991年。

林日举:《北宋广南的盐政》,《中国社会经济史研究》2002年第1期。

林日举:《南宋广南的钞盐法》,《中国社会科学院研究生院学报》2002年第6期。

汤开建:《宋代香港地区的盐业生产及盐的走私》,《暨南学报》(哲学社会科学版)1995年第2期。

吴榕青:《宋代潮州的盐业》,《韩山师范学院学报》(哲学社会科学版)1997年第3期。

仲伟民、王建军:《宋代广西地区的盐业和盐政》,《盐业史研究》1988年第2期。

黄国信:《弥"盗"、党争与北宋虔州盐政》,《史林》2006年第2期。

林树函:《南宋两广盐场数辨正》,《盐业史研究》1991年第2期。

梁庚尧:《南宋广南的盐政》(上),《大陆杂志》第88卷第1期。

梁庚尧:《南宋广南的盐政》(中),《大陆杂志》第88卷第2期。

梁庚尧:《南宋广南的盐政》(下),《大陆杂志》第88卷第3期。

任建敏:《南宋广西市马的货物流动与长程贸易》,《"中央研究院"历史语言研究所集刊》八十七本三分。

高树林:《元朝盐户研究》,《中国史研究》1996年第4期。

陈高华:《元代盐政及其社会影响》,氏著《元史研究论稿》,北京:中华书局,1991年。

钱永生、吴志坚:《元代的鱼盐与盐法》,《湖南大学学报》(社会科学版)2007年第4期。

陈诗启：《明代的灶户和盐的生产》，《厦门大学学报》（哲学社会科学版）1957年第1期。

姜道章：《明代的盐业》，台北：中国文化大学地理学系地理研究报告，第13期，2000年5月。

方志远：《明代的户口食盐和户口盐钞》，《江西师范大学学报》（哲学社会科学版）1986年第2期。

李珂：《明代开中制下商灶购销关系脱节之探析——盐商守支与灶户的盐课负担》，《北京师范大学学报》（哲学社会科学版）1990年第5期。

李珂：《明代开中制下商灶购销关系脱节问题再探——盐商报中不前与灶户的盐课折征》，《历史档案》1992年第4期。

李珂：《明代开中制下商灶购销关系脱节问题三探——从官盐流通的壅滞到灶盐的私煎私贩》，《历史档案》2004年第3期。

李三谋：《明代万历以前制盐业的非官业性》，《江汉论坛》1986年第3期。

刘淼：《明代海盐制法考》，《盐业史研究》1988年第4期。

刘淼：《明代灶课研究》，《盐业史研究》1991年第2期。

刘淼：《明朝灶户的户役》，《盐业史研究》1992年第2期。

刘淼：《明代食盐配给法研究》，《盐业史研究》1993年第4期。

徐泓：《明代后期盐业生产组织与生产形态的变迁》，《沈刚伯先生八秩荣庆论文集》，台北：联经出版事业股份有限公司，1976年。

周远廉、谢肇华：《明代灶户的分化》，《明史研究论丛》第二辑，南京：江苏人民出版社，1983年。

林枫：《明代中后期的盐税》，《中国社会经济史研究》2000年第2期。

冯志强：《明代广东的盐户》，明清广东省社会经济研究会编《明清广东社会经济研究》，广州：广东人民出版社，1987年。

余永哲：《明代广东盐场沿革考》，《广东史志》1989年第2期。

余永哲：《明代广东盐业生产和盐课折银》，《中国社会经济史研究》1992年第1期。

张江华：《明代海北盐课提举司的兴废及其原因》，《中国历史地理论丛》

1997 年第 3 期。

麦思杰:《"古田僮乱"与府江地域社会变迁》,《桂林师范高等专科学校学报》2008 年第 2 期。

麦思杰:《"瑶乱"与明代广西销盐制度变迁》,《广西民族研究》2008 年第 2 期。

赵毅:《明代盐业生产关系的变革》,《东北师范大学》(哲学社会科学版) 1986 年第 4 期。

曾玲:《明代中后期福建的盐业经济》,《中国社会经济史研究》1987 年第 1 期。

[日] 藤井宏:《明代灶田考》,《小野武夫博士还历纪念东洋农桑经济史研究》,日本评论社,1948 年。

[日] 藤井宏:《明代盐场之研究》(上)(下),日本《北海道大学文学部纪要》1952 年第 1 期、1954 年第 3 期。

戴裔煊:《清代盐课归丁史源试探》,《现代史学》1942 年第 6 期。

杨久谊:《清代盐专卖制之特点——一个制度面的剖析》,《"中央研究院"近代史研究所集刊》第 47 期,2005 年 3 月。

李三谋:《清代灶户、场商及其相互关系》,《盐业史研究》2000 年第 2 期。

张小也:《清代盐政中的缉私问题》,《清史研究》2000 年第 1 期。

林永匡:《清初的两广运司盐政》,《华南师范大学学报》1984 年第 4 期,

龚红月:《清代前中期广东榷盐的两个问题》,明清广东省社会经济研究会编《明清广东社会经济研究》,广州:广东人民出版社,1987 年。

覃延欢:《清代广西盐法刍议》,《学术论坛》1993 年第 2 期。

冼剑民:《清代广东的制盐业》,《盐业史研究》1990 年第 3 期。

温春来:《清代广东盐场的灶户和灶丁》,《盐业史研究》1997 年第 3 期。

王小荷:《清代两广盐区私盐初探》,《历史档案》1986 年第 4 期。

王小荷:《清代两广盐商及其特点》,《盐业史研究》1986 年第一辑。

周琍:《明清时期潮州盐业初探》,《盐业史研究》2005 年第 1 期。

周琍:《清代广东盐商与宗族社会》,《历史教学》2008 年第 18 期。

刘正刚:《清代移民与台湾食盐贸易制度化》,《暨南学报》(哲学社会科学

版)2002年第6期。

谢婕:《〈陋轩诗〉与清初灶户的社会生活》,《东岳论丛》2004年第1期。

廖祥年:《社会控制视野下的国家、地方、宗族的三重变奏——以明代赣南盐政为中心》,《盐业史研究》2005年第1期。

赖彩虹:《国内近二十年清代两广盐业研究综述》,《盐业史研究》2007年第2期。

李君明、张慧丽:《古代粤诗中呈现的岭南盐业》,《盐业史研究》2010年第4期。

刘利平:《明代中后期广西官运盐业的成本结构和利润率初探——以殷正茂〈运盐前议疏〉为中心》,《中国经济史研究》2015年第6期。

黄国信:《清代两广盐区私盐贩运方式及其特点》,《盐业史研究》1994年第1期。

黄国信:《清代两广盐区私盐盛行现象初探》,《盐业史研究》1995年第2期。

黄国信:《明清两广盐区的食盐专卖与盐商》,《盐业史研究》1999年第4期。

黄国信:《清代乾隆年间两广盐法改埠归纲考论》,《中国社会经济史研究》1997年第3期。

黄国信:《清代滇粤"铜盐互易"略论》,《盐业史研究》1996年第3期。

黄国信:《藩王时期的两广盐商》,《盐业史研究》1999年第1期。

黄国信:《盐法变迁与地方社会的盐政观念》,《清史研究》2004年第3期。

黄国信:《从"川盐济楚"到"淮川分界"——中国近代盐政史的一个侧面》,《中山大学学报》(社会科学版)2001年第2期。

黄国信:《食盐专卖与盐枭略论》,《历史教学问题》2001年第5期。

黄国信:《"意存畛域":淮粤之争中的区域观念》,《学术研究》2005年第2期。

黄国信:《乾隆时期珠江三角洲私盐问题——中国第一历史档案馆一则关于东莞盐务档案的解读》,《盐业史研究》2010年第4期。

黄国信:《单一问题抑或要素之一:区域社会史视角的盐史研究》,《盐业史研究》2014年第3期。

黄国信:《清代私盐市场的形成——以嘉道年间湖南南部私盐贸易为例》,

《河南大学学报》（社会科学版）2016年第4期。

黄国信：《清代食盐专卖制度的市场化倾向》，《史学月刊》2017年第4期。

黄国信：《清代盐政的市场化倾向——兼论数据史料的文本解读》，《中国经济史研究》2017年第4期。

黄国信：《从清代食盐贸易中的官商关系看传统市场形成机制》，《扬州大学学报》2018年第1期。

黄国信：《清代食盐贸易制度市场化倾向及其因缘》，《盐业史研究》2019年第3期。

叶锦花：《明代盐场制度变革与州县赋役调整——以福建同安县为中心》，《社会科学辑刊》2015年第5期。

叶锦花：《明代灶户制度变革与区域经济变迁——以福建泉州盐场地区为例》，《中山大学学报》（社会科学版）2015年第6期。

叶锦花：《户籍制度与赋役需求及其规避》，《清华大学学报》2016年第6期。

叶锦花、李飞：《户籍制度改革与盐场地区基层组织演变——以清前中期福建晋江浔美场、州场为例》，《学术研究》2017年第1期。

叶锦花：《谱牒与明清盐场地区社会研究——以1934年编修的〈南浔粘氏皆山家谱〉为例》，《中国盐文化》第九辑，2017年。

叶锦花：《洪武至宣德年间福建盐政运作与食盐产销秩序》，《中国经济史研究》2019年第5期。

叶锦花：《配户当差？明代福建泉州的户籍与户役研究》，《学术研究》2019年第9期。

李晓龙：《宋以降盐场基层管理与地方社会——以珠江三角洲地区为中心》，《盐业史研究》2010年第4期。

李晓龙：《宋元以降华南的盐政运作与区域社会》，《四川理工学院学报》（社会科学版）2013年第2期。

李晓龙：《盐政运作与户籍制度的演变——以清代广东盐场灶户为中心》，《广东社会科学》2013年第2期。

李晓龙：《灶户家庭与明清盐场的运作——广东靖康盐场凤冈陈氏的个案研

究》,《中山大学学报》(社会科学版) 2013 年第 3 期。

李晓龙、温春来:《中国盐史研究的理论视野和研究取向》,《史学理论研究》2013 年第 2 期。

李晓龙:《环境变迁与盐场生计》,《中国社会经济史研究》2015 年第 2 期。

李晓龙:《康乾时期的东莞县"盐入粮丁"与州县盐政的运作》,《清史研究》2015 年第 3 期。

李晓龙:《从生产场所到基层单位:清代广东盐场基层管理探析》,《盐业史研究》2016 年第 1 期。

李晓龙:《承旧启新:洪武年间盐场制度的建立——以广东盐课提举司为中心》,《中国经济史研究》2016 年第 3 期。

李晓龙、徐靖捷:《清代盐政的"节源开流"与盐场管理制度演变》,《清史研究》2019 年第 4 期。

徐靖捷:《僵化制度下的弹性运作——从乾隆三年盐斤漂失案看明清香山场的变迁》,《盐业史研究》2010 年第 4 期。

段雪玉:《盐、户籍与宗族——广东台山市海晏镇沙边村〈陈氏族谱〉介绍》,《盐业史研究》2008 年第 3 期。

段雪玉:《清初盐政与广东盐场社会——道光〈新宁县志〉"赵升传"考释》,《岭南文史》2009 年第 3 期。

段雪玉:《乡豪、盐官与地方政治:〈庐江郡何氏家记〉所见元末明初的广东社会》,《盐业史研究》2010 年第 4 期。

段雪玉:《道咸时期的两广盐政——以清代广东衙门档案为中心》,《历史档案》2011 年第 2 期。

段雪玉:《宋元以降华南盐场社会变迁初探——以香山盐场为例》,《中国社会经济史研究》2012 年第 1 期。

段雪玉:《〈中国盐业史学术研究一百年〉评介》,《中国史研究动态》2013 年第 3 期。

段雪玉:《清代广东盐产地新探》,《盐业史研究》2014 年第 6 期。

段雪玉:《清代广东的盐义仓》,《华南师范大学学报》(社会科学版) 2015

年第 6 期。

段雪玉:《试论明清两广盐区的潮桥体系》,《历史人类学学刊》第 13 卷第 2 期,2015 年 10 月。

段雪玉:《李念德:清代两广地区盐商翘楚》,《中国社会科学报》2017 年 11 月 10 日,第 005 版。

段雪玉:《晚清广东一位基层盐官的仕宦经历——读〈双松馆日记〉》,《盐业史研究》2019 年第 3 期。

陈永升:《从纳粮开中到课归地丁——明初至清中叶河东的盐政与盐商》,中山大学博士学位论文,2002 年。

鲍炜:《迁界与明清之际广东地方社会》,中山大学博士学位论文,2005 年。

陈家副:《明代两广总督兵源与饷源之研究》,台北:"中央大学"历史研究所硕士学位论文,2005 年。

邓庆平:《州县与卫所:政区演变与华北边地的社会变迁——以明清蔚州为中心》,北京师范大学博士学位论文,2006 年。

包国滔:《明代广盐在江西的行销与"淮粤之争"》,华南师范大学未刊硕士学位论文,2007 年。

黄优:《清代广西食盐运销探析》,广西师范大学硕士学位论文,2008 年。

赖彩虹:《清代两广盐法改革探析》,华中师范大学硕士学位论文,2008 年。

唐立宗:《坑冶竞利——明代矿政、矿盗与地方社会》,台北:政治大学历史学系,2011 年。

叶锦花:《明清灶户制度的运作及其调适——以福建晋江浔美盐场为例》,中山大学未刊博士学位论文,2012 年。

刘叶峰:《明代广盐越境行销与盐利银研究》,东北师范大学未刊硕士学位论文,2013 年。

李晓龙:《明清盐场制度的社会史研究——以广东归德、靖康盐场为例》,中山大学未刊博士学位论文,2013 年。

徐靖捷:《明清淮南中十场的制度与社会——以盐场与州县的关系为中心》,中山大学未刊博士学位论文,2013 年。

三 英文著述

Faure, David and Helen F. Siu. Eds., *Down to Earth: the Territorial Bond in South China*, Stanford, Calif: Stanford University Press, 1995.

Faure, David, "What Made Foshan a Town? The Evolution of Rural-Urban Identities in Ming-Qing China", *Late Imperial China*, Vol. 11, No. 2, December 1990.

Freedman, Maourice, *Chinese Lineage and Society: Fukien and Kwangtung*, London: Athlone Press, 1966.

Freedman, Maourice, *Lineage Organization in Southeastern China*, London: Athlone Press, 1965.

Madeleine Zelin, *The Merchants of Zigong: Industrial Entrepreneurship in Early Modern China*, New York: Columbia University Press, 2005.

Siu, Helen and Liu Zhiwei, "Lineage, Market, Pirate and Dan: Ethnicity in the Pearl River Delta of South China", in Pamela Kyle Crossley, Helen F. Siu, and Donald S. Sutton eds., *Empire an the Margins*, Berkley, Los Angeles, London: University of California Press, 2006.

Szonyi, Michael, *Practicing Kinship: Lineage and Descent in Late Imperial China, Stanford*, Calif: Stanford University Press, 2002.

Ward, Barbara E., "Varieties of the Conscious Model: The Fishermen of South China", in Barbara E. Ward, *Through Other Eyes: An Anthropologist's View of Hong Kong*, Hong Kong: The Chinese University Press, 1985.

Watson, James L., "Standardizing the Gods: the Promotion of T'ien Hou ('Empress of Heaven') along the South China Coast, 960—1960", in David Johnson, Andrew J. Nathan, and Evelyn S. Rawski eds., *Popular Culture in Late Imperial China*, Berkeley: University of California Press, 1985.

Wolf, Arthur P., "Gods, Ghosts and Ancestors", in Arthur Wolf ed., *Religion and Ritual in Chinese Society*, Stanford: Stanford University Press, 1974.

后　记

这篇后记，是在我博士学位论文后记的基础上修改而成。当年文记当年事，我也希望和读者分享一段学术史之外的"学术史"。

屈指算来，我的求学生涯实在漫长。从本科到硕士连续七年，1996年工作，之后结婚，待重拾信心攻读博士学位，一晃就是十年。承蒙两位博士导师不弃，2006年拜入师门，埋首书堆，躬耕"田野"，七年匆匆不觉，十八年白驹过隙。

刘志伟师和陈春声师并肩学术，共同授徒，虽未入师门，已有声闻。至有幸入二师门下，七年亲炙，时时感念。二师为人正派光明，坦荡磊落；为师严谨自律，尚善尚精。入门首年，志伟师和春声师各自开课，众同门齐齐聆听。志伟师侧重明清社会经济史料和经济史原典检读，春声师开讲韩江流域社会变迁。犹记志伟师提问连连，我等虽窘至哑口，却醍醐灌顶；春声师慷慨激昂，一堂课毕汗流浃背浑然不觉，酣畅淋漓。春声师庶务渐多，仍一直关心我的研究进展。为写作论文时时打扰，志伟师都耐心与我讨论，及时给出意见。深深感激志伟师和春声师的细致与周到，感激陈师母和刘师母的宽容与关爱。

感念犹深的是科大卫先生。两周一次的读书课，先生带着我们读了三年。读书课当日清晨，年已六十的先生风尘仆仆从香港坐高铁赶来，三四个小时读下来，犹神采奕奕，丝毫不倦。先生学术东西兼长，眼光锐利，善于发现问题，于论题常有独到见解。近年先生"告别华南研究"，耳提面命的机会少了，但每每向先生请教，都能收获良多。得以聆听先生教诲，何其幸哉！

读书课、学术讲座、田野调查与研究生研讨班，构成我们这个方向的博士生的课程体系。这个体系由程美宝师、黄国信师、吴滔师、温春来师、谢湜师、于薇师等协力承担，共同完成。美宝师教学科研、出版工作繁重，我不敢常去打扰，面授机会虽少，读其书听其讲座实受益匪浅。犹记国信师对我的台山海晏镇盐场社会调研报告的肯定。吴滔师、春来师对学术的认真与执着，常常令我警醒。青年俊秀谢湜和于薇二师，他们的睿智对我启发尤多。间中有机会聆听多位名师的讲座和授课，在此一并致谢：萧凤霞师的精彩讲座，郑振满师的民间文献检读课程，滨下武志师宏大的学术视野和严谨的学术态度，赵世瑜师关于华北的精深研究，香港科技大学的廖迪生师、张兆和师、马健雄师、黄永豪师的高见，以及台北"中央研究院"徐泓师的点拨，令我时时有新的学术感悟。感谢香港中文大学历史系张瑞威师，没有他的鼓励和帮助，我不可能那么快转向盐商研究。

我入师门时年岁已长，工作家务缠身，亏得众同门不离不弃，时时照顾。海峰、永志我们三人同年，入学伊始，我常常为公共课和诸杂务劳烦他们。师姐晓涛，踏踏实实扎根田野，屡有创获，谦逊的学风尤令我敬佩。师妹培娜，我的论文直接受益于她的研究。开题、答辩诸事宜，我也因了她的周到安排而省事放心。师弟申斌，潜心学问，他的无私使我得以尽享他的海量藏书。师弟贤波，帮助我尤多。他的慷慨馈赠，令我的书架添了不少好书。现在他已是我的同事，我们常常交流学术心得。师姐爱英，师妹田宓、丁蕾，师兄品优、坚平，毫无保留地与我分享他们的研究。与伟英、天娥、善玉、金英、陈玥、腰蓝、景熙、志国、周华、邓刚、志刚、艳春、周鑫诸位同学共事实在非常愉快。与锦花、靖捷、晓龙、侯娟共同探索盐业史研究新路。素娟、传武、欣平、树海、鉴菲、黄菲、毛帅、李镇、贵明、延佳、弘斐、壮钊、冠华、徐爽诸师弟师妹异彩纷呈的研究令我受益多多。感谢义琼师妹，总是耐心帮我解决难题。感谢台湾的蓝清水老师，不辞辛苦，帮我影印资料。感谢晓辉及时帮我解围。感谢贺喜、丽华，让我分享她们的精彩研究。感谢历史人类学研究中心的潘冬、晓玲、树鑫、惊涛诸兄忍受我的诸多烦扰。山东大学的胡孝忠兄、广东省民间文艺家协会的陈周起兄、广州市南沙榄核第二中学的胡茂帆兄以及众多志同道合的师友，一直关心我的论文、新书进展，及时提供资料信息和考察机会，在此一并谢过。

2007年我参加了历史人类学暑期学校，百余位学子齐聚中大校园，众名师精彩讲座以及粤东大埔县的田野考察，感受了历史人类学的魅力。我的田野调查也由此开始。十余年来，由台山、中山到珠海、东莞，再到阳江、电白、潮汕、惠东、汕尾、海陆丰地区，摊子铺得很大，乃希望对论题涉及的区域尽可能有全面的了解。其间走访各地档案馆、图书馆、方志办，梳理地方文献；走访各地镇政府、村委；拜访熟悉村落历史的老人、文史通，他们的无私帮助和支持是我一次次迈开脚步的动力。感谢广东省档案馆、中山省立图书馆、广州市档案馆、广州市图书馆、台山市档案局（馆）、台山市图书馆、中山市图书馆、珠海市金湾区方志办、东莞市图书馆、惠州市档案馆、惠州市图书馆、惠东县档案馆、惠阳区档案馆、海丰县档案馆、海丰县图书馆、陆丰市档案馆、汕尾市方志办、汕尾市档案馆、阳江市档案馆、电白县档案馆等机构工作人员的热心帮助。感谢阳江市档案局（方志办）陈宝德局长（主任），他热情邀请我参加并主持多个阳江地方志项目。感谢阳江市档案局（馆）工作人员的热情接待。感谢华南师范大学图书馆、暨南大学图书馆和中山大学图书馆古籍室老师们的耐心指点和帮助。

感谢台山市沙边盐场罗润富场长，他带我参观盐场并欣然接受访谈。感谢台山市海晏镇沙边村的陈师傅，他不仅拿出家传族谱，还骑着摩托带着我在各村整整跑了两天。感谢台山市海晏镇春场村庄书记和村委的热情接待，感谢海晏镇春场小学朱校长。感谢海晏镇春场村妇女主任林主任和龙叔，每次去海晏调研都麻烦他们，夫妇二人热情邀请我住在他们家，以方便调研。他们也一直关心和帮助我的研究。感谢台山市汶村镇汶村村委和陈启良老先生。感谢台山市广海镇党委和镇政府。感谢珠海市山场村城隍庙吴国杰道长、谢德良道长以及山场村吴流芳先生，珠海市界涌村郑少交先生。感谢中山市南朗镇崖口村村委陆书记，感谢珠海市上栅村村委和珠海市财政局邓科长。感谢珠海市金湾区方志办汪主任和龚梅青老师。感谢惠东县稔山镇政府和范和村村委。感谢惠东县吉隆镇政府李书记和李帝轩书记。感谢惠东县黄埠镇王会委员和盐洲社区居委的工作人员，感谢盐洲西涌天后庙的诸位理事先生。感谢惠东县平海镇东海村委陈书记和村委。感谢惠东县平海镇政府各位工作人员。感谢惠东县平海镇平海社区党委汪洁书记，他对平海文史的了解如数家珍，在他的支持和组织下，我们再次合作并出版了《淡水场：广东大亚湾盐业历史调研》一书。感谢惠东县平海镇陈楚师傅，他得知我的调研目的后，毫不犹豫骑着摩托带我跑遍淡水盐场各个村落。感谢惠东县平海镇洞上村吕顺才先生。感谢陆丰市碣石镇政府的热情接待，感谢卢木荣委员不惧暑热带我在陆丰市碣石镇踏勘古迹。感谢碣石镇元山寺的工作人员。感谢饶平县海山镇欧边村村委和饶平县所城镇东港村村委。当然还要感谢我亲爱的学生们，他们是赵雄玉、伍咏琳、袁艳芬、陈洁梅、徐盈、李珮妮、陆亚梅、王璟莹、朱晓恩、苏建宇、王仲、陈海峰、许宇霖、刘巳齐，没有他们的帮助，我无法深入村落和祠庙，也无法完成访谈。

  过去的二十多年，我在华南师范大学历史文化学院工作。这是一个融洽温馨的大集体。院领导的"三宽"政策使我能够专心学习和生活。原院长陈长琦老师、陈文海老师一直关心我的工作和生活。王棣老师慷慨分享他的研究创见。颜广文老师、高惠冰老师的广东史研究直接启发了我。张向阳老师热情帮我联系他的朋友，使我在广海镇的调研得以顺利进行。陈果副书记多次帮我联系陪同调研的同学。张淑一老师细心安排我的教学工作，使我得以专心写作。肖自力老师鼓励支持我出版这本小书。詹坚固老师毫无怨言地帮我处理琐碎杂事。没有众位同事的大力支持，我肯定无法完成书稿，在此一并致以深深的谢意！

我也要谢谢多年来一直支持我、见证我成长的各位恩师。没有云南大学吴晓亮师的勉励，我不会坚持到今天。仙逝的恩师李英华先生，中央大学的才女，默默将后半生奉献给家庭，历经坎坷仍豁达乐观。感谢云南大学许洁明老师，感谢南开大学许檀老师，感谢现在海南工作的张耕师，他们的指点令我茅塞顿开，初窥史学门径。硕士生导师江太新先生、刘克祥先生、李根蟠先生，使我明白学术的自律和严谨。江先生多年关心我的工作和生活，使我有勇气在学术道路上砥砺前行。有幸聆听中国社会科学院经济研究所众位名家高见，是我学术生涯珍贵的回忆。

我要将藏在内心深处的谢意献给我亲爱的家人。父亲段景平鼓励我走上以学术研究为终生事业的道路，母亲欧儒群长年打点我的读书生活。家公和家婆伉俪情深，他们是支持我的坚强后盾。家人们多年来对我的全力支持，鼓舞我勇往向前。先生刘剑文总是第一个倾听者，我常常独自外出调研，我们约定的安全暗号藏着他时刻的担忧。小儿泽元和我的研究共同成长，如今已去追寻他的人生梦想。

1989年9月，我进入云南大学历史学系。中国古代史课杨兆荣老师介绍滇王墓葬的考古发现，一下就引起了我的兴趣。记得11月深秋的一个周日，我一个人坐长途大巴，转拖拉机，再转牛车，终于到达晋宁县晋城乡石寨山。让我惊讶的是石寨山其实是一个村子后面的小山包，毫不费力就登上山顶，山顶略平，有两个长方形的大深坑。踏勘之后坐下来休息，风吹拂着，眺望不远处的滇池，时间仿佛静止了。多年以后，我常常在广东沿海村落调研，有些村子的天后庙就建在海边，我会特意在庙前坐一坐，眺望远处的天际线，任海风吹拂。三十年弹指一挥间，一切好像都变了，一切好像又都没变。

段雪玉
2021 年 3 月 15 日
2024 年 8 月 30 日改定
谨识于广州华景新城寓所